经济史理论与实证

吴承明文集

作者简介

吴承明（1917—2011），经济学家、经济史学家。1917年生于河北滦县。1934年入清华大学经济学系学习，作为北平爱国学生领袖之一参与"一二·九"运动。1936年秋被迫离校，后入北京大学历史系学习。抗日战争爆发后至昆明西南联合大学复学，1940年毕业。1943年冬，入美国哥伦比亚大学经济系学习，1946年获工商管理硕士学位。1947年初，在上海任交通大学、东吴大学教授。1958年，任中国科学院（后为中国社会科学院）研究员，并兼任中国经济史学会会长。2006年8月，被授予中国社会科学院荣誉学部委员。

启真馆 出品

清华经济史论丛

经济史理论与实证

吴承明文集

吴承明　著

刘兰兮　整理

ZHEJIANG UNIVERSITY PRESS
浙江大学出版社

图书在版编目（CIP）数据

经济史理论与实证：吴承明文集/吴承明著；刘
兰兮整理. —杭州：浙江大学出版社，2012.6
ISBN 978-7-308-10061-8

I.①经… II.①吴…②刘… III.①中国经济史－
文集 IV.① F129-53

中国版本图书馆 CIP 数据核字 (2012) 第 120230 号

经济史理论与实证：吴承明文集

吴承明 著 刘兰兮 整理

责任编辑	赵 琼	
装帧设计	王小阳	
出版发行	浙江大学出版社	
	（杭州天目山路 148 号 邮政编码 310007）	
	（网址：http://www.zjupress.com）	
制 作	北京百川东汇文化传播有限公司	
印 刷	北京中科印刷有限公司	
开 本	635mm×965mm 1/16	
印 张	27.5	
字 数	448千	
版 印 次	2012年8月第1版 2012年8月第1次印刷	
书 号	ISBN 978-7-308-10061-8	
定 价	56.00元	

总　　序

　　清华大学经济史学科的重建始于 20 世纪末。在清华大学"振兴文科"的部署中，李伯重、陈争平、秦晖、高淑娟、龙登高、仲伟民等经济史学者相继被引进清华园，组成了一个特色鲜明的学术团队，并于 21 世纪之初，建立了清华大学中国经济史研究中心。晚近，耶鲁大学陈志武教授作为长江学者、国家"千人计划"优秀人才加盟清华，在清华建立"清华大学市场与社会研究中心"，推动经济史、金融史、社会史等基础理论的跨学科研究。在龙登高教授的主持下，经济史学科与人文社科学院、经济管理学院和公共管理学院合作创建"清华大学华商研究中心"，书写古今货殖列传。因此到了今日，清华大学的经济史学科已颇具规模，成为我国经济史研究的重镇之一。

　　清华经济史学科注重国际视野，立足学术前沿，在浙江大学出版社的积极支持下，主编有"社会经济史译丛"，将一批国际经济史学家的力作及时译成中文出版，反响良好。学科还与《中国社会科学报》合作开辟"海外学潭·经济史"专栏介绍国际名家、名篇。

　　清华经济史学科创建的多种经济史研究与交流平台，还包括"清华经济史论坛"，专门邀请国内外著名学者（特别是海外学人）来介绍其最新研究成果或国际学术动态；每年还主办或合作主办国际学术研讨会；举办"清华—北大经济史沙龙"，随后南开大学、中国社会科学院经济研究所等加盟，四方联合展开学术交流与争鸣。

　　这些学术平台推进了清华经济史学科的学术研究与人才培养。为了集中体现学科成果，21 世纪之初出版了"清华大学中国经济史研究丛书"，今简化为"清华经济史丛书"。除了继续推出清华经济史学者的力作之外，也将上述学术活动与平台的成果结集为丛书出版。为了重振清华经济史学科，发扬清华前贤的传统，丛书亦将清华园走出去的当代经济史大师的成果整理出版，这些成果包括20世纪国内经济史研究领军学人梁方仲、张荫麟、严中平、吴承明，在海外学界发展的何柄棣、杨联陞等，以及在清华从事与经济史相关研究的大家如梁启超、张岱年等。此外，清华经济史培养出了一批又一批青年学者，这些后起之秀的出色成果，也将精选出版以展现学科的发展。

龙登高

2012 年 6 月于清华园

序　言

经济史学大师吴承明 1917 年生于河北滦县。1934 年入清华大学经济学系学习。以北平爱国学生领袖之一，参与"一二·九"运动。1936 年秋被迫离校，入北京大学历史系学习。抗日战争爆发后，至昆明西南联合大学复学。1940 年毕业。1943 年冬，入美国哥伦比亚大学经济系学习，1946 年获工商管理硕士学位。1947 年初，在上海任交通大学、东吴大学教授。新中国建立后，1958 年任中国科学院（后为中国社会科学院）研究员，并兼任中国经济史学会会长。2006 年 8 月，被授予中国社会科学院荣誉学部委员。

吴承明学贯中西，融通古今，数十年如一日，在中国经济史领域辛苦耕耘，取得了杰出的学术成就，树立了经济理论与历史实际密切结合的典范。

近代中国经济发展的评估　吴承明精通计量经济学，重视运用计量方法作实证分析，并始终贯彻于经济史研究之中。由于近代中国缺乏健全的统计制度，数据资料很不完整。他用自己专研的理论和方法，对不确切的情况，作出比较妥切的判断。从 20 世纪 40 年代以来，先后发表了多篇关于帝国主义在华投资、中国近代资本集成、工农业和交通运输业产值、市场商品量等数量分析的专题论文，对中国近代经济的发展水平，作出了比较全面的评估，受到了学术界的重视。

市场理论与市场史　他具有马克思主义经济学理论和西方经济学理论的深厚根底，深知市场在传统经济向现代经济转变中的重要作用，认为经济现代化过程，实际上是以市场需求为导向，商业革命导致工业革命，而整个社会的现代化变迁也常在市场上反映出来。从20世纪70年代起，就着手市场问题的研究。他从交换和市场史的研究中，提出历史上各种市场的出现，多与分工无关；提出交换先于变革自然的"生产"，并经历了劳动交换、商品交换、智能交换等五种形式。他从构建交换与经济发展的模式中，更提出了交换通常是经济发展的导数的论点。在实证研究方面，他运用大量史料和计量方法，从商路、市镇和商品运销等方面，研究了明代国内市场、清代国内市场和近代商品流通的宏观模式。20世纪末，又进而将市场研究提升到从人口、价格、货币量、商品量等的变化入手，以分析市场的周期性变化，并讨论其对社会结构和阶级分化的影响。

中国的现代化 对中国的现代化、工业化，他提出事物内部具有能动因素，甚至对立物之间也具有互补功能的论点。他通过对中国二元经济的实证考察，指出传统农业不仅可以为现代化产业提供廉价劳动力，并且还可以提供剩余。充分利用手工业和传统的手工业与农民经济结合的功效，可能走出一条立足本土、工农结合、土洋结合进而现代化的道路。他以经济为主，以社会思想为参照，从物质层次进而到制度层次，乃至思想层次，论述了16—17世纪出现的现代化因素，并且指出，经济发展是经济、社会、政治、文化等各层面因素互动的结果，不仅要考察物质发展的量，还要考察制度变革的质，两者具体化为社会变迁。在中国，在这种考察中，要特别注意国家的正面和负面作用。而经济发展、制度变革、社会变迁，在最深层次上都要受意识形态的制衡，即儒家思想的制衡。

历史观与方法论 从20世纪末起，他又致力于经济史学科的理论与方法论的研究，以探求学术思想的升华。他坚持发展的历史观，认为人类社会经济的发展，可能有曲折，也会有回潮，但总的趋势是进步的。他提出中国的封建主义，由于吸收和容纳了异质的商品经济，并将它转化为自己内在的能动因素，在16世纪以后就发展为一种能够与资本主义长期共存的近代封建主义。他反对用理论模式推演历史。各个时代的经济发展总会形成某种模式，但这是研究的结果，而不是研究的出发点。历史认识具有相对性，研究历史就是研究过去我们还不认识或不清楚的事情，随着知识的增长和时代思潮的进步，又会变得不清楚了，需要再认识。历史就是无休止的再认识。他重视实证主义，认为这是研究经济史不可须臾背离的基本方法。历史应当有价值评判，实证主义不能作价值评判是其局限。经济史的价值评判，应采用实证分析和规范分析两种方法，前者将研究对象置于其产生或运作的具体历史条件下考量，即采用历史主义的原则。后者应用今天的价值观来分析历史事件或行为对当时的作用，以及对后代乃至今人的影响或潜在效应。他主张"史无定法"，应当根据研究对象和具体问题选择适用的方法，无论是传统史学方法，还是国外新兴的各种学派的方法，均可采用。他强调应当历史地看待经济学的发展，任何经济理论都有其特定的历史环境。在经济史研究中，一切经济学理论都应视为方法论。任何伟大的经济学说，在历史的长河中，都只是经济分析的一种方法，而不是推导历史的模式。

特别值得提出的是，从20世纪50年代起，他曾经对中国资本主义经济进行过长期深入的研究。从收集整理历史资料着手，涉及的资料达数千万字。主持编辑了《中国资本主义工商业史料丛刊》八种。接着他和著名经济学家许涤新共同主编了《中国资本主义发展史》三卷本巨著，不幸许涤新于1988年逝世，因之该书从规划设计、重点章节撰写到修改定稿，均由他主持，于1992年完成。从收集资料算起，寝馈于中者凡三十年。该书分析了不同时期外国资本、官营资本和民营资本的消涨、产业结构的变化和发展水平，反映了半殖民地半封建条件下，资本主义经济发展的崎岖道路。这部著作是中国近代经济史研究的一个重要里程碑，受到了国内外的广泛推崇。

他的著作，必将传遗后世，嘉惠士林。

方行

2011年11月30日

目　录

近代中国经济发展的评估

我国资本构成之初步估计（1931—1936）

一　我国资本构成之初步估计

关于我国资本构成（capital formation）之研究，作者尚未见有系统之著述。兹先将零星之记载略加叙述，再述作者之初步估计。J. L. Buck 教授在其所著 *Chinese Farm Economy* 中，调查 1921 年至 1925 年 2 866 个农家之平均每年资本增加为 7.62 元，而每农家之平均每年收入为 376.24 元。[1] 依此则农业方面之资本构成为农业总收入 2%。根据刘大中估计 1931 年至 1936 年全国农业总所得（Gross income）平均每年为 179 亿元[2]，以此数乘以 2%，则农业方面之资本构成为每年 3.6 亿元。又根据巫宝三估计 1931 年至 1936 年平均数每年农业之净产值（Net value product）为 131.4 亿元[3]，加巫氏所估计之农业折旧 9.5 亿元[4] 得总所得 141 亿元。乘以 2%，则农业方面之资本总构成为每年 2.8 亿元。又 Buck 之《资本增加》项内，包括土地之投资，而土地投资占农业投资 77.7%。设新投资之增加亦依此比例（实际不能如此），则农业方面之资本总构成仅有 8 000 万元（依刘氏估

[1]　J. L. Buck, *Chinese Farm Economy,* 1930, Chicago, p. 65.

[2]　刘大中之著作，将由 Brookings Institute 在美出版，此为根据其 1940 年修订油印稿, *Gross National Product of China, 1931—1936,* May 1956, p. 112.

[3]　巫宝三等之著作在付印中。此为根据其复写原稿《中国国民所得》上册第二章第四表之数字相加而得。

[4]　见后文本折旧之估计中。巫氏估计 28 种作物农舍折旧 345 百万元，农具折旧 494 百万元，其他农业折旧共 112 百万元，合计 951 百万元。

计）或 6 000 万元（依巫氏估计）。农业生产约占我国总生产值 70%，以此推算非农业方面之资本构成最多亦不会超过总产值 5%。一般年鉴常推测我国之投资有国民所得 10%，恐属过高。

谷春帆曾根据进口之资本品（capital goods）推测我国工业资本之积累。因中国自产之机器工具等甚少，故此项进口之走势可代表中国工业资本之发展。此类物品大皆耐久，故可将其价值逐年累积，以代表工业投资总额。其法系先将 1912 年至 1938 年进口之农工机器工具及铁轨之价值换算成英镑值，以减消此 27 年中国币值变动之影响。然后将此英镑值逐年累积，而求其直线走势。依谷氏计算，累积价值自 1912 年之 642 911 镑增为 1938 年之 130 611 654 镑，27 年中增加 203 倍，每年平均增长 5 518 698 镑，其公式为 $y = 690\ 015\ 471 - 55\ 189\ 693x$。[①] 此项增值，包括中国境内外商企业之新投资。谷氏估计外商投资约占全国工业资本 3/4，故国人之新投资为此数 1/4，即约 1 379 674 镑。以全国 4.5 亿人计，每人仅合 0.003 镑，或国币 6 分。按谷氏外人资本为全体 3/4 之估计，实属过高（见下文）。以中外合计每年增加 550 万镑计，约合国币 8 800 万元，尚不及全国总产值 1%。谷氏之计算，可表示过去我国新式工业资本增长之趋势，但不足以表示资本构成之数值。

巫宝三等在其所著《中国国民所得（1933）》中曾企图对投资额加以估计。其法系用选样法估计全国之总消费额，再自其估计之所能支配所得中减除消费额，即为投资额。其所估计之国民所得及消费额均为 1933 年数字，再用各种生产及物价指数推求 1931 年至 1936 年之国民所得，又用北平生活费指数推求 1931 年至 1936 年之消费额。所得结果如下[②]：

---

① 谷春帆之文，曾发表于《经济动员》某期。唯作者未得该刊，此所根据为其修改后之英译文，载于 *Problems of Economic Reconstruction in China*, Part II., *Capital Stock in China*, 1942，该书为第八次太平洋学会之论文。

② 巫宝三《中国国民所得》原稿，上册，第一部第二章。

（单位：百万元）

年份	所能支配所得	消费	投资
1931	23 225	24 173	−948
1932	23 610	23 014	+596
1933	20 058	20 441	−383
1934	18 410	20 060	−1 650
1935	21 310	21 675	−365
1936	26 928	25 282	+1 646

巫氏的假定是：生活标准不变，消费不因所得之增减而增减；这在理论上自有问题，但在数字上的变动不会很大。六年间所得的变动，以不变币值计算，亦并不大。唯其所用方法，颇可考虑。其所估计之"所能支配所得"，正确性本不甚高，所估计之消费额，则因选样过少及年份改算等，可靠性更低。且后者为一大数，若后者有10%之误差，则相减之结果，可能误差100%，甚至变正数为负数。再则其"所能支配所得"中，包括外国投资而不包括商品净出口，亦欠妥当。其1933年之消费额与所得额，为用两种独立之材料估计者，结果与理想情形相差并不大。但此仅可谓一种巧合，不能证明两者估计正确。如吾人以其消费估计用于刘大中之所得估计，则1933年之投资将变为正的4亿元。又巫氏之消费估计，Simon Kuznets 曾为文评论，并用商品流动法（commodity flow approach）另作一部分之估计，与巫氏数字，相差甚大。①

此外 Eugene Staley 在其新著 *World Economic Development* 中曾引用 Robert W. Tufts 之研究，推论中国战后之投资可能。此虽非对中国资本构成之估计，但其推论结果，不妨略述。因吾人研究资本构成之目的，本在推论战后工业建设投资之可能性也。Tufts 根据日本公司实缴资本及中央与地方之实业公债计算日本 1900—1936 年间之投资总额及每 10 年之平均额。又以为中国与日本，就人民之生活习

---

① Kuznets 之评论现存资源委员会经济研究室，题名 *Comments on Mr. Ou's Estimate on National Income*, Appendix Ⅲ, 1946.

性和劳动情形而言，大致相仿。因假定中国战后 40 年之经济发展，一如日本 1900—1936 年之情形。其方法系将日本投资分为甲、乙两型，甲型为投资于工商业及地方公用事业者，假定与人口总数发生关系。乙型为投资于农业及交通者，假定与土地面积发生关系。因而以 1900 年日本之人口与土地与中国战后情形比较，推测中国战后 40 年可能吸收之投资如下表[①]：

（单位：百万美元，1936 年币值）

	第一个 10 年	第二个 10 年	第三个 10 年	第四个 10 年
甲型	5 040	13 680	25 065	28 035
乙型	8 549	9 437	19 874	23 538
总计	13 589	23 117	44 939	51 573

Tufts 之推算，在原则上及方法上可议论之处极多，以非本文范围，不加赘述。其所得之"可能吸收资本"数，与下文所估计之过去情形相较，高出数倍。但与我国现在高唱之"百万万美元建设计划"，尚相差不如。

二　1933 年资本总构成之初步估计

（一）本文所用之方法

本文所用之估计方法甚为简单，即将一年内所有资本品（capital goods）之总产值（包括进口净数）与该年之建筑总值相加，再以该年之国际债务净变动修正，即得该年之资本总构成（Gross capital formation）。以此数减除该年之资本折旧（capital depreciation）即得该年之资本净构成（Net capital formation）。此间吾人所略去之项目为商品盘存之增减，它一般依商业循环而变动，在商业活动变化不大之数年间，其增减有限。本文所估计之 1931 年至 1936 年间，除物价

---

① Eugene Staley, *World Economic Development*, Montreal 1945, p. 94.

变动外，生产之变动有限。全国总生产以不变物价计算，高不过413亿元，低不过389亿元（刘大中数字）。故可将此项盘存变动略而不计。同时吾人研究资本构成之目的，在推论战后工业建设计划中之资本问题。一般工业计划例无为增加盘存而设之资本项目，故此项省略亦属合理。

资本品之总产值（Cross value produced），分别按下列项目估计：（1）华人工厂所生产者；（2）在华外商工厂所生产者；（3）东北中外工厂所生产者；（4）手工业所生产者；（5）进口者；（6）东北进口者。所以如此分类，完全为迁就资料之方便。其中（1）（2）（3）之和为全体工厂产品。其总价值为出厂价，即按生产者价格（producer's price）计算者。欲以之计算资本构成，须改按使用者之价格（price at cost of final users）计算，即须将原价加上运输及分配费用与机器装置费用。此项费用，无资料可据。依美国统计，此项费用约合使用者价值25%，或合生产者价值30%。我国交通运输落后，工人技术不高，此项费用可能很大。但重要工厂多集中在上海等大港口，且人工便宜，故分配费用亦不会太高。兹假定为生产者价值40%，恐不算低。至于手工业产品，大皆为当地销售，买主自行携回，故不计运输分配等费用。进口之资本品，包装完整，且多销于沿海大埠，故此项费用可能稍低。但连关税洋行利润等合计，恐亦不少，因亦按40%计算。

本文之各项估计，亦以1933年为准，然后再推求1931年到1936年之数字。因除1933年外，甚少可供引用之资料也。兹先将1933年之估计结果列为表1，然后分项解说数据来源，各项估计材料大部分取自巫宝三等所著《中国国民所得》中之计算，而加修正者。巫氏本有单行估计投资与消费之意，吾人此间虽未能完全用独立性之材料，然亦可做巫氏数字之参考。

再则本文所用之方法及若干取材，均为 Simon Kuznets 教授于1946年8月来华时所提出。作者当时帮助 Kuznets 工作。Kuznets 为研究国民所得及资本构成专家，无须介绍。研究此问题者，可以其所著 *National Income and Capital Formation 1919—1935* 及 *Commodity Flow and Capital Formation 1939*，为主要参考。

（二）关内华人工厂生产之资本品

中国工业生产唯一较可靠之统计，为刘大钧所主持之 1933 年调查，见于资源委员会出版之《中国工业调查报告》。本文所取用者，为其中册第 14 表之数字。关于此项数字之引申，有三项材料可用。一为谷春帆就刘氏数字摘其投资于生产资本品之项目，列为一表，载于其所著 *Capital Stock in China* 一文之附录中。[①] 依其表投资总数为 33 813 千元，生产值为 43 802 千元。二为巫宝三就刘氏数字修正之估计。若就其所列将机器工具、电器、金属制品、交通工具等项相加，则总值为 98 782 千元。[②] 三为作者所作之 *Manufacturing Industry in China*，曾将刘氏数字修正，并包括较小之厂家。依此将机器工具、金属制品、交通工具等项相加，得资本品之总产值 59 646 千元。[③] 此三种修正，均不包括东北工业。

表 1　中国资本构成（1933）

（单位：千元）

1. 关内华人工厂所生产之资本品	72 688
2. 关内外商工厂所生产之资本品	174 480
3. 东北中外工厂所生产之资本品	39 071
4. 工厂产品产值（1、2、3 之和）	286 239
加：运输及分配等费用（40%）	114 495
5. 工厂产品总值按使用者价格计算	400 734
6. 手工业生产之资本品	159 346
7. 内地进口之资本品	98 657
8. 东北进口之资本品	25 525
9. 进口资本品总值（7、8 之和）	124 182
10. 进口资本品总值按使用者价格计算	173 855
11. 全体资本品总值（5、6、10 之和）	733 935

---

① 同本书第 4 页注①。
② 巫宝三原稿，上册，第二部第三章第一表。
③ 该文为作者在美时所拟，曾有油印本。此为依据第五表数字。

12. 建筑价值	736 662
13. 资本构成总数（11、12 之和）	1 470 597
14. 国际净收入	-586 676
15. 1933 年中国资本总构成（高估计）	883 921
16. 减除价值	494 205
17. 1933 年中国资本总构成（低估计）	389 716
18. 资本折旧	984 105
19. 1933 年中国资本净构成（高估计）	-100 184
20. 1933 年中国资本净构成（低估计）	-594 389

上述三种修正，均未合本文用途。吾人兹将刘氏原调查，补充巫氏所得之云南数字及其凭常识所增加之 5 000 千元金属制品数字。同时将巫氏估计中减除造币厂之产值 41 034 千元，加入六个国营造船厂之产值 5 074 千元及 22 个铁路机厂之产值 10 866 千元，得修正之内地华商工厂所生产之资本品价值如下：

（单位：千元）

机器及工具	20 102
金属制品	20 000
电器	11 340
交通工具	21 246
合　计	72 688

上列数字，未免偏高。因（1）其中包括机器及车船等修理价值，应不计入资本品中。（2）金属制品中有若干消费品。（3）翻砂业产值，已自刘氏原调查冶炼业项下移入此间，其中有须经过复制者，难免有重复。

关于（1）（2）两项，于下文应减项目中再为估计减除。（3）项，则因材料缺乏，无法估计。同时刘氏原调查，遗漏颇多，两者或可抵消。以下关于外商工厂及东北工厂产品，亦按同样办法处理。未加减除项目之数字，一律视为从高之估计。

（三）关内外商工厂所生产之资本品

外国在华工业投资，于 1933 年时，远超过中国工厂。唯其产值若何，始终为一谜。历次工业调查，外商均拒绝提供报告。因此吾人对其生产估计只有二法。一为根据其投资总额，一为根据零星之记载。外商在华投资总额仅有 Remer 教授之估计较为可取。Remer 之估计中仅列"制造工业"一总目，无法分析其各类投资。谷春帆曾予以修正，剔出日俄在东北之投资，而估计外人在关内之制造业投资总数为 1 076 700 千元（不包括公用事业），约为华厂之三倍，并以此比例计算外商厂产值[①]。刘大中于其国民所得之研究中，以 2.9 倍计算外商厂产值，并推算其资本品产值可达 218 000 千元。另一方面，巫宝三根据零星记载，估计关内外商厂之总产值不过 525 725 千元，仅及华厂 40%，而其中资本品不过 9 417 千元[②]，与刘氏估计差 23 倍。巫氏估计所据厂数既少，限于上海、青岛二地，又系以工人数目推算产值，实属过低。

作者于草拟 *Manufacturing Industry in China* 一文时，曾根据谷氏修正及其他材料，估计外商在公用事业、纺织业及其他业之投资。后又将该数修正，剔除香港部分，结果推算外商投资于制造业（纺织除外）者为 568 442 千元。假定外商资本之运用与华厂同一比例，则外厂资本品之产值为 174 480 千元。此数恐亦偏高。因华厂借入资金较多，资本与产值之比例可能较外商为高。同时外商资本除纺织外投于卷烟及制蛋业者甚大。此外作者常怀疑 Remer 之估计有过高之嫌，所减除之香港部分亦仅限于英资。然此诸项缺点，目前尚无法修正，只有暂将此 174 480 千元数字，作为外商生产之资本品价值。

（四）东北中外工厂所生产之资本品

东北工业生产，亦乏统计。若根据零星材料凑合，如巫宝三所表

[①] *Problems of Economic Reconstruction in China,* Dec., 1942, The Institute of Pacific Relations, Eighth Conference.
[②] 巫氏原稿，上册，第二部第三章第一表。

列者，则东北资本品之生产，只有日商船厂一家而已，此绝非事实。作者于 *Manufacturing Industry in China* 一文中，曾引用伪满外交部新闻处之材料及南满铁路年报材料。[①] 依此则东北资本品之生产可达一亿元。唯此项统计年代太迟，未合本文应用。今另根据 1941 年东洋年鉴数字，计机器及工具之生产为 19 550 千元，金属制品之生产为 19 521 千元，交通工具等无考。[②] 两项合计 39 071 千元，包括关东租借地在内。

东洋年鉴所载为 1934 年数字，且为日元。日元即按 1:1 之率作为国币值，至于 1933 年数字，应较此略小。依同年鉴，伪满股份公司制造业项下之实收资本数在 1933 年为 158 592 千日元，1934 年增为 295 663 千日元。[③] 但该年为日伪开始大规模工业投资之时，故生产价值不能依同比例增加。又 1934 年之投资，单股份公司实收即为 295 663 千日元而同年该业之总产值不过 360 649 千日元，是后者数字增加有限，同时上项统计中因无细目，遗漏必不可少。因故以此 1934 年之 39 071 千元作为 1933 年产值，而于以后计算别年数目时，再依投资比例推算。

（五）手工业所生产之资本品

手工业生产唯一可利用之材料，为巫宝三之估计。依其数字，提出资本品项目列计如后。[④] 此项估计包括东北在内。

（单位：千元）

机器及工具	18 313
金属制品	23 423
电器	3 007
交通工具	114 603
合　计	159 346

---

① 见本书第 8 页注③，表八及表九。
② *The Far East Year Book*, 1941, Tokyo, p. 801.
③ Ibid., p. 767.
④ 巫氏原稿，上册，第二部第三章第三表。

关于巫氏手工业数字，因缺乏别种估计，无由比较。至其所用方法，可讨论者颇多。其机器及工具部分，大皆根据刘大钧之调查，剔除工厂部分，再补充东北部分。总观全值，或许偏低，唯东北部分根据满铁统计，或许有工厂包括在内。金属制品部分估计之可靠性甚低，其中铁罐一项系根据上海、广州数字，略为增加；铜锡器皿，则根据 19 县市统计，加倍计算；其实内中大部非资本品。铁器一项，生产工具较多，系以湖南长沙等 12 县产量为样本，推算全国。电器部分，以电池、电镀为主，亦多非资本品。交通工具部分，包括车船修理在内。总观全部估计，或不致偏高，但所包括之修理费用及非资本品生产，则应予下节中减除之。

（六）进口之资本品

进口之资本品，依海关报告之净进口值，列示如后。其中金属制品及电器一项系自海关报告［金属制造品］一项中选择其堪称为资本品之许多小项目相加而成。选择之范围则从宽。进口总数依下列有 98 657 千元。谷春帆于其 *Capital Stock in China* 一文所用者，1933 年之资本品进口只有 44 199 千元。大约谷氏只包括机器及铁轨，范围不同差异自大。

（单位：千元）

机器及工具	40 570
车辆船艇	36 243
铁轨	3 786
金属制品电器等	18 058
合　计	98 657

1933 年东北已经沦陷，其进出口数字未包括在我国海关报告内。依东洋年鉴所载，只有机器及工具与车辆船艇两项，其总值按每满元合 0.98 国币计算，共值 25 525 千元。此数包括关东租借地在内[1]。

---

[1]　*The Far East Year Book*, 1941, Tokyo, p. 824.

（七）建筑价值

建筑为资本构成中第二主要项目，包括所有公私房屋及道路、桥梁、厂矿基地、河工、港湾等工程。然各项工程之价值，尚无任何材料可据。目前所能引用者，只为巫宝三之估计。其所列建筑之总值，在 1933 年为 736 662 千元。[①]

巫氏数字，系根据建筑材料之消费总值计算，故包括所有建筑及修理在内。建筑材料系就砖瓦、石灰、木材，水泥之产值减去木材石灰之用于非建筑部分估计数，再加上进口之建筑材料，又分别加上运销费用，共值 515 653 千元。又假定材料与人工之价值比为 7 ∶ 3，因而计算人工费用为 221 009 千元，合计为 736 662 千元。建筑商之利润及投资之利息等略而不计。

巫氏之数字，用于本文，颇有可议之处。（1）如巫氏所称："这个数值的估计，非常粗率，差误度可能很大。不过我们相信这个数值，只有偏低，不会偏高。"但此数已在吾人所估计之资本构成总数中，占一半以上，故如此数差误很大，全资本构成之估计亦必差误很大。（2）依巫氏在别处之估计，单住宅一项之折旧修理等费用，即达 359 624 千元。又云："如合所有各项修理整补等费用计算，至少应有七万万余元。换句话说，营造业在该年没有新的投资，所有的生产都是以新补旧（replacement）。"（3）巫氏所用之进口材料中包括铁轨，与前节所列之进口品重复。此外吾人于前节选择进口金属品时，尽量避免建筑材料，但巫氏之进口材料无细目列出，亦不知有无再重复之处。

关于（1）项误差，无法校正，只有待以后有更可靠之估计时再为修正。（2）项修理费用，当于后节中减除。（3）项铁轨本不应包括于建筑值中，但因以后估计各年之建筑价值时，不能逐年计算，故保留此一项，而于后节减除价值中调整之。

---

① 巫氏原稿，上册，第二部第四章。

（八）国际净收入

由上列各节所求得之资本构成总值，须将我国对外国债权债务在该年内之净变动（netclaim against foreign countries）加入或减除，始为中国之资本总构成。此种变动，因无正确统计，故以国际收支数字中流动项目（current accounts）之净数表示之。国际收支数字，1933年以中国银行之估计较为完整，列示如后[①]：

（单位：千元）

国际收入		国际支出	
商品出口	611 828	商品进口	1 345 567
出口低估	61 183	加：走私及漏列	134 557
华侨汇款	300 000	政府外债本息	93 000
在外投资收益	5 000	外人投资盈利	24 000
外人在华支出	215 000	电影片租金	5 000
		华人在外支出	6 000
		在华外人汇款	1 000
合 计	1 193 011	合 计	1 609 124

两者相差，为国际净收入，计负 416 113 千元。表示该年我国资本构成中有此数为由增加对外债务而来。1933 年为我国国际收支负数最大之一年。此负数应由金银出口及外国借款与投资平衡之。但该年金银出口及外国借款投资合计，只有 233 600 千元，尚有 182 513 千元为"未明项目"。其中包括资本移动（transfer of capital）及错误与漏列。错误与漏列无法估计，只有一并视为资本移动。

上表未包括东北部分。东北之国际收支，依照东洋年鉴，只有 1934 年数字，兹列示其流动项目如后[②]：

---

① W. Y. Lin, *The New Monetary System of China,* 1936, Shanghai, p. 26.
② *The Far East Year Book,* 1911, Tokyo, p. 665.

国际收入		国际支出	
商品出口	418 427	商品进口	593 620
外国证券利息股息	2 654	证券付出利息股息	55 089
国外存放款利息	5 146	移民汇款及款携出	40 115
商船之国外收入	18 505	国人在外支付	21 642
保险之国外收入	4 480	保险费支付	12 619
其他	127 146	其他	23 836
合计	576 358	合计	746 921

　　东北之国际收支，亦为负的，计负 170 563 千元。此数由日人该年在伪满之投资（285 175 千元）平衡而有余。日元数字，可作为国币数。1933 年东北之出口为 448 百万元，进口为 516 百万元，与 1934 年相差极小。故可以上表 1934 年数字代表 1933 年情形。将前项负的 416 113 与东北负的 170 563 相加，得负的 586 676 千元，为 1933 年之国际净收入。

　　此间有一值得注意之问题即上列伪满统计中包括关东租借地在内，故进出口数字甚大，国际收支数字亦大。其实此种收支，皆为日人所有。我国海关统计，将关东租借地之贸易视为对外国贸易。单东北各埠之进口，于 1932 年不过 1 亿余元，出口不过 2 亿元。关东应否包括于吾人估计中为可讨论之问题。吾人于前估计资本品生产及进口时均将其计入，此间估计国际收支亦一律计入。因此区之投资，虽为日人所有，胜利后应一并交与中国。若单就 1933 年情况而言，则整个东北之资本构成，亦非中国人所能运用也。

（九）1933 年之资本总构成

　　将上述各节数字相加，得 1933 年资本构成总数 1 470 597 千元，减除国际净收入之负数，得该年之资本总构成 883 921 千元（见表 1 第 1 至第 15 项）。所须注意者即前述各项数字，均为从宽之估计，所得结果，可视为一高估计。

（十）减除项目

上节数字，即为偏高之估计，兹再分别讨论若干应行减除之项目，以求得一折中之估计。

1. 工厂产品之修理价值

工厂产品内，包括机器车船等修理价值，唯此项价值，无确实之统计可用。刘大钧之调查报告中，曾将 192 家华商机器厂之专营修理工作价值列出，共计 1 400 千元。但机器制造价值中，一部分亦为兼营修理者，故假定其 1/4 为修理费，则修理总值为 5 810 千元。

交通工具项下，根据刘大钧调查，8 家华商造船厂（江南除外）之修理价值为 611 千元，9 家华商修船厂之修船价值为 749 千元，6 家国营船厂之修理价值，故按其总产值 20% 计，为 1 015 千元。三项合计 2 375 千元。

车辆修理中，22 家铁路车厂之总产值，假定有 3/4 为修理价值，计 8 151 千元。汽车修理价值，依刘氏之调查，为 253 千元。公路车之总产值未包括在前项统计中，故修理值亦不别出。私人小汽车之修理值则包括于手工业中。自行车之修理，故假定为总产值 20%，依刘氏数字计算，计 206 千元。三项合计 8 610 千元。

金属制品及电器之修理价值甚低，可略而不计。总计上列华商工厂之修理总值为 16 795 千元，合总产值 23.1%。关于外商及东北工厂，无任何资料可根据，只得假定与关内华人工厂同比例。因此修理总值可以"工厂产品总值按使用者价格计算"（即表1第5项）之23.1% 合计 92 570 千元，应自资本总构成中减去。

2. 手工业之修理价值

手工业之总产值，完全根据巫宝三估计，此间修理价值，亦只得一采巫氏数字。关于机器及工具部分，巫氏假定修理值为总产值之半，计 7 448 千元。交通工具部分，汽船之修理费，系将汽船运输业的总修理费（6 418 千元），减去上述造船工厂的修理值（3 412 千元）①，而得 3 000 千元。手划船之修理价值，巫氏估计为 48 800 千

---

① 此数与前节之汽船修理价值不同，因包括五家外商船厂之修理价值在内。

元，估计方法未叙述。两项合计船舶之修理价值为 51 800 千元。车辆修理中，小汽车之修理费按营业汽车修理费的一半计算，计 5 245 千元。人力车、兽力车等修理均略而不计。

总计上述三项修理价值，共为 64 493 千元，合手工业总产值 40.4%，应行减除。

3. 建筑之修理价值

建筑总值之估计，最不可靠，已如前述，其修理费用，亦无法估计，今故以其总产值 40% 为修理价值，计 294 665 千元，或不太低。此数与下面所述农舍建筑及其他业中房舍之折旧合计，约相当该年之建筑总值，即表示该年内无新建筑也。

4. 工厂产品非资本品价值

资本品总产值中，金属制品及电器中有不得视为资本品者，已如前述。唯目前资料，不容吾人一一加以剔除。中国工厂产品中，金属制品及电器合为 31 340 千元，故假定其中有 20% 为非资本品，计 6 268 千元，合华厂总产值的 8.6%。以此比例推出，外商工厂应减除之数为 15 005 千元。东北产品中有金属制品 19 521 千元，亦按 20% 计，为 3 905 千元。合三项共计为 25 177 千元，加 40% 运销费用，为 35 248 千元，应自资本总构成中减除。此项合"工厂产品总值按使用者价格计算"（即表 1 第 5 项）8.8%。

5. 手工业产品非资本品价值

手工业产品中，非资本品价值更难估计。今故将其铜锡器皿一项全部减除，计 5 726 千元。电器部分，减除 50%，计 1 503 千元，合计 7 229 千元，合手工业总产值 4.5%。

以上各项减除值，合计如下：

（单位：千元）

工厂产品修理价值（23.1%）	92 570
手工业之修理价值（40.4%）	64 493
建筑之修理价值（40%）	294 665
工厂非资本品价值（8.8%）	35 248
手工业非资本品价值（4.5%）	7 229
合　　计	494 205

17

自资本总构成中减除此 494 205 千元，得 1933 年之资本总构成仅有 389 716 千元。此数虽非最低之估计，但至少为偏低之估计。因此吾人可认为 1933 年我国之资本总构成在 4 亿元至 8 亿元之间。

三　1933 年资本折旧及资本净构成之初步估计

将前述资本总构成数字，减除资本折旧总值，即得资本净构成。我国之资本折旧，即在新式工业中，亦甚少记录。且公司之折旧准备金，并非根据设备之折旧实值计算。下列之估计，大部采取巫宝三之数字，只为一种粗略之估计。

（一）农业部分

农业部分之折旧，刘大中及巫宝三均有估计。刘氏之估计见于其早年提出于太平洋学会之论文中，计为 502 000 千元。[1]巫氏估计农具费用及农舍费共计 934 965 千元（牧畜、木材业略而不计）。[2]如以巫氏数字作为农业折旧，实嫌过大。因第一，依巫氏之选样算法，单农具之折旧，即占总产值 4.62%，较一般工业之折旧率尤大，似不合理。第二，依巫氏数字，则农业折旧将合全国总折旧 70% 以上，而巫氏估计农业净产值不过合全国净产值 60%。第三，依巫氏数，则农具之平均寿命只有 5 年，家舍之平均寿命只有 30 年，亦嫌低。第四，此项折旧数字系依农业总产值比例求来，巫氏农业产值估计本有过低之嫌。[3]如依刘大中农业总产值计算，则农业折旧将达 10 亿元。巫氏数字既太高，刘氏数字又无详细估计法之说明。吾人故将农舍之寿命延长为平均 50 年，农具寿命延长为平均 10 年，而将农业部分之折旧，权定为 600 000 千元。

①　T. C. Liu, *Some Preliminary Notes on the National Income and Post-War Indus-trialization of China,* 1942, Instltute of Pacific Relations, p. 32.
②　巫氏原稿，上册，第二部第一章。又见本书第 3 页注④。
③　此系 Simon Kuznets 教授之意见，见于其对巫氏著作之评论及附录一中，参看本书第 5 页注①。

（二）矿冶部分

矿冶部分，甚少可靠之材料。巫氏亦未将折旧一项单独估计。根据零星记载，5 家煤矿平均之折旧，约为产值之 5.6%。大冶铁矿之折旧，约合产值之 4.2%。其他金属矿较高，石矿较低，水泥则甚高。吾人故以总产值 6% 为准。至于矿冶总产值，根据巫氏估计为 367 439 千元，刘大中估计则为 652 040 千元，相差至巨。其中巫氏据称为用出厂价格，吾人因依巫氏数字，计矿冶部分之折旧共 22 046 千元。

（三）工业部分

工厂制造业，包括水电业，依巫氏估计其折旧共合 68 227 千元，约为总产值 3.3%。如总资产值为资本额之 2.7 倍（系按刘大钧调查合算），则折旧合资本额 9%，似属适当。作者于别处曾将巫氏所得之各业折旧率详加分析，亦觉颇适宜。手工业部分之折旧，巫氏估计为 66 685 千元，约合总产值 1.2%。唯其总产值中，碾米油类等实为净产值，其折旧数可能偏低。

以上两项合计，工业部分，包括水电，折旧总数为 134 912 千元。

（四）建筑部分

建筑部分之折旧，未有现成估计。巫氏假定城市住宅之修理及折旧费用为租金总额之 25%，乡村为 30%，因计算住宅一项之修理与折旧费用为 359 624 千元。若依巫氏别处估计，农舍之修理与折旧费用至少有 380 604 千元。[①] 两者合计较同年之建筑总值尚大 4 606 千元，其他建筑之修理折旧尚不在内。此种情形，非不可能。但依巫氏计算，该年为建筑值最大之一年，此种现象，颇不适合。吾人且确知该

---

① 巫氏综合十余种调查，平均农舍费用为总产值 2.98 %。将 28 种作物及蔬菜水果合计为 380 604 千元。茶桐蚕桑木材渔产等尚不在内。见巫氏原稿下册附录一。

年内有铁路公路等新建设。

吾人既不能从巫氏之修理与折旧费用中估计折旧，又无全国建筑总价之估计，只有凭常识判断。除农舍已包括于农业部分，工商业用屋包括于工商部分外，其余建筑分估如下：

住宅 依巫氏估计，城市住宅之劳务总所得为 572 638 千元，乡村住宅的总所得为 721 550 千元[①]。此所得包括租金及 imputed rent，可视为总租金（包括修理及折旧费用）。以租金为住宅投资的 20% 计，则住宅之假定投资在城市为 2 863 140 千元，在乡村为 3 607 750 千元。设城市住宅之平均寿命为 80 年，乡村住宅为 50 年，则依直线法城市住宅之折旧为 35 789 千元，乡村为 72 155 千元，合计 107 944 千元。

铁路 依巫氏估计全国铁路之"工务维持费"为 20 646 千元[②]，包括铁道、桥路、信号、机厂等维持费，但不包括车辆及机件。吾人故以此维持费的 1/3 为折旧，计 6 882 千元。此数若连车辆机件之折旧合计，约为铁路总收入 3.5%。

公路 依巫氏资料，各省公营长途汽车之零星记载中大约养路费占总收入 7%，将站房及其他营业设备等维持费计入，约为总收入 10%。商营汽车则缴养路捐。公私合计为 4 198 千元。但商营车之养路捐实为公营之收入，其间有重复。如按 3 000 千元计，以其 1/3 为折旧费，计 1 000 千元。市内汽车之"其他设备及公用费"，依巫氏估计，为 948 千元。其中包括"公杂费"。如以其 1/5 为站房等折旧，得 189 千元。商业租赁汽车此项费用为 10 051 千元，以 1/5 计折旧，为 2 010 千元。合计三项，公路设备之折旧为 3 199 千元。以上三项合计，建筑方面之折旧共为 118 025 千元。

---

① 巫氏原稿，上册，第二部第八章。
② 巫氏原稿，下册，附录四，第三表。

（五）交通运输部分

交通运输部分，大体采取巫氏估计，分述如下：[①]

航空 折旧及弃置费，共 1 127 千元。

水运 轮船折旧费 6 858 千元，民船 14 640 千元。合计 21 498 千元。

铁路 车辆机件设备折旧共 7 074 千元。

电车 轨道房屋设备等修理折旧费共 1 618 千元。以其 1/3 为折旧计 539 千元。

汽车 长途车折旧，按车价 20% 或每辆 300 元计，共合 2 297 千元。市内汽车"车辆维持费"估计为 907 千元，以其 1/3 为折旧，计 302 千元。租赁汽车维持费为 9 094 千元，以 1/3 为折旧计 3 031 千元。三项合计，汽车之折旧为 5 630 千元。

人力车 依巫氏估计全国人力车辆数约为 293 000 辆。又估计每辆新车价格平均为 75 元，平均寿命为 5 年，每辆每年折旧为 15 元，总计人力车折旧为 4 395 千元。其平均寿命似嫌短。兽力车等无法估计，只好从略。

电信 依巫氏估计，有线无线电报及电话等之"维持费"共 3 703 千元。以其 1/3 为折旧费，计 1 234 千元。

邮政 邮政局之产业折旧有报告可查，为 150 千元。巫氏估计加东北区及民营邮政合计为 217 千元。

以上六项合计交通运输部分之总折旧为 41 714 千元。

（六）商业部分

依巫氏估计，金融业之房屋折旧占总收入 6.5%，器具折旧占 1.06%。两项折旧共合 5 078 千元。

其他商业之折旧，毫无资料可查。吾人故以巫氏估计之商业从业员人数为根据，假设商店房屋之租金（或 imputed rent）为其店员（不计家属）住宅租金之一倍，则全国共有店员（包括店主）8 593 600 人，

[①] 巫氏原稿，下册，附录四。

以巫氏之城市每人平均租金 12 元计，合 206 236 千元。仍按前法以总租金为房产投资 20%，则假定之房产投资为 1 031 180 千元。以房屋平均寿命 80 年计，每年之折旧为 12 890 千元。器具之折旧，故以店屋折旧 1/5 计，为 2 578 千元。两者合计为 12 372 千元。

商业金融业合计，折旧为 20 546 千元。

以上六部分合计，折旧总额为 937 243 千元，如下表。此数与刘大中之估相近。刘氏估计农业折旧为 502 百万元，工商业及政府之折旧为 400 百万元，合计 902 百万元，唯无分类数[①]。吾人之估计不少遗漏，如以 5% 为遗漏，则总折旧额为 984 105 千元。

（单位：千元）

农业部分	600 000
矿冶部分	22 046
工业部分	134 912
建筑部分	118 025
交通运输部分	41 714
商业部分	20 546
合计	937 243
遗漏部分	46 862
总计	984 105

（七）1933 年之资本净构成

前面吾人估计 1933 年资本总构成为自 389 716 千元至 883 921 千元。由该数中减去折旧 984 105 千元，得该年之资本净构成数为负的 100 184 千元至负的 594 389 千元。即表示该年中，我国不但无新投资，即旧资本之消耗尚有 1 亿元至 5 亿元未能弥补。1933 年为我国经济极衰落时期，此种现象不足为怪。但实际上该年之投资不致如此，因约有 6 亿元已由国外债务所弥补。其中外人之投资与借款有

---

① 同本书第 18 页注①，p. 4, Table 10.

30 000 千元，日人在东北之投资增加有 266 000 千元，合计约有 3 亿元。尚有 2 亿余元之金银输出国外，唯此项输出不一定为换取资本品输入者。

可与资本构成相比较之数字，为全国总生产（Gross national product）及国民所得（National income）。刘大中估计，1933 年之全国总生产为 26 660 百万元，其中未扣除间接税。刘氏在别处估计间接税之总额为 1 000 百万元[①]，自总产值中减除，得 25 660 百万元。

巫宝三估计 1933 年之国民所得为 20 058 百万元。以此数加上该年之资本折旧 984 百万元，得 21 042 百万元，为该年之总产值。

两氏估计相差不小。刘氏自称其数字为保守之估计（conservative estimate），巫氏数字则有偏低之可能。此外国民经济研究所、主计处等，亦有估计，此间略而不谈。依刘氏估计计算，则 1933 年之资本总构成仅合全国总产值的 1.5% 至 3.4%。依巫氏估计合 1.8% 至 4.2%。

如与国民所得相比，以刘氏上项数字减除资本折旧 984 百万元，得该年国民所得 24 676 百万元。巫氏之估计为 20 058 百万元。依前者，资本总构成合国民所得 1.6% 至 3.5%。依后者合 1.9% 至 4.4%。

四　1931 年至 1936 年资本构成之初步估计

资本构成与商业循环之关系至巨，一年之数字，绝不能推测一国之资本积蓄。美国在 1933 年，资本之净构成亦为负的 3.6 亿美元，1936 年则为正的 6.4 亿美元。吾人除 1933 年外，均缺乏可靠之数字。刘氏及巫氏估计 1931 年至 1936 年国民所得，亦均系以 1933 年为准，引申别年数值。本文此间则引用各项特殊之指数推论，不取两氏之估计。所得之结果，并列入表 2。

[①]　总生产值，根据 1946 年油印稿，见本书第 3 页注②。税收值根据 1942 年估计，见本书第 18 页注①。

表 2　中国资本构成 (1931—1936)

（单位：百万元）

	1931	1932	1933	1934	1935	1936
资本品之生产						
1. 关内华人工厂	56.0	66.2	72.7	72.7	80.7	122.1
2. 关内外商工厂	134.4	158.8	174.5	1 74.5	195.7	291.4
3. 东北中外工厂	11.7	12.5	39.1	37.9	48.8	67.2
4. 工厂产品产值（生产者价格）	202.1	237.5	286.3	285.1	325.2	480.7
5. 工厂产品产值（使用者价格）	282.9	332.5	400.8	399.1	455.3	673.0
6. 手工业生产	186.4	175.2	159.3	146.6	143.4	167.3
进口之资本品						
7. 关内进口	121.4	99.3	98.7	128.3	123.2	147.3
8. 东北进口	12.8	12.8	25.5	39.9	50.5	52.5
9. 进口价值（到岸价格）	134.2	112.1	124.2	168.2	173.7	199.8
10. 进口价值（使用者价格）	187.9	156.9	173 .9	235.5	2,43.2	279.7
11. 资本品总值 （5、6、10 之和）	657.2	664.6	734.0	781.2	841.9	1 120.0
12. 建筑价值	898.8	803.0	736.7	692.5	744 .1	832.5
13. 资本构成总数 （11、12 之和）	1 556.0	1 467.6	1 470.7	1 473.7	1 586.0	1 952.5
14. 国际净收入	−185.0	−326.0	−587.0	−438.0	−414.0	−178.0
15. 资本总构成（高估计）	1 371.0	1 141.6	883.7	1 035.7	1 172.0	1 774.5
16. 减除价值	533.5	506.0	494.2	470.0	507.3	623.0
17. 资本总构成（低估计）	837.5	635.6	389.5	565.7	664.7	1 151.5
18. 资本折旧	1 151.4	1 082.5	984.1	905.4	835.7	1 033.3
19. 资本净构成（高估计）	219.6	59.1	−100.4	130.3	336.3	741.2
20. 资本净构成（低估计）	−313.9	−446.9	−594.6	−339.7	−171.0	118.2

（一）关内工厂所生产之资本品

　　华人工厂之历年生产，吾人所见到者，只有前工商部所编之四种工业统计。刘、巫二氏亦均系利用此项资料。本文所用者，则只以其

"机器工业"一项之雇工数字，编成就业指数[1]，代表资本品之生产。另以天津、上海、广州三地批发物价指数平均，编成一物价指数。[2] 以两者乘积，代表资本品生产值指数，然后以之乘 1933 年产值，得各年数字。外商工厂之生产，以别无材料可据，亦以同指数求之。其计算如下表：

年份	物价指数	机器工业就业指数	资本品生产值指数	内地华人工厂产值	内地外商工厂产值
1931	117	66	77	56.0	134.4
1932	110	83	91	66.2	158.8
1933	100	100	100	72.7	174.5
1934	92	109	100	72.7	174.5
1935	90	123	111	80.7	195.7
1936	105	159	167	122.1	291.4

（二）东北工厂所生产之资本品

东洋年鉴所载之年产值，除 1934 年外，极为残缺。故此间亦用指数法引申。所用者为大连及新京两地之平均物价指数[3]，及制造业股份公司实收资本指数[4]。以后者代表生产指数，两者之积代表产值指数。唯 1931 年及 1932 年物价，因币制不同，略而不计。1933 年之产值，仍如前所述，沿用 1934 年数字。至于伪元折合国币，除 1935 年较低外，均合 0.98，故不另改算。所计算之结果，列示如下：

① 见《中华民国统计提要》，1940，第 79 页。
② 上海根据国定税则委员会，天津根据南开经济研究所，广州根据广东省调查统计局。
③ *The Far East Year Book*, 1911, Tokyo, p. 777.
④ Ibid., p. 767.

（单位：百万元）

年份	物价指数	股份公司实收资本指数	生产价值指数	资本品生产价值
1931	—	30	30	11.7
1932	—	32	32	12.5
1933	100	100	100	39.1
1934	97	100	97	37.9
1935	105	119	125	48.8
1936	108	159	172	67.2

（三）手工业产品

手工业生产，市场多为本地，受商业循环影响较小。同时我国工厂之发展，常以手工业为牺牲，故手工业生产不能用（一）项之指数引申。然此外无资料可据，吾人因假定此六年间手工业产量不变，而其产值，则依（一）项之物价指数修正之。

年份	物价指数	手工业资本品产值
1931	117	186.4
1932	110	175.2
1933	100	159.3
1934	92	146.6
1935	90	143.4
1936	105	167.3

（四）进口资本品

各年进口品之价值，均根据海关报告，计其净进口值。唯最后一项"金属制品及电器"中，1933 年数字为选择许多堪称资本品之小目相加而成；其余各年系用该类进口总额比例求得。又 1931 年数字，车辆船艇一项系估计数字，因未能阅得该年之报告也。各年数字如后：

	1931	1932	1933	1934	1935	1936
机器及工具	67.9	49.5	40.6	59.3	65.8	60.0
车辆船艇	30.6	29.3	36.2	37.0	30.6	52.2
铁轨	2.9	5.5	3.8	14.0	8.5	14.9
金属制品及电器	20.0	15.0	18.1	18.0	18.3	20.0
合　计	121.4	99.3	98.7	128.3	123.2	147.1

东北部分之进口，仍采自东洋年鉴。1931 年及 1932 年东北数字原已包括于中国海关报告中，但该报告不包括为数最大之关东租借地，且 1932 年东北进口漏列于关报者必不可少，故吾人以 1933 年进口之半数，为 1932 年数字。伪元值仍按 0.98 折合[1]。

（单位：百万元）

	1931	1932	1933	1934	1935	1936
机器及工具	2.1	2.1	4.2	9.6	11.0	13.3
车辆船艇	10.7	10.7	21.3	30.3	39.5	39.2
合　计	12.3	12.8	25.5	39.9	50.5	52.5

所需注意者，上列东北资本品进口，极不完全。根据别处材料，则 1934 年至 1936 年之数字，可能增加一倍。

（五）建筑

建筑一项，为估计中最可怀疑之数字，已如前述。巫氏所估计之 1933 年以外各年建筑值，系根据上海、南京等五地之各年"造价"编一平均指数，再以之引申各年建筑值。其意似假定建筑总量在各年中均不变，而以其成本计算建筑价值。此假定颇难令人满意，因建筑为反映商业循环敏锐项目之一。如依巫氏计算，则建筑值最大者为

---

[1] *The Far East Year Book*, 1911, Tokyo, p. 824.

1934 年，而该年为我国经济衰落达于顶点之一年，亦为巫氏所估计国民所得最低之一年。1933 年及 1936 年为此期中经济最繁荣之年，而巫氏所估计之建筑总值于此二年为最低。是皆不可解释者。吾人既无他法以估计各年建筑值，乃以各年国民所得之变动为指数以引申之。此系假定建筑之盛衰，与国民所得之变动成正比，国民所得中已包括物价之变动。此假定亦难完全令人满意，因公路、铁路等建筑常不以经济盛衰为准，工业建筑则迟于商业循环之变动，而城市住宅之建筑常驻于物价衰落时为之。不过大体言，此假定尚不太失实。此间所引用者，为依刘大中估计 22 省总生产值所作之指数，因其指数较巫氏者为统一。依此计算各年之建筑值如下：

（单位：百万元）

年份	22 省国民所得之指数	建筑价值
1931	122	898.8
1932	109	803.0
1933	100	736.7
1934	94	692.5
1935	101	744.1
1936	113	832.5

（六）国际净收入

国际收支项目，1931 年有 K. Tsuchiya 之估计，1932 年有谷春帆之估计，1933 年有中国银行之估计，1934 年至 1936 年有 E. Kann 及中国年鉴之估计。本文所用者，1931 年至 1933 年为前各估计转载于林维英之 *The New Monetary System in China* 一书中者[1]，1934 年至1936 年为 *Chinese Year Book*[2] 及 E. Kann 之估计[3]。中国国际收支之研究，以 F. M. Tamagna 最近所作之表最有系统[4]，本文之项目悉依

---

[1] W. Y. Lin, *The New Monetary System in China,* 1936, Kelly and Walsh, Shanghai, p. 26.

[2] *Chinese Year Book,* Commercial Press, Shanghai, 1936－1937, p. 852; 1937, p. 389.

[3] *Finance and Commerce,* Shanghai, July 5, 1939.

[4] Frank M. Tamagna, *Banking and Finance in China*，pp. 357－362，作者所用者，为此部分之单印本。

其表。Tamagna 系根据谷春帆及 E. Kann 等，列出 1931 年至 1940 年之数字，唯其数字悉以黄金平价之美元价值表示之，不合本文应用。本文所得之结果，与 Tamagna 微有出入，而与刘大中及巫宝三所列者则大有出入。

东北之国际收支，仍以东洋年鉴为准。[①] 1933 年仍沿用 1934 年数字。其各年净收入，亦均为负数，而以 1935 年最大。全国合计，以 1933 年负数最大，1936 年负数最小。此表示我国每年均依靠对外债务以维持国内经济之发展。

由下表可知，1931 年至 1936 年间我国之国际收支流动项目（current accounted）均为负数，而以 1933 年最大，1936 年最小。此项负数除由金银出口及外国借款与投资平衡外，尚有余额"未明项目"，依吾人解释，只有认为资本之移动。此项移动，在 1933 年前为正的，1934 年以后为负的。各年数字列后：

（单位：百万元）

	1931	1932	1933	1934	1935	1936
关内国际收入						
商品出口	1 417	768	612	536	576	706
加：出口低估及走私	304	154	61	80	86	106
华侨汇款	360	327	300	250	260	320
在华外人支出	262	279	215	180	150	160
在外投资及劳务收入	57	5	5	10	15	20
合计	2 400	1 533	1 193	1 056	1 087	1 312
关内国际支出						
商品进口	2 233	1 635	1 345	1 030	919	942
加：走私及漏列	47	33	135	154	210	200
付外债本息	135	90	93	113	107	128
外人在华盈利	109	83	30	20	55	70
华人在外支出	61	18	6	6	6	12

---

① *The Far East Year Book*, 1941, Tokyo, p. 665.

	1931	1932	1933	1934	1935	1936
合计	2 585	1 859	1 609	1 323	1 297	1 352
关内国际净收入	-185	-326	-416	-267	-210	-40
东北国际收入						
商品出口				448	421	603
利息、股息等收入				8	9	11
商船及保险收入				23	26	26
其他				97	128	159
合计				576	584	799
东北国际支出						
商品进口				594	604	692
利息股息等支出				61	81	95
外侨汇款及携出款				40	42	44
政府国外支出				20	25	38
其他				32	36	68
合计				747	788	937
东北国际净收入			-171	-171	-204	-138
全国国际净收入	-185	-326	-587	-438	-414	-178

（七）减除价值

减除值之计算，仍依 1933 年所用之百分比计算。各年数字如下：

（单位：百万元）

	1931	1932	1933	1934	1935	1936
工厂产品修理价值（23.1%）	65.4	76.8	92.6	92.1	105.2	155.4
手工产品修理价值（40.4%）	75.3	70.8	64.5	59.2	57.9	67.9
建筑之修理价值（40%）	359.5	321.2	294.7	277.0	297.6	333.0

	1931	1932	1933	1934	1935	1936
工厂非资本品价值（8.8%）	24.9	29.3	35.2	35.1	40.1	59.2
手工业非资本品价值（4.5%）	8.4	7.9	7.2	6.6	6.5	7.5
合计	533.5	506.0	494.2	470.0	507.3	623.0

（八）资本折旧

资本折旧项目，无法逐年估计。折旧之变动应依须计折旧之资本品总量而变动。由表 2 所示，各年资本构成总值（第 13 项）变动不大，且除 1936 年外皆在 1.5 亿左右，与假定之国富比较，不过 1%。既无其他办法推算，吾人只有假定此一年中须折旧之资本品，因之各年折旧总额，均不变动。折旧数值，原不一定依物价变动。但吾人前所计算之折旧，皆按 1933 年之生产总值比例求出，故计算各年折旧时，亦以物价指数修正。所用指数与前所用者相同，即天津、上海、广州之平均数。各年数值如下表：

（单位：百万元）

年份	物价指数	资本折旧
1931	117	1 151.4
1932	110	1 082.5
1933	100	984.1
1934	92	905.4
1935	90	885.7
1936	105	1 033.3

（九）1931 年至 1936 年资本总构成和资本净构成

上列各项相加，并计入运输销售等费用即得出 1931 年至 1936 年之资本总构成和资本净构成，如表 2。现再就此两数值作几点分析。

（1）这六年间，资本总构成（第 13 项）除 1936 年外，均在 1.5 亿元左右，变化甚小。查其原因，第一，占总数一半以上之建筑价值甚少变化。建筑一项是吾人估计中最薄弱环节，亦方法上最大缺点。第二，工厂产品是按就业指数推算，而就业数在经济衰退年份并未减少。第三，吾人假定手工业的生产量不变，此乃不得已之事。第四，从第 10 项可知，进口之资本品，除 1932 年及 1933 年外，并未受经济萧条之影响。故资本总构成是否变化甚小，尚待研究。就常识判断，以农业为主之我国经济，在经济萧条期间，主要是商业退缩，而工业资本品之生产影响不大。若剔除市场作用，按 1933 年不变价格计算，则此六年之资本总构成仍呈逐渐增长趋势。情况如下表：

（单位：百万元）

1931	1 329.9	1934	1 601.5
1932	1 334.2	1935	1 762.2
1933	1 470.6	1936	1 859.6

（2）我国之资本总构成为数甚微。若与刘大中或巫宝三所估计之国民所得比较，在资本构成最高之 1936 年亦不过占国民所得的 4.3%—6.7%，在最低之 1933 年仅占 1.6%—4.4% 而已。其情况如下：

（单位：亿元）

	1931	1932	1933	1934	1935	1936
国民所得						
刘大中	367.2	296.6	246.8	215.8	242.0	264.6
巫宝三	232.3	236.1	200.6	184.1	213.1	269.3
资本总构成						
高估计	13.7	11.4	8.8	10.4	11.7	17.7
低估计	8.4	6.4	3.9	5.7	6.6	11.5
高估计占国民所得（%）						
刘大中	3.7	3.8	3.6	4.8	4.8	6.7
巫宝三	5.9	4.8	4.4	5.6	5.5	6.6
低估计占国民所得（%）						
刘大中	2.3	2.2	1.6	2.6	2.7	4.4
巫宝三	3.6	2.7	1.9	3.1	3.1	4.3

（3）表 2 第 13 项资本构成总数变化甚小，而第 15 项资本总构成则六年中起伏甚大。一查其原因，显然系受国际债务之影响。六年间，每年都有对外债务之增加，而在我国经济衰落之时，增加更大。所需注意者，此项流动项目的对外债务并非政府所举之借款，而为国际收支之差额，通常由金银出口及外国投资与信用扩张平衡之。六年间金银净出口及走私出口由 2 亿余元增至 3 亿余元，1934 年最高达 3.9 亿元，但均不足以抵补对外债务之增加。这期间的外国在华投资，主要是 1933 年以后日本在东北的投资，1935 年最高达 3 亿元，而关内极为有限。东北日资无助于弥补关内国际收支差额，因而在计算中，常会出现"未明项目"，吾人以资本移动视之，实际未能明白解释也。

（4）表 2 所示我国之资本净构成，按低估计，除 1936 年外，每年均为负数，而以 1933 年为最大。如不算国际债务，则 1931 年至 1933 年为负数，以后为正数，1933 年差可为零。1931 年为我国经济繁荣之年，但彼时我国机器等工业尚未大发展，所繁荣者仅为商业及消费品制造业而已。东北之机器工业则更落后。该年之进口总值较 1933 年高出 65%，而资本品仍为负数，不足为怪。1933 年为我国经济衰落之年，1934 年更形衰落，但该年负数反较 1933 年为小，此因进口之资本品较上年增加 35%，及国际负债较上年减少 25% 之故。1935 年而后，我国经济逐渐繁荣，资本净构成至 1936 年亦变为正数。而主要原因，则为工厂自造之资本品增加，及国际负债之减少。此后如不受战争之影响，当更有发展焉。

（载《中央银行月报》新一卷第十一期，1946 年上海版）

中国工业资本的估计（1936—1946）

本文是 1948 年我在上海所作，当时不便发表。1949 年 5 月上海解放，即商同吴承禧先生，先以短文《中国工业资本的估计和分析》发表于《经济周报》第 9 卷 8、9 期，旋经《新华月报》收入创刊号。详细估计，即本文，则于 9 月和 10 月刊载于复刊的《中国工业》新 1 卷第 5、6 期。发表后，承汪馥荪先生来信指教，并慨然借给当时我无法取得的出版物和资料。感谢之余，我将原文中外国资本部分删除，另作专题研究，又对原估 1936 年和 1946 年数字有微小修正，并精简文字，就是下面这个本子。

这个估计与前贤所作估计不同者，主要是把资本定义为"生产剩余价值的价值"。先将估计结果列入总表，然后分述各种估计方法。

一　直接估计，资产估值法

中国经济统计研究所的 1933 年《中国工业调查报告》是唯一比较完整的工业普查，其他研究大都以此为据。该报告不包括东北、台湾和外资在华工厂，本文的估计也只好限于这个范围。该报告限于工厂法规定的工厂，即雇工 30 人以上并使用机械动力者。我曾作过一个包括小型厂的估计（见表 1），但为适用其他材料，本文的资本估计仍以合于工厂法者为准。

总表　中国工业资本估计（东北、台湾及外资除外）

（单位：百万元）

	1933		1936		1946	
	当年币值	百分比	当年币值	百分比	1936年币值	百分比
中国工业资本	1 644		2 224		2 305	
中国工业资本（包括 　接收敌伪工业资本）					4 207	
资本有机构成						
不变资本	1 618	98.4	2 191	98.5	2 253	97.7
生产工具	1 374	83.6				
原料助成原料等	244	14.8				
可变资本	26	1.6	33	1.5	52	2.3
生产成本						
生产工具折旧	46	3.9				
原料、燃料、杂费	975	83.5				
薪金	42	3.6				
工资	105	9.0				
资本剥削						
剩余价值（率）	258	247.0		270		170
工业利润率	12			12		
资本使用分配						
纺织工业		36.8				35
饮食品工业		16.2				15
水电业		19.1				20
制造生产资料的工业		8.0				22
制造生活资料的工业		92.0				78
资本所有形态						
公营工业			318	14.3	2.686	63.8
私营工业			1 906	85.7	1 521	36.2

　　上述调查报告漏列甘肃、青海、宁夏、新疆、西藏、云南、贵州；又缺兵工厂、造币厂、电影制片厂，电厂显然有遗漏。这些，可从谷春帆先生、巫宝三先生的著作中予以补充，唯兵工厂无资料，造币厂虽有资料但数值过大，只好不用。

经补充修正，中国工业的资本额估计列入表1。

表1　中国工业资本估计（东北、台湾及外资除外）

（单位：千元）

业别	中国经济统计研究所调查1933（A）	谷春帆估计1936（B）	包括小型厂估计		综合估计1936（E）
			1933（C）	1936（D）	
木材	1 115	1 115	1 171		1 115A
家具	420	382	441		420A
冶炼	2 691	9 801	2 826		9 801B
机器及金属品	16 550	17 693	17 378	24 079	17 693B①
交通用具	19 004	2 339	19 954		19 004A
土石水泥	29 184	37 807	30 643		38 527B②
建筑材料	298	298	313		298A
水电	32 614	134 203	34 245	52 032	134 203 B
化学	26 327	49 147	27 643	34 813	49 147B
纺织	166 828	195 627	175 169	260 340	260 340D③
服用品	6 006	6 006	6 306		6 006A
皮革橡胶	6 340	10 712	6 657		10 712A
饮食品	68 380	126 092	71 799	81 435	126 092B
造纸印刷	27 877	33 353	29 271		33 353B
饰物仪器影片	812	812	853		3 124A④
杂项	2 426	2 426	2 547		2 426A
其他				135 064	
总计	406 872	627 813	427 216	587 763	712 261

资料来源：

A 刘大钧：《中国工业调查报告》中册，1936。

B 谷春帆：《中国工业化通论》，商务印书馆1946年版。

C与D均为作者估计，包括雇工10人以上或使用动力的厂，见拙作《中国工业初步报告》（英文），资源委员会打印本，1946。

注：① 不包括造币厂，其资本虽可由营业额求出，但数值过大，故保留。

② 加秦皇岛玻璃厂，该厂产值1 800千元（巫宝三：《中国国民所得》下册，第15页），按4%计折旧72千元，假定设备使用10年，计资本720千元。

③ 各估计均偏低。蒋乃镛估计1936年资本为363 359千元，唯范围有异（所著《中国纺织工业》1940年重庆版）。因别无根据，选用作者估计。

④ 加大影片厂3家，资本1 700千元；又加小影片厂45家，资本估计为612千元（巫宝三，《中国国民所得》下册，第162页）。

据表 1，1936 年中国人投于新式工业的资本是（E）712 261 千元（当年币值）。这里有几项是用的 1933 年调查。1933—1936 年的资本积蓄微不足道，并有负积累[①]，这期间的物价也仅上升 5%，故不再作调整。

这估计是工厂填报的资本额。填报的资本额，由于会计政策和法律、课税等关系，往往是不真实的。即使真实，这种原始投资额，也与我们所称资本的意义（生产剩余价值的价值）相差很远。中国工业大量依赖借入资金，所以实际运用的资本要比这数字大得多。以 1933 年上海为例，棉纺业是资本比较雄厚的，但其每年所购原料价值是资本额的 1.85 倍，而棉织业是 4.47 倍，缫丝业 6.73 倍，面粉业 9.66 倍，都仰赖借贷。[②]有许多工厂的资本只够购买几天所需的原料，而其资金周转要一两个月。一个企业实际使用的资本价值，比较近于我们所说的资本，因为它不论其来源如何，都是用于获取利润（生产剩余价值）的。资产与企业填报的资本额，大体有个比率关系。韩启桐先生曾根据 1936 年上海 51 家工厂的资产负债表，作了一个研究。本文就用他所列比率，依表 E 的资本额做资产估计，结果列为表 2。战后的情形，作者曾根据 1946 年上海 16 家工厂的资产负债表作过一个分析，其比率远大于战前，如棉纺织业竟达 16.6 倍。[③]但这是因为战后各厂资本尚未调整，所以本文不采用。

依表 2，1936 年中国工业资产的价值是（F）1 944 409 千元。这比 E 估计更接近事实，但正确性是很低的。第一，它所根据的 E 估计本不可靠，一般偏低。第二，资产比率根据资产负债表，其中对于资产的作价，无论是由于稳健理财政策，或保守的会计习惯，或为隐蔽利润、逃避捐税，或为藏秘竞争，以至假账，总是不正确的，一般偏低。第三，这估计是用上海工厂的资产比率，韩启桐曾假定外埠比率为上海之半，似为未妥。因上海由于电力方便，协作发达，很多厂购用动力，租用设备，协作修理和配件，外埠则不能。因此，我们假定比率一律，从这点说，这估计也可能偏高。

[①] 吴承明：《我国资本构成之初步估计》，《中央银行月报》1946 年新一卷第十一期。
[②] 刘大钧：《上海工业化的研究》，1937 年版，第 294 页。
[③] 吴承明：《财务报告分析之理论与方法》，《资本市场》1948 年第一卷第三、四期。

表2　中国工业资本估计（东北、台湾及外商除外）

（单位：千元）

业别	资本综合估计 1936（E）	资产对资本比率 1936	资产估值 1936（F）
木材	1 115	2.76	3 077
家具	420	2.76	1 159
冶炼	9 801	2.76	27 051
机器及金属品	17 693	2.49	44 056
交通用具	19 004	5.87	111 553
土石水泥	38 527	2.18	83 989
建筑材料	298	2.76	82.2
水电	134 203	2.76	370 400
化学	49 147	2.18	107 140
纺织	260 340	2.75	715 935
服用品	6 006	2.76	16 577
皮革橡胶	10 712	2.68	28 708
饮食品	126 092	2.50	315 230
造纸印刷	33 353	3.10	103 394
饰物仪器影片	3 124	2.76	8 622
杂项	2 426	2.76	6 696
总计	712 261		1 944 409

资料来源：资本综合估计见表1。资产对资本比率据韩启桐：《中国对日战事损失之估计》，中华书局1946年版，第59页。无比率者用平均数2.76。

这估计虽比较接近我们所称资本，但这是假定没有闲置设备，没有过多库存，并把业外资产和非生产用资产也包括在内了。

二　间接估计，价值还原法

生产品价值中，一部分是由生产设备（生产工具等）的价值转移而来。这部分占生产品价值的百分数我们称之为折旧消耗率（非普通所说的折旧率，那是占生产设备的百分数）。以折旧消耗率乘生产品价值得出每年的折旧消耗，再假定各种生产设备的平均使用年限为30年，还原计算生产设备的价值。这方法是汪馥荪先生提出的[1]，但他使用的范围和我们不同，所以没有采用他的估计，只用他的方法。我们的估计列入表3。

据表3，1933年中国人投于新式工业生产设备的资本是G-1 374 090千元。这里是用总产值作基础，产值是当年实际生产商品的价值，因此所估是实际在这一年中所使用的资本，避免了闲置、业外、非生产设备等问题。产值多少是根据具体产量而来，不像资本额的填报常弄虚作假。再有，本文所用产值估计，如棉纱、火柴、卷烟等是采取税务机关的统计，发电量是电力主管部门的统计，比经济统计研究所的调查完备。这是G估计的优点。但是，所用折旧消耗率，则事实上很难正确。用巫宝三等原著中的话说："就我们看到八十余家工厂的营业报告中，有明白规定折旧摊提的，不过数家。而且摊提之多寡，多半视营业红利之多寡而定。"[2]生产设备使用年限，更属武断。当然，如果从技术角度看，这两者是可以精密确定的，本估计则未能如此。

生产品价值中，又有一部分是原料、助成原料等价值转移到生产品中去的，为此，还要估计这部分，即生产费用。为适用旧材料，我们分原料、燃料、杂费三项估计。电费包括在燃料中。杂费中有些是不转移到产品中去的，如保险、广告等，但我们无法剔除。估计结果列入表4。

生产品价值中，又包括工人劳动所创造的价值，其数量自然是大于资本家付给工人的工资，故资本家付出的工资是一种可变资本。我们又作一工资支出的估计，列入表5。

---

① 汪馥荪：《中国资本二三问题》，《经济评论》1948年第四卷第二期。
② 巫宝三等：《中国国民所得》上册，中华书局1947年版，第62页。

表3　中国工业设备估计（东北、台湾及外资除外）

（单位：千元）

业别	总产值	折旧消耗率（%）	折旧消耗	设备价值 1933（C）
木材	3 766	2	75	2 250
冶炼	4 755①		783	23 490
机器	20 102	5	1 005	30 150
金属品	20 000②	5	1 000	30 000
电器	11 340	2	227	6 810
交通用具	22 352③	210	1 100	33 000
土石水泥	42 308④	5, 4, 5, 2	4 619	138 570
水电	112 192	20, 12.5	15 408	462 240
化学	75 811	1.5, 6, 2, 13, 2.5	2 506	75 180
纺织	552 756	2, 1, 5, 4	11 311	339 330
服用品	37 481	2	750	22 500
皮革橡胶	38 231	1, 2	718	21 540
饮食品	350 080	1, 2	3 873	116 190
造纸印刷	47 590	2	2 221	66 630
饰物仪器影片	5 611	2	112	3 360
杂项	4 766	2	95	2 850
总计	1 349 141		45 803	1 374 090

资料来源：除另有说明者外，总产值据巫宝三：《中国国民所得，1933 年修正》，《社会科学杂志》第九卷第二期，第132—133 页。折旧消耗率指产值中由生产工具移转来之价值之比率，非普通折旧率。除另有说明者外，据巫宝三：《中国国民所得》下册附录四中记载分别计算，如交通工具中车辆修造为2%，造船为10%。资本估计系假定生产工具使用年限为30 年，以 30 乘折旧消耗而得。

注： ① 冶炼业总产值据刘大钧：《中国工业调查报告》中册第十四表，铁产值为30 942 千元，折旧消耗率16.2%；钢产值为2 500 千元，折旧消耗率假定为20%；合计折旧消耗5 512 千元，内地华厂按总数 14.2% 计，为783 千元。

② 造币厂产值原列41 034 千元，过高，剔除。

③ 交通用具产值原列5 246 千元，加入铁路修车厂12 745 千元（据刘大钧），江南、青岛二船厂4 361 千元（据巫宝三前书上册，第51 页）。

④ 土石水泥产值原列15 351 千元，加入水泥厂26 957 千元（巫宝三前书上册，第54 页），水泥折旧消耗依原书算得 7 800 千元，似过高，改按 15% 计，得 4 038 千元。

表4 中国工业生产费用估计（东北、台湾及外资除外）

（单位：千元）

业别	原料	燃料	杂费	生产费用 1933（G）
木材	2 712	74	370	3 156
冶炼				1 560①
机器	10 585	2 472	999	14 056
金属品	11 166	2 030	1 015	14 211②
电器	5 036	302	503	5 841
交通用具				16 004③
土石水泥				15 111④
水电	1 370	15 426	13 611	30 407
化学	30 105	1 434	16 348	47 887
纺织	383 658	17 300	42 959	443 917
服用品	18 956	371	2 602	21 929
皮革橡胶	22 872	1 049	3 326	27 247
饮食品	222 578	4 702	72 347	299 627
造纸印刷	22 599	2 895	2 410	27 904
饰物仪器影片	2 754	—	—	2 754
杂项	2 956	—	—	2 956
总计				974 567

资料来源：除另有说明者外，据巫宝三：《中国国民所得，1933修正》，《社会科学杂志》第九卷第二期，第135—136页之全国数字，再用内地华厂占全国比例求出。

注：① 铁减除值49％，钢减除值60％（《中国国民所得》下册，第15页），依表3总产值得16 500千元，内地华厂占14.2％，为2 343千元，减除折旧消耗783千元（表3），得1 560千元。

② 造币厂剔除，以与前表一致。

③ 原列合计为3 217千元，加入铁路修车厂费用9 996千元（据巫宝三前书下册，第191页），江南、青岛二船厂费用2 791千元，合计16 004千元。船厂费用按占产值（表3注③）64％计。

④ 原列合计为7 204千元，加入水泥厂费用7 907千元，合计15 111千元。水泥费用每桶1.76元（巫宝三前书下册，第18页），产量为4 492 775桶（同书上册，第54页）计得7 907千元。

表5 中国工业工资支出估计（东北、台湾及外资除外）

业别	工人数	工人每年平均收入（元）	工资支出（千元）1933（G）
木材	1 251	160.00①	200
冶炼	2 220	177.77	394
机器	14 285	294.97	4 214
金属品	6 877	177.77	1 222
电器	4 057	177.77	721
交通用具	16 052	210.37②	3 377
土石水泥	22 602	144.00③	3 255
水电	18 716	294.97④	5 521
化学	40 166	—	5 589
火柴	（27 005）	117.25	（3 166）
搪瓷	（2 689）	208.63	（561）
其他	（10 472）	177.77	（1 862）
纺织	311 304	—	43 474
棉纺	（165 267）	128.63	（21 258）
棉织	（30 521）	171.95	（5 248）
缫丝	（86 032）	101.98	（8 773）
丝织	（19 014）	332.71	（6 326）
毛纺织	（8 957）	190.14	（1 703）
制棉	（1 513）	110.00⑤	（166）
服用品	16 815	170.00⑥	2 859
皮革橡胶	14 555	177.77	2 587
饮食品	43 361	—	8 208
面粉	（7 713）	211.43	（1 631）
烟草	（13 934）	171.71	（2 393）
榨油	（6 992）	224.19	（1 567）
其他	（14 722）	177.77	（2 617）
造纸印刷	19 183	—	6 671
造纸	（4 061）	185.76	（754）
印刷	（15 122）	391.31	（5 917）
饰物仪器影片	3 882	177.77	690

业别	工人数	工人每年平均收入（元）	工资支出（千元）1933（G）
杂项	3 105	177.77	552
总计	538 431		89 534
修正估计⑦			104 695

资料来源：工人数，冶炼、交通用具、土石水泥据刘大钧：《中国工业调查报告》中册第十四表，其余据巫宝三《中国国民所得，1933 年修正》，《社会科学杂志》第九卷第二期，第 144—145 页。工人每年平均收入，除另有说明者外，据国际劳工局：《上海的工资统计》，《国际劳工通讯》第五卷第八期；原无统计者用平均数 177.77 元。

注：① 无统计，本业工资较低，用 160 元。

② 造船为 294.97 元，铁路修车厂无统计，用平均数 177.77 元，造车厂与修车按产值比率 4∶7 综合工人收入为 210.37 元。

③ 无统计，本业除水泥外工资均低，假定为 144 元。

④ 无统计，本业工资较高，比照机器业计。

⑤ 无统计，本业工资极低，假定为 110 元。

⑥ 内衣业为 240.41 元，织袜业为 164.09 元，余无统计，然均低，统按 170 元计。

⑦ 见正文。

表 5 中的"工人每年平均收入"是根据《上海的工资统计》所列的"平均每月实际收入"计算的，原包括工资及膳费、宿费、升工、赏工、分红、年底加薪、米贴等在内，而减除了请假、罚工等，平均计算的。各业平均的方法，无说明，不过从附列各表中看，大约是男女童工、时工件工、技术工普通工，都经过加权，权数未详，曾经问过出版人国际劳工局，竟也不知道。这本统计还是唯一比较详细的，表 5 中有的列了细目，也是为了充分利用它。

但是，表 5 的总数还需修正。它是照上海工资算的。按前工商部 1930 年度统计，其他埠的男工工资平均比上海还高；有些零星材料则大都比上海低。我们假定，别埠工资水平比上海低 10%。就工人人数说，上海占 43%，别埠占 57%。表 5 的工资支出总数 89 534 千元乘以 43%，得 38 500 千元，是为上海工资支出。又乘以 57%，再乘以 90%，得 45 931 千元，是为别埠工资支出。二者相加得 84 431 千元。又表 5 的工人数未包括役夫、杂工和工头。巫宝三等曾假定役夫、杂夫人数是工人数的 20%，其工资水平是工人的 60%；将上数乘以这两个百分数得 10 132 千元，是役夫、杂夫的工资支出。工头人数是工人数的 6%，工资水平是工人的 200%，同法，刚好也得 10 132 千元，是工头的工资。三数相加得修正估计 G-104 695 千元，即全部工资支出。

这数字只占总产值的 8%，占生产总成本（折旧消耗、原料助成原料、工资等的总和）的 9%，所以，中国工业生产中用于工资的支出是很小的。这并不是说它已高度机械化（设备折旧只占总成本 4%），而是它的工资水平实在太低了。例如缲丝业打盆女工的实际收入每月只有 3.8 元。如此奇廉的工资是世界上少有的。

表 4 和表 5 估计的是一年的费用支出和工资支出，这种支出需要多少垫支资本，要看资金周转的快慢。这方面，旧材料无法利用，只能根据少量事例，作一大胆假定，即假定工业资本的平均周转期是三个月，或每年四次。这资本的周转，不是技术上的周转；例如一批棉纺成纱，大约是 72 小时，但纱卖掉还原到货币资本，也许要一两个月。各业、各季节、各地区情况不同，市场也常有变化，所以这是个武断的假定。依假定，则中国工业用于原料助成原料等的资本，是表 4 估计的 1/4，即 243 642 千元，与表 3 的设备价值 1 374 090 相加，得 1 617 732 千元，即不变资本。用于购买劳动力的资本是表 5 估计的 1/4，即 26 174 千元，是可变资本。两者合计得 G-1 643 906 千元。这就是 1933 年实际运用于生产的总资本。从理论上说，这数是符合本文所称的资本的。不过，在实际估算中，资料不足，假设太多，它的正确性也是很差的。

三 利润还原法和剩余价值率

有了上节的数字，还可以作另一种间接估计，可称为利润还原法。这就是，以工业生产的净产值，减除工资和职员的薪金支出，算为工业利润，即资本家所得。再假定工业投资的平均利润率是 12%，还原计算应投入的资本。估计的方法和结果，都列入表 6。

表 6　中国工业资本估计（东北、台湾及外资除外）

（单位：千元）

总产值（见表 3）		1 349 241
减：生产费用（见表 5）	974 567	
折旧消耗（见表 3）	45 803	1 020 370
净产值		328 871
减：工资支出（见表 5）	104 695	
薪金支出（设为工资 40%）	41 878	146 573
工业利润		182 298
除以平均利润率 12%		
中国工业资本	H-1933	1 519 150

　　据表 6，1933 年中国工业资本是 H-1 519 150 千元。这个数字应当代表当年在生产中实际运用的资本，包括自有资本和借入资本，而不包括闲置资本和不参加生产过程的资本。所以这方法更适合于本文的要求。但其中举足轻重的一个因素是平均利润率，而这个利润率是从假定来的，正确性就大大降低了。

　　估计中所用平均利润率 12% 是同几个工业家讨论的结果。这利润率并非工厂资方实际所得。1933 年工业城市的利息率大抵在七八厘，照此利润率，借入资金仍有利可图，但那时工厂付不出利息的事时有所闻，这主要是 1931 年以来的经济危机所致。这 12% 的假定是以抗战前正常情况为准。一般说，这个利润率是颇低的；我们也见到不少利润较高的企业，那大都是另有商业或投机性活动。

　　投资利润率低并不表示对工人的剥削率低，相反，中国工业资本的剥削是极高的。这就需要计算剩余价值。表 6 的工业利润 182 298 千元不是全部剩余价值，还需作下列补充。

　　首先，生产费用中有些开支，如捐税、交际费等，以及薪金中有些开支，如给董监事、经理和高级职员的某些利益，都属剩余价值性质，由于无法剔除，都混入费用，在利润中减除了。最保守的假定，是按薪金数字提出 20% 加入利润，这样，剩余价值即增加 8 376 千元。

　　其次，生产过程中创造的剩余价值有一部分要割让给商业资本，作为商业利润。商业利润虽勉强可估，但我国商业利润主要不是来自工业让价。本文所用生产总值是按出厂价格计算，若改用消费者价格，则运输和在流通中的增值又无法估算。因此，只得大胆假定，割让给商业资本的利润是总产值的5%，即67 462千元（工业家的意见比这要高些）。

经过补充，剩余价值的估计增为258 136千元，与可变资本104 695千元比，剩余价值率为247%。这的确是吓人的剥削。

四　1936年的综合估计

上面已有了中国工业资本的估计。但其中两个间接估计，即G-1 643 906千元和H-1 519 150千元是1933年的估计，要化为1936年数值，才好比较。这里我们没有直接材料，只有同刘大中、巫宝三等著作一样，用指数方法来推算。我们用旧有材料编成一个六业的就业指数，列入表7（2），作为1933—1936年期间变化的根据。本来，从《中华民国统计提要》1940版中也可编出一个资本指数，但资本登记数没有工人数可靠，并且本文意在估计当年实际运用的资本，与就业关系更密切些。[①]这期间就业指数高于资本指数，所以如按资本指数推算，资本的增加要少一些。我们的解释是，这是资本运用问题，不是1936年的资本估高了，而是1933年的估计偏低，因为那时是危机的顶峰，资本闲置起来。

表7　　中国工业指数

年份	（1）就业指数	（2）就业指数	（3）后方工业生产指数	（4）后方工业生产指数	（5）上海工业生产指数	（6）上海工业生产指数	（7）华北工业生产指数	（8）华北工业就业指数	（9）东北工业生产指数	（10）全国工业生产指数
1931	87	87								70

---

① 巫宝三等计算产值也是用就业指数，不过他们用的是四业的指数，即表7（1）。

续表

年份	(1)就业指数	(2)就业指数	(3)后方工业生产指数	(4)后方工业生产指数	(5)上海工业生产指数	(6)上海工业生产指数	(7)华北工业生产指数	(8)华北工业就业指数	(9)东北工业生产指数	(10)全国工业生产指数
1932	90	89								72
1933	100	100					79	94		79
1934	104	106					—			84
1935	118	120					—	—	79	94
1936	125	129			100	100	100	—	100	100
1937					86	82	60	—	134	85
1938			100	100	75	75	52	—	203	46
1939			131	163	139	133	70	100	237	62
1940			186	300	155	120	75	121	312	85
1941			243	338	138	98	72	138		95
1942			302	417			80	153		127
1943			315	608			81			130
1944			352	633			95			138
1945										144
1946										95

资料来源及说明：

（1）纺织、饮食品、化学、机器四业工人总数指数，《中华民国统计提要》，1940。

（2）同（1）加电业、其他二项加权算术平均，以1933年各业工人数为权数，电业以发电量代替，其他以（1）代替。

（3）34项产品，用Laspeyres公式，《经济建设季刊》第一卷第四期、第二卷第四期、第三卷第二期。

（4）同（3），改按算术平均，汪馥荪:《战时华北工业生产指数》，《经济评论》第二卷第四期，经改基期。

（5）八业算术平均，伪《中央储备银行经济月刊》，第二卷第六期。

（6）同（5），改用加权算术平均，以产值为权数。

（7）14种产品算术平均，汪馥荪:《战时华北工业生产》，《经济评论》第二卷第十七期，经改基期。

（8）汪馥荪:《战时华北工业资本就业与生产》，《社会科学杂志》第九卷第二期。

（9）《满洲工矿年鉴》，昭和十七年版，经改基期。

（10）11种产品算术平均，1931—1936年据（1）；1937—1945年据（4）（7），汪馥荪:《中国工业生产指数试编》，《中央银行月报》第三卷第四期，经改基期。

由表 7（2）可知，1933—1936 年间就业指数是 129，同时我们知道这期间的物价指数是 105，工资指数是 96.8。[①] 所以，1936 年的估计，用当年币值表示，就当是：

G-1936

不变资本　　$1\ 617\ 732 \times 129\% \times 105\% = 2\ 191\ 218$ 千元

可变资本　　$26\ 174 \times 129\% \times 96.8\% = 32\ 684$ 千元

全部资本　　　　　　　　　　　　$2\ 223\ 902$ 千元

H-1936

全部资本　　$1\ 519\ 150 \times 129\% \times 105\% = 2\ 057\ 689$ 千元

这样，对于 1936 年的中国工业资本，我们就有了如下的四个估计数：

直接估计 { 综合各家　　E　712 261 千元
资产估值法　F　1 944 409 千元

间接估计 { 价值还原法　G　2 223 902 千元
利润还原法　H　2 057 689 千元

其中 E 估计与本文资本定义相差太远，可放弃。其余三个数字所幸相差不远。三数平均是 2 075 333 千元，G 和 H 平均是 2 140 796 千元，前已论及 F 有偏低因素，故后者更能代表 1936 年的工业资本。总表中因需有分析材料，故用 G。

五　抗战时期和 1946 年的估计

抗战时期的资料异常缺乏。这时期华北敌占区有两次工业普查，

---

① 巫宝三等：《中国国民所得》上册，中华书局 1947 年版，第 75 页。

后方只有国民党政府经济部的登记统计，而最主要的工业区华中地区连登记材料都未找到。华北方面，汪馥荪先生有过详细的研究，可资利用；后方工业，李紫翔先生也有研究结果发表，还比较可靠。华北的材料到 1942 年，后方的材料到 1944 年，本文只能用推算方法求得 1946 年。

战时的估计仍须以战前为基础。因参照 1936 年的情形，拟定一个那时工业资本在各地区的比率，即：华北占 17%，后方占 19%，华中占 53%，华南占 11%。由于资本材料太少，估计要参照生产情形，为此，表 7 列了各区（华中只有上海，华南无）的生产指数，指数都是用旧材料改编的。

工业在战争中的损毁，韩启桐先生已做了估计，兹摘列为表 8。这估计所用资本额原不完全（系依中国经济统计研究所 1933 年调查）；所用资本与资产比率，上海以外各地假定为上海之半，也失之偏低。但其所用损失报告材料，又不免有夸张成分。

表 8　战争工业损失估计

（单位：千元）

地区	资本	资产	资产损失	损失程度（％）
黄河流域	110 809	297 305	99 171	33
长江流域	279 498	756 070	294 089	39
上海	105 819	292 060	151 768	52
南京	10 986	30 321	24 248	80
武汉	51 366	142 769	16 673	12
珠江流域	56 798	155 963	47 083	30
总计	447 155	1 209 338	440 343	36

资料来源：

韩启桐：《中国对日战争损失之估计》，中华书局 1946 年版，第 32—33 页。

后方工业在抗战前期发展很快，可从表 7（3）生产指数看出。资本数字，李紫翔先生已折成 1936 年币值，兹摘列入表 9。此系根据登记统计。战前厂商履行登记并不踊跃，所以不用官方登记数字；

战时因工业管制、原料配给和工贷等，厂商大体都登记了，故此数比较完整。但战前估计是限于工厂法的企业，即雇工 30 人以上并使用机械动力者；战时工厂法降低，改为雇工 30 人以上，或使用机械动力，或资本在一万元以上者，因而表 9 包括小厂，无法剔除。不过，对资本额影响并不太大。小厂多在 1941 年以后，试将 1942 年和 1943 年两年除去，则工厂数减少 40%，而资本额只减少 5%。

表 9 的主要遗漏是未包括水电厂。战时后方新建有 27 个电厂，发电容量由 35 509 千瓦增至 1945 年的 73 577 千瓦。[①] 按战前标准每千瓦 336.44 元计，估计投资 24 754 千元，此数可能偏高，因战时所建皆小厂。自来水业无资料，只好用战前重庆、成都、昆明三厂数字 178 千元，此数又偏低。将水电加入表 9 总数，得后方的工业资本共 512 412 千元。

表 9　战时后方工业资本估计（历年增加额）

（单位：千元）

年份	厂数	实缴资本	折 1936 币值	百分比
1936（以前）	300	117 950	117 950	24.2
1937	63	22 388	22 166	4.6
1938	209	117 750	86 583	17.8
1939	419	286 569	120 914	24.8
1940	571	378 973	59 031	12.1
1941	866	709 979	45 718	9.4
1942	1 138	447 612	9 896	2.0
1943	1 049	1 486 887	14 486	3.0
1944	549	1 119 502	3 419	0.7
年份不明	102	113 635	7 317	1.5
总计	5 266	4 801 245	487 480	100.0

资料来源：

李紫翔：《从战时工业论战后工建的途径》，《中央银行月报》新一卷第一期。

---

① 《十年来之中国经济》上册，中华书局 1948 年版，第 J24 页。

这是登记资本，化为本文所称的资本，仍只有用资产估值法。后方无资产比率材料，依上数战前比率是 2.76 倍，依表 2 平均是 2.32 倍。后方工业倚赖借入资金更大，比率应高；但多系新厂，设备因陋就简，又为剔除小厂计，假定为 2 倍。上数乘以 2，得 1 024 824 千元，即对后方工业资本的估计。

上面假定战前后方工业资本占全国 19%，即 406 751 千元，和上数比较，净增 618 073 千元，即增 152%。其增加趋势与表 7 的指数比，仅及一半。经过反复考虑，认为表 7 的指数有些项目本来几乎没有生产，故不可靠。如照那种趋势计算，后方的投资就太大了。至于 1945—1946 年，生产衰退，也没什么新厂建立，可略去。

华北工业，汪馥荪先生有详密研究，兹摘取其结论，列入表 10，唯其 1936 年币值资本，是我根据原资料改算的。

表 10　战时华北工业资本估计

（金额单位：千元）

年份	华厂		中日合资厂		华资合计	
	厂数	资本	厂数	华资资本	当年币值	折 1936 年币值[①]
1939	438	107 490	91	78 796	186 286	64 682
1941	632	174 094	155	135 640	309 734	54 627
1942	808	304 184	197	213 195	517 379	72 564

资料来源：

汪馥荪：《战时华北工业资本就业与生产》，《社会科学杂志》第九卷第二期。

注：① 据原资料"资本价格指数"补算，原有 1933、1939 年两个基期，补算后：1936 年 =100，1939 年 =288，1941 年 =567，1942 年 =713。

表 10 的统计，1941 年较 1939 年厂数增加近半，而资本额按 1936 年币值计反而减少，颇为费解。又照上面战前华北资本占全国 17% 的假定，华北的填报资本额应有 121 084 千元，依刘大钧的调查也有 110 859 千元，按损失 33% 计，也远大于表 10 的 1939 年数字。但据汪称 1939 年的普查"在精密的程度上是相当难能可贵的"，所以我不愿放弃这材料。日本人开发华北工业，主要是 1942 年的第二个五年计划开始的，故此后二年投资可能增长较快，但以后无普查

材料，只知 1943 年中日合资企业的资本较上年增长 21%。假定 1944 年也依此速度，1945 年略去，则到 1946 年华北的工业资本应比 1942 年增加 45% 左右，即 105 218 千元（1936 年币值）。这是填报资本。化为本文所称的资本，眼前也只有用资产估值方法，以华北厂多系劫后重整，也按 2 倍计算，得 210 436 千元，即 1946 年的华北工业资本。

照 17% 的假定，华北在战前应有工业资本 363 935 千元，而 1946 年为 210 436 千元，减少了 42%。这是十分惊人的，华北在日本人"开发"下，高唱了两个五年计划，结果竟这样惨。事实上华北不过是同日本和伪满"资源输送"而已，除了煤和一点钢铁、军需外，并未建立什么工业，而这些都属日本资本，不在本文计算之内。即包括日资来说，也是很可怜的，试看表 7 的华北工业生产指数，从未有超过战前的水平。

华中、华南，原是我国工业集中地区，战前占全国工业资本的 64%。不幸的是这个区域一点统计材料都没有。只有观察一些变迁趋势，作极粗略之推论。

第一，这区域遭受战争损失最大，上海、南京一带尤甚。但如表 8 所示，长江、珠江流域共损失 341 172 千元，未免偏高。其中如上海损失过半，与后来的观察不符，即全区域平均损失 37.4%，亦觉偏大。

第二，战时工厂内迁，都来自这一区域。据工矿调整处统计，共内迁 410 厂，技工 11 063 人，物资 64 723 吨。韩启桐曾按"每吨价值从宽以 500 元计算，则内迁总值可有 32 362 千元"。这算法也许不低，内迁以纱厂、机器厂为主，迁移的纱锭约 11 万枚，合 13 000 千元，重约 2 万吨，合每吨 650 元。但机器厂设备，体重价低，就不会有那么多了，而这部分所占吨位是较大的。

第三，再看此区域生产情形。表 7（5）的上海工业生产指数系八业平均，如纺织并为一类，实只五业。战时有些外地纱厂迁入上海租界，华商纱锭反增加了 281 256 枚，布机增 2 211 台，故此指数偏高。即使按此指数，经加权改编，即表 7（6），亦可见所谓上海孤岛繁荣为时甚暂，总的并未超过战前水平。上海以外，都只有衰落。日本人在华中政策与在华北不同，肆意掠夺，根本无意于工业。

第四，从另一方面看，本区域究属财富集中之地，恢复经济的能力比华北高得多，又以轻工业为主，上海孤岛时期曾积累了一些黄金外汇货币资本。因而，在1945—1946年间，受低外汇率刺激，确有较快发展。

第五，棉纺业是这区域最重要的工业，兹试作一纱锭变迁的估计，作为兴衰参考。据棉纺织业联合会统计，1947年6月全国共有纱锭4 519 560枚，除东北、台湾、英商及接收之日商纱锭外，为2 609 931枚。战时后方新添置者约80 000枚，上海新添50 400枚（迁移者不计），胜利后新添约220 000枚，共新添350 400枚（主要是从国外进口）。前数减此数，得战前之存余数为2 259 531枚。查战前（1937年）华商厂原有2 746 392枚，故知损失为486 861枚。此损失数可视为全在华中区（青岛之损失系日本厂，他处无何损失）。华中区战前华商厂原有2 326 586枚，按损失486 861枚计，损失率为20.9%。又迁移后方约110 000枚[1]，战时新添50 400枚，各地迁上海者均作为本区内移动不计，故战后应净剩1 780 125枚，较战前减少23.5%。但胜利后上海又新添220 000枚，共应有2 000 125枚，较战前减少14%。

考虑上述五点，我觉得华中、华南区，到1946年，工业资本比战前减少300 000千元，即20%左右，也许比较合理。当然，这里面臆测成分很大。

总合后方、华北、华中、华南，估计1946年中国工业资本共2 305 370千元（1936年币值），比1936年增加7.7%。但是，其中不包括接收的敌伪财产，我把它另作官僚资本处理。估计的结果列入表11：

表11　中国工业资本估计（东北、台湾及外资除外）

（单位：千元，1936年币值）

地区	1936年	战时增减	增减百分比（%）	1946年
后方	406 751	+618 073	+151.0	1 024 824
华北	363 935	-153 499	-42.2	210 436
华中、华南	1 370 110	-300 000	-21.9	1 070 110
总计	2 140 796	+164 574	+7.7	2 305 370

[1] 迁移的郑州豫丰，武汉裕华、申四，湖北沙市等厂，亦均算作华中区。

现在考察一下资本的有机构成。前面的 G 估计，1936 年工业资本总量是 2 223 902 千元，其中不变资本 2 191 218 千元，占 98.5%；可变资本 32 684 千元，只占 1.5%。资本有机构成如此之高，与常识相左，因为中国工业技术设备十分落后，一向是依靠劳动力的。不过，其原因是解释可变资本为数极小时已经说过了，这完全是由于工资过低之故。如果用资本总量和工人数的比值（即平均每人使用资本量）来看，1936 年是 4 127 元，恐怕是属于世界极低的行列了。

战后的情形如何呢？战后的工资水平有所提高，这从许多材料中都可看出。根据国民党社会部统计处编的工资指数，1946 年的实际工资水平约为战前的 155%。前面估计 1946 年的资本总量是 2 305 370 千元（表 11）。根据这个工资指数，可从下面的等式中计算出 1946 年的可变资本：

$$\frac{2\ 305\ 370 - 可变资本}{可变资本} = \frac{2\ 191\ 218}{32\ 684 \times 155\%}$$

$$可变资本 = 52\ 095\ 千元$$

$$不变资本 = 2\ 305\ 370 - 52\ 095$$

$$= 2\ 253\ 275\ 千元$$

这样，战后资本的有机构成，不变资本占 97.7%，可变资本占 2.3%，比之战前，有所改变。但是，上述实际工资指数是按前月或前半月的物价指数编制，并且限于上海一地，因而偏高。即使加以修正，这样计算出来的资本有机构成，也和战前一样，不能反映资本的技术构成，因而没有实际意义。又据国民党政府 1947 年的工厂登记，工人总数达 807 935 人[①]，较战前表 5 所示大为增加。但这是包括了战后接收的敌伪工厂，不能与表 5 直接比较。如果加上后面估计的接收敌伪工业资本通扯计算，则平均每个工人使用的资本量为 5 200 元，比战前略有增益。

---

① 国民党政府经济部：《经济统计》，1948；《统计月报》，第五期。这次登记相当完整，但当时工厂大都尚未调整资本，所以本文在估计资本额时全然没有利用它。

六 资本使用的分配和所有形态

有了上述估计，再将资本在各业间分配情形加以考察，列入表12。因战前战后材料范围不同，表12中加入两组就业的分配，即各业工人所占比重，以观察变动趋势。

战前工业投资，集中在纺织、饮食品、水电工业，三者占去72%。轻工业中棉纺织、面粉、烟草三项，是中国工业的主干。原资料分类法很难划分生产资料和生活资料，故以表12的前五业作生产资料生产计，约占全部投资的20%。当然，其中如化学、五金等不少是生产消费品；而下项如电力亦供工业用。以生活资料的生产为主，是中国工业的特点。

战时后方资本的使用分配有很大变化，重工业比重增加，但规模有限，为时短暂，即告衰落。战时华北工业，重工业掌握在日本资本手中，实际甚少建树。华中、华南更少变革。

因此，战后工业结构，与战前并无本质变化，只是在恢复初期，机器、建材、化学等比重略有增加，纺织业比重相对减少一些。表12中战后资本一项是国民党政府1947年登记工厂的统计，颇不可靠；其中化学一业独占33.5%绝非事实，因战时暴兴之酒精工业，此时亦告崩溃。战前、战后两组就业分配比例，代表实际生产，反而比较能看出变化的趋势，当然，劳动力的分配和资金的分配是不相同的。为与战前比较，我粗略地推论战后资本分配中，大体纺织品占35%，饮食品占15%，水电占20%，或者不致太差。生产资料的生产，所占比例也略有增进，故作22%。不过，这里不包括由官僚资本接收的巨额敌伪产业，其中重工业较多；若加入，比例将有变化。然而此项重工业资产多在东北，实际甚少恢复生产，也就不是本文所称的资本了。

我国经济中有官僚资本和民族资本两种所有制形态。但在所有旧资料中，都无法划出官僚资本的范围，只能勉强区分公营和私营，公营包括国营、省营、市营等企业。事实上，中国的官僚资产阶级主要就是靠掌握公营事业来扩大他们的财产的。

表 12　中国工业资本使用分配（东北、台湾、外资及接收敌伪工业除外）

（单位：%）

业别	战前资本 （1936）	后方资本 （1944）	华北资本 （1942）	战后资本 （1947）	战前就业 （1933）	战后就业 （1946）
冶炼	1.3	15.0	—	—	0.4	—
机器	2.3	11.7	1.5	6.7	2.7	4.7
五金电器		10.0	3.6	5.1	2.0	8.5
化学	5.5	29.7	5.6	33.5	7.5	9.8
交通建材	10.3	—	—	—	7.4	—
水电	19.1	4.7	18.3	—	3.5	—
纺织	36.8	15.9	21.2	30.0	57.8	45.9
饮食品	16.2	6.0	15.9	10.8	8.0	13.3
造纸印刷	5.3	3.3	6.6	2.7	3.6	4.5
其他	3.2	3.7	27.3	11.2	7.1	13.3

资料来源：

战前资本据表 2F。

后方资本同表 9，改编。

华北资本同表 10，改编。

战后资本据国民党政府经济部：《经济统计》1948 年版改编。

战前就业同表 5，改编。

战后就业据国民党政府经济委员会：《全国主要都市工业调查初步报告提要》1947 年版改编。

国民党国营工业的发展机构资源委员会在 1936 年才开始运作，这以前不过是研究设计机关，所以战前的公营工业是很少的。我所能找到的只有 1940 年《中华民国统计提要》中 1935 年的统计，计 72 厂，资本额 30 298 千元，其中不包括铁路修车厂、造船厂和化工厂。我补入铁路修车厂资本 16 665 千元，国营船厂资本 21 800 千元（皆据刘大钧调查），化工厂资本 291 千元（以统计提要中产值代替），总计得 69 054 千元。这是填报的资本额，化成本文所称资本，也只有用资产估值法。公营资产比率较高，假定为三倍，车厂船厂则用表 2 中的交通类比率 5.87 倍，则车厂船厂资产为 225 790 千元，其余厂为 91 767 千元，共计 317 557 千元。以此代表战前的公营工业资本，约占本文所估计的 1936 年工业资本总额 2 140 796 千元的 15%。这里略了造币厂（数值不实）和兵工厂（数值无据）。

战时后方，国民党国营工业大量膨胀，各省市、战区司令部、国民党党部等也都大办企业。不过，省市以下所办以金融贸易为主，工业不多。据李紫翔先生的统计，到1944年后方公营工业的资本额为189 183千元（1936年币值）[1]，占后方工业资本总额的39%。这个统计不免限于较大工业（就厂数说公营只占9.5%），省市以下恐少登记，又官商合办的官股大约也未计入。陈伯达在《中国四大家族》中引用陈明远和重庆《大公报》的估计，说公营事业投资占50%或70%以上。[2]公营企业一般资产较大，按资产计公营占50%大约是可能的。我们前依表9估计后方工业资本（资产值）共为1 024 824千元，按50%计得512 412千元（1936年币值），作为战后后方的公营资本。

其余地区，战前原有的公营工厂，战时不免损毁。我们所知，仅广州、杭州二电厂自动炸毁，汉口、沙市、宜昌、长沙、湘潭、常德六电厂内迁，四个机器厂内迁，广州纸厂损失。铁路修车厂和船厂虽有损失，早经日本人修复，且有扩充。所以我们估计车厂船厂资本225 790千元仍旧，其余减少一半，则战后仍保有公营资本271 647千元（1936年币值）。

最困难的是战后接收敌伪工业的估计。我曾设法向敌伪产业处理局探询，仅知接收厂数，无法得知价值。接收的2411厂中有127厂发还，主要是原外资厂；有114厂标卖，均小厂。因此，在无更好资料前，只有把日本以及德国的工业投资，连同日伪合资企业，计入战后的公营资本。还应提到，本文全部估计都未包括东北和台湾，这在计算公营资本时就成为大缺欠了，只有待日后补充。

关于日本工业资本，有一个日本东亚研究所1938年的调查，列入表13。所列是"推定投资额"，相当于本文所说资产估值，至于推定方法，原调查未详。表中的中日合办企业，原仅列日资部分，我把它改成全部资产值，就是说，把"中"的部分作为伪资，所

[1] 李紫翔：《从战时工业论战后工建的途径》，《中央银行月报》1946年新一卷第一期。
[2] 陈伯达：《中国四大家族》，新华书店版，第94、95页。

以，实际是日伪资都在内了（唯有少数例外，表内注明）。企业（包括原英美企业）所借日款也包括在内，因为这部分股权自然应算入公营资本。

表 13　日本在华工业资本（1938 年，东北及台湾除外）

（单位：千日元）

业别	日资企业推定投资额	中日合资企业推定资产值	日本借款本息合计	投资估计
木材及木制品	5 920	—	—	5 920
机器金属电器	36 610	3 700	2 694	43 004
土石水泥	4 037	2 200	8 930	15 167
水电煤气	2 167	22 655	12 809①	37 631
冶炼	150	20 867	48 254③	69 271④
化学	20 580	3 675	—	242 585
棉纺织	408 067⑤	—	—	408 067
丝麻毛纺织	9 693	—	—	9 693
皮革橡胶	12 630	—	—	12 630
饮食品	47 345	3 773	—	51 118
造纸印刷	9 116	—	—	9 116
其他	5 825	1 713	—	7 538
总计	562 140	58 583	72 687	693 410

资料来源：日本东亚研究所：《日本の对支投资》。

注：① 包括参加上海电力公司 7 000 千日元。

② 合办企业中，有五家电厂是贷付资本，共 19 266 千日元，占全部资本额 44%，依此比例计算日方资产值 21 485 千日元。又煤气厂一家资产不详，按资本 900 千日元的 1.3 倍计，合 11 710 千日元。

③ 主要是汉冶萍借款。

④ 日资上海中公司一家资产不详，按其 1936 年资产增加 27.5% 计合 6 225 千日元；再加入投于石景山、太原、阳泉三铁厂及投于太原铸造厂之日方支配资产值 12 098 千日元。

⑤ 系 1939 年 5 月调查。

依表 13，1938 年日伪工业投资为 693 410 千日元，可按 1∶1 折作 1936 年币值元。困难在于要把它推算到 1946 年。这个总数中，约有 300 000 千元属于华北部分，按照表 10 汪馥荪先生所作的华北"资本价格指数"把它推算到 1942 年，应为 742 708 千元；再按照前面推算华北工业资本办法，加 45%，作为 1946 年的投资，应为 1 076 926 千元（1936 年币值）。这数大约不低。日本华北开发会社截至 1944 年 3 月的工业投资只有 303 097 千元（当年币值），折成资产值也没有多少。

华中、华南部分，1938 年的日伪投资是 393 410 千元，其中绝大部分是在上海的纺织业资本。中国国民经济研究所估计 1936 年日本在上海的企业投资达 457 815 千日元[1]，还高于此数（雷麦和樋口弘的估计则低于此数）。日资在华中、华南的发展是不能和华北相比的，日本华中振兴会社资本只有 98 686 千日元，所属公司的合并资本，1944 年亦只有 221 000 千日元。不过，日本在华中利用伪资的程度要大一些，常采取"参与"方式。我们既无其他材料可据，故假定华中、华南的日伪资本在 1938 年的基础上增加一倍，大约是可能的。即 1946 年应为 786 820 千元（1936 年币值）。

德国的工业投资，据日本东亚研究所调查，1936 年有 22 厂，推定投资额 38 459 千元。[2] 假定它在战争中无变化，即作为 1946 年的投资。

以上，1946 年日伪和德国的工业资本共为 1 902 205 千元。加上前估在后方的公营工业 512 412 千元，其他地区战后存余的公营工业 271 674 千元。1946 年全部公营工业资本共为 2 686 291 千元（1936 年币值）。

根据以上估计，把中国工业资本的所有形态列为表 14。[3] 据表，公营所占比重由战前的 14.8% 增为 1946 年的 63.8%，其中接收敌伪工业部分占 45.2%。陈伯达在《中国四大家族》中说："据本年 5 月间有人作粗略的估计，官营企业的资本已约占全部产业资本总额的 80% 以上。"所称全部产业资本，应是包括矿业和铁路等交通运输业资本，那公营的成分自然要大得多了。

---

[1] 张肖梅：《日本对沪投资》，商务印书馆 1937 年版，第 6 页。
[2] 吴承明：《关于帝国主义在华工业资本》，《中国工业》1949 年新一卷第十二期。
[3] 表 14 是把接收的敌伪工业和原估的工业资本直接相加，故"伪"资的部分有重复。但所占比重甚小，不再调整。

表14　中国工业资本所有形态估计（东北、台湾及外资除外）

（单位：千元，1936 年币值）

	1936		1946	
	金额	比重（%）	金额	比重（%）
中国工业资本	2 140 796		2 305 370	
加：接收敌伪工业			1 902 205	45.2
			—	
			4 207 575	
其中：				
公营工业	317 557	14.8	2 686 291	63.8
私营工业	1 823 239	85.2	1 521 284	36.2

（原载《中国工业》1949 年新一卷第五、六期，1950 年修正）

近代中国经济现代化水平的估计

中国经济的现代化，可以追溯到 16 世纪。但那时只是有些"现代化因素"和"资本主义萌芽"出现，不能计量，也无发展水平可言。19 世纪 60 年代，有现代化工业建立，才有了计量的可能。甲午战争后，开始有一些统计资料。一般说法是，在抗日战争前，我国工农业总产值中，现代化工厂的产值只占 10%，而 90% 属于农民和手工业者的个体生产。这只是个笼统的概念，并不准确。经过战争破坏，一般认为 1949 年是我国经济的最低谷，而 1952 年则已恢复到战前最高水平。可是据这时期的统计，1949 年现代化工业的产值占工农业总产值的 17%，到 1952 年则增为 26.6%。[①] 又"工农业总产值"是根据过去苏联 MPS 核算体系而来的习惯用语。其实，我国早在铁路、轮船、邮电、银行、贸易上有颇大投资，都属于现代化经济，它们创造的价值非"工农业总产值"所能概括。

考察现代化经济的发展水平，最好是用增加值核算体系（SNA），看它在国内生产总值（GDP）中所占比重。但在旧中国，只有巫宝三等和美国学者刘大中、叶孔嘉对 1933 年中国的国内生产总值有较详细的估算（两者估算结果相差很大）。近年来虽有人对 1820、1850、1870、1887、1914 年中国的国内生产总值或国民收入有所论证[②]，但过于概略，缺少细目，不能作出现代化经济的实绩和所占比重的估算。

---

① 柳随年：《中国社会主义经济简史》，1985 年版，第 72 页。
② 参见刘佛丁、王玉茹、于建玮：《近代中国的经济发展》，1997 年版，第五章。

因此，我打算从两个方面来观察近代中国现代化经济的发展。一方面是对现代化经济的资本形成（capital formation）作出估计，考察其增长过程和增长速度。另一方面是分别估计现代化工业和交通运输业在全部工业和交通运输业总产值中所占比重（设农业没有现代化生产）。

资本的记载较总产值的记载为多，我也是从资本估值开始这项研究的。1947年我发表了一篇《我国资本构成之初步估计》①，1949年发表了《中国工业资本的估计和分析》（载《经济周报》第9卷第8—9期）。1955年出版《帝国主义在旧中国的投资》（人民出版社）。1981年我发表的《中国资本主义的发展述略》②，就完全用了我现在估计的系统，即一方面估计了1894、1913、1920、1936年我国各种产业资本的数量和增长速度，另一方面估计了1920、1936、1949年现代化工业、工场手工业和现代化交通运输业在相关各部门总产值中所占比重。这篇文章经多处转载和译成英、日文，为许多研究近代中国经济的论述所引用，但也使我感到最大的歉疚和不安。因为当时收集的资料不足，估价方法也未尽妥善，数字一出，形成误导。以后，我在《中国资本主义发展史》第二卷中作了声明，这个《述略》的估计应予废止。

《中国资本主义发展史》第二、三卷都有个附录，即各时期的资本的估值和产业总产值的估计。这附录是我在1986—1987年作的，书则于1990年和1993年才出版。本文下面的六个表，即该附录估计结果的总括，表内不再注明来源；不过其中产值的估计有所修正。

资本估值

我提出"产业资本"的概念，包括现代化工业、矿冶业和交通运输业所使用的资本，用它来代表我国现代化经济或资本主义生产发展的进程和速度。并把整个"资本"含义，分成如下体系：

---

① 载《中央银行月报》第一卷第11期。
② 载《中华学术论文集》，中华书局1981年版。

A　工业资本（含矿冶业）；

B　交通运输业资本；

C　产业资本 =A+B；

D　商业资本；

E　金融业资本。

　　这里面缺少现代化服务业和文化卫生事业，因资料不足，只好从略。

　　需要注意的是，我在后面产值的估计中包括手工业（手工业产值比现代化工业大好几倍），但资本估值中没有手工业。原来手工业经营是以流动资金为主，其发展适应流动资本规律。[①]我们几乎找不到手工业投资的材料，仅有的一些记载也与它们的产值完全不成比例。并且，手工业主要是农家副业和个体生产，属于传统经济。但是，手工业中的工场手工业和散工制，已是资本主义生产性质了，就其组织和生产力来说，也具有现代化因素，1936 年其产值已占手工业总产值的 1/4，但无法估计其资本，这是个缺漏。

　　产业资本的估值，不是像前人常用的企业登记资本或注册资本。我一开始就把"资本"定义为"产生剩余价值的价值"。这个定义适用于所有资本。就产业资本来说，它应包括企业的自有资金、积累和借入资金，但应剔除折旧和闲置资产，相当于资产负债表上的资产总值或资产净值（依企业性质而定）。实际上，西方国家估计一个企业的财力，也是采用这个标准，没有使用登记资本的；近年来更常用"股份市值"，那就更完整，包括无形财产。但我们在实际估值中，只有极少数企业有资产负债表可用。我是尽可能采用实物计量，如纱厂纱锭、面粉厂钢磨、电厂设备容量、铁路里程、轮船吨位等来估值，但要找到每个基期年份的重置价是很困难的，往往要借用原来的平均每单位设置价。又有许多企业或行业，只有登记资本数，只好按 20 世纪 30 年代平均数估计，即资产总值为登记资本的 2—3 倍。

　　从表 1 和表 2 可以看出各时期各类别产业资本的形成额和增长速率。在 1894 年，中国的产业资本大于外国在华产业资本约 1/4，这是

─────────────

① 载《中央银行月报》第一卷第 11 期。

洋务派创业的功绩。1894—1911/1914年这一阶段，整个产业资本的增长达年率15.5%，这是因为基数太低。不过，这期间每年平均新增资本8 900余万元，合1936年币值近2亿元，为数不小。但新增资本中，有58%是外国企业投资。唯洋务派的投资也不少，合1936年币值，平均每年达5 000余万元（包括铁路、实业外债）；或谓甲午战争后洋务运动破产，从经济建设上说，并非如此。

第二个阶段，即1911/1914—1920年，整个产业资本平均年增1亿余元，折1936年币值约1.5亿元。其中外国资本进入颓势，增长年率由16%降为4.5%，到1920年仅略多于中国资本了。官营资本，辛亥革命后也陷于停滞，增长年率仅3.8%。而民营资本大为兴盛，就工业资本来说，增长年率达11.9%，到1920年总量已超过官营，而直接与外国资本相较量了。交通运输业中，民营颇受摧残，铁路被收为国有，但在轮船业中，始终保持着18%—19%的增长优势。这时期，民间每年已有4 000余万元的资本形成能力，折1936年币值约5 000余万元。

第三个阶段，即1920—1936年间，有东北沦陷和20世纪30年代经济危机，但就产业投资说仍是加速了。其中外国资本又占到了新增资本的59%，主要是日本在东北的投资；但如不计东北，单就关内而言，则外国资本年增长率只有4.3%，比前一时期还低。官营资本在关内也加速增长，而投资最多的是铁路、公路、电信和创办航空。在关内，增长最快的还是民营产业，尤其是工业。20世纪30年代危机主要是市场购买力紧缩，对工矿生产力影响不大。这时候，关内民间已有每年形成6 000余万元资本的能力。若非日本帝国主义侵入，会大有发展的。

经过抗日战争和连年内战的破坏，我国经济千疮百孔。总的产业资本约减少1/3强。减少最大的是外国资本；而官营资本却因接管敌伪财产而大量增加；民营资本约减少1/5。不过，表1的1947/1948年估计很少可靠资料，不少是从产量指数推出，加以币值混乱，是极不可靠的。其中可能有偏低因素。

商业资本的估值，非常困难。前人曾根据部分调查，找出平均每家商店资本，估计全国商店数，得出资本额。也有人根据海关埠际贸易的统计，推算全国市场交易额和所需资本额。我的办法，是估计出

1920 年和 1936 年进入市场的农工业和进口的商品量和商品值，再按照这些商品一次交易（实即批发交易）所需的垫支资本（一般说周转率一年 4 次），作为商业资本额。其他年份，另行推算。这种办法，排除了众多的个体交易，即不把零售业和个体交易作为现代化或资本主义商业看待。由于我所估计的不是全部市场交易，并且在计算商品值时是采用生产者价格（比消费市场价格低 10%—25%），所估商业资本额可能偏低。但实际上，就 20 世纪 30 年代而论，与前人其他方法所估相差并不很大。

这样估计的商业资本自然是很粗略的。不过，因是用同一估价方法，其相对变化仍是有意义的。从表 1 和表 3 来看，商业资本总量（包括外商）的增长速度总是小于工业资本的增长速度。商业资本总量与工业资本总量比，1894 年为 9.7∶1；1911/1914 年为 3.5∶1；1920 年为 3.0∶1；1936 年为 1.5∶1（不包括东北，在东北工业资本已大于商业资本）。1894 年商业资本比重很大，因为那时以商业资本为媒介的交易中，有 70% 以上是农产品和农家及个体手工业品，以后工业发展，商业资本的比重就降低了。这也说明，认为中国近代是商业"畸形发展"的概念是错误的。

金融资本的估值，应包括保险、投资公司及房地产业，但实际估计只包括银行、钱庄和票号。我不像有些学者那样把钱庄、票号作为"封建性"的高利贷资本而除外。马克思曾把高利贷资本视为"资本的真正职能"，因为它是以货币增值货币的；如果它是贷给商人，那就"完全和他对于现代资本家的关系一样"[1]。我国的钱庄、票号基本上是与商人往来和承办官府汇兑，与土地财产和地租剥削没有什么关系。并且，上海银行的利息率实际上是以钱庄的日折为基础，钱庄、票号应视同银行，并无多少高利贷性质。

金融业资本的估值原则上采用"资本金 + 公积金和准备金 + 存款"的公式。但实际上，因记录缺乏，也采取估计其总资产的办法，这就包括了放款和持有证券，而与其他项目的估值有所重复（我完全删去投资公司，也是这个道理）。从表 3 看，金融资本在 1911/1914 年以后

---

[1] 《资本论》第 3 卷，第 365、671 页。

增长甚速，到 1936 年其总值已超过商业资本，也超过产业资本（不计东北），这是值得怀疑的。在资本主义发展中，金融资本一枝独秀，是普遍规律。但 1936 年的突出增长，则是官营银行的资产因政府赤字财政原因而大量膨胀所致，是个不正常的现象。此外，这年是用官方统计的银行总资产办法来估计，也有偏高的可能。

总产值估计

所谓总产值，即毛产值，不是增加的价值，本来并不科学，但因过去我们一直习用，沿袭下来。总产值的估计有很多不确定因素，很难周全。我国产业总产值中，农业占一半以上，而农业中稻谷又占 1/5 强。20 世纪 30 年代的稻谷产量，有人估为 4 920 万吨，有人估为 6 950 万吨，巫宝三用 11 400 万吨，我用 5 730 万吨。这就差远了，但各家都有他选用的理由，难以评定是非。而更重要的是价格选用。我在估价时，采用市场价格和生产者价格两套系统，但在汇总时，都用生产者价格，这样，所估总产值要比用市场价格小 1/4。我的理由是，农产品在流通中的增值，包括运费、仓储、利息、商业费用和利润等，都是在农民把产品出手之后发生的，与农民生产者无关。但是，国外学者一般是用市场价格，因为在商品经济中，总是市场的相对价格起调节生产的作用，在近年来的价格预期理论中尤其是这样。农民总是眼睛望着大城市市价，这也是有道理的。

粮食生产中，有 70% 左右是农家自己消费掉了，而在经济作物中，自给性生产即农家自己消费的只占 15% 强。这个巨大的差异十分重要，经济作物产值的较快增长，是中国农业现代化因素增长的一种表现。

这个问题，最严重的是在手工业产值的估价上。农家自产自用的东西应否计入产值？农家缫丝、纺纱、织布，应计入手工业产值（当然可将自给性部分单划出来），这是合乎 GDP 的原理的。不过，其中粮食加工，即碾米和磨面的两项，是否把自给性部分都计入手工业产值，则有争议。因为这两项数字太大了。如果计入，则手工业中最大的项目不是纺织，也不是酿造，而是碾米和磨面，两者占全部手工业产值一半以上。并且，碾米磨面加工十分简单，有这么大产值，不合习惯想法。因而在巫宝三的估计中，是将磨面计入总产值，碾米因数量太大而用净产值。我最初的估计也采此法。后来修正，将两者都使用净产值。而最近一次修正，即本文所用，又将两者均改为总产值，以求原则一致。这么一来，就使得 1936 年的手工业总产值比过去的估计突增 56%，以致与农业总产值相埒。这恐怕是有些读者难以接受的。不过细想起来，我国的小农经济原本是工农结合的生产，农民花在家内生产上的劳动并不比在大田的劳动少多少，尤其是妇女劳动。我目前这种估价方法，有它的合理性。不过，理论上最佳的方法，是根本舍弃总产值这个习惯性概念，改用增加值即 SNA 核算体系。这需要有成本和劳动材料，需花很大的工夫，目前还做不到。

相比之下，现代化工厂产值的估计则比较容易，因为多半有实物产量统计。这里，我也是用生产者价格即出厂价来计价。对进口商品，则用 CIF 价格计价。因而，在本文整个估价体系中（包括对商业资本的估值），都比有些学者用市场价格估计的数值为低。

交通运输业的总产值是用各部门的总收入来代替。唯像军用车船、机关和个人专用车船以及市内公共交通，因缺资料，略去。

我们的目的，是找出现代化产业在总产值中的比重。表 6 是将农业、工业、交通运输业分列。农业全部作为传统生产，假设没有现代化生产（实际上 1936 年已使用 200 余万担化肥、400 余台拖拉机和一些电力排灌、脱粒设备）。工业方面，1920 年现代化生产占工业总产值的 10.78%，占工农业总产值的 5.03%；1936 年现代化比重升为 23.69% 和 11.35%。我估的比重较低，是因为把农家自给性粮食加工都计入了手工业产值。为照顾过去习惯，不把自给性加工计入传统工业产值中，则 1920 年现代化部分占工业总产值的 19.59%，占工农业总产值的 6.36%；1936 年现代化比重升为 36.04% 和 13.58%。至于交通运输业，则 1920 年现代化部分已占到总产值一半强，1936 年更升为 57.91%。

以上是按二元经济的论点分类，将手工业全部列入传统产业。然而，手工业中的工场手工业和散工制，在技术上虽然仍是手工劳动，在性质上已是资本主义生产了。还有矿冶业中的手工采矿，到 1936

年已全部具有工场手工业的规模了。因而，如果我们用"现代化即资本主义化"的假说，则到 1936 年，资本主义生产已占工业总产值的 42.71%，占工农业总产值的 20.46%。照顾习惯，不把农民自给性的加工计入手工业产值，则 1936 年资本主义生产已占工业总产值的 65%，占工农业总产值的 24.48% 了。

最后我想说明，本文所作都是宏观考察。宏观经济结构复杂，计量方法的适用性本可讨论，故名家有"伪装的精确知识"之讥。[①] 不过，我们不是用数学模型，而只用普通统计（只有些数字用回归法析出）。这种宏观统计，一般应有几个基期的普查资料或能统筹全局的指标。我们没有这个条件，而是从微观调查、行业、区域和单项统计中推算出来的，"由已知推算未知"，而不少相关关系是出于假设。结果自然很粗略。我在《中国资本主义发展史》中就说明，"人们可以从任何一个'漏洞'中攻破它"（第二卷，第 1040 页）。同时，我在《中国资本主义发展史》正文各章中都不用这项估计，只在最后一章"中国资本主义的发展水平"中才用它。本文恰恰是讲发展水平的，不得不用宏观估计。有个宏观估计，总比完全用理论推导，或者用举几个例子的方法来说明，要好得多。

表 1　产业资本估值

（单位：万元）

	1894	1911/1914[①]	1920	1936		1947/1948[③] 国统区（1936 年币值）
				关内	东北	
产业资本总额	12 155	178 673	257 929	554 593	444 463	654 992
A　工　业	7 745	66 622	106 484	324 001	176 379	370 812
制造业	5 755	38 686	64 505	217 466		
公用事业	213	9 673	15 042	65 342		
矿冶业	1 777	18 263	26 937	41 193		
B　交通运输业	4 410	112 051	151 445	230 592	268 084	284 180
铁　路	691	98 417	128 950	120 493		151 490

---

① 见哈耶克：《知识的虚伪》，载《现代国外经济学论文选》第 2 辑，商务印书馆 1981 年版，第 75 页。

	1894	1911/1914①	1920	1936 关内	1936 东北	1947/1948③国统区（1936年币值）
公　路	—	—	—	52 435		62 240
轮　船	3 248	12 711	20 247	48 413		57 280
民　航	—	—	—	2 866		
邮　电	471	923	2 248	6 385		13 170
外国在华企业资本	5 406	102 125	133 000	195 924	375 834	73 414
A　工　业	2 791	37 690	50 000	145 128	108 750	62 446
制造业	2 587	21 236	28 000	84 486	75 417	26 052
公用事业	204	5 107	7 000	39 699	24 167	27 552
矿冶业	—	11 347	15 000	20 943	9 166	8 842
B　交通运输业	2 615	64 435	83 000	50 796	267 084	10 968
铁　路	—	56 064	73 000	15 714		
轮　船	2 615	8 371	10 000	33 516		10 968
民　航	—	—	—	1 566		
官营资本	4 757	47 807	66 952	198 925	23 529②	420 079
A　工　业	3 063	8 417	11 414	34 034	23 529	159 874
制造业	1 561	2 284	2 945	15 937		
公用事业	—	939	1 983	8 847		
矿冶业	1 502	5 194	6 486	9 250		
B　交通运输业	1 694	39 390	55 538	164 891	（147 060）	260 205
铁　路	691	36 467	5 1043	100 993		151 490
公　路	—	—	—	52 435		62 240
轮　船	532	2 000	2 247	3 778		26 130
民　航	—	—	—	1 300		7 175
邮　电	471	923	2 248	6 385		13 170
民营资本	1 992	28 741	57 977	159 744	45 100	161 499

	1894	1911/1914①	1920	1936		1947/1948③国统区（1936年币值）
				关内	东北	
A 工　业	1 891	20 515	45 070	144 839	44 100	148 492
制造业	1 607	15 166	33 560	117 043	44 100	116 261
公用事业	9	3 627	6 059	16 796	—	19 471
矿冶业	275	1 722	5 451	11 000	—	12 760
B 交通运输业	101	8 226	12 907	14 905	1 000	13 007
铁　路	—	5 886	4 907	3 786	—	—
轮　船	101	2 340	8 000	11 119	1 000	13 007

注：① 外国资本为 1914 年，官营资本为 1911 年，民营资本为 1913 年。

② "伪满洲国资本"，又括号内数字系委托南满铁道会社经营的财产，已计入外国企业资本。

③ 原则上是两年中的较高值。

表 2　产业资本的平均年增长率

（单位：%）

	1894—1911/1914①	1911/1914①—1920	1920—1936（包括东北）	1936—1947/1948
产业资本总额	15.46	5.16	8.83	−3.61
外国资本	15.83	4.50	9.54	−16.35
本国资本	14.44	6.31	7.99	2.72
内：官营资本	14.54	3.81	7.79②	6.72
民营资本	15.08	10.54	8.21	−2.05
A 工业资本	12.20	6.63	10.15	−2.57
外国资本	13.90	4.82	10.69	−11.48
官营资本	6.13	3.44	10.64②	14.40
民营资本	13.37	11.90	9.37	−2.07
B 交通运输资本	18.89	4.21	7.73	−4.77
外国资本	17.38	4.31	8.76	−25.38

续表

	1894—1911/1914①	1911/1914①—1920	1920—1936（包括东北）	1936—1947/1948
官营资本	20.33	3.89	7.04②	4.05
民营资本	26.06	6.65	1.31	−0.17

注：① 外国资本为 1914 年，官营资本为 1911 年，民营资本为 1913 年，计算增长率时各按其本身年数；产业资本总额分别按 18.7 和 7.3 计，本国资本分别按 18 年和 6 年计。

② 包括"伪满洲国资本"，但交通运输业不包括委托给南满铁道会社经营的财产，如包括该项财产，增长率为 11.39%。

表3 资本估值

（单位：万元）

	1894	1911/1914①	1920	1936 关内	1936 东北	1947/1948① 国统区（1936年币值）
资本总额	113 719	483 845	719 882	2 014 543	565 844	1 424 518
C 产业资本	12 155	178 673	257 929	554 593	444 463	654 992
D 商业资本	74 884	234 168	317 000	500 295	60 932	382 348
E 金融业资本	26 680	71 004	144 953	957 156	38 783	387 178
其 他				2 499	21 666	
外国在华企业资本	21 370	184 608	239 000	501 174	426 667	111 650
C 产业资本	5 406	102 125	133 000	195 924	375 834	73 414
D 商业资本	9 284	67 968	87 000	119 295	18 932	15 348
E 金融业资本	6 680	14 515	19 000	183 456	10 235	22 888
其 他				2 499	21 666	
官营资本	4 757	52 296	90 205	765 625	47 674②	767 079
C 产业资本	4 757	47 807	66 952	198 925	23 529	420 079
D 商业资本	—	—	—	3 000	—	3 000

	1894	1911/1914 [①]	1920	1936		1947/1948 [③] 国统区（1936 年币值）
				关内	东北	
E　金融业资本	—	4 489	23 253	563 700	24 118	344 000
民营资本	87 592	246 941	390 677	747 744	91 530	545 789
C　产业资本	1 992	28 741	57 977	159 744	45 100	161 499
D　商业资本	65 600	166 200	230 000	378 000	42 000	364 000
E　金融业资本	20 000	52 000	102 700	210 000	4 430	20 290

注：① 外国资本为 1914 年，官营资本为 1911 年，民营资本为 1913 年。

② 指"伪满洲国资本"，其产业资本中未包括由南满铁道会社托管的财产 14.706 亿元。

③ 原则上是两年中的较高值。

表4　各类资本的平均年增长率

（单位：%）

	1894—1911/1914（18.7 年）	1911/1914—1920（7.3 年）	1920—1936（包括东北，16 年）	1936—1947/1948（11.5 年）
资本总额	8.05	5.59	8.31	−5.04
C　产业资本	15.46	5.16	8.83	−3.61
D　商业资本	6.29	4.24	3.63	−3.28
E　金融业资本	5.37	10.27	12.80	−7.89

表5　产业总产值和商品值估计

（单位：万元）

	1920		1936	
	生产总值	商品值	生产总值	商品值
农　业	1 049 494	390 883	1 450 506	753 320
粮食作物	652 980	147 365	867 476	272 128
经济作物	165 530	85 835	263 786	223 443
园艺及林牧渔业	230 984	157 683	319 244	257 749

	1920		1936	
	生产总值	商品值	生产总值	商品值
工　业	916 957	504 833	1 333 748	876 772
手工制造业	799 620	387 496	1 001 030	544 054
内：工场手工业			（236 990）	（236 990）
现代化工厂制造业	88 287	88 287	283 073	283 073
矿冶业	29 050	29 050	49 645	49 645
内：手工采冶	（18 484）	（18 484）	（16 726）	（16 726）
工农业合计	1 966 451	895 716	2 784 254	1 630 092
交通运输业	60 937		141 659	
铁路运输	22 374		48 342	
汽车运输	—		7 102	
轮船运输	6 003		19 140	
航空运输	—		514	
木帆船运输	25 594		48 800	
人畜力运输	4 332		10 822	
邮　　政	1 523		4 278	
内：民信局	（255）		（—）	
电　　信	1 111		2 661	

表 6　现代化产业和传统产业产值比重

	总产值合计（万元）	现代化产业		传统产业	
		总产值（万元）	占合计（%）	总产值（万元）	占合计（%）
1920					
农业	1 049 494	—	—	1 049 494	100.00
工业	916 957	98 853	10.78	818 104	89.22
（不计自给生产）	（504 833）	（98 853）	（19.58）	（405 980）	（80.42）
交通运输业	60 937	30 756	50.47	30 181	49.53

	总产值合计 （万元）	现代化产业		传统产业	
		总产值 （万元）	占合计 （％）	总产值 （万元）	占合计 （％）
1936					
农业	1 450 506	—	—	1 450 506	100.00
工业	1 333 748	315 992	23.69	1 017 756	76.31
（不计自给生产）	（876 772）	（3 159 92）	（36.04）	（560 780）	（63.96）
交通运输业	141 659	82 037	57.91	59 622	42.09

（原载《中国经济史研究》1991 年第 4 期，2001 年重作）

近代中国国内市场商品量的估计

　　经济的发展，尤其是现代化产业的发展，是受市场需求的制约的。旧中国没有总需求与总供给的统计，也没有市场交易额或商品流通额的统计，因而在考察近代中国市场时，我们总要注意市场上商品量的估计，意在以这种估计代表市场上的有效需求。先后研究的课题不同，估计的内容和方法也不同。现在我把它们综合起来，试作一长期比较。

　　所谓市场商品量，是指某年或一个时期平均每年国内生产的商品加进口商品。国内生产的商品，有的即其产量，有的是除生产者自用以外的上市量；作价一般用生产者价格或第一次交易时的价格。有些商品不是从生产上，而是从流通中估计的，则是指较长距离的贩运贸易的商品量，按其报关价格作价。总之，所估商品量，原则上不包括地方小市场上生产者之间的品种调剂、余缺调剂等使用价值的交换，也不包括上市后商人之间的转手交易和对消费者的零售交易。进口商品是计算其进口净值，以到岸价格为准，不计到岸以后的流转交易。又估计称国内市场商品量，因出口商品海关有详细统计，无需估计；不过，出口商品均先有国内流通，已包括在国内商品量的估计中。

一　1840—1920 年农产品的商品化

　　这是我们较早研究的一个课题。意指鸦片战争后，门户开放，招致农村自然经济的分解，形成农产品的商品化。这项研究，是在编写《中国资本主义发展史》第二卷时，由徐新吾领导的一个上海工作组完成的，估计结果都载该书，兹摘列入表1。

表1所列，除粮食外，都是与出口有关的商品，因为早期推动农产品商品化的，主要是茶、丝、棉花、大豆等出口。估计方法主要是根据海关统计的出口量，加上估计的内销量，即市场商品量；估价时，也是出口价格与内销价格分计。这些出口品都多少经过整理或加工，但仍可视为农产品。唯出口丝，已是工艺品（出口多是厂丝），是把它折算成桑蚕茧，估算桑蚕业的商品化程度。

现以桑蚕茧为例，说明此项研究的内容。鸦片战争前，生丝主要是供家庭和机坊织绸之用，年约5.5万担，连同少量出口，共6.4万担。按每担丝需鲜茧15担，共需茧96万担，可视为茧产量。1894年，出口土丝、厂丝8.32万担，内用约7.7万担，共16.02万担，按同法折茧240.3万担，加这年出口干茧折鲜茧2.89万担，合计243.19万担，是1894年茧产量。其中，现代化丝厂消用33.78万担，手工丝厂消用8万担，连同出口干茧折鲜茧2.89万担，共44.67万担，是为商品茧，占茧产量的18.37%，即甲午战争前桑蚕业的商品化程度只有18%强。1919年，出口丝13.15万担，内用估8.4万担，共21.55万担，而厂丝比重加大，按每担丝需鲜茧14.5担计，加出口干茧折鲜茧10.42万担，共322.91万担，是为茧产量。其中，现代化丝厂消用130.56万担，手工丝厂消用19.58万担，连同出口干茧折鲜茧共160.55万担，是为商品茧，占茧产量的49.72%，即1919年桑蚕业的商品化程度已近50%。

以上茧产量和商品量，都按出口和国内茧价分别计值，以便各项商品加总之用。从这项研究中，又可约略估计出1840年以前我国约有桑田240万亩，桑蚕农户160万户；1894年增为480万亩，240万户；1919年增为625万亩，308.8万户。

粮食是按一定的人均占有量估出产量，再按下列三项估出商品量：（1）非农业人口，包括城市居民、驻军、矿工、游民等所需粮食，扣除漕粮等征调部分；（2）估计茶农、蚕农、棉农、蔗农、盐民、渔民等户数，设每户需补充口粮半数；（3）酿酒、制酱、制醋及纺织品上浆、手工业裱糊等所需粮食（不是全部需购买）。商品粮占产量比重即粮食商品率，按此项研究，1840 年为 10%，1894 年为 15.8%，1920 年为 21.6%。

在估算中，除粮食外，农产品商品值增加最大的是罂粟。国内种植罂粟，大约始于 19 世纪 50 年代，至 19 世纪 80 年代，国产鸦片已超过进口。20 世纪初，由于国际干涉，种植数量有所减少，但价格大涨，估计 1920 年产值达 3.9 亿两，实属惊人。不过，罂粟的价值很大部分是禁烟当局和走私集团所得，其中有多少是农民商品化的收入，还难以肯定。

如不计罂粟，1840—1894 年 54 年间，粮食、棉花、茶叶、蚕茧四项商品值由 1.92 亿两增至 4.66 亿两，年增长率为 1.65%；可见农产品商品化的速度是很慢的。而其中又很大部分是价格因素，如果按 1894 年不变价格计，这四项商品值的年增长率仅为 0.92%。1894—1920 年 26 年间，农产品商品化加速，按粮食、棉花、大豆、烟叶、茶叶、蚕茧六项商品计，由 4.99 亿两增至 14.49 亿两，年增长率为 4.18%。扣除价格因素，按 1894 年不变价格计，年增长亦仅 1.68% 而已。

二　1869—1908 年国内市场商品量

这是我提交 1994 年洋务运动国际学术讨论会的一篇论文：《洋务运动与国内市场》（载《文史哲》1994 年第 6 期），是用厘金、常关税、海关统计的土产埠际贸易值、盐、进口洋货等五项指标来估计国内市场商品量的增长；限于资料，未能包括整个洋务运动时期，而只有 1869—1908 年。

（1）厘金覆盖面广，遍及内地各省，研究 19 世纪土产运销者，无不注意厘金。但厘金税率不定，省自为政，很难用以估算货运量；我过去在考察 19 世纪市场时也只以厘金作为发展趋势，未用为数据。厘金统计最令人疑惑的是它一直徘徊在 1 500 万两的水平，有减无增，与贸易发展趋势不符。经研究，我认为主要是 19 世纪后期物价下跌所致，如用物价指数修正，仍是稳步增长的，见表 2。至于

1894 年之下滑乃政治形势使然,盖 1892 年起清廷田赋、关税、其他收入均大幅度跌落,非只厘金。厘金的另一难题是各省扣留部分无法核定。不过,过去文献未免夸大,户部报称四五百万两概指甲午之际,经 1897 年财政整顿追回 200 万两,我以为各省招留数不会超过 15%。

对厘金之最大误解恐怕是在税率上。厘金原意值百抽一,各省滥加,遂无标准。一般都强调清廷"搜括",估计过高;美国 D. H. 珀金斯在其《中国农业的发展》中按各省份计,然平均达 3.5%—3.7%,实亦过高。原来海关洋人谋攫取内地税权时曾做过调查,中国内地税实低于拟议中之子口税 2.5%。子口税行后,与厘金处于竞争地位,厘金过高,则商人诡寄子口渠道(也有少量诡寄予海关之复出口渠道,其税率亦为 2.5%),这是厘金收入不振的一大原因。但我考察多项事例,商人货运转寄子口者大半不是因为厘金税率过高,而是因为厘卡腐败,稽迟延宕。同时也有降低厘金税率以与子口争夺货源之事。甲午后,清廷命令加厘,多省拖延不行,盖恐失货源。我用罗东玉《中国厘金史》(商务印书馆 1936 年版)第 7—12 章所述 20 个省的不同税率,再有 1880—1889 年各省厘金收入额作权数,求得总平均税率为 2.26%,低于 2.5% 的子口税。我认为这是合理的。因用此税率将各年厘金收入还原为货运量,见表 2。各地厘卡均有刁难商旅额外勒索之事,不过这不影响货运量之估算。

表 2 中的厘金数,是减除洋药厘、土药厘、盐厘之数。因洋药厘、土药厘根本与鸦片之价值无关,鸦片作为商品的价值已包括在进口洋货之中。盐的流通我另行估算,不过有的年份盐厘过小,未能减除。又厘金统计至 1908 年止,1911 年系资政院预算数。

(2) 常关税原有 800 余万两,鸦片战争后无统计,实行厘金后更凌替,19 世纪 70 年代约 200 万,80 年代约 260 万,20 世纪初约 100 万。1888 年起,广东二关由海关接管;1902 年起,各省 24 个关由海关接管;接管后税收激增,有历年统计。(见戴一峰:《近代中国海关与中国财政》,厦门大学出版社 1993 年版)兹按上述情况,也以 2.26% 税率还原为货运量,见表 3。

(3) 土产埠际贸易。此是海关统计的"各关贸易货价全数"中的

"土货出口总数",包括各关运往其他关的土货,也包括转运往外洋者。它增长甚速,部分是夺取厘金的货运即上述改入子口而来。唯此项流通限于轮船运输并向海关报关之货运,而厘金货运大皆土法运输及无海关处所者,二者相加可代表80%以上的土产贸易。其值见表3。

(4)盐。我在《中国资本主义发展史》第一卷中估计鸦片战争前后官私盐销量共5 853万两。盐销量只随人口变动,本期无大增长。唯甲午后增课、增厘而主要是加价,无各区全部引数及批价,无法估算,只好据张謇《改革盐政计划书》及督办盐政处1910年统计,计全国国产盐成本2 750万元,各项课厘加价4 542万两,共作6 500万两,列入表3。此数实已计入各省扣留数。

(5)进口洋货净值,据海关统计。从表3可见,洋务运动期间,市场商品量的增长十分有限。19世纪最后30年,即1869—1899年间,市场商品量增长74.7%,年增长率不过1.88%;若用物价指数修正,仅增长59.7%,年率只有1.57%。进入20世纪,即1899—1908年9年间,市场商品量增长35.7%,年率达3.45%;但主要是价格因素,用物价指数修正后,年率亦仅1.54%而已。

洋务运动于19世纪60年代引入现代化产业后,即遇到一个总需求不旺、物价下跌的市场局面,直到世纪末才见转机,成为洋务派企业不能正常发展的原因之一。这期间,进口洋货中,占第一、第二位的是鸦片,每年大都在3 000万两以上,加上估计的走私数,1869—1894年进口鸦片220余万担,值9.97亿两;1895—1918年约81.5万担,值5.72亿两。鸦片戕害人民,姑且不说,而其市场作用则完全是消极的,它汲取了消费者十数亿两的购买力,成为工农业发展的一个阻力。如前节所说,1880年以后,国产鸦片的数量已超过进口鸦片,估计1894年值9 000余万两,1919年达3.9亿两,这个商品值并未包括在表3土产商品量之内。国产鸦片,虽然也汲取了大量消费者的购买力,但它同样增加了烟农、走私商和缉私官的购买力。表3中未能列入此项商品,是估计中的一个漏洞。

三　1920、1936 年国内市场商品量

这是我在编写《中国资本主义发展史》中，估计 1920、1936 年工农业总产值的时候，同时估计了各类产品的商品值，并在该书第三卷中作了分析，后曾单独发表。这次，又根据我在《论工场手工业》中对手工业商品值的新估计，作了修正，汇入表 4。

表 4 显示，1920—1936 年间市场的发展是较快的，商品量的年增长率达 3.6%，按可比价格亦有 2.51%。而这个表所示最大变化是在商品结构方面。现代化工厂产品增长最速，年率达 7.55%，按可比价格亦有 6.29%，这包括了日本在东北的工业开发。因而，现代化工厂和矿冶产品，1920 年只占国内生产商品量的 13%，到 1936 年已占 20.5%。相应的，手工制造业产品所占比重降低了 10 个百分点，这是意中之事。农业产品的商品量这时期也颇有增长，年率达 4.19%，不过这一点没有把握，因为对这时期的农业生产有不同看法，我采用的是比较乐观的一种。不过，这时期经济作物有较大发展是可以肯定的，因而如表 4 所示，农产品在国内生产商品量中的比重略有增加，是有可能的。

然而，表 4 因为是以 1936 年作基期，没有能完全反映 1931 年日本侵占东北和 1931—1935 年经济危机对市场的作用。日本侵占东北，一时使国内市场交易量丧失 15%—20%。30 年代经济危机，使国内土产埠际贸易变成负增长，到 1936 年比之 1930 年，负增长率为 11.85%，加上东北的国内产品运销，负增长仍有 3.14%。（参见《中国资本主义发展史》第三卷，第 221—222 页）

四　土产埠际贸易和洋货进口净值

以上估计，都是利用间接的或单项资料，自非准确，且不免主观性。原来统计资料中，唯海关统计的土产埠计贸易及洋货进口净值较为完整，时间亦较长（前者 1868 年起，1931 年止）。因将两者按五年距摘列入表 5，并制成指数，以观察其增长速度及趋势。

"土产埠际贸易"，如前所说，是海关统计"各关贸易货价全数"

中的一个项目，包括各关运往其他关的土产值，也包括由这关或那关再出口外洋的部分。所谓土产，指中国生产，包括在华外商工厂所产。而"各关"，少时 14 个，多时 50 个，不过关系不大，因主要的关总是统计在内。这项统计的最大缺点是，它限于轮船运输并报关的货物。在抗战前，轮船、铁路、汽车的总货运量（吨公里）中，轮船约占 25%；尚有木帆船运输量，无从统计。又西北、西南一些不设海关之地的贸易，自也无从统计。此项"土产埠际贸易"统计虽极不完整，但其发展趋势和速度（指数）仍有代表性，并且是唯一的。从指数看，增长最快是在 20 世纪前 10 年，以及 1915—1925 年的 10 年，年增长率均在 8% 左右。1925 年以后绝对值增大，1931 年达最高峰，速率则降低。

表 5 中的"洋货进口净值"也是取自"各关贸易货价全数"中的一个项目，它与海关外贸统计的进口净值有些许差异，不过在以万关两为单位的表 5 中，这种差异已不存在。海关的"各关贸易货价全数"统计散见各年关册，发表过后又常有修正。表 5 系取自王水从历年关册中整理出来的数据，载《中国经济史研究》1987 年第 1 期。

五　国内市场商品量估计

现将以上各种估计汇入表 6。其中 1840 年是概指鸦片战争前情况。原来我在《论清代前期我国国内市场》（《历史研究》，1983 年第 1 期）中曾估计鸦片战争前粮食等 7 种商品连同净进口约值 3.53 亿两。当时资料不足，自知过于简陋，尤其粮食估计偏低。近年来时贤在这方面研究甚丰。吴慧在他主编的巨著《中国商业通史》中扩充为 11 种商品共值 5.25 亿两，我即以此作为表 6，1840 年商品量。

表 6 可以看出，19 世纪下叶，国内市场的发展是缓慢的，包括进口洋货，商品量的年增长率不过 1.5%。60 年代开始建立的洋务派企业以重工业为主，无力为自己开拓市场，反而受制于一个价格下跌、市况不景气的国内市场。这时期市场的扩大主要靠茶、丝、棉花等出口引起的农产品的商品化，城市人口的增长显然也扩大了粮食的商品

量。甲午战争后，情况有所改变，1894—1908 年，市场商品量增长的年率达 4%。一方面，洋货进口猛增，一方面，国内有个"设厂自救"的运动，同时手工业繁荣，推动了市场的发展。然而，这时期物价猛涨，如果剔除价格因素，商品量的年增率只有 1.12%，反低于前期。不过，物价上升、市场活跃，总的说是有利于工农业生产的。

市场的真正发展是在 20 世纪。表 6 见 1908—1920 年商品量年增长率达 10.46%，其中国内生产商品达 11.37%，这都是前所未有的。这时期物价变动不大，按可比价格计，亦有 8.86% 和 9.76%。这期间，包括第一次世界大战时期，所谓中国民族资本的"黄金时代"；而据我考察，中国手工业生产大约在 1920 年达于顶峰。1920 年的国内生产商品值中，手工制造的商品比现代化工厂的产品大 3 倍多，几乎与农产品的商品值相当。这种商品结构，到 1936 年才发生重要变化，已如前述。1920—1936 年间，商品量年增长率降低，主要是受 30 年代经济危机的影响，原来直到 1931 年，仍然是增长较快的。较精确的 1936 年埠际贸易统计（限于轮船运输和向海关报关的商品），贸易总额中手工业品占 42%，现代化工业产品占 34%，而农产品只占 24% 了。（韩启桐：《中国埠际贸易统计，1936—1940》，中国科学院社会研究所 1951 年版）

有一种看法，认为中国是个半殖民地，国内市场的发展只是洋货的泛滥，甚至把全部进口都看做消极因素。这种看法不全面。从表 5 的长期指数看，在 19 世纪后期，进口洋货的增长速度确实比埠际贸易量的增长为快，但这时候洋货在整个市场商品量中所占比重不大。洋货比重最大时是在 20 世纪初，几近 20%（表 3 的 1904、1908 年）。不过，趋势很快就扭转过来，到 1920 年，洋货净值仅占市场商品总量的 11.7%，1936 年只占 8.74% 了。即使在 19 世纪后期，外贸的发展也会引起内贸的发展。在上海，1870—1910 年，运进上海的洋货增加了 328%，经海关运进上海的土货增加了 535%，不经海关运进上海的土货与经海关的大体相当。就是说，内贸发展快于外贸，这就使上海能够工业化，成为全国工业中心。到 20 世纪 30 年代，上海的贸易额约占全国 1/4，而现代化工业产值占全国 1/2。（张仲礼：《近代上海城市研究》，1990 年版序及第 157 页）遗憾的是，取得这样现代化成绩的，只上海一埠而已。

表 1　农产品的商品化

（单位：规元）

	1840（前）		1894		1919/1920	
	商品量（万担）	商品值（万两）	商品量（万两）	商品值（万两）	商品量（万两）	商品值（万两）
粮食	23 300.0	15 533.3	37 250.0	37 250.0	52 683.0	105 366.0
大豆	—	—	1 644.7	1 905.5	4 744.2	12 155.6
棉花	211.2	1 277.5	270.8	2 715.0	876.2	11 277.5
烟叶	—	—	400.0	1 470.5	638.0	4 477.6
茶叶	215.3	2 433.0	386.9	5 330.0	276.7	6 110.3
蚕茧	…	…	72.3	1 275.5	217.8	5 527.2
合计		19 243.8		49 946.5		144 914.2
罂粟	—	—	32.5	9 413.3	25.0	38 990.0

表 2　厘金货运量估计

年份	货物厘金数（万库平两）	物价指数	按物价指数调整后的厘金指数	按厘金数折合的货运量（万规元两）
1869	1 288	100.0	100.0	60 943
1874	1 267	78.8	124.8	59 920
1879	1 235	75.3	127.3	58 416
1884	1 209	72.9	128.8	57 168
1889	1 493	83.5	138.8	70 624
1894	1 421	87.1	126.7	67 230
1899	1 658	109.4	117.7	78 407
1904	1 926	116.5	128.4	91 084
1908	2 106	129.4	126.4	99 606
1911	4 413（预算）	124.7	274.8	208 739（据预算）

注：物价用唐启宇指数改编。1 库平两 =1.069 规元两。厘金平均税率为 2.26%，折算时用千位数。

表3 市场商品量估计

（单位：万规元两）

年份	厘金货运量（A）	土产埠际贸易（B）	常关货运量（C）	盐（D）	土产商品量（E= A+B+ C+D）	进口洋货净值（F）	国内市场商品量（G=E+F）		
							实数	指数	修正指数[①]
1869	60 943	9 003	9 469	5 850	85 265	7 476	92 741	100.0	100.0
1874	59 920	11 275	9 469	5 850	86 514	7 170	93 684	101.0	128.2
1879	58 416	12 900	9 469	5 850	86 635	9 160	95 795	103.3	137.2
1884	57 168	11 980	12 301	5 850	87 299	8 106	95 405	102.9	141.1
1889	70 624	17 177	15 310	5 850	108 961	12 352	121 313	130.8	156.7
1894	67 230	20 732	14 779	5 850	108 591	18 058	126 649	136.6	156.8
1899	78 407	32 885	14 779	6 500	132 571	29 493	162 064	174.7	159.7
1904	91 084	41 388	22 124	6 500	161 096	38 328	199 424	215.0	184.6
1908	99 606	48 875	21 062	6 500	176 043	43 948	219 991	237.2	183.3

注：折合率，1库平两 = 1.069规元两，1海关两 = 1.114规元两，1元 = 0.715规元两。

① 按表2之物价指数修正。

表4 1920、1936年国内市场商品量

（单位：亿元）

	1920	1936	年增长率（%）	
			当年价格	可比价格
国内生产商品	89.58	163.01	3.81	2.54
内：农业产品	39.09	75.33	4.19	2.84
手工制造业产品	38.75	54.41	2.14	0.95
现代化工厂产品	8.83	28.31	7.55	6.29
矿冶产品	2.91	4.96	3.39	2.18
进口洋货净值	11.88	15.61	1.72	2.32
全部商品	101.46	178.62	3.60	2.51

注：1921—1936年物价指数，农产品123.2，工矿品120.7，进口品0.91。

表5 土产埠际贸易和洋货进口净值

	土产埠际贸易		洋货进口净值	
	万关两	指数	万关两	指数
1868	8 760	37	6 513	29
1870	7 898	34	6 872	31
1875	10 510	45	7 088	32
1880	12 524	54	8 819	39
1885	11 032	47	9 792	44
1890	14 571	62	13 784	62
1895	21 274	91	17 531	78
1900	23 392	100	22 379	100
1905	36 269	155	45 834	205
1910	54 551	233	46 244	207
1915	63 604	272	44 959	201
1920	92 242	394	77 403	346
1925	141 633	605	95 396	426
1930	162 197	693	129 677	579
1931	169 874	726	142 037	635

表6 国内市场商品量估计

（单位：规元亿两）

	1840	1869	1894	1908	1920	1936
国内生产商品	5.25	8.53	10.86	17.60	64.05	116.55
进口洋货净值	—	0.75	1.81	4.39	8.49	11.16
全部商品	5.25	9.28	12.67	21.99	72.54	127.71

表7 平均年增长率

（单位：%）

	1840—1869	1869—1894	1894—1908	1908—1920	1920—1936
国内生产商品	1.69	0.97	3.51	11.37	3.81
进口洋货净值	—	3.59	6.53	5.65	1.72
全部商品	1.69	1.25	4.02	10.46	3.60

市场理论与市场史

市场理论与市场史

我国于 20 世纪 80 年代初在农村推广联产承包责任制。1984 年元旦又由中共中央发出一号文件，大力发展农村商品生产，变自然经济、半自然经济为商品经济。几年来成绩斐然。1985 年，农村专业户已发展到 2 500 多万户，粮食商品率由 70 年代的 20% 上下增长到 30% 以上，经济作物和林、牧、副、渔业大幅增长，商品率达 90%，农村一片生机勃勃的兴旺景象。

此事发人深思。我国商业素称发达，或谓春秋末期已进入商品经济。何以两千三百年后还要大力疏导流通、提倡商品生产？我想从市场理论和历史实践上作些摸索，或有助于时贤的研究。这有两个问题：第一，市场是怎样形成和发展的；第二，商品是怎样在市场上实现其价值的。所论以农产品的流通为主。

市场理论：分工论

马克思曾赞赏重农学派，因为他们是从生产而不是从流通出发来研究市场问题的。他们的市场理论可简示如图 1。农业劳动施于土地，生产产品 P，适足供劳动者全部消费。而当他们生产一个增加量 P′ 时，自己已无需要，于是交给非农业劳动者。后者拿它（粮食和原料）制成工业品 Q，却非自己所需（因为他们实际是工人），便把 Q 交给农业劳动者。这样，工业品和农产品一交换，就出现市场 M。

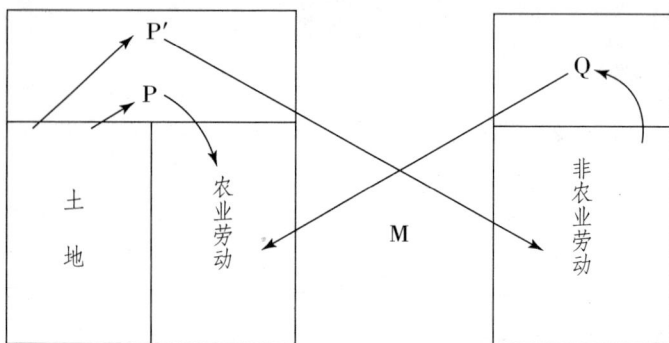

图1　重农学派的市场理论
(James Steuart, 1767)

马克思说："产品之所以成为商品，……仅仅因为有其他商品成为它们的等价物，仅仅因为有作为商品和作为价值的其他产品同它们相对立。""由于社会分工，这些商品的市场日益扩大；生产劳动的分工，使它们各自的产品互相变为商品，互相成为等价物，使它们互相成为市场。"[1]

列宁根据上述论点，提出"社会分工是商品经济的基础"这一命题。[2]他说："市场这一概念和社会分工（……）这一概念是完全分不开的。哪里有社会分工和商品生产，哪里就有'市场'。市场量和社会劳动专业化的程度有不可分割的联系。"[3]列宁有一个市场的图式，我把它简化改编如图2。[4]图2（1）表示每个生产者都生产Ⅰ、Ⅱ、Ⅲ类（例如吃、穿、用）的产品，这完全是自然经济，没有市场。图2（2）表示生产者 A 放弃了Ⅲ的生产，加倍生产Ⅱ，其他生产者也必须调整各自的产量，以满足全社会 12 个单位的消费需求。这样，有余和不足必须通过市场交换了。图2（3）表示每个生产者都变成Ⅱ

---

① 《资本论》第 3 卷，1974 年版，第 718 页。
② 《列宁全集》第 3 卷，1959 年版，第 17 页。
③ 《列宁全集》第 1 卷，1955 年版，第 83 页。
④ 原图式见《列宁全集》第 1 卷，1955 年版，第 78—79 页。原图不仅表现市场的产生和发展，还表现资本主义雇佣劳动的产生和发展。这里仅取其市场部分，故简化，又为适应中国读者，改变其标号。

或Ⅲ的专业户，市场扩大，商品量占到总产量2/3。再进一步就是有人放弃Ⅰ（粮食）的生产，另有人成为Ⅰ的专业户，那就是完全的商品经济了。

（1）

生产者	产业部门			市场
	Ⅰ	Ⅱ	Ⅲ	
A	3	3	3	
B	3	3	3	
C	3	3	3	
D	3	3	3	
	12	12	12	

（2）

生产者	产业部门			市场	
	Ⅰ	Ⅱ	Ⅲ	卖	买
A	3	6	—	3	3
B	3	2	4	1	1
C	3	2	4	1	1
D	3	2	4	1	1
	12	12	12	6	6

（3）

生产者	产业部门			市场	
	Ⅰ	Ⅱ	Ⅲ	卖	买
A	3	6	—	3	3
B	3	6	—	3	3
C	3	—	6	3	3
D	3	—	6	3	3
	12	12	12	12	12

图2　列宁的市场图式

其所以出现分工和专业化，是由于技术进步，生产力发展，专业户可以有较大经济效益。不仅各产业部门，一项生产的各工序的专业化，也产生同样效果。"技术进步必然引起生产各部分的专业化、社会化，因而使市场扩大。"[1]

这种理论似乎尽善尽美，也完全符合近年来我国农村的实践经验。但考之历史，却未必然。历史上各种市场的形成，并不一定靠分工。

市场史：不依靠分工的市场

马克思说，最初的交换是出现在原始公社的"尽头"，即"和其他公社接触"的"边界"；交换的东西主要是"奴隶、牲畜、金属"等。[2] 既然是两个相邻的公社，自然条件差不多，就不会有什么分工。不过是一个打了胜仗奴隶多了；另一闹瘟疫，牲畜少了；互相调剂而

---

[1] 《列宁全集》第1卷，1955年版，第85页。
[2] 《马克思恩格斯全集》第13卷，1962年版，第39页。

已。当然原始社会后期有所谓第一次社会大分工。不过，近年来学者对世界范围的各落后民族的考察，对于这次大分工颇有怀疑。即使是所谓渔猎部落，其食物也主要是靠采集和种植。恩格斯也说过："专靠打猎为生的民族，是从未有过的。"[1]

地方小市场，即农村集市，原来也是这样一种余缺调剂的市场。交换双方都是当地农民，交换的东西也大都是每家都能生产的，并不必须有社会分工。在中国市场史上这种市场发展较快，到宋代，商税一半出在地方小市场。明以后，粮与布的交换日趋重要，到清前期，交易额年达九千万两，居全国市场交易额之首。[2]可是，尽管它是工业品与农产品的交换，也不需要分工——每年约三亿匹的商品布，都是农家副业生产的。直到20世纪初，农村还很少或基本上没有专业户。

第二种市场，城市市场，其形成也不是由于社会分工，而是由于剥削。自从有了剥削阶级，地主、贵族、官僚（和他们豢养的食客、仆从、军队），都要在城市购买生活资料，于是商贾云集，城市市场大兴；无论希腊、罗马还是春秋、战国，都是这样。中国不同于西欧者是，较早废除了领地自给经济，随着剥削量扩大，城市市场继续发展，达于高度繁华——《西京赋》、《洛阳伽蓝记》、《东京梦华录》、《梦粱录》等的描绘，令人眩目。城市中自然也有小生产者之间的交换，工农业产品的交换，但就剥削造成的繁荣说，那是与社会分工无关的。

第三种市场，地区之间的、长距离的贩运贸易（在欧洲就是国际贸易）。这种贸易也起源甚早，但在宋以前，主要是土特产品和奢侈品贸易。以盐铁为首的土特产品贸易，也可以说是地区分工。但它是纯由自然条件形成的，所谓"只缘海角不生物，无可奈何来收回"[3]。而不是由于技术进步和大量生产引起的。奢侈品贸易是古代贸易的重要内容，中外皆然。但它是根据物以稀为贵的原则，所谓"奇怪时来，珍异物聚"[4]，并不是根据社会分工的原则而来的。

---

① 《马克思恩格斯选集》第4卷，1972年版，第18页。
② 拙作：《论清代前期我国国内市场》，《历史研究》1983年第1期。
③ 林正清：《小海盐场新志》。
④ 《管子·小匡》。

这样看来，无论是大市场或小市场，城市市场或农村市场，其形成都与社会分工无甚关系。当然，这是指其早期阶段，它们后来都发生变化。例如，一些农村集市逐渐成为大宗商品的集散地，转化为初级市场；一些城市市场逐渐变成进出口或工农业品贸易的中心；长距离的贩运贸易，在明代以后也是以民生用品为主的。

对历史现象的认识

怎样看待上述理论与历史的矛盾呢？显然问题在于我们对历史的认识，因为历史本身是不能改变的。对历史现象（例如市场现象）可以有不同看法，下述是我根据马克思理论提出的自己的看法。

历史上最早出现的交换，即物物交换，是否具有商品性质，是个争论的问题。马克思本人前后也有不尽相同的看法。[1] 我是采用他在《资本论》中的说法，即它们"在交换之前不是商品，它们通过交换才成为商品"，并且，不再称为物物交换，而称为"直接的产品交换"。这个词含义较广，完全可用于早期地方小市场（集市贸易）的交换。这种交换，"一方面具有简单价值表现形式，另一方面还不具有这种形式"[2]，因而，它还不是完全意义的商品（价值）交换。至少，它是作为使用价值、并不是作为价值（商品）而生产的，只是在交换时才表现为价值。这也就是它的交换不必以社会分工为基础的理由。因为分工是指生产的专业化，目的在增加经济效益。这种小市场的交换则主要是调剂余缺，每个生产者都是为买而卖，主要不是为了增加经济效益，所以不必需有分工。"永恒理性的一系列经济进化是从分工开始的"[3]。因而，地方小市场的扩大，虽然是商品经济的一个发展，对于整个经济的进步，却为效不大。

由剥削而产生的城市市场，是另一种性质。政治经济学所说的商

---

[1] 见《马克思恩格斯全集》第46卷上，第86—87页（1857年）；第13卷，第39页（1859年）；第23卷，第106页（1867年）。
[2] 《资本论》第1卷，1974年版，第105页。
[3] 《马克思恩格斯选集》第4卷，1974年版，第322页。

品交换，是指产品与其等价物相交换（即生产者之间的交换），或者是产品与资本相交换（例如工业资本家以货币购买原材料）。由剥削而产生的市场，则是产品与收入相交换，即贵族、地主以其纯收入购买消费品。这两者是根本不同的。①在封建社会，这种收入不论采取什么形式（赋税、利息等），都不外乎是地租的转化形态。由此所引起的商品流通有个特点，即它是单向的：每年由农村输往城市一定量的农副业产品，城市却没有回头货来支付农村。因而没有实际的交换，所流通的也还不是真正的、完全意义的商品。②所以，由此所造成的城市市场的繁华，主要是反映封建经济的成熟（地租量扩大），而不是反映商品经济的发展。这与马克思的以分工为基础的市场理论，并无矛盾。

早期的贩运贸易，马克思说它是"建立在生产民族的野蛮状态的基础上的"，是"对不发达的共同体的产品交换起中介作用"。③这是因为，进入贩运贸易的，无论是土特产品或奢侈品，都是已生产出来的东西，自用有余或当地无用，因商人资本的活动"使产品发展成为商品"。④它不是生产的发达造成商业，因而不需要以生产力的特别发展和分工为前提。

由此可见，在历史上，可以有不同性质的交换，及至可以说有不同意义的商品。马克思在讲分工时说："我们这里所指的分工，……是表现为交换价值的分工"⑤；又说，这种分工，"仅仅把它看做同交换价值是一回事"⑥。从这个意义上说，无论有多大的市场，只要没有专业户，即没有生产交换价值的分工，就不算（本来意义的）商品经济，从这个角度来说，两千年来中国农村经济的发展还抵不上最近五年，这恐怕也是事实。

---

① 例如，以资本购买产品，买得越多，越可致富，以收入购买产品，买得越多，你就越穷。详见《马克思恩格斯全集》第46卷上，1979年版，第464—469页。
② 例如糟粮，显然不是商品。如改为折色，表面上是农民卖出官府买进，但农民卖粮所得由数转交给官府，本身仍未得到补偿，即其所卖之粮实际上没有等价物与之交换。
③ 《资本论》第3卷，1974年版，第369页。
④ 《资本论》第3卷，1974年版，第376页。
⑤ 《马克思恩格斯全集》第46卷下册，第471页。
⑥ 《马克思恩格斯全集》第46卷下册，第470页。

但是，我们也可以从另外的角度来看，"在商品世界中，发达的分工是作为前提存在的"；"但是，从商品的角度以及交换过程内部来看，分工本身只是在它的结果、在商品本身的特殊性上存在"。[①]总的说，是生产决定流通，但在经济史上，决不能低估交换的作用。

在历史上，分工似乎晚出，而交换则差不多和生产同样古老。原始公社之间的交换促成了公社内部的商品化；商业"使产品发展为商品"，最后还是发展为商品生产。正是日积月累的交换，由量变转化为质变，实现分工和专业化。亚当·斯密说分工起源于交换，这在经济史上是存在的，16 世纪英国羊毛生产专业户的出现就是这样。目前我国农村专业户的大量出现，固然有生产力发展的因素，但主要还是放宽政策、调整价格、开放市场的结果。过去，多少受斯大林的影响，我们确实是单纯强调了生产，忽视交换，蔑视流通，形成"自然经济论"，给国民经济带来危害。因而，树立一个全面的市场观，十分必要。

恩格斯说："生产和交换是两种不同的职能"，"这两种职能在每一瞬间都互相制约，并且互相影响，以致它们可以叫做经济曲线的横坐标和纵坐标"。[②]迄今，还没有学者认真考虑恩格斯这最后一句话。我想，市场的理论恐怕不必是建立在生产一极上，也可以建立在生产和交换这两极上。我试以生产为横坐标，以交换为纵坐标，得到一个简单的市场发展曲线如图 3。

图 3 中 AB 代表"直接的产品交换"，它在历史上早就有了，并形成小市场 m。当生产发展到 P_1 时，出现了商品交换 DC，图中 CDB 这块市场园她 M，随着生产和交换发展不断扩大，并部分地代替了 m。当生产发展到 P_2 时，交换量增长到 Q_2，但以分工为基础的商品量 EF 还只有总产量的 1/5，还只能算是自然经济和半自然经济。旧中国的农村大体就是这种情况。当生产发展到 P_3 时，交换量和商品量都已超过总产量的 1/2，那是比较发达的商品经济了。

---

① 《马克思恩格斯全集》第 13 卷，1962 年版，第 40、41 页。
② 《马克思恩格斯选集》第 3 卷，1974 年版，第 186 页。

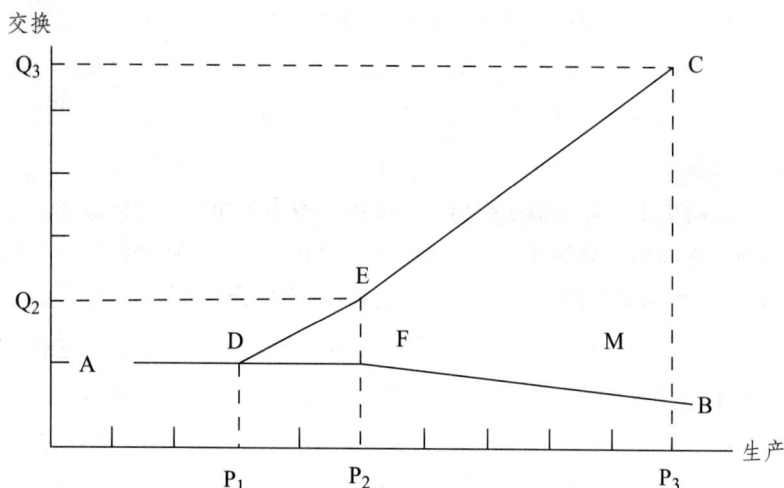

图3　市场发展曲线

实 现 论

实现的理论是在资本主义商品生产中提出来的，因为在这时才明显地看出商品价值不能实现的危机，即周期性生产过剩的危机。

马克思的实现理论包括两个方面。一是在资本主义建立过程中，剥夺小生产者，"同时也为资本建立了自己的国内市场"。[1]这是包括在他的资本原始积累的理论中。二是从社会分工上说的，社会分工造成市场，"如果这种分工是按比例进行的，那么，不同类产品就按照它们的价值（后来发展为按照它们的生产价格）出售"，就能够在市场上实现。而这也正是价值规律的要求。"因此，只有当全部产品是按必要的比例进行生产时，它们才能卖出去。"[2]这是个极其重要的原理，不仅适用于资本主义，也适用于其他生产方式。比例失调，就会造成结构危机，也会造成社会主义计划经济的危机。在生产中，最重要的比例是生产资料和消费资料两大部类的生产比例，因而可归纳为这样一个公式：

---

① 《资本论》第1卷，1974年版，第816页。
② 《资本论》第3卷，1974年版，第716—717页。

$$\text{I}(\text{V+m}) = \text{II}\,\text{c}$$

列宁全面发展了马克思的实现论。一方面，为了同民粹派作斗争，列宁十分强调资本主义能为自己创造国内市场的论点，另一方面，他在《论所谓市场问题》中，用复杂的算式，论证了资本主义如何为自己创造国内市场，也就是在扩大再生产中商品实现的条件，即第 I 部类的 V+m 必须大于第 II 部类的 C：

$$\text{I}(\text{V+m}) > \text{II}\,\text{c}$$

这就是说，生产资料的增产应当快于消费资料的增产。这个论点，在斯大林的政治经济学中，就成为生产资料优先增长的"规律"。不过，那已不是市场实现的理论，而是避开市场机制的编制经济计划的理论了。

现在回看历史。历史上，在资本主义以前，社会分工的发展大体是按比例的。这是因为有一只看不见的手——价值规律在操纵着。在中国，长时期内"男耕女织"，家庭手工业不能从农业中分离出来，也可说是按比例要求的市场不够大，不能容纳专业生产。在西方，这种分离也主要是海外市场的扩大，尤其是地理大发现以后造成的。另一方面，影响市场供求，影响商品实现的因素十分复杂；年成丰歉、社会变动，以及自然和人为的偶然因素都起作用。早在简单再生产中，甚至在"直接的产品交换"中，即有实现问题，例如"屡贱踊贵"，谷贱伤农之类。封建政府采用均输、平准等办法，从供求上加以调剂，也不失为补救之道。维护市场平稳，对统治者十分重要，这就形成一种传统，一种政府的职责。资本主义生产方式（最初是工场手工业）建立后，破坏了比例关系，问题加剧了。诸如"谷物法"之类的争论，提上日程。

这里，仍可回顾一下重农学派。具有代表性的实现理论，就是魁奈的著名的"经济表"，其简式如图 4。

图 4 中：全年农业产值是 50 亿（利弗尔，相当于当时法国农产量）。地主以地租向租地农场主（生产阶级）购买了 10 亿，从而实现了 1/5。工业家（不生产阶级）以自己的积累购买了 10 亿，又实现1/5。地主以 10 亿向工业家购买工业品，后者用此款购买农产原料，又实现了 1/5。租地农场主也用自己的积累向工业家购买 10 亿的工具

等。结果，20 亿工业品全部实现了，而 50 亿农产品只实现 3/5，即 30 亿，还有 20 亿没有实现。这 20 亿哪里去了？魁奈自己没说清楚，马克思曾有几次解释。[①]看来，至少有一半，也许全部，是交给地主作地租了。否则，地主下年度的 20 亿的购买力何来呢？

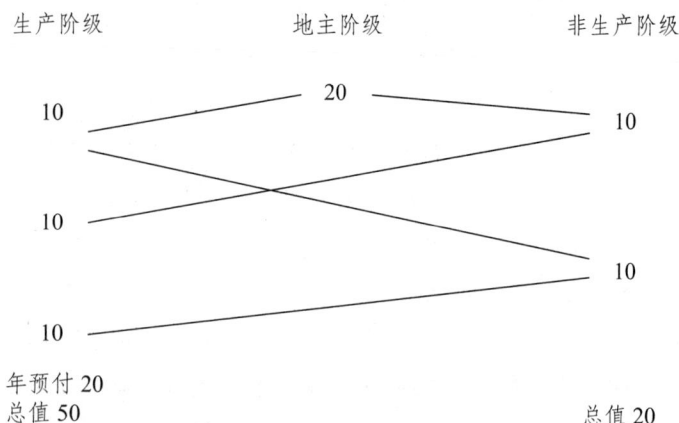

生产阶级　　　　　地主阶级　　　　　非生产阶级

```
  10 ——————————— 20 ———————————
                                    10
  10 ————————————————————————————
                                    10
  10 ———————————
```

年预付 20
总值 50　　　　　　　　　　　　　　　　　　总值 20

图4　魁奈的"经济表"

　　魁奈的这种思想，显然有其历史背景。也就是我前面所说，剥削造成市场，而当时法国的实现问题，正是在农业上。到了马尔萨斯，市场危机已屡见，于是出现一个"第三者"即"非生产消费者"的理论。就是说，市场上必须有这么一种人，他们只买不卖，商品才能全部实现。这是什么人呢？首先是地主，以及地主的食客和仆人；其次是政府，及其官吏、牧师、军队。而在这以后，几乎所有的西方经济学，尤其是凯恩斯以后，直到当代宏观经济学，就无不把政府作为市场上最大的购买者，也是调节者。无论是货币学派，或是供应学派，无不是想通过政府措施，以解决滞销或滞涨。当代宏观经济学的模式简如图 5。在政府、企业和居民之间是相互的购买（包括服务）关系和货币支付关系（包括税、工资、利润、利息、地租等），而在这三大块之间，则是市场和信息反馈。

———————————

① 见《马克思恩格斯全集》第 26 卷上，第 352、406 页；第 20 卷，第 270—271 页。

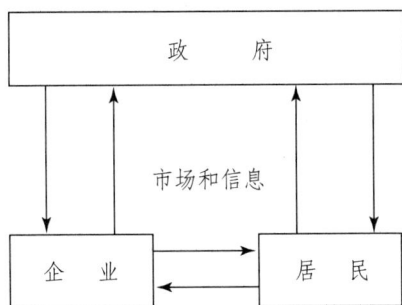

图5　当代西方宏观经济

　　当代西方发达国家基本上都已是国家垄断资本主义经济，政府在宏观经济中占重要地位，理所当然。然而，图 5 对我们似乎不无启发。社会主义经济，过去一度设想是没有或很少市场，看来是行不通的。它应当有一个相当大的、在计划指导下的市场。在这个市场上，即使是计划商品的流通，也有一个实现问题。人们已在讨论社会主义经济的模式，社会主义市场又应当是怎样一种模式呢？我这里只能提问，不能置答。但愿提供两点拙见：第一，按比例或价值规律，仍应是考虑的中心。第二，任何市场模式（或理论），不要割断历史，不要开无源之渠，种无根之树。在这一点上，中国市场史还是个应当研究的课题。

（原载《平准学刊》第三辑下册，1986 年版）

试论交换经济史

缘　起

恩格斯在《反杜林论》中说："政治经济学，从最广的意义上说，是研究人类社会中支配物质生活资料的生产和交换的规律的科学。生产和交换是两种不同的职能。……这两种社会职能的每一种都处于多半是特殊的外界作用的影响之下，所以都有多半是它自己的特殊的规律。但是另一方面，这两种职能在每一瞬间都互相制约，并且互相影响，以致它们可以叫做经济曲线的横坐标和纵坐标。"[①]

对于恩格斯的这个见解，似乎还很少进行认真的研究。在政治经济学界，常是重生产而轻交换，或把交换从属于生产。斯大林关于政治经济学对象的定义，干脆删掉了交换，并解释说"因为'交换'一词通常被许多人了解为商品交换"，而商品交换不是一切社会形态所共有的。[②]事实上，十月革命后，在苏联一直存在着一种否定商品生产和交换的思潮。[③]在我国，这种思潮也在 20 世纪 70 年代达到高峰，形成"自然经济论"，对国民经济造成巨大危害。

1979 年底党的十一届三中全会以后开始转变，1983 年提出"变

---

① 《马克思恩格斯选集》（以下简称《选集》）第 3 卷，1972 年版，第 186 页。
② 《苏联社会主义经济问题》，《斯大林文选》下册，1962 年版，第 630 页。
③ 这种思潮以布哈林的《过渡时期的经济》（1920）为代表，直到 20 世纪 50 年代，斯大林虽然肯定了社会主义有商品生产，但仍"只限于个人消费品"，见《苏联社会主义经济问题》，《斯大林文选》下册，1962 年版，第 583 页。

自给经济、半自给经济为商品经济"的口号，1984年党的十二届三中全会更明确地指出社会主义经济是有计划的商品经济。但在大力提倡商品生产中，又出现流通渠道不畅、运输、仓储、通讯、服务等严重不足，以致发生"卖货难""买货难"等现象。这就使人感到，单考虑商品的生产和交换是不够的，还应当从广义上来研究交换这个"坐标"对发展国民经济的作用。

政治经济学是研究经济史的思想指导。经济史又是总结生产和交换的历史、研究政治经济学的基础。近年来，我国对商业史的研究颇盛，已有不少成果，十分可喜。但我觉得探讨的范围狭了一些，不能反映恩格斯所说交换的社会职能的作用。原来，马克思在《资本论》中就提过，商业除从事商品交易以外，至少还有运输、保管、通讯、递送、分类、包装、散装、分配等八种职能，这些职能又都创造价值，因而形成商业成本或费用。[1]国外有的经济史学者把市场机能、运储、信息以及信贷、保险、政府等功能统一计算到一个交换成本（cost of exchange），这些功能在历史上的演进（反映为交换成本的降低），促进一国国民经济的发展。[2]这种看法有点像恩格斯的交换坐标论。这种看法是以资本主义经济的发展为模式的，在资本主义制度下，商业资本从属于产业资本，它的职能受生产的支配。在历史上，"在资本主义社会以前的阶段中"，商业资本是独立运动的，那时"商业支配着产业"[3]；因而，交换还会起更重要的作用。

因此，我感到有必要扩大我们商业史的研究范围，故称之为交换经济史。这里，我只是提出一些设想，供同行讨论和批评，远非交换史本身。但我觉得，经过时贤的研究，如果我们能从中国经济史中找到一两个交换的"自己的特殊的规律"，那必然会对我国社会主义商品经济发展的战略决策，十分有益。

---

[1] 分见《资本论》第3卷，1975年版，第298、314、321、322、329、335页。
[2] 参见 Douglass North，"Government and Cost of Exchange in History"，*Journal of Economic History,* 44：2, 1984.
[3] 《资本论》第3卷，第369页。

广义的交换

马克思的确说过："交换就其一切要素来说，或者是直接包括在生产之中，或者是由生产决定。"[①]这是指产品或商品交换，可说是狭义的交换。但他还讲过，人们在生产中必须"互相交换其活动"，发生"各种活动和各种能力的交换"。[②]这里已不限于产品或商品的交换，但还是在生产之中。这些交换还都是使用 Austausch 一词。

马克思、恩格斯在其他一些地方，表达交换这一概念时，不是用 Austausch，而是用 Verkehr 一词，中文本译为交往，这个词含义较广，他们还提出物质交往，精神交往等各种"交往关系"（Verkehrsverhältnisse）。在谈到交往与生产的关系时，他们说："生产本身又是以个人之间的交往为前提的"；人们"受着自己的生产力的一定发展以及与这种发展相适应的交往（直到它最遥远的形式）的制约"。[③]这里的交往就不是在生产之中，而是与它并行，甚至是生产的前提了。

马克思在致巴·瓦·安年珂夫的一封信中，在论社会是"人们交互作用"的产物时说："人们在他们的交往方式不再适合于既得的生产力时，就不得不改变他们继承下来的一切社会形式。"这里的交往又是借用英文 commerce（交易）一词。他解释说："我这里使用 commerce 一词是就它最广泛的意义而言"，它包括一切"社会关系"。[④]

可见，马克思、恩格斯用交换这一概念时是有不同含义的，从狭义以至最广义，乃至不得不选用不同的词。

在自然界，存在着三种交换，即物质交换、能量交换和信息交换。在系统论中，各系统之间、一个系统的各元素之间都有交换关系，即输入和输出。这种交换也就是物质、能量、信息的转换，所以

---

① 《〈政治经济学批判〉导言》，《选集》第 2 卷，第 102 页。
② 《雇佣劳动与资本》，《选集》第 1 卷，第 362 页；《〈政治经济学批判〉导言》，《选集》第 2 卷，第 101 页。
③ 《德意志意识形态》，《选集》第 1 卷，第 25、30 页。
④ 《选集》第 4 卷，第 320、321 页。

输入和输出是不同质的。[①]这个原理也可用于社会研究。人类社会也存在着不同质的交换，如政治关系、经济往来、文化交流等。不过这样来看待交换，又未免太广泛了。近代社会学家，尽管常把交换归之予社会行为（行为主义），但多半还是区分社会交换与经济交换（功能主义）。为便于研究，我想把政治经济学的交换区分为下列三个含义，三者加起来就是广义的交换。由于是作为交换经济史研究的对象，自不免有若干人为的规定（正如我们要研究江南经济史，就要对"江南"作些规定一样）。

第一个含义：指商品交换，包括它的前驱产品交换。这是通常意义的交换，也是我们要研究的主体。这种交换，从自然性质上说，属于物质交换，从历史上说，它出现较晚，最早不超过原始社会末期。至于它的历史下限，即在共产主义社会是否消灭，可暂置勿论。

第二个含义：指劳动交换。从自然性质上说，它属于能量交换。但因所有产品和商品的交换都是物化劳动的交换，我把它们和也是商品的劳动力的买卖除外，仅包括其他形式的劳动，其中又主要是与流通有关的各种劳务，尤其是运储、通讯、市场机制和金融。在历史上，劳动交换是与人类共始终的。

第三个含义：指智能的交换。从自然性质上说，它属于信息交换。但我用"智能"一词，意在把它限制在经济的范围之内，排除权能信息（政治信息），也排除非功能的信息（感情、艺术、宗教等）。作为交换的实体（非载体，如语文、通讯），我又把它限定在信息生产即精神产品的含义上；其主要内容即科学技术和组织管理的知识。因而，它出现最晚，它的历史上限不出奴隶社会，下限则与人类共命运。

---

① 按曼内斯库的研究，经济系统的输入有五种：劳动力、物资、能量、信息（技术、指令等）、资金；其输出有四种：产品、劳务、能量、信息。因不同质、不同向，也就不等价。否则，像甲给乙五元钱，乙又给甲五元钱，那就没有意义。

交换与分工

上列三种含义的交换的基础都是分工，并随分工的扩大而发展。这正是交换可以独立于生产、有它特殊的发展规律的原因。

政治经济学所称生产，首先是指人类对自然的变革，即从原始农业和原始畜牧业的出现开始。在这以前约有 150 万年，人类是处于"攫取经挤"时代，而非生产经济。但是，那时就有了分工，也有了劳动交换。

"分工起初只是在性行为方面的分工"①；也许是这样，但这决非人类社会的特征。人类在采集、渔猎等劳动中，就有按年龄和性别的自然分工了。最近研究并证明，原始社会的平均分配并不是根源于共同劳动，共同劳动也不是全体成员都要同时去做一种劳动，而是分别去做各种劳动。有人把这种分工叫"暂时分业"。不管是自然分工或暂时分业，成员之间都必然有劳动交换，虽然这种劳动交换没有等价形式（劳动成果是平均分配的）。

人类进入生产经济并未立即开始产品交换，至少有 100 万年仍然只有劳动交换。产品交换不是源于生产，而是源于第一次社会大分工。近年来学者对第一次大分工的内容不无怀疑，但历次的社会分工造成商品交换则可以肯定。

智能交换，可以说从"智人"出现就开始了，语言便是它的载体。原始人在劳动中互相指点路途、通报情况，自然会增进效率。但是，真正成为信息的是概念，是人脑抽象思维的产物。原始人能说出许多动植物名称，但没有"兽""树"这种概念，也就没有信息产品。信息产品是在脑力劳动和体力劳动分工后出现的。马克思说："分工只是从物质劳动和精神劳动分离的时候起才成为真实的分工"；从这时起人类才能"不用想像某种真实的东西而能够真实地想像某种东西"，才有了理论、哲学和科学。②所以，信息交换也是由分工引起的。

科学技术，今天已成为最重要的生产力；但在古代却不是这样。

---

① 《德意志意识形态》，《选集》第 1 卷，第 36 页。
② 《德意志意识形态》，《选集》第 1 卷，第 36 页。

据苏联学者斯特鲁米林测算，石器时代，技术的发展平均每万年只提高 1%—2%；从铁器出现直到使用蒸汽机以前，技术进步所造成的劳动生产率的增长平均每个世纪还不到 4%。[①]在前资本主义社会，生产力的发展主要不是靠科学技术，而是靠分工。

几乎所有的经济学家和社会学家，不论他们的世界观如何，都肯定分工对于社会经济发展的效果。亚当·斯密说："劳动生产力上最大的增进，以及运用劳动时所表现的更大的熟练、技巧和判断力，似乎都是分工的结果。"[②]斯宾塞从整个社会出发，认为分工是社会有机体演化的普遍机制；分工愈完善，社会各部门的发展就愈协调有效。

马克思说："一个民族的生产力发展的水平，最明显地表现在该民族分工的发展程度上。"恩格斯说，当人的劳动生产力还非常低的时候，"生产力的提高、交换的扩大、国家和法律的发展、艺术和科学的创立，都只有通过更大的分工才有可能"。列宁说："在手工业生产的基础上，除了分工的形式以外，不可能有其他的技术进。"[③]

然而，分工和交换几乎是同义语。分工作为一种生产形式，[④]不仅它的效果要通过交换实现，它本身也包括交换。

分工也有狭义、广义之分。狭义的分工指劳动分工。马克思也常在广义上用这个词，如说中世纪的等级制度和行会制度，近代的殖民制度和国际关系，都是"某种分工的表现"[⑤]。而其中最有意义的是城市和乡村的分离，它是"一切发达的、以商品交换为媒介的分工的基础"[⑥]。广义的分工是和广义的交换相适应的。交换除了它促进产品的商品化、劳动的专业化从而有利于扩大再生产外，它的一般效果

---

① 见苏联《新时代》1959 年第 47 期。

② 《国民财富的性质和原因的研究》上册，商务印书馆 1972 年版，第 5 页。

③ 分别见《选集》第 1 卷，第 25 页；第 3 卷，第 221 页；《列宁全集》第 3 卷，第 386 页。请注意：马克思也是首先谴责分工的人，他和恩格斯、列宁谴责的都是资本主义的分工，首先是造成劳动者畸形、心神残废的厂内分工。

④ 分工，有人列入生产力，有人列入生产关系，比较多的是把它看做生产力的形式或生产形式。形式是对内容（生产要素）而言，因而包括生产关系，实即交换关系。

⑤ 《致巴·瓦·安年珂夫》，《选集》第 4 卷，第 322、323 页。

⑥ 《资本论》第 1 卷，第 390 页。

是：使原来孤立的、往往是自给的生产领域或地区相互联系起来，形成国民经济整体；又使那些专业的、不能自给的部门或地区，可以独立进行生产。因而，交换使"原来独立的东西丧失了独立"，又使"原来非独立的东西获得了独立"。[①]而这两个过程，都会促进生产力的发展和社会的进步。

西欧交换经济史

马克思、恩格斯在《德意志意识形态》中主要是讲广义的交换的。该书"交换和生产力"一节[②]提出许多精辟的见解，可视为西欧交换经济小史；我因摘要如下，作为示例：

人们所达到的生产力的总和决定着社会状况，因而，始终必须把"人类的历史"同生产和交换的历史联系起来研究和探讨。

分工发展的不同阶段，也就是所有制的不同形式。

物质劳动和精神劳动的最大一次分工，就是城市和乡村的分离。它标志着野蛮向文明的过渡，部落向国家的过渡（奴隶制建立）。

城乡分离也可看做是资本和地产的分离，即资本不依赖于地产而存在和发展的开始，也就是仅仅以劳动和交换为基础的所有制的开始（首先是商人资本的出现）。

到中世纪，在由逃亡农奴新建立的城市中，出现自然形成的、以特殊劳动为基础的手工业资本。（这时的手工业者也是商人）这种资本和现代资本不同，它不是以货币来计算，由于交换和流通还不发达，它不能实现（不能货币化）。

商人资本是在历史上被保留下来的城市中活动，但它很快就在新兴城市中出现（代替手工业者的卖）。于是地区间的贸易发

① 《资本论》第 1 卷，第 390 页。
② 这节见《选集》第 1 卷，第 56—68 页，唯有二段摘自第 26、34 页。原译"交换""交往"均作交换（广义——笔者注）。

展起来。它的发展，取决于交通工具、沿途治安情况，和交换所及地区的文明程度所次定的需求水平。

随着地区间贸易的发展，在生产和交换之间产生相互作用。某地创造的生产力，往后是否失传，取决于交换发展的情况。腓尼基人的许多发明和中世纪玻璃绘画技术即由于没有交换（传播）而失传。在历史最初阶段，每天都在重新发明，因每地都是单独生产的。地区间贸易打破这种孤立，生产和商业的分工引起各城市在生产上新的分工，每个城市都有自己的特殊的工业占优势。

不同城市之间分工的直接后果是工场手工业的产生。它的初次繁荣，先在意大利、然后在弗兰德，其历史前提是同外国的交换。在英国和法国，工场手工业最初只限于国内市场。此外，它还以人口集中城市和资本积累为前提。织布业是由于交换扩大而进一步发展的第一种劳动，也是工场手工业的第一个行业，并一直是其中最重要的行业。

随着工场手工业的出现，开始了一个人们流浪的时期，开始了各国间的商业战争、保护关税和禁令，使商业具有政治意义。美洲和东印度航路的发现，远征和殖民地的开拓，商业和航运业空前发展。18 世纪成为商业世纪。

世界性的交换的需求，超过了工场手工业的生产力，引起了新的动力；产生了大工业。

然而，大工业产生的前提是国内自由竞争和理论力学的创立。大工业的出现又使竞争普遍化，这种竞争就是实际的贸易自由。大工业使自然科学从属于资本，城市最后战胜乡村，其前提是（机械）自动化体系。

大工业创造了现代化的交通工具和世界市场，从而加速了流通。

……

从上述简单摘要中可以看出交换和生产以及运输、科学等的关系，它们又怎样促进生产力的发展和社会的进步。从中可以看出，西欧的情况和中国是多么的不相同；但从这种关系的原理看，又是多么的一致。遗憾的是，马克思、恩格斯这里只讲了城市生产和交换，没讲农村和农业。

商品交换

商品交换是上述三种交换中主要的交换形式，也是交换经济史研究的主体。这里引人注意的问题是：我国商业素称发达，有人甚至认为春秋末期已进入商品经济。近年来商业史的研究，也大都盛赞历代市场的繁荣，商品生产日盛。但是，何以资本主义生产因素迟迟不能发展？何以到20世纪80年代还要大力提倡商品生产，提出"变自给经济为商品经济"的口号？我以为：我国较早废除封建割据，较早出现全国性市场，生产力的发展长期居于世界先进水平，商品交换确是比较发达的。但是，在历史的研究中，应当注意有不同内容的商业活动，有不同性质的商品交换，它们对于生产力的发展和社会进步的作用也是不同的。我已有几篇文章讨论这个问题[1]，这里只做个综合概述。由于是强调其不同，对于共同性的发展的一面就无暇谈及了，读来未免偏颇。

第一，商品交换的原始形式是产品交换。在这种交换中，"交换物还没有取得同它本身的使用价值或交换者个人需要相独立的价值形式"[2]。换句话说，它是使用价值的交换，而非价值即交换价值的交换。"作为使用价值，它们只有同特殊需要发生关系时才能被交换"[3]，因而交换带有偶然性。以后交换的发展，由于有了中间媒介，交换物有了简单价值形式；最后，它为商品交换即交换价值的交换所代替。但是，使用价值的或近似使用价值的交换仍以各种形式长期存在，并在前资本主义社会中占相当比重。如地方小市场上农民之间的品种调剂、余缺调剂、家庭手工业产品的调剂，都属这种性质。其交换的东

---

① 见拙作《中国资本主义和国内市场》，中国社会科学出版社1985年版，其中有关市场的几篇文章。另见本书《市场理论和市场史》一文。
② 《资本论》第1卷，第106页。
③ 《政治经济学批判》，《马克思恩格斯全集》（以下简称《全集》）第13卷，第32页。

西，原是每家农户都能生产的，只因某种原因今年未生产或生产不足而已。到宋代，商税有一半来自地方小市场，其中必有很大部分是来自这种调剂的交换。

在交换史的研究中，区分使用价值的交换和交换价值的交换十分重要，因其对生产和社会进步的作用是不同的。使用价值的生产是为满足自我需要，是反分工的，其出卖也是为了再获得使用价值，不是由于分工。因此，无论交易总量多大，每个交换都有条件性，它们在生产上，得不到分工的好处。马克思说："我们这里所指的分工，……是表现为交换价值生产的分工"，"仅仅把它看做同交换价值是一回事"。①分工的作用只有在交换价值的交换中才能充分发挥。有些学者在"使用价值的交换"一词上弄得茫无所措，即因不懂得分工的道理。②

第二，商品交换代替产品交换，大体是在奴隶制下完成的。但这时的商品交换，主要是剩余产品的交换，即生产者自用有余的产品，因商业活动"使产品成为商品"③。就是说，它原来不是作为商品生产的，而是作为使用价值生产的，因而不是以分工为前提。这种商品，还不是完全意义的商品（作为交换价值而生产的商品），这种商品交换，也不是完全意义的商品交换。

这种剩余产品的交换，不仅在奴隶社会，而是延续了很长时期。马克思曾把它称为交换的第一个阶段，包括整个中世纪，"当时交换的只是剩余品"④。这是指农产品的交换。在中国，它还延续到现在，直到农业专业户、即以分工为基础的商品生产出现以前。应注意的是，农业生产的剩余产品的量是很大的。我国早就有"见税什五"之说，西方也差不多，即产品的一半以上有可能投入交换，故不能因其量而忽视交换的性质。

手工业方面，城市手工业出现，已是商品生产了，故马克思称之为生产的"第二个历史阶段"⑤。这问题下面再谈。

---

① 《政治经济学批判手稿》，《全集》第 46 卷下册，第 470—471 页。
② 一些奇谈见 *Journal of Economic History*. voi XLI，No. 2，June 1981，pp. 286-287.
③ 《资本论》第 3 卷，第 376 页。
④ 《哲学的贫困》，《全集》第 4 卷，第 79 页。
⑤ 《政治经济学批判手稿》，《全集》第 46 卷上册，第 501 页。

第三，自进入阶级社会后，就有了因剥削而引起的交换。贵族、官僚、地主和他们的食客、仆从、军队等都要购买生活资料，因而商贾云集，形成繁荣的城市市场。《西京赋》、《洛阳伽蓝记》、《东京梦华录》、《梦粱录》等所描绘的繁荣景象，大部分属于这种交换。明清以后，它才渐居不重要地位。

原来政治经济学所称商品交换，是指生产者之间的交换，"生产劳动的分工，使它们各自的产品互相变为商品，互相成为等价物"。[①] 而由剥削所引起的交换，则不是生产者之间的交换，而是剥削阶级的收入与商品的交换。在封建社会，这种收入无非是地租及其转化形式（赋税、商业利润、利息）。这种收入所交换的商品如果是生产资料（包括劳动力），它就会变成资本，导致资本主义扩大再生产。但是迄鸦片战争，它基本上是购买生活资料，即农民的剩余产品。[②] 这种交换对于生产无大好处，且有坏处，因为从物质交换上说，它是一种单向流通。例如田赋，每年约合三千万两，无论是征实物或征货币，农村每年都要输出相当于此数的农产品，城市却没有回头货来补偿。因而，它所造成的市场繁荣，不必代表商品经济的发展，而是反映封建经济的成熟（地租量扩大）。

第四，地区间的商品交换，或长距离贩运贸易，对生产有重大作用，已如前节所述。我国早就有发达的贩运贸易，但在宋以前，主要是三种，即奢侈品贸易、土特产贸易、盐铁贸易。明以后，日用品贸易才渐居主要地位。

奢侈品贸易是古代贸易的主要内容，中西皆然。但它是根据物以稀为贵的原则而来，不是根据价值交换而来。土特产贸易在我国是由"任土作贡"演化而来，具有非实用的特点。这两种贸易的商品，都是已生产出来或已存在的东西，基本上不是商品生产，不以生产分工为前提，其交换的对象，又属特殊的需要，并限于特殊阶级。因而，它们对生产的促进作用是很有限的。盐铁贸易，可说是商品生产了，也可说是基于地区分工。但这种分工是先天的、纯由自然条件造成

---

① 《资本论》第3卷，第718页。
② 关于收入与劳动交换的理论，见《全集》第46卷上册，第464—469页。

的，所谓"只缘海角不生物，无可奈何来收卤"[1]；而不是由于技术进步和大批量生产造成的，故这种交换的作用须打个折扣。

第五，在剩余产品的交换过渡到商品生产的交换后，商品交换才获得完全的意义。因为这时所交换的，已是以分工为基础、为市场、为交换价值而生产的东西了。这个过程首先出现在手工业中。在西欧，如前所说，首先是出现在由逃亡农奴建立的城市里，即行会手工业。在中国，要晚一些；因为官手工业盛行，它们基本上不是商品生产，而民间手艺人之向商品生产者转化，到明代才见显著。

但是，这时的商品生产，还是小商品生产。[2]它和后来的资本主义商品生产（工场手工业）有质的差别。除了生产规模较小以外，从交换的角度看，这种小商品生产是以谋生为目的，生产者只要求交换价格能补偿他们的活劳动消耗，加上彼此相等的利益（v+m），而其利益（m）不计生产资料的价值（c）。所以在这种交换中，按(c+v+m) 计算的"利润率的差别是一件无所谓的事情，……正像在国际贸易上，不同国家利润率的差别，对各国的商品交换来说是一件无所谓的事情一样"[3]。就是说，它还没有达到完全意义的价格形成。并由于没有平均利润规律的作用，妨碍着投资在不同生产部门间的自由流通（在行会制度下还以规章限制这种流通）。此外，在小商品生产中没有生产单位内部的分工，这也限制着交换的作用，例如促进劳动专业化的作用。在中国，还有一种特殊情况，即农民家庭手工业比较发达。最重要的手工业即纺织业，尤其是棉纺织业，迄鸦片战争还没有从农业中分离出来，其中商品生产的部分（如在松江），在价格形成和分工上，就具有更落后的性质。

商品交换的下一个阶段，就是资本主义的商品交换了。在我国商品交换史中，还应研究社会主义的商品交换。这两种交换又各有特殊的学问，我都略而不谈了。

---

[1]　林正清：《小海盐场新志》。
[2]　我不用简单商品生产一词，因为"在各种不同的社会经济形态中，……都有规模扩大的再生产"。《资本论》第1卷，第656页。
[3]　《资本论》第3卷，第197页。

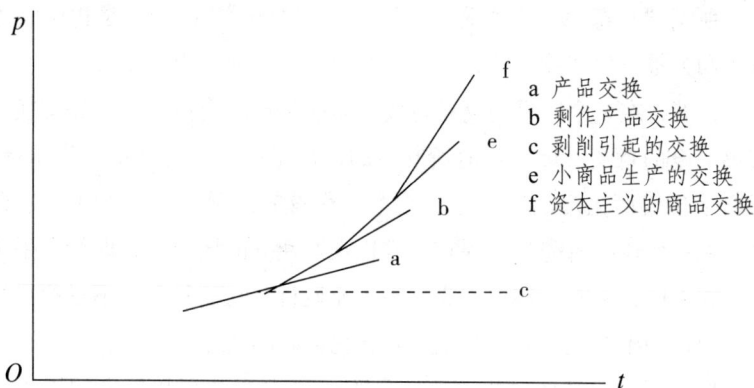

图1

总的说来，我觉得交换史应该区分不同阶段、不同性质的商品交换，才能看出它的"社会职能"和它与生产在"每一瞬间"的相互作用，如果研究得好，也就得出它"多半是它自己的特殊规律"。这里我做一个粗略的概括，如图1。图中 Op 是以生产的高度代表国民经济的发展，Ot 是时间也是交换进展的坐标。各种性质的交换 a，b，c，e，f 在历史上陆续出现，而它们的斜率，也就是各个交换曲线的导数，是不同的。这个导数，可以代表它们对于 Op 的作用的量的概念。（在设计上是以资本主义的商品交换作为参照系，即设 f 的 $\dfrac{\mathrm{d}p}{\mathrm{d}t}=1$）

劳动交换、智能交换

劳动交换史还是个新的研究题目，有待讨论，我这里只能提出一些探索性的设想。

第一，如前所说，劳动交换与人类共始终，不过我们的研究还是可以从人类进入生产经济后开始。在有了产品和商品交换以后，物化劳动是通过物来交换了，但那只占生产的很小部分（我估计清代粮食生产的商品率不过 10%）。生产过程中的劳动交换仍属重要。加罗林王朝时代的科尔比（Corbie）庄园，有从事锻冶、旋盘、木工、制鞋、磨坊、酿酒、烤面包等的专业户 24 户；19 世纪初印度一个百多英亩的小公社，各种工匠和理发师、洗衣坊、教员、诗人也有十几户。他们同农户之间都要交换劳动。在中国小农经济中，这些工匠和手工艺人以及医卜星相（也是农业生产所必需）是分散在村乡，若以村乡为生产单位，这也是生产内部的分工。这种内部分工，也就是劳动交换的量，制约着生产的劳动效率和经济效益，这正是我们要研究的重点。到了资本主义时代，从工场手工业开始，生产内部的劳动交换发生一个突变，因为所有的劳动者都变成局部劳动者，非互相交换劳动不能进行生产了；同时，"一种特殊的劳动方式——管理劳动"重要起来，"作为劳动者"的"资本家在劳动过程中起着积极作用"。[①]这就使得劳动生产率大大提高。

第二，市场结构和商业组织，是交换和流通发展的一个重要因素。它们是由城乡分离和社会分工发展而来，广义说，也是交换的一种形式。诸如由坊市制到多级市场的形成，全国性市场和海外市场的开拓，商业中心和镇市经济的兴起，零售与批发、贩运的分离，中间环节和牙行货栈的建立，商品经营专业化和行、团行、铺行、商人会馆、公所、商会的递嬗等，过去我们是放在商业史研究，实际它们不是生产商品，而是产生功能，属于劳动交换。

第三，上一小节提到，自进入阶级社会，就有了由剥削引起的交换，"从物质交换上说"，它是一种单向流通，生产者输出商品，却得不到回头货来补偿。但是从劳动交换来说，则不完全是这样。这就是由脑力劳动和体力劳动分离而来的所谓政府功能，它是统治者给予社会的管理和服务，从宏观控制来看，也是一种劳动交换。诸如统一度量衡、维持币制、商旅治安、均输平准、仓储制度、青苗市易、关卡商税，以至榷禁、专卖、闭关、禁海、协定关税等（我把开运河、修驰道、设驿站等归入下项）。这些政策设施似乎有利有弊，但不能以"目的在加强剥削"一语把它们抹杀，而是需要认真研究的。对于政府在交换中的功能，我们注意不够，国外则已有学者进行具体研究[②]，一般认为，比之欧洲中世纪，中国封建政府效率较高，治安亦较好，故商务发达。

---

① 《剩余价值理论附录》，《全集》第 26 卷第 3 册，第 548、551 页。
② 如 James Lee，Bin Wong，Pierre-Etienne Will，Richard Kraus 等，主要研究明清政府。

第四，运输和通讯，是关系交换经济发展的最重要因素之一。它们是提供劳务，进行劳动交换，但和前述三项不同。前三项的劳动交换，虽也常有等价形式，但所交换的基本上是具体劳动。运输和通讯因较早形成产业，它们已属抽象劳动的交换了。马克思把运输业称为第四个物质生产领域，却认为通讯不生产价值，把它列入"纯粹流通费用"，这是没有道理的。[①] 谁都知道，促进英国对华商品侵略的有两件事，其一是 1869 年苏伊士运河的开航，其二就是 1871 年伦敦至香港海底电线的接通。运输是商品的载体，通讯是信息的载体。若说运输因使商品"位移"就生产出物质来，甚为费解。其实，它们都是提供劳务，进行劳动交换。我们主要是研究它们在各时期的功能，及其所产生的效益——费用、时间、安全或准确性。用趋势或导数表示，它们在 19 世纪初发生一个突变，这就是轮船、铁路和电讯的出现，功效大大提高。

第五，货币流通和信用流通，即金融，它们也是提供劳务，与商业关系密切，一如运输和通讯。只是我国现在还未承认它生产价值[②]，但这无碍于经济史的研究。事实上，我国货币史和金融史的研究是颇有成绩的，这里也是要从它们对生产和流通的功能上来考察，纳入交换史体系。它们是在资本主义的后期，达到至高无上的地位。

智能交换，如前所说，主要是科学技术和管理知识的流通。其重要者如黄河流域的农艺学向江南推广，中原工农业技艺向边区和少数民族地区传播，丝绸、制瓷等技术的输出，外国作物、工艺的引进等，史料丰富，都可写成专著。问题也在如何考察其功效，纳入交换史体系。西欧实证科学和理论力学的发展，导致 18 世纪的产业革命，同时我国则由先进国变为落后国，其间信息的闭塞和不能像日本那样"九千里外存知己、五大洲中若比邻"提倡"洋学"[③]，不失为原因之一。殆 19 世纪后期，我国建立新式工业，而管理知识跟不上，又常沦为功败垂成的一个因素。经过第二、第三次技术革命，据说人类将

---

① 《剩余价值理论》，《全集》第 26 卷第 1 册，第 444 页。
② 1985 年起，我国计算社会总产值和国民收入已包括农业、工业、建筑业、运输业、邮电业、商业、饮食业、比过去扩大多了，但还未包括全部第三产业。
③ 1795 年日本提倡"洋学"（当对称"兰学"）的新元会揭示的标语。

进入"信息时代",故不论说者如何,智能交换已逐渐成为交换的主要内容了。治史者以当今为钥匙,研究历史上交换经济的发展、研究交换作为"社会职能"的作用,是不能忽视智能交换这个内容的。

劳动交换、智能交换和商品交换有所不同,它们常是多种形式并存,每种形式在历史发展中又具有阶段性,或发生我所说的突变。我把它们的发展过程权且示意如图 2。该图示是以生产和时间为坐标,利用各种交换曲线的相对斜率即导数值代表其对 *Op* 的功效,即对生产力和国民经济发展的作用。由于还都未经研究,图示不免随意性,但可供读者批评。(在设计上,是以资本主义时代的智能交换 g 作为参照系,即设 g 的 $\dfrac{dp}{dt} = 1$)

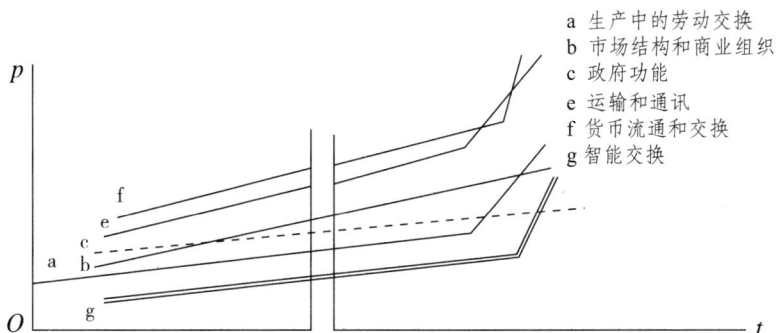

図 2

小　结

以上所说,只是个大胆的设想。实际上我的意见不过是:(1)在经济史的研究中要注意交换,不宜只重生产;(2)在商业史的研究中要扩大视野,不宜只着眼于商品。而这样研究的目的,无非是总结历史经验,以为今用。可喜的是,从 1985 年起,我国农村已进入商品性消费阶段,农民人均生活消费中商品性消费已占 60.2%。但是,在劳务、服务和智能信息的交换上,还是很落后的。1986 年 9 月 12 日《人民日报》有则题为"家庭能量释放之后"的报导,对我启发很大。

说的是安徽一个"没有商品生产传统"的落后县,不用国家或集体投资，通过交换和"能人效应"，发展出专业村、专业户，25万多人加入第二、第三产业，从一个"典型旧农区，推向商品生产的汪洋大海"。可以看出，要释放这11多万个家庭的能量，单靠开放商品市场是不够的，各种交换都起了作用。

（原载《中国经济史研究》1987年第1期）

16 世纪与 17 世纪的中国市场

一 问题的提出

经济的发展是有起有伏的，或说有周期性，尤其是商业和市场的发展。论者谓中国商业史上有三次繁荣期。一次在春秋战国，延至东汉末而衰。一次在宋，历元而发展势头中断。一次在明后期，及至鸦片战争而转型。[①]此就 3000 年大势而言。近世周期论者尚有百年上下之长周期、25 年左右之中周期、数年一见之短周期等理论。周期原因，论者各殊，而作为一种经济发展规律则有普遍性。我国社会主义经济的发展，其周期频率与波动幅度不亚于任何资本主义国家。在历史上也是这样，唯因数据不足，难详究。在欧洲，13 世纪以来的几次百年以上的兴衰已大体可考，16 世纪以来考察较详，18 世纪以后则各种中短周期均有精密研究。在我国，则除近现代外，这种研究还基本上是空白。

周期性研究当以整个国民经济为对象，但因史料不足，常是从最敏感的商业和市场人手。如厄什（A. P. Usher）、阿倍（W. Abel）等对中世纪欧洲农业长周期的研究就是用市场价格和贸易状况论证的。[②] 16 世纪是欧洲重商主义时代，物价革命，市场繁荣，财富积累，引

---

① 胡平：《中国商业百科全书》（总论），中国大百科全书出版社 1993 年版。
② 见《剑桥欧洲经济史》第 5 卷第 2 章，《革命中的农业》。

起社会大变革。马克思认为 16 世纪是欧洲资本主义时代的开始。在中国，16 世纪即明正德至万历前期，商品货币经济有颇大发展，已为史学界公认。实则，这种发展也引起了社会某些具有近代化倾向的变革，并出现启蒙思潮。①这正是它不同于秦汉、宋代两次商业繁荣之处。傅衣凌晚年提出"明清社会变迁论"，并指出："从 16 世纪开始，中国在政治、社会和文化方面发生一系列变化"②，只因种种原因，这些变化起伏跌宕以至中断，但到最后仍未脱离世界经济发展的共同规律。③我深佩其论。但是，我国研究这时期经济发展的论著，大都是明清并述或通论；像讲赋役，大都是从一条鞭直落到摊丁入地；讲商品、货币和市场，也是从嘉靖到乾隆；好像直线发展似的，不见曲折兴衰，是有未足。

我最早感触这个问题，是在 20 世纪 70 年代末编辑《中国资本主义发展史》第一卷的时候。该卷是讲明清的资本主义萌芽。资本主义萌芽，嘉靖万历年间记载颇多。但天启以后（进入 17 世纪）却极罕见，有些萌芽事例竟无下文，到乾隆时始再现，中间有段空白。无从解释，我就把这些无下文的事例移到清代有关行业一并叙述去了。④这实在是一种逃避的办法。

1981 年，莱登汉学家宋汉理来访，承示所著《十六世纪中国商人和商业》⑤，谈及西方学者关于"中国 17 世纪危机"论点。当时我正准备写《明代国内市场和商人资本》一文⑥，已明见 17 世纪中期市场的萧条，到 1711 年康熙谕"滋生人丁永不加赋"才转入繁荣。但我

① 我对此有两篇发言，见张海峰等主编：《鸦片战争与中国现代化》，中国社会科学出版社 1991 年版，第 5—6 页；孔令仁主编：《中国近代化与洋务运动》，山东大学出版社 1992 年版，第 7—10 页。
② 傅衣凌：《明清社会经济变迁论》，人民出版社 1989 年版。
③ 傅衣凌：《中国传统社会：多元结构》，《中国社会经济史研究》1988 年第 3 期。
④ 许涤新、吴承明主编：《中国资本主义发展史》第一卷，人民出版社 1985 年版，第 139—140 页。
⑤ H. T. Zurmdorfer, "Chinese Merchants and Commerce in Sixteenth Century China", *Institum Sinologicum Lugduno Batavum*, Vol. XV, Leidcn, 1981.
⑥ 见《中国社会科学院经济研究所集刊》第 5 辑，1983 年。

不愿套用西方经济史中"17世纪危机"的说法[1]，就在该文中以"明盛世"即嘉靖万历为准。后来我在写《论清代前期我国国内市场》[2]时又是以"清盛世"即乾隆嘉庆为准，从而把17世纪避开了。这实际是可耻的。

本文论16世纪与17世纪市场，可说为补前愆。我在前两文中是从商路、商镇、主要商品的运销和大商人资本的兴起来考察市场的。近年来，时贤在这些方面的论述步步深入，远远超过了拙作，我自不当掠人之美。因而本文改从人口、物价、财政、商税、白银问题几个方面作些初步探讨。为节约篇幅，删除叙事，以分析为主。

二 市场概述

第二次世界大战后，西方史学界对近代社会发展的看法有由生产导向转向需求导向的趋势。[3]例如，过去十分重视工业革命和技术革新，今则强调16世纪的重商主义，200年后的工业革命乃是市场扩大和它所引起的诸种社会变革的结果。有人认为，若无17世纪危机，工业革命还会更早到来。其实，马克思早有类此看法。他和恩格斯在《德意志意识形态》中认为，欧洲的变革发源于"特殊的商人阶级"的出现，市场扩大导致工场手工业的振兴，最后是大机器工业的兴起。[4]在《资本论》中，马克思又指出这种商业是指批发商或贩运贸易，不是那种"不执行职能或半执行职能"的"杂种"，即零售业。[5]1969年，希克斯（J. R. Hicks）发表《经济史理论》，认为世界经济

---

[1] 认为欧洲16世纪是黄金时代，而17世纪则发生"普遍危机"，几乎成为西方史学界共识。又以危机主要由于世界贸易衰退引起，亦有人称之为"世界性危机"。第二次世界大战后，新一代史学家对此有所批判，但主要认为各国情况不同，并不根本否定危机存在。参见奇波拉主编（方坦纲）：《欧洲经济史》第2卷，《十六和十七世纪》，中译本，商务印书馆1988年版，尤其见《导言》，第5—6页。

[2] 见《历史研究》1983年第1期。

[3] 参见吴承明：《洋务运动与国内市场》，《文史哲》1994年第6期。

[4] 《马克思恩格斯选集》第1卷，第59—61页。

[5] 《资本论》第3卷，第320、347页。

的发展是由习俗经济、命令经济向市场经济转换，这种转换始于"专业商人"的出现。①其所谓专业商人，亦即马克思"纯商人"之意。

此皆指西欧；我国直到 20 世纪前期尚未完成向市场经济的转换。但我认为，在 16 世纪已可看到市场经济的萌芽。因而，本文所探讨的也不是那种历史上常见的《东京梦华录》式的市场繁荣，而是具有时代特征的、影响社会变动的商业活动。

这首先就会想到徽商的兴起。有段常被引用的歙县的记述：弘治间，"于时家给人足。居则有室，佃则有田，薪则有山，艺则有圃"。一片自然经济景象。"寻至正德末嘉靖初则稍异矣。出贾既多，田土不重，操资交捷，起落不常。"开始市场化。"至嘉靖末隆庆间则尤异矣。末富居多，本富尽少……资爱有属，产自无恒。"开始社会分化。到 1609 年（明万历三十七年），记载成书时，分化加剧，"贫者（指农）既不能致富，少者（指商）反可以制多"，弄成"金令司天，钱神卓地"的局面。②

从中可见，歙县商人的发展是 16 世纪开始的，到 16 世纪 60 年代已改变社会结构。这当然不能代表整个徽州。如 1488 年成书的《休宁县志》即有"民不力田，而多货殖"之说。反之，徽州府"嘉靖之世，人有终其身未入城廓者……有少与外事者，父兄羞之"，到明末才反过来，"闭户不出者即群而笑之"。③

研究徽商的著作极多，但甚少究其盛衰之迹。或谓他们"三百年称雄于东南半壁"，这是不可能的，多大强者也不能 300 年不变。亦有人暗示说，1617 年盐实行纲法后徽商有衰退倾向，但未证实。17 世纪扬州一带的记载大量转为"绮縠锦绣"、"侈靡相高"之类。这倒有点启发。侈靡益甚往往是衰退之兆；欧洲 17 世纪危机的描述亦如此。

明代市场繁荣有远早于 16 世纪者，即两京和苏州。南京在永乐

---

① 《经济史理论》，中译本，商务印书馆 1987 年版，第 25、32 页。晚近兴起的以诺斯（D. C. North）为首的制度学派，强调产权界线和交易费用，也是这种观点，见所著《经济史上的结构和变迁》，中译本，商务印书馆 1992 年版。

② 万历《歙县志》卷四，《风土》。

③ 康熙《徽州储志》卷二，《风俗》，引赵吉士语。

初年、北京在成化年间，人口即达百万①，这主要是政治原因。苏州在洪武时人口即达 47 万，商业繁荣，但不过是恢复旧观而已。② 苏州地区的社会分化，据何良俊观察，还是嘉靖以来四五十年间事。这时"去农而改业工商者三倍于前矣"，而"去农"而依附于乡宦、官府者更五倍、十倍于前。③ 苏州地区从事于长距离贩运的商人即所谓洞庭商人，其兴起约与徽商同时，有"钻天洞庭遍地徽"之谣。但他们是出生于产业发达之区，贩运以太湖土产和在各地设肆为主，"纯商人"性质逊于徽商。又据傅衣凌说，他们在嘉靖以后就趋于衰落了。④

伯仲徽商的山西、陕西商人始于洪武初的开中法。但开中是一种特殊的贸易行为，离"纯商人"尚远。1492 年开中折色后，纳银户部的边商可称"半商人"，以扬州为基地的内商则与徽商等同了。因而，他们也是 16 世纪的产物。进入 17 世纪即万历后期，"秦晋间来贾淮扬者亦若朋比而无多"⑤，扬州的山西商人，尤其是陕西商人衰落了。18 世纪即乾隆时期，山西商人再度鼎盛，纵横南北；陕西商人则在四川有较大发展。唯山、陕商人对他们祖籍社会分化的作用甚小，即在平阳、泽潞、三原，仍是完全的传统社会。

16 世纪市场有两地应注意者，即江西与山东。

江西在明初是个经济比较发达地区，在十三布政使司中税粮额居首位，人口仅次于浙江，常是直（江苏、安徽）浙赣并称，"百工技艺之人……江右为伙，浙直次之"。⑥ 社会分化，外出之人也是"惟江右尤甚"。⑦ 嘉靖时，江西"岁额给路引九万五千二百张"⑧，大约是各省最多的（路引主要给城镇商民）。江右商人，数量可敌徽商，"天下推

---

① 何一民：《中国城市史纲》，四川大学出版社 1994 年版，第 196 页。
② 洪武《苏州府志》卷十。按所记，元至元二十七年即有 44.6 万人。
③ 何良俊：《四友斋丛说杂抄》卷三。
④ 傅衣凌：《明清时代商人及商业资本》，人民出版社 1956 年版，第 102 页。这里主要指西洞庭。东洞庭商人后来活跃于上海的钱庄、银行和做洋行买办，则是另一"潮"了。
⑤ 万历《歙志·货殖》。其他情况均见张海鹏、张海瀛主编：《中国十大商帮》，黄山书社 1993 年版。山西、陕西商人的衰落亦与 1617 年盐的纲法有关。
⑥ 张瀚：《松窗梦语》卷四，《百工纪》。
⑦ 王士性：《广志绎》卷四。
⑧ 嘉靖《江西省大志》卷一，《赋书》、《课程》。

纤樯者必推新安与江右，然新安多富，江右多贫者"。^①原来江右在宋、元已是经济比较发达的地区，明代无大进展，17 世纪衰退以后，就相对落后了，从表 1 可见^②。到 18 世纪，富庶称"江南"，已不包括江西。

表 1　江西、山东经济地位比较

年份	占全国人口比重（%）		占全国田赋比重（%）	
	江西	山东	江西	山东
1393	14.84	8.68	9.05	8.75
1578	9.65	9.33	9.82	10.70
1661	9.23	8.35	8.00	11.03
1767	5.50	12.22	3.14	11.14

与江西相反，山东原属落后地区，16 世纪有较快发展。其发展得力于南北贸易。1411 年重开会通河后，临清成为仓储和转运重镇；宣德建钞关，为七大关之首；弘治年间升为州，成为北方最大的粮食和纺织品贸易中心。济宁、绛县亦因运河而繁荣。至于所谓山东商人，殆清代始盛，然社会变迁亦早有迹可寻。如绛县，"弘正以前，人情简朴，务稼穑"，嘉隆以来，"民弃本业，好游惰"。^③博平县，天顺成化时"尤淳且厚"，嘉靖中则"务本者日消，逐末者日盛"。^④17世纪，临清市场衰落，许檀辑有资料如表 2。^⑤有人据以论曰，"临清直到乾隆时期尚未恢复到明朝临清之鼎盛"。^⑥许檀所示，亦见于明户部尚书赵世卿疏，赵并去，河西务原有布店 160 余家，到万历三十年（1602），只 30 余家矣。^⑦

---

① 谢肇淛：《五杂俎》卷四。
② 梁方仲：《中国历代户口、田地、田赋统计》，上海人民出版社 1980 年版，第 204、259、345、387 页。
③ 乾隆《绛县志》卷一，《地理》，引外史氏语。
④ 康熙《博平县志》卷五，《民风》。
⑤ 许檀：《明清时期的临清商业》，《中国经济史研究》1986 年第 2 期。原列 1573—1620 年间不详者三业已删去。
⑥ 郑克晟、冯尔康文，载叶显恩主编：《清代区域社会经济研究》上册，中华书局 1992 年版，第 162 页。
⑦ 《神宗实录》卷三七六，万历三十年九月丙子。

表2　山东临清市场的盛衰

	1573—1620	1749
布店	73 家	各街俱有
缎店	32 家	7—8 家
杂货店	65 家	不详
瓷器店	20 余家	减半
纸店	24 家	5—6 家
辽东货店	大店 13 家	今无
盐行	除公店外 10 余家	近不及半
典当	100 余家	16—17 家
客店	大小数百家	减半

16 世纪尚有福建商人和广东商人勃兴，均属海商，更具"纯商人"性质，其作用将于第七小节述之。海商于 17 世纪 40 年代急剧衰退，至 17 世纪 80 年代后才慢慢恢复。

三　人口

多数学者同意何炳棣看法，即 1393 年（明洪武二十六年）的人口调查 6054 万比较可信，并把 1600 年作为明代人口最高峰。由于这期间人口统计不实，只好假定这期间人口是直线增长的。唯汪士信提出在宣德至正德约百年间有个人口停滞时期，但仅是根据邱浚的一段提倡人口增殖的议论，无数据佐证。[1] 不过，从本文下面关于市场的分析看，这个想法值得注意。至于 1600 年高峰的估计，何炳棣作 1.5 亿，珀金斯作 1.2 亿—2.0 亿[2]，汪士信作 1.1 亿，我们在《中国资本主义

---

[1]　汪士信：《明代人口问题》，《平准学刊》第一辑，1985 年。邱浚的议论见《大学衍义补》。

[2]　何炳棣：《中国人口研究，1368—1953》，中译本，上海古籍出版社 1989 年版，第 3—4 页，第二章。珀金斯（D. H. Perkins）：《中国农业的发展，1368—1968》，中译本，上海译文出版社 1984 年版，第 288 页。有径估 2 亿者，见 Shu-yuen Yim, "Famine Relief Statistics as a Guide to the Population of Sixteenth China", *Ch'ing-shih Wen-ti*, Vol.3, No. 9., 1978.

发展史》中作 1.2 亿。

困难在 17 世纪。17 世纪前期无任何可用数据，后期只有赋役单位"丁"数。如以最后 5 年（1730—1734）的丁数与最早 5 年（1741—1745）的口数比，则一丁合 6.06 口。这样，1652 年（清顺治九年）的 1448 万丁合 8775 万人。[①] 时疮痍未复，可视为人口最低谷，即比明代高峰减少 27%。别家估计亦有减少 35%—40%。[②]

经历农民起义和明清之间的战争，人口减少是肯定的，但减少多少尚有斟酌。战争伤亡常被夸大。[③] 1652 年之统计过低。一则时两广、云贵尚为李定国、孙可望所据，更不论郑氏台湾。二则明后期即有大量移民，战争中又有大量难民，他们在流动中不能入册，即定居后亦需相当长时期才被编户口。因而，人口最低谷不会是八九千万，当在 1 亿以上，即减少不足 20%。

人口增减与经济盛衰互为因果。欧洲 17 世纪亦出现人口下降和停滞，并被视为 17 世纪危机的标志之一。时亦有法国宗教战争、德国三十年战争等大规模战争，但论者更注意的是饥馑和瘟疫。17 世纪欧洲各地的谷物收获率普遍下降。[④] 有人说，17 世纪全球气温下降了 2℃—3℃，被称为"路易十四小冰期"。我国学者研究，长江下游有三个冷暖周期，1650—1710 年适为冷期。[⑤] 从《明史·五行志一及三》可见，16 世纪下半叶比之上半叶水旱灾年份减少，而到 17 世纪上半叶陡增。法国汉学家魏丕信研究长江中游，提出"中国水利周期论"，17 世纪正在两个周期的低谷。又著《政治危机、管理危机、水利危机和人口

---

① 丁、口数据引自梁方仲：《中国历代户口、田地、田赋统计》，上海人民出版社 1980 年版，第 248—249、251 页。

② Kang Chao, *Man and Land in Chinese History, Stanford,* 1986, p. 40.Mark Elvin, *The Pattern, of the Chinese Past,* Stanford, 1973, p. 311.

③ 当时记载尚有民族感情掺入，如《扬州十日》、《嘉定三屠》均所不完，亦有阶级偏见。我做学生时，我师郑天挺言，有人将张献忠在各地杀人的记载统加起来，恰为 4 亿。

④ 有详细统计，见奇波拉主编（方坦纳）：《欧洲经济史》第 2 卷附录，中译本，商务印书馆 1988 年版。

⑤《全国气候变化学术讨论会文集》，1981 年版，第 71—77 页。我未见原书，引自前人著作。

危机：17世纪长江中游的衰退》。[①]人口与经济的关系不仅表现为人口数量，还表现为人口行为。刘翠溶根据族谱分析，指出17世纪中叶以前的生育率较低，以后则稳定于近代水平。又明代人口集中江南的程度大于清代，而明代长子出生时的父亲年龄南方高于北方。[②]这就可能影响17世纪的人口年龄结构（青年化程度）。上述诸论，都与战争无关。总之，人口问题须从更多的社会经济方面考虑，不能专注于战争。

我还想赘言，战争会造成生产力，包括劳动力的破坏，但不必影响市场繁荣。显著之例莫过于太平天国战争，长达15年，人口损失两千多万，而市场并未萧瑟。茶出口一直增长，丝出口增长更快。战争最激烈的南京、苏州，人口减少过半。而大军一过，南京"城中设立五大行，自出买办奇货藏"，"城外直如五都市，外小负贩时相从"。苏州更是"百货云屯，盛于未乱时倍蓰"；"生意繁盛，较平时数倍"。[③]在上海，还因人口阜聚，出现了大批新的市镇。[④]盖战时政府巨额支出，居民流动亦倾出家资，购买力膨胀引起市场战时繁荣，乃属常见。

四　物价

明初厉行钞法，屡禁用金银交易（1375，1397，1403），甚至禁用铜钱（1394），而宝钞到永乐初年已贬值90%。货币改革大体从宣德年间起，银两成为计价标准。本文对价格的考察亦自兹始。

---

① Pierre-Etienne Will, *Uncycle hydraulique en Chine*: *La province du Hubei du XVT[e] au XIXe siècles*, Bulletin de L'Ecole Fran cais d' Extrêm-Orient, Vol. 68, 1980；*Crise Politique, crise des encadrements, crise hydraulique et crise demographique: la basse con joncture dans le bassin central du Yangzi au XVIIe sècle* en P. Gourou et G. Etienne eds. Des labours de Cluny à la revolution verte: technique et population, Paris, 1985.
② 刘翠溶：《明清人口之增殖与迁移》，台北"中央研究院"编《第二届中国社会经济史研讨会论文集》，1983年版，第30页；《明清时期家族人口与社会变迁》，台北"中央研究院"经济研究所1992年版，第88页。
③ 彭泽益：《中国近代手工业史资料》第1卷，中华书局1962年版，第540、542、545—546页。
④ 刘石吉：《明清时代江南市镇研究》，中国社会科学出版社1987年版，第99页。该书有"太平天国对江南商品经济的影响"一节，认为"有许多资料足以证明彼时商业贸易仍然发展"，第80页。

（一）田价

徽州遗有颇完全的田地买卖文契，惜已分散。兹据已刊行的能计出亩银价的卖田契（不包括卖地契）并参用时贤已整理出的成果，按 25 年（1/4 世纪）分期平均，列入表 3。[①] 徽州未受洪武重赋江南政策及明末战乱影响，未见弃田而走的现象，其田价有一定的代表性。

表 3　16、17 世纪徽州田价

年份	文契件数	田价（两/亩）	年份	文契件数	田价（两/亩）
1426—1450	10	2.04	1551—1575	17	7.51
1451—1475	11	2.82	1576—1600	17	7.54
1476—1500	4	10.62	1601—1625	23	12.58
1501—1525	15	12.39	1626—1661	20	12.55
1526—1550	11	12.14	1662—1722	98	7.96

表 3 见明前期徽州田价坚挺，百年间升至 6 倍，当是经济发展、富户和商人投资土地的反映。此后长期稳定于 12 两余的水平，未能再扬，似是受土地边际报酬的限制。可注意的是 16 世纪下半叶田价有半个世纪的下跌，跌幅达 40%，这需寻求解释。至于 1662 年以后的下跌，则是当时物价的一般趋势。

其他各地田价、地价都无法作出长期序列，不合本文要求。李文治辑有各省学田的货币租率[②]，从中可推算出 12 省 34 个府州县的学田田价，唯多只一二年数字，从略。

---

① 中国社会科学院历史研究所所藏文契，见《明清社会经济资料丛编》第 2 辑，中国社会科学出版社 1990 年版，第 131—168 页。安徽省博物馆所藏文契我未能见，据彭超：《明清时期徽州地区的土地价格》一文所整理的分时期的平均价格加权补入，该文见《中国社会经济史研究》1988 年第 2 期。又补入休宁胡氏买田契资料，见许涤新、吴承明主编：《中国资本主义发展史》第一卷，人民出版社 1985 年版，第 63 页。
② 李文治：《明清时代土地关系的松解》，中国社会科学出版社 1993 年版，第 418—424 页。

（二）米价

研究明代米价者已有多家[1]，兹将各家资料互为补充，列入表4。明米价有官价、市价。大约嘉靖以前官价常制约市价，嘉靖后反是。官价资料较实，但不合本文要求，表4用市价；唯嘉靖后市价资料太少，亦酌取税粮、漕粮折色价。表4明代资料共185个数据，按年平均，再分常年、灾年入表。因见各地变动趋势大体一致，差值亦不大，或者零售市价已含地区差价，故不论地区，以年系之。表见灾年年数甚伙，因有些记载是因灾才作。兹以常年3、灾年1之比率求得最后一栏的平均价。

表4见明代米价稳步上升，百年约增1倍，不像徽州田价那样猛烈，也不像田价那样似乎有个边际（极限）。这是合理的，表明粮食尚有增产潜力。至于1626年后的高涨，自是战乱造成。事实上，战争激烈地方米价达4—5两，山东一度达24两（未采入）。这时已无法分常年灾年了。

进入清代，研究米价者更多。本文讲17世纪，各省报价制度尚未建立，资料主要在上海、苏州，因此，表4取王业键所作有逐年估计的两地系列[2]，亦便于与下列棉、布价对照。这期间，米价大幅度下降，下面再谈。

需注意者，在16世纪下半叶米价也有半个世纪的下降期，只是下降幅度没有徽州田价那样大而已。这时政治腐败，以及所谓倭祸，都不应造成物价下降。那么，这种现象似可归之货币上的原因：一个世纪的商业和市场较大发展中，货币供应量不足了。这种周期性的货币短缺，历史上亦常见。今天人们惧怕通货膨胀，而在金属币时代并非如此。古人怀念五铢钱，不仅因其质量好，而且数量足，

---

[1] 全汉升：《宋明间白银购买力的变动及其原因》，《新亚学报》1967年第8卷第1期；《明代北边米粮价格的变动》，《新亚学报》1970年第9卷第2期。黄冕堂：《明史管见》，齐鲁书社1980年版，第348—355页。汪士信：《明代的粮食运销途径与价格变动趋势》、叶世昌：《论大明宝钞》，均见《平准学刊》1989年第四辑下册。

[2] Yeh-chien Wang, *Secular Trends of Rice Prices in the Yangzi, Delta 1638-1935*, in T. G. Rawski and L. M. Li ed. *Chinese History in Economic Perspective*, Berkeley, 1992, pp. 40–41.

百多年铸了"二百八十亿万"。而唐大历以后出现的市场危机，即因铸钱成本太高，各监不肯多铸（每年不超过 10 万缗），以至"钱重货轻"，物价下降。这在明代就不是缺钱，而是缺银了。下文将专论银的问题。

表4 16、17世纪的米价

年份	常年		灾年		平均价[②]（两／石）
	年数[①]	两／石	年数	两／石	
1426—1450	6	0.29	1	1.00	0.47
1451—1475	10	0.35	7	1.20	0.56
1476—1500	9	0.45	6	1.51	0.72
1501—1525	8	0.51	9	2.31	0.96
1526—1550	6	0.57	9	2.65	1.09
1551—1575	6	0.49	6	2.44	0.98
1576—1600	8	0.52	6	1.34	0.73
1601—1625	6	0.70	8	2.42	1.13
1626—1643					（11 年）2.61
1644—1650（上海）					2.73
1651—1675（上海）					1.41
1676—1700（上海）					1.00
1701—1725（苏州）					1.03

注：①年数指有记录的年数。1644 年入清代后，有逐年估计数。
②平均价按常年 3、灾年 1 的比率加权计算。

（三）棉、布、绢价

朱元璋立国即下令："凡民田五亩至十亩者，栽桑麻木棉各半亩，十亩以上者倍之。"这是一种典型的自然经济思想，几乎要家家"三自给"[①]，但绝对是行不通的。明代是棉业大发展时代，建立了一个前所

---

① 据李洵考证，此令是朱元璋就吴国公时所发，益见其目的不在赋税，而是代表朱的思想。见《明史食货志校注》，中华书局 1982 年版，第 57 页。

未有的、仅次于粮和盐的棉货大市场。宣德时税布 13 万匹，正德增至 168.6 万匹。[1]布不是按户征、而是按粮田亩数征，并且，那时北方还"昧于织"，只好"吉贝则泛舟而鬻南，布则泛舟而鬻北"，棉的商品率大约比清代还大。徐光启还点明，"北方之吉贝贱而布贵，南方反是"。[2]

遗憾的是，我们收集到的明代棉和布价资料太少，且多是折交租赋的官价，无法证明徐光启的指示。这些资料不能作出序列，为节约篇幅，免列表。大体上，15 世纪到 16 世纪，棉价由每担 5 两增至 7 两，布价则因官价控制，一直在每匹 0.25—0.30 两水平。

到进入 17 世纪和进入清代后，棉和布价资料多起来了，但仅限于上海一带。这种资料可以观察到较长期物价下降的走势，而这种观察最好用图，因亦免列表，而与上述米价一起制成图 1。[3]

该图 1 看就知道是在市场危机情况下的价格形态，好像一个商人在那里挣扎，到 17 世纪末才松了口气。棉价，尤其布价因无逐年价，不像米价活泼，其实也是波动很厉害。官价管高不管低，故此时是自由市场。又据《历年记》，石米和担棉的价格，1649 年都是 3.5 两左右，即 1：1，而 1669 年变为 1：2，1687 年变为 1：4。从经济发展说，这是一种倒退现象，也反映市场危机。

可能由于棉、布的替代作用，明代丝、绢的生产无大发展。从表 5 亦见，明廷所征布激增，绢则递减，嘉靖后大量加派，而所增有限。大约明代丝绸出口活跃，国内市场并不很大。又明代绢的货币作用大于布，绢及折绢税目不下 10 种，官俸、赏赉均用绢。我所得绢价 26 项，亦不能作成序列，免列表。所见绢的官价与市价几无差别，地区间亦少差别。大约洪武年间所定绢价颇高，每匹 0.6 两，宣德后降至 0.25—0.30 两，正统时升至 0.5 两，成化、弘治年间波动，嘉靖、万历时稳定于 0.7 两，崇祯战起，高至 1 两。

---

[1] 此指赋布，据前引自梁方仲：《中国历代户口、田地、田赋统计》，上海人民出版社 1980 年版，第 187、189 页。不包括棉、茶、鱼课和商税的折色布，不同于表 5。
[2] 徐光启：《农政全书》卷三五，《木棉》。
[3] 米价据前引王业键文，用逐年估计数。棉价、布价据叶梦珠：《阅世篇》卷七，《食货四》、《食货五》；姚廷遴：《历年记》；徐新吾主编：《江南土布史》，上海社会科学院出版社 1992 年版，第 89—92 页。棉有 23 个年的价，布有 13 个年的价。

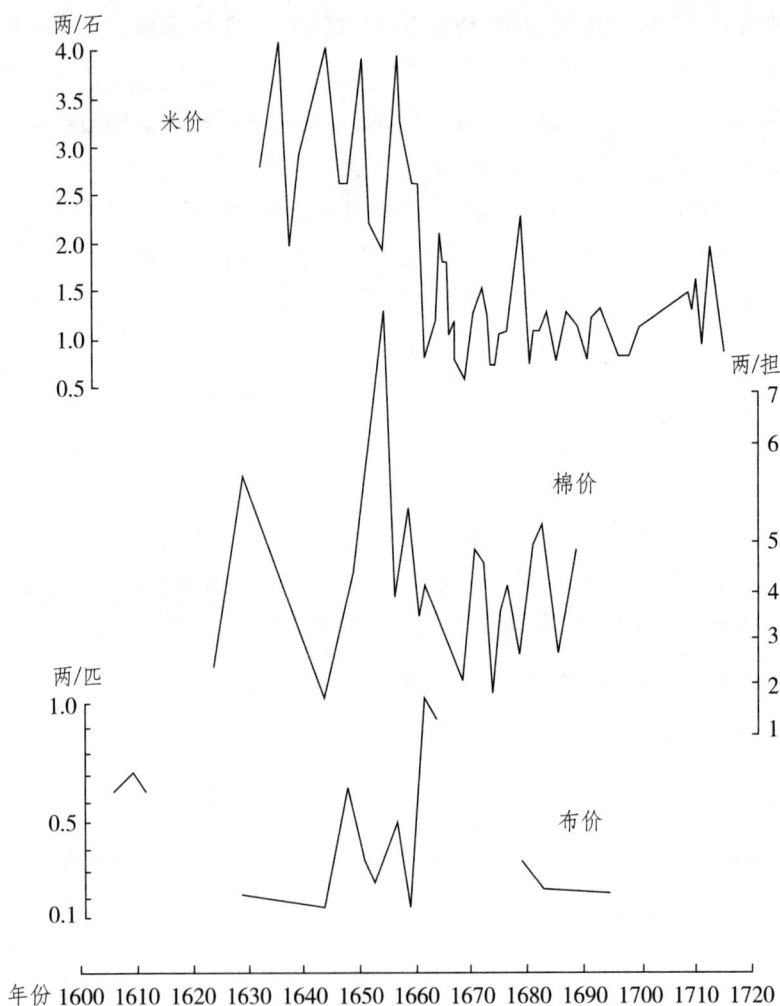

图1　上海米、棉、布价格（1600—1700）

五　财政白银化和财政危机

明沿用两税法。唐杨炎创两税，原是田亩纳谷，户税纳钱，唯时帛价低，实际纳帛。宋代两税，则南方商品经济发达诸路已是夏税征钱、秋粮纳谷了。明之两税皆征实物，并将丝、绢、棉、布、麻，以至红花、蓝靛都入两税，税目达40余种，加以课、贡，凡政府所需之物无不征实。广积粮，以至"红腐不可食"；储铁锈蚀，不堪制镞。朱元璋的这种实物财政政策是行不通的，其出路只有白银化。兹将明财政收入按 10 年期列为表 5，所选布、绢均属带有货币性者。资料全据《明实录》，惜万历只有一年数，崇祯全无。

市场理论与市场史

表5　明代财政收入

年份	米麦（万石）	布（万匹）	绢（万匹）	宝钞（万锭）	银（万两）
1430	3 979	20.5	94.1	7 388.9	32.9
1440	3 045	14.6	18.6	2 882.3	0.5
1450	2 588	13.3	18.9	2 368.4	—
1460	3 036	13.4	19.4	2 574.1	14.6
1470	3 032	90.6	28.5	2 874.9	7.1
1480	3 035	85.8	28.6	2 910.6	4.6
1490	3 079	117.4	17.9	3 246.9	8.1
1500	3 090	117.4	17.9	3 246.9	3.2
1510	2 787	171.3	12.7	3 238.1	3.3
1520	2 787	171.3	12.7	3 238.1	3.4
1532	2 659	13.3	32.0	2 414.3	242.6
1542	2 659	13.3	32.0	2 569.2	223.9
1552	2 659	13.3	32.0	2 414.4	243.3
1562	2 660	13.3	32.0	2 414.4	259.0
1571	3 061	62.6	32.0	1 018.3	310.0[①]
1602	2 837	39.5	14.8	0.1	458.2[①]
1621	2 780	12.9	20.6	8.1	755.2[①]
1626	2 780	12.9	20.6	8.1	398.6[①]

注：①《实录》所列数太小，改用太仓收入数。

米麦包括田赋、屯田子粒、课粮、课折粮、年租谷。

布包括额布、课折布。

绢为额绢。

宝钞包括户口钞、折色钞、盐钞、杂课钞等。

银包括杂课银、盐课银、盐钞折银、屯牧地银、漕粮折银（不同时期按每石 0.5，0.7，0.8 计）、黄金折银（不同时期按 5，7，8 倍计）；不包括金花银（约 100 万两）。

财政的白银化包括田赋、课、役三个方面。

田赋白银化始于 1436 年，将南直隶、浙江、江西、湖广、福建、广东、广西七省的部分税粮改征银，即后来所称金花银，通作 100 万两，

131

进内库御用，终明之世未变。[①]100 万两按当时所定折价每石 0.25 两，合 400 万石，占洪武时七省税粮 1 762 万石的 22.7%。后调整折价，1538 年调为 0.5 两，则只合 200 万石，占嘉靖时七省税粮 1 699 万石的 12%。[②]

金花银行于南方，北方如何？于谦、户部尚书李敏都有北方税粮折色之议，而实施情况未详。山西、陕西均有折银之事，但非常规。[③] 山东、河南某些地方有常折者，但限于运往指定粮仓之赋。[④]

运京漕粮 400 万石，弘治时始见以 17.2 万石折银。1572 年户部请定年折 100 万石，不准。万历时定年折 34.4 万石，称永折。唯嘉靖、万历年间见有 7 次折 100 万石以上之记载[⑤]，平均折 150 万石。

灾区税粮，从而通赋，惯行折银。嘉靖年间有四年数，平均折 159 万石[⑥]，以四年中一年灾计，年均 40 万石。

各省支边粮草有折银之例。[⑦]万历时，民运九边粮折银 263 万两，草折银 2.2 万两[⑧]，按每石 0.7 两计合赋粮 379 万石。

田赋白银化程度如何？有一资料谓正德初"夏税共该五万五百余两，秋粮九十四万四千八百余两"。[⑨]两共 99.5 万两，加金花银共 199.5 万两，按每石 0.25 两计合粮 398 万石，占正德时全国税粮额 2 697

① 原定五省，后加入广东、广西。初只征得八九十两，但迅即增至百余万两，明末又常不足百万两。

② 七省税粮系定额，引自梁方仲：《中国历代户口、田地、田赋统计》，上海人民出版社 1980 年版，第 332—333 页。

③ 例见《宪宗实录》卷二一〇，成化十六年十二月庚午；卷二二八，成化十八年六月甲寅；卷二四二，成化十九年七月壬子，均在山西。陕西例见《孝宗实录》卷一二八，弘治十年八月丁丑。

④ 《孝宗实录》卷二三，弘治二年二月庚子。

⑤ 《穆宗实录》卷七〇，隆庆六年五月己酉；《熹宗实录》卷二九，天启三年五月丙午；梁方仲《中国历代户口、田地、田赋统计》，上海人民出版社 1980 年版，第 369 页；《神宗实录》卷一四四，万历十一年十二月甲子，卷一五九，万历十三年三月无日。

⑥ 唐顺之：《与李龙冈邑令书》，转引自唐文基：《明代赋役制度史》，中国社会科学出版社 1991 年版，第 186 页。

⑦ 湖广《英宗实录》卷九三，正统七年六月庚戌；广东《英宗实录》卷一二四，正统九年十二月丁未；四川《孝宗实录》卷一五〇，弘治十二年五月甲申。

⑧ 引自梁方仲：《中国历代户口、田地、田赋统计》，上海人民出版社 1980 年版，第 376—378 页。

⑨ 唐文基：《明代赋役制度史》，中国社会科学出版社 1991 年版，第 138 页。唐认为此指金花银。我以为此乃户部尚书韩文之岁入估计，不包括金花银（金花银不入户部）。

万石的 14.1%。又 1549 年（明嘉靖二十八年）收夏税折银 12.1 万两，秋粮折银 33.96 万两，马草折银 54.95 万两[1]，共 101 万两，加金花银共 201 万两，按每石 0.5 两计，合粮 402 万石，占嘉靖全国税粮额 2 285 万石的 17.6%。[2]假设这年有漕折 150 万石，当占全国税粮额 24%。总之，田赋白银化的程度不高。不过，这是指中央收入。全国赋粮中，支边 500 万—800 万石，万历时已大部折银，留地方 1 000 万石，则较少折银。总的看，在三饷加派前，田赋白银化程度不会超过 50%，也许不到 40%。

课的白银化，首先是盐。明行灶籍制，灶民的负担属役，而所谓课实指引价。商人纳米或他物，得引贩盐，1492 年改为纳银，盐课就全部白银化了。引价初每引三四钱，嘉靖时已升至 1.5—2.0 两，成为太仓银库最大一笔收入。贩余盐原纳米，亦改纳银。嘉靖时，盐课银由 50 余万两增至 130 余万两。

茶亦行引法，商人纳钱得引，后改纳钞，不知何时改纳银，可能在天启废钞时。四川、陕西茶是向生产者征实 102.6 万斤，专用于与藏人易马。1490 年陕西招商纳米给引，使贩茶，以 40% 交官，称中茶；1494 年改为纳银。陕西中茶 1601 年始成定例，年 500 引。四川于 1524 年开始中茶 5 万引，1569 年改 3.8 万引，年得银 1.4 万两。[3]

矿冶之课有金银、铜铁、铅汞、朱砂、青绿等，嘉靖后无记载，大约一直征实。

役的方面，在籍工匠约 30 万人，每 4 年赴京服役 90 天，1485—1562 年完成白银化，每匠年纳代役银 0.45 两，政府可收入 13.5 万两。官工业征用民夫约 150 万人，亦同时改为雇用。我有另文详述。[4]

城市之役，主要是铺行和火甲。铺行是编排铺商供官府需索和劳

---

① 潘潢：《会议第一疏》，转引自唐文基：《试论明代统治集团的消费问题》，《中国社会经济史研究》1988 年第 2 期。

② 全国税粮额数据，引自梁方仲：《中国历代户口、田地、田赋统计》，上海人民出版社 1980 年版，第 196 页。

③ 以上均据《明史·食货志四》。

④ 许涤新、吴承明主编：《中国资本主义发展史》第一卷，人民出版社 1985 年版，第 114—120 页。

役，1566年北京改为纳银，依等次每家纳0.1—0.9两，他市未闻改革。火甲即组织商民轮值巡夜，救火防盗。万历、崇祯时，江南城市有改为纳银雇差者。[①]

役的主体是遍布乡镇的里甲、均徭、杂泛。

里甲主要是上供物料。其白银化始于宣德时周忱在应天之改征里甲银，其后又有各种名目，一条鞭时全面推广。里甲银无数据，只好借均徭酌估。

均徭包括中央及地方征派之役，有多达50目者。宣德起即有改征银之例，正德时已有银差、力差之别，一条鞭时普遍白银化。唐文基辑有嘉靖时7省16个府县的14种役的折银价，共有149个数据。兹将其各役种的平均值再作总平均（人数不多而银价特高的马夫、膳夫酌减权数），计每个役应纳银7.5两。服役人口按1.1亿计，依前述丁口比例当有1 830万丁，10年1役即183万役，可收均徭银1 373万两。唐文基又辑有嘉靖时12省33个府州县的均徭银数和户口数，从中可计出平均每户负担均徭银0.73两。服役人口按5口之家计有2 200万户，应纳均徭银1 650万两。与前数平均均徭银在1 500万两左右。唐文基又辑有4省6个府县的里甲银和均徭银（力差与银差合计）的数字，从中可计算出里甲银为均徭银的52%。[②]以此估计里甲、均徭银共约2 280万两。此项银两一般不入户部，而为置办上供物品、雇用夫役及地方多种支费所用。

杂泛以临时性的河工、殿堂修建、运输为大项。推广一条鞭后，仍多是签派。

一条鞭有赋役合一者，但多是随赋带征役银，田赋本身仍以实物为主。辽饷加派前，有个资料说，中央收入本色折色共值1 461万两，入内府者600万两，主要是丝、绢、茶、蜡等，余入户部，内银400万两。[③]入内府的金花、买办等银以150万两计，连同户部的400万两，共占

① 韩大成：《明代社会经济初探》，人民出版社1986年版，第332—339页。
② 唐文基所辑三种资料分别见：《明代赋役制度史》，中国社会科学出版社1991年版，第238—239、245、246—247、281页。
③ 据户部侍部李长庚奏，《神宗实录》卷五八四，万历四十七年七月甲年。李主张将进内府的丝、茶、绢、蜡等折色，以舒银困，不准。

1 461 万两的 37.6%，实物仍占 62.4%。地方情况未详，地方亦需储粮，其白银化主要在役，支出亦多取自里甲、均徭银。

明自弘治末起，财政拮据，嘉靖后进入危机，隆庆后益不能支。学者不少研究太仓银库者，多胪列其入不敷出惨状，若即崩溃。殊不知，当时政府既不能发行公债，亦不能像欧洲君主那样向犹太商人借款，根本不可能实行赤字财政。因此，我将太仓结余情况（材料难找，不像叫喊亏空者多）列为表 6。①

表 6　明代太仓收支

（单位：银万两）

	收入	支出	库存		
			老库①	外库	未言明何库
1442—1473	2 076	1 836			240
1500（左右）	149	100			200—400
1506	150	625			
1528	130	241	400	100	
1550—1554	1 496	2 712			
1555			114		
1567—1570	851	1 795	100	210	
1573	282	284			437
1583	372	565		300	
1586			601	98	
1587	370	370	400	9	
1589	327	346	224	31	
1590	374	400	117	40	
1593	451	547		18	
1600			200		

注： ① 老库亦称中库，包括窖藏。

从表 6 可见 1550—1554 年 5 年连续亏空，1567—1570 年 4 年连续亏空，这大约是太仓最紧张的时期，但仍有库存。原来太仓年入

---

① 均据《明实录》。个别年的收入用全汉升估计数，见《明中叶后太仓岁入银两的研究》，《中国文化研究所学报》1972 年第 1 号，第 136—139 页。

银 200 余万两，80 年代起增至 300 余万两，库存增加；90 年代起增至 400 余万两，唯支出大增，又感紧张。

所谓财政危机是指白银而言，中央所征以实物为多，并无危机。1583 年"京仓积米足资八九年，愈多则愈浥烂"；1588 年"太仓米足支七年，而米价腾贵"。① 朝臣们在解决银库不支的建议中有一条是将丝绢等改征银和将内廷"十库"中不用的东西折银②，皇帝不准。这种实物经济思想正是财政危机的原因之一。

据说老规矩是太仓老库贮银 800 万两不准动，需款从外库应付。我们不知这规矩维持了多久。但明代市场和商品经济大发展正是在嘉靖财政陷入危机之后。原来货币的功能就在于流通，财政危机，老库窖藏的白银流出来了，投放市场，市场焉得不活。

以上是 16 世纪。进入 17 世纪，有两事当言。

一是税监之祸。税监遣于 1597 年，而开始进银在 1601 年。据《明史·食货五》说共进"几及三百万两"，我据《明实录》逐笔加算还不到 200 万两。不过，据说内进的只占 1/10 或 1/5，其余都由税监和"群小"瓜分了。③ 税监之祸，惨不忍睹。但从财政上说，主要是把原应纳之税银经太监之手转入内廷。从经济上说，是将社会上流通的白银用暴力聚敛起来，而最后还是流回市场。因为内廷是在修"两宫三殿"，而太监尤其是分得 50%—60% 的"群小"，是不会有多少储蓄的。滥派税监，是由于万历贪婪，非真正缺银，因到加派辽饷时还是"内帑充积，帝靳不肯发"④ 而已。

二是军饷加派。这始于 1592—1600 年的"三大征"，共支军费588 万两，时太仓尚裕，加派不多，大约只派了山东。这三次战争在宁夏、朝鲜、贵州，无碍生产，军费主要投入内地市场。1618—1620年加派辽饷，递增至每年 520 万两，使田赋白银化比重大增，唯时

---

① 《神宗实录》卷一四四，万历十一年十二月甲子；卷一九六，万历十六年三月辛卯。
② 《世宗实录》卷四五七，嘉靖三十七年三月癸酉；《熹宗实录》卷九，天启元年九月丁卯。
③ 1/10 说，《世宗实录》卷三五九，万历二十九年五月辛丑；1/5 说，《世宗实录》卷三九八，万历二十三年七月戊午。
④ 《明史·食货志二》。

米价升至每石 1 两，折米不过 500 万石，占万历时税粮额的 17.6%。这次战事在辽东，而这笔巨额支出大半投入内地市场，以支付募客兵，购买和转运粮、马、器械之费。1630—1639 年再增辽饷和加派剿饷、练饷，使加派总额达 2 000 万两，连同旧有的赋税共达 2 700 万两；不过未能收齐，1643 年实征只 1 585 万两，支出则达 2 122 万两。[①]这时战事遍南北，生产破坏，生灵涂炭。但就空前巨额的各种征敛说，当时似未发生货币困难，表明社会上流通的白银增加了，不像 16 世纪下半叶那样捉襟见肘。而大量的支出投放市场，必致引起通货膨胀，物价上升，即如在物价一节所表现那样。同时，也表现白银贬值，下文再详。

六 商税

用商税考察市场兴衰乃常用之法。明代商税有座商税（门摊）及通过税。依本文目的自然只取后者。通过税大别有抽分、钞关二项。抽分厂有十余处，原抽实物，后则变卖为银，芜湖正德时抽至 3.7 万两，然缺系列数据，无法进行分析。钞关设于 1429—1450 年，略有可查者，唯所谓七大钞关及崇文门（北京九门）之关税，列入表 7。[②]其中临清、北新（苏州）二关收船料及货税，他关只收船料（丈量船之容量所课船税）。崇文门收车辆税，实包括货物税。尚未见明代关志，不能如清代榷关提供品种和税率、计出商品流通量。表 7 所列，亦不少出于估计，已见说明。早期数字，乃系由钞折合为银。原来，民间交易一直用银。明廷为推行钞法，采商税收钞政策，钞关之名亦

---

① 户部尚书倪元璐疏，见《明代赋役制度史》，中国社会科学出版社 1991 年版，第 361—362 页。

② C1480：七关钞 2 400 万贯，《宪宗实录》卷一九九；崇文门钞 540 万贯、钱 620 万文，《武宗实录》卷六八。1502：七关钞 2 719 万贯，《孝宗实录》卷一九二；崇文门钞 66.5 万贯、钱 288.5 万文，《世宗实录》卷四一。C1570、1597：七关，《神宗实录》卷三一五；八关总额，《神宗实录》卷三七六。1625：五关，孙承泽：《春明梦余录》卷三五。

由此。1436 年"弛用银之禁，朝野率皆用银"①，而钞关仍征钞及铜钱。1488 年准商税征银，而两京钞关仍征钞及钱。钞法将废，又定钞关半数收银，半数收钞，或一年收银，一年收钞。商人手中唯有银，只好用银买钞。此种政策反映内廷尤其是监督钞关的太监的思想，实不利于通商，户部亦无可奈何。

表 7　明代钞关税收

（单位：万两）

	C1480 成化间 实收	1502 弘治十五 年实收	C1570 隆庆间 定额	1597 万历加征 定额	1625 辽饷加派 定额	1640 练饷加派 定额
河西务			4.6	6.1		
临清			8.3	10.8		
北新			3.3	4.3	8.90	
浒墅			4.0	5.2	8.75	
九江			1.5	2.0	5.75	
扬州			1.3	1.8	2.56	
淮安			2.2	3.2	4.56	
七关	12.0	8.2	25.2	33.4	53.4	73.4
崇文门	3.3	0.5	7.35	7.35		
八关	15.5	8.7	32.55	40.75		

注：1480、1570 年系钞、钱按官价折成银。1570、1597 年崇文门定额是由八关数减去七关数得出。1625、1640 年七关数是用 1597 年定额加辽饷 20 万两、再加练饷 20 万两得出。

七关中，临清最大，北新次之。临清初设时，收税仅合七八千两，北新一二千两，至隆庆间定额各数万两，如表 7。表 7 成化至隆庆数，反映商品流通的发展，不过按八关总额计，年增率仅 0.8%。其间弘治时的低落颇费解。史载崇文门关成化初收钞 540 万贯、钱 620 万文，而弘治初只收 67 万贯 289 万文，经调低定额，1512 — 1523 年平均亦只收 256 万贯、319 万文。②崇文门关税长期不能足额，

① 《明史·食货志五》。
② 《武宗实录》卷六八，正德五年十月壬辰；《世宗实录》卷四一，嘉靖三年七月戊辰。

可能因京师、张家湾有大量皇店、官店之故，它们拦商截货，虽是收落地税，亦影响关税。1604年福王家人请在崇文门外开官店，"每岁可有一万四千两税银"[1]，已当崇文门关税近1/5矣。但弘治时其他七关税收何以锐减，未详。

隆庆定额32.55万两较确，此额行至万历，载《会计录》。1579年七关加征定额8.2万两，亦确。这期间，七关税收年增长率为1.05%，差近。加征后，反映税收不足额者迭起，但均在抗议税监之祸的疏奏中，以关税为税监所夺。至于1625、1640年七关总额，是我据辽饷、练饷的加派计划所估列，非实录。不过此时未见关税缺额议论，我意此时通货膨胀，市场银货充裕，纳税不难。

纳关税以32.55万两常额计，甚小。但此非通过税全部。且不论抽分，即钞关亦不止七处。早年已革废者如南京上新河、武昌金沙洲等关后仍收钞，新开者如山海关、居庸关等均无记录。且钞关行政开支、地方提留、羡余等均在定额之外。又有人估计乾隆时榷关之贪污偷漏约占税额的150%[2]，以嘉、万皇帝之昏庸、政治之腐败，当远过之。以明代钞关税收还原为商品流通额，殆不可能。

七　白银问题

宋、金、元的纸币多少可以兑现，明之宝钞完全不兑现，是以不行。16世纪已是银本位。市场盛衰与白银量直接相关。当时有多少白银，无人知晓。但也非完全渺茫。1643年秀才蒋臣向思宗提出个荒唐的建议：再行钞法。但他说当时民间存解有2.5亿两，倒有点合乎情理。[3]全汉升估计15世纪中国存银约1亿两。[4]王业键用倒推法估计1680年左右有2.2亿—2.5亿两，1650年左右有2.0亿—2.4

---

① 《神宗实录》卷三九三，万历三十二年二月癸巳；卷三九六，万历三十二年五月无日。此事户部反对，但皇帝批准了。
② 邓亦兵：《清代前期内路粮食运输量及变化趋势》，《中国经济史研究》1994年第4期。
③ 参见彭信威：《中国货币史》，上海人民出版社1965年版，第736页。
④ 未见原文，转引自Michel Cartier文。

亿两。^①参考下文所述，我想从 16—17 世纪，中国存银约由 1.5 亿两增至 2.5 亿两，其中除用于银器、银饰、窖藏者外，市场流通者不超过 60%。这种增加，有国内生产和国外流入两个来源。

（一）国内银产量

考察明代银产量者已有梁方仲、全汉升、白寿彝诸名家。^②因对《明实录》用词理解不同，估计有异，但共同论点是，正统以后产量大减，以至 1520 年以后再无记载。我的看法是，《实录》中的"课"与"采纲"是旧矿与新矿之意，正统后不分新旧，皆官矿应缴之定额，而非 30% 的税额。实际产量高于定额者大约为有司分取，但从报告看多数是不足定额，吁请减免。因据《实录》制成表 8，其数大体可代表官矿产量的兴衰。14 世纪末银产量不足 3 万两，15 世纪初增至近 30 万两，1435 年后三度停产，降至五六万两水平，进入 16 世纪，跌至 3 万余两。官矿的衰退，主要由于管理腐败，且属征役，劳民伤财，得不偿失；同时，缺乏勘探，不能深采，不久即枯竭。嘉靖、万历时均有开矿之议，都未见效。

明代禁民间开采银矿，但"盗矿"不止。早期盗矿者多属豪势之家，但未必有大成效。如叶宗留，三次聚众开矿，均以"不够食用"、"矿薄"、"无所得"而失败，最后流为大盗。广东顺德豪民勾结势家开矿"每岁得银渐至千余两"，但 1544 年"苗脉已尽"，只好散伙^③。然而，正统以后，矿禁松弛，官矿衰微，民矿略兴，有善经营者，乃意中事。尤其云南，宋应星说，"开矿煎银，惟滇中可永行"^④；万历时，云南尚有五六万两银课。据万历《云南通志·赋役志·矿课》载："课银赢

---

① 前引王业键文，第 57 页。
② 梁方仲：《明代银矿考》，《中国社会经济史集刊》第 6 辑，1939 年，第 65—112 页。全汉升：《明代的银课与银产额》，《新亚书院学术年刊》第 9 号，1966 年，第 245—246 页。白寿彝：《明代矿业的发展》，《中国资本主义萌芽》下册，巴蜀书社 1987 年版，第 697—747 页。
③ 二例见许涤新、吴承明主编：《中国资本主义发展史》第一卷，人民出版社 1985 年版，第 174—175 页。
④ 宋应星：《天工开物》卷下，《五金》。

缩靡定，初年所解，全出官帑，季年所纳，半出民间"，因而，16 世
纪以后的银课已不全是官矿产量了，包括 30% 的民矿税。全部银产量
不会只有几万两，连同漏税民矿，可能在 20 万两以上。

表 8　明代银课收入

（单位：银两）

时间	数量	时间	数量
1401—1410	144 345	1450—1454	—
1411—1420	290 560	1455—1464	63 582
1421—1424	227 453	1465—1474	59 776
1425—1434	239 764	1475—1486	67 656
1435	—	1487—1490	81 270
1436—1440	4 081	1491—1500	53 055
1441—1443	—	1501—1510	32 621
1444—1449	48 292	1511—1520	32 920

注：1401—1424 年为课；1425—1434 年为课与采纳合计；1436—1486 年为采纳；1487—
1520 年为金银课合计（金课很少）。

16 世纪下半叶，财政白银化，市场大发展，那时还没有像样的
信用制度，区区二三十万两的白银产量，不足以应付流通需要。前面
物价一节提出，1550 年以后的物价下跌是由于通货短缺，在此可得
印证。但正在此时，大约 1570 年以后，白银开始大量从国外流入。

（二）外国白银流入

16 世纪晚期，直到 1930 年，除 19 世纪个别年度外，都有外国
白银流入中国。这方面已有不少名家论述。[①] 唯 16、17 世纪没有直接

---

① 　全汉升：《明清间美洲白银的输入中国》，《香港中文大学文化研究所学报》第 2 卷
第 1 期，1969 年。孙毓棠：《明清时代的白银内流与封建社会》，《进步日报》1951 年 2
月 3 日。引自《中国货币史》，上海人民出版社 1965 年版，第 782 页。前引自王业键文，
第 59—61 页。

William S. Atwell, *International Bullion Flows and the chinese Economy CA* 1530—1650,
Past and Present, No. 95, May 1982. Michel Cartier, *Les importations de métaux*, *monétaires en
Chine: essni sur la conjoncture chinoise, Annales.* No. 3 Mai-Juin 1981. Frederic. Wakeman, Jr.
China and the Seventeenth-Century Crisis, Late Imperial China, Vol. 7, No. 1, 1986, pp. 1–24.

资料，大都是根据西方学者关于运美洲白银到东方的总量和日本学者关于日本出口白银总量，估出一个流入中国的数量，不易看出时间序列变化。现据最新的研究，作些探讨。

先看美洲白银。秘鲁银矿开采于 1550 年，墨西哥银矿略晚。流入中国的主要渠道是中国与吕宋间的贸易，其繁盛是在 1567 年明廷开海禁之后。"东洋吕宋，地无他产，夷人悉用银钱易货，故归船除银钱外无他货携来，即有货亦无几。"这里所谓银钱指含银 0.75 两、0.36 两、0.18 两的西班牙银元和更小的银辅币。[1]所谓归船，指闽、浙海商回到漳州的船，粤商回到广东的船，葡萄牙商回到澳门的船，1624 年以后荷兰商回到台湾的船，都大量载回白银。这时，漳州海澄的月港是最大的商港，除对入港船收船税和货物税外，对从吕宋来的船加征（银税）每艘 150 两，1590 年减为 120 两。月港税收的变化见表 9。[2]

表 9　月港的关税收入

（单位：两）

时间	数量	时间	数量
1567—1572	3 000	1594	29 000
1573	6 000	1599	27 000
1576	10 000	1615	23 400
1583	20 000	1628	23 400

月港税收有定额，1632 年因不足定额罢港督，不能灵敏反映贸易消长。钱江从多种西方文献中辑出自中国（包括澳门、台湾）驶入马尼拉港的船只表，又从马尼拉海关征中国船进口税事例中算出平均每船货值 3.5 万比索，由此可推算出运回白银数。唯他估计，贸易利润 150% 过高，又未扣除运销费用，我酌为改算，如表 10。[3]

────────────

① 张燮：《东西洋考》卷五、卷七。
② 全汉升：《明季中国与菲律宾间贸易》，《中国经济史论丛》第 1 册，香港 1972 年版，第 428 页。
③ 钱①江：《1570—1760 年中国和吕宋贸易的发展及贸易额的估算》，《中国社会经济史研究》1986 年第 3 期。表 10 估算法：平均每船载货值 35 000 比索，售后得利润 100%，回航载值 70 000 比索，内 90% 为白银，即 63 000 比索，合 48 000 两。减除马尼拉进口税 6%，即 2 100 比索，合 1 617 两；中国港口水饷银饷 302 两；销售费用和回程运费（去程运费计入货价）按回程载值 15% 计，即 10 500 比索，合 8 043 两。共减除 9 962 两。平均每船实运回 38 000 两。

表10　中国与吕宋贸易运入白银估计

（平均每年数）

年份	船只（艘）	运入银（万两）	年份	船只（艘）	运入银（万两）
1570—1579	7.5	28.5	1640—1649	18.1	68.8
1580—1589	23.4	88.9	1650—1659	6.7	25.5
1590—1599	18.5	70.3	1660—1669	6.0	22.8
1600—1609	27.4	104.1	1670—1679	5.2	19.8
1610—1619	27.3	103.7	1680—1689	8.3	31.5
1620—1629	23.7	90.1	1690—1699	16.8	63.8
1630—1639	36.8	139.8	1700—1709	19.6	74.5

　　由表10可见，17世纪早期白银流入大增，高时年达140万两。1630年后，葡、西自南美运银受荷、英舰队打劫，1635年菲利浦四世限制马尼拉贸易，1639—1640年西班牙人在吕宋屠杀华侨，此时国内战争激烈，1661年顺治帝严厉海禁。于是，流入白银直线下降。当时，中欧贸易尚有从印度果阿经马六甲到澳门，荷、英船自欧洲直航广州者，不在表10之内。但此两路来银亦用于吕宋贸易，留存数未能详。

　　再看日本。日本银矿发现较早，1540年代大量开发。日本产业更落后，"倭人但有银置货，不似西洋人载货而来，换货而去"。[1]1567年明廷开放海禁后仍禁日本贸易，中日贸易全属非法，航目唐船上常有银匠、熔炉，得日本银后即熔化分给客户和水手。一段时间葡船活跃。日本运华白银颇难稽考，只能将各家论述粗略安排，以求略见时间顺序，如表11。[2]有些估计过高，未取；其他亦系毛估，未扣除运销费用。总之不合理想，有待时贤指正。表见日本白银内流趋势与前表吕宋来银一致。其17世纪40年代以后的下降，除前述吕宋贸易原因外，尚有日本产银量下降，葡船退出中日贸易，70年代起日本丝价大跌，1685年日本限制唐船进口，等等。

---

① 郑若曾：《筹海图编》卷四。
② 除前注各家外，并见林仁川：《明清私人海上贸易的特点》，《中国社会经济史研究》1987年第3期；范金民：《明清时期中国对日丝绸贸易》，《中国社会经济史研究》1992年第2期。

表 11　中日贸易运入白银估计

年份	年距	平均每年数量（万两）
1540—1570	30	25—50
1570—1600	30	50—60
1600—1630	30	100—150
1630—1647	18	80
1648—1672	24	77
1673—1684	11	49
1685—1700	15	34

（三）银价的变动

上两表白银流入总数达 2 亿两，实属过高。这里大多未计入贸易中的运输和海外费用，亦商亦盗情况下的海上损失，移民华侨的资费，洋船的利润等；总之，运回的白银部分并未全留在国内。同时，中国亦有黄金、铜钱和银货出口。白银净增加也许不过 1 亿两。即使如此，仍然是个很大的数量，数倍于国内银产量。这必然促进市场繁荣，加速经济白银化，而白银本身的价值也必然降低。白银价值可从物价中观察出来，而更直接的是金银比价和银与铜钱的比价。这种比价资料甚少，兹就所见列入表 12。[①]

表 12 可见，与黄金比，白银的价值明显贬低。大约洪武初所定白银官价过高，14、15 世纪的贬值属自然趋势，16 世纪末和 17 世纪初的剧烈下跌则是白银大量进口的结果。这种 1：10 的比率维持了很长时期（在国外长期是 1：12），到 18 世纪后期才再次剧烈变动（那是另一次白银进口高潮）。银和铜钱的比价却看不出银通货贬值的作用。其中 1645—1647 年的异常是由于劣质恶钱泛滥所致，其他年份大都是明政府折银的官价，故少变化；也许和清代不同，16、17 世纪中国并无铜荒。

---

① 金银比价：1375—1413 年、1573—1644 年，顾炎武：《日知录集释》卷十一；1481 年，《宪宗实录》卷二一九；1662—1790 年，郑光祖：《一斑录·杂述》卷六。银钱比价：1375 年、1407 年，《明会典》卷三一；1465—1487 年，《宪宗实录》卷七四、卷二〇八；1628 年、1645—1647 年、1662 年，叶梦珠：《阅世篇》卷七；1721 年，《大清会典事例》卷二二〇。

表 12　白银价值的变动

年份	金一两合银（两）	年份	银一两合铜钱（文）
1375	4	1375	1 000
1385	5	1407	1 000
1397	5	1465—1487	700—800
1413	7.5	1493	700
1481	7	1504	700
1573—1620	7—8	1628	700
1628—1644	10	1645—1647	2 000—5 000
1662—1700	10	1662	700
1790	15	1721	780

　　白银量增多，银根松动，当会引起利息率下降。但那时中国还没有金融市场，民间借贷主要是贫民向富户求贷。黄冕堂收集了 41 个记述借贷利息的例子，兹将其整理入表 13。[①]其中只有两例是商人借款。从中可看出利息率明显下降的趋势，不过，很难说是受白银进口的影响，还是商品经济和市场发展所致。

表 13　民间借贷利息

年份	例数	不足 1 倍	倍息	数倍	10 倍
1403—1424	2			1	1
1426—1435	2		1	1	
1436—1449	6		4	2	
1465—1487	6		3	2	1
1488—1505	7		6	1	
1506—1521	5		5		
1522—1566	6	1	5		
1573—1620	7	1	6		

（四）余论

　　16、17 世纪，中国是世界上产业最先进的国家。中国的丝绸、瓷器等是国际市场上的抢手货，对外贸易全部顺差。中国造船技术亦

---

① 黄冕堂：《明史管见》，齐鲁书社 1980 年版，第 328—332 页。

精，在那个世界贸易大发展的时代，与欧洲争雄，创一条外向型经济发展的道路，是可能的。然而未然，原因在中国内部。

明王朝坚持朝贡制度，一如其坚持实物财政制度。实物财政妨碍国内市场的发展，前文已屡言及。朝贡制阻碍国际市场的开发，尤有过之。朝贡允许贡外附带方物，实为一种贸易。除贡舶外禁止商舶，这就形成外商只能借贡入贸，而华商不能出海的奇怪局面。朝贡贸易实为易货贸易，外商来货免税，得银尽购丝绸而去，没有白银内流。外商利大，1523年发生"争贡之役"，明政府更严海禁，烧毁全部出海大船，对海商实行连坐，海商只好转而为盗。终嘉靖之世，国内市场大发展，财政白银化已近完成，而国际市场尚在禁锢之中。也正在这时，发生在物价一节所说的白银危机。由于闽、粤、浙海商（前文说过，他们更近于"纯商人"）的斗争，1567年开放海禁，才见转机。

重商主义时代的海上贸易原是海盗贸易，中国海商之武装自己，不足为怪。为海上竞争，欧洲各国无不建立舰队，荷、英与西、葡之争以此。按当时中国国力，建立强大舰队毫无困难，视前郑和之下西洋、后郑成功之光复台湾可知。但明廷不此之图，只知罢市舶司，慎平双屿港，烧毁大船，日御倭寇，何其愚也。

因此，尽管1570—1640年有大量白银流入中国，国际贸易在中国国民经济中只占微不足道的地位。17世纪30年代起中国发生长达半个多世纪的物价下跌，市场萧条，主要是由于国内原因造成的，也可说是市场发展中的周期性现象，而不是由于世界贸易紧缩所致。有些学者认为16世纪中国已纳入世界经济体系，"中国17世纪危机"是"世界17世纪危机"的一环[1]，我以为非是。

（原载《货殖：商业与市场研究》第1辑，

中国财政经济出版社1995年版）

---

[1] 参见 S. A. M. Adshead, *The Seventeenth Century General Crisis in China*, Asian Profile, No. 2,1973, pp. 271–280.

18 世纪与 19 世纪上叶的中国市场

本文是接续《16 世纪与 17 世纪的中国市场》[①]而作，写作目的及应说明事项已见前文，不赘。

14 年前我在《论清代前期我国国内市场》一文中曾对鸦片战争前市场上主要商品的商品量作了一个估计。[②]当时资料不足，缺欠甚多，亟应改正。唯本文篇幅已巨，难以容纳，拟另作专文。又清代市场整合有一定成绩，论者颇多，亦未免有所夸大。因我已另有专文[③]，本文不再涉及。

一　市场周期

清代前期，尤其康雍乾三朝，史称盛世。国土广辟，户口繁滋，经济的发展在时间和空间上都超过历代有为的王朝。市场规模空前扩大，市场组织、商品结构、运储条件并有改进。然而，受小农经济影响，地方小市场的发展胜于区域大市场，长途贩运贸易在进入 19 世纪后反有衰退迹象。

市场的发展从来都是周期性的。清代前期，在市场总的繁荣趋势

[①]　见本书。
[②]　吴承明：《论清代前期我国国内市场》，载《历史研究》1983 年第 1 期。
[③]　吴承明：《利用粮价变动研究清代的市场整合》，载《中国经济史研究》1996 年第 2 期。

中，亦有两次衰退。17 世纪下叶，在国家统一、生产恢复中，曾出现商业凋敝、市场萧条局面，物价剧跌，农民窘困。进入 18 世纪，市场转入繁荣，物价上升，交易活跃。18 世纪中期以后，市场平稳发展，于世纪末达于极盛。进入 19 世纪后不久，发生第二次市场萧条，三四十年代达于低谷。其影响面广，较前次更为严重。50 年代即转入复苏，形成近代市场，交易空前扩大。这两次市场萧条，考其基本原因，概属经济因素，与战乱、灾荒无关，故可视为经济周期。此外，还会有一些中短期的市场波动，因资料不足，难以申论。

17 世纪后期的市场衰退，我在《16 世纪与 17 世纪的中国市场》一文中概括入"17 世纪市场危机"，过于笼统。日本学者岸本美绪称之为"康熙萧条"，较为恰当。[①]此次萧条实在清初大陆平定、生产基本恢复之后，不应与明清战争所造成的经济破坏混为一谈。靳辅奏当时江浙士民反映："顺治初年……（各物）价值涌贵而买者甚多，民间货财流通不乏，商贾具获厚利，人情莫不安恬。近来各物价值颇贱而买者反少；民情拮据，商贾亏折，大非二十年前可比。""顺治初年，凡十家之中，富足与平常可以度日者居其七八，穷窘者居其二三……迩来家家穷窘……求其真正富足者，百家之中不过一二家。"[②]"近来"、"迩来"，当指顺治初 20 年后，即康熙初期。又黄宗羲论当时"钱力竭"曰："田土之价不当异时之什一，岂其壤瘠与？曰：否，不能为赋也。百货之价亦不当异时之什一，岂其作阜与？曰：否，市场无资也。"[③]这里，"异时"当指顺治早期。不过，"什一"夸大，康熙米价约为顺治之半。

康熙萧条不是由于供给问题，而是由于市面缺银，需求萎缩。顾炎武《钱粮论》说，关中"岁甚登，谷甚多，而（至征粮之日）民且相率卖其妻子"，"何以故？则有谷而无银也"[④]。唐甄本人曾经商，他的《潜

---

① "危机"为论经济周期中常用语，非必危殆，Pierre-Etienne、Frederic Wakeman Jr. 均有文论中国 17 世纪经济危机，已见我前文。岸本美绪著述为 *The Kangxi Depres-sion and Early Qing Local Markets*, Modem Chain，10：2，1984；《康熙年间的谷贱について——清初经济思想的一侧面》，《东洋文化研究纪要》第 89 册，1981 年。
② 《靳文襄公奏疏》卷七，"生财裕饷"第二疏。
③ 《明夷待访录》，"财计一"。
④ 《亭林文集》卷一。

书》刊于康熙四十一年，写江南景象曰："农空、工空、市空、仕空。"农空因"谷贱"，工空因"布帛贱"，卖不出钱来，所以"空"。市空是指"舟转市集而货折资"，即生意赔钱，以至"枫桥之市，粟麦壅集；南濠之市，百货不行"。所以如此，由于缺银钱。"中产之家，尝旬日不睹一金，不见缗钱。无以通之，故农民冻馁，百货皆死，丰年如凶。"①

康熙时缺银，或以清初禁海所致。上引靳辅奏亦称禁海靖边 20 年后，"流通之银日销而壅滞之货莫售"；慕天颜《请开海禁疏》称禁海"二十年来所坐弃之金钱，不可以亿万计"②。我在《16 世纪与 17 世纪的中国市场》一文中曾详考这时白银来源停滞，非全由于禁海，本文将再论及。这时，人丁、耕地增长，生产发展，国库充裕，而市面通货奇缺，实与康熙俭约治国、集中管理财政的紧缩政策分不开。

雍正继位，耗羡归公（实作为地方财政）和大量发放养廉银，情况即为改观。

19 世纪上叶的市场衰退，或称"道光萧条"，亦颇允当。这次萧条是在清国势已衰、农业生产不景气、财政拮据的情况下发生的。龚自珍在嘉庆末（约 1820 年）指出："人心惯于泰侈，风俗习于游荡，京师其尤甚者。自京师始概乎四方，大抵富户变贫户，贫户变饿者，四民之首，奔走下贱，各省大局，岌岌乎皆不可以支日月，奚暇问年岁！"③ 情况十分严重；唯把经济衰退尽归之于超高消费，不尽合理。当时突出的现象是银贵钱贱，物价下跌，交易停滞，商民皆困。银价由每两合钱 1 000 文增至 2 200 文，江南米价跌落约 25%，并因市场远较康熙时为大，影响面广，议论讻讻。

农民因谷贱银贵，难以纳赋，与康熙萧条同。马敬之说："银币耗，农夫织妇，毕岁勤劳，低估以售之，所得之钱，不可输赋。"④ 左宗棠进一步指出："银价日昂，银复难得，农者以庸钱粪值为苦，田主以办饷折钱为苦。"⑤ 商品经济发展，小农的生产要素已离不开市场，

① 唐甄：《潜书》下篇上，"存言"、"更币"。
② 《皇朝经世文编》卷二六，"户政一"、"理财"上。
③ 《定庵文集》，四部备要本，卷中，"西域置行省议"。
④ 马敬之：《银币论》，《皇朝经世文编》卷五一。
⑤ 道光二十五年《上贺庶农先生》，《左文襄公书牍》卷一。

因有货币成本问题。左宗棠是讲湖南，其实他处亦然。包世臣说江南"蚕棉得丰岁，而皆不偿本"[①]，亦此意。

然而，市场上最敏感的是商人。商人亏折，一时最为瞩目。包世臣在上文中说："商贾不行，生计路拙，推原其故，皆由银贵。"冯桂芬在《用银不废银议》中说，由于银贵，"富商大贾，倒罢一空，凡百贸易，十减五六"[②]。有大臣奏："向之商贾，今变而为穷民；向之小贩，今变而为乞丐。"[③]

值得注意的是盐商。声势煊赫的两淮盐商突告"消乏"。至道光六年，商欠达600余万两；道光十年，"能运四五万引者无多，十数万引者更少"；扬州"向有数百家，近因消乏，仅存数十家"[④]。福建盐商，亦陷"疲乏"，因"银价昂贵"，"商本加重"，"不旋踵间，相继倒罢"[⑤]。内地最大的盐商是山西河东盐商，因"银本昂贵"，"承办半签引地者，每年需赔四五千两，承办一签引地者，其赔累又倍之。是以商人视为畏途，纷纷思退"[⑥]。盐商是最大的商业资本，他们的衰乏，影响很大。

由于钱庄、票号有了发展，以及钱票、庄票、期票、外兑票的发行，至道光时已初步形成一个信用货币市场。萧条开始时，北京曾两次发生钱票挤兑、钱庄大量倒闭的信用危机[⑦]，这是康熙萧条中所没有的。

道光萧条情况比较复杂，它是伴随着早已出现的银贵钱贱而来的。银为什么贵，当时议论大多归之于鸦片进口泛滥、白银外流，实则尚有其他因素，需从整个市场货币需求量和供给量上另作专论。19世纪50年代，尤其50年代以后，又有白银内流；同时从1853年（咸

---

① 道光二十六年《致前大司马许太常书》，《安吴四种》卷二六。

② 《显志堂稿》卷一一，并见《校邠分庐抗议》。

③ 骆秉章：《采买淮盐济食分岸纳课济饷折》，《骆文忠公奏议》卷五。

④ 陶澍：《再陈淮鹾积弊疏》、《清派大臣查办淮鹾折》，《陶文公全集》卷一一、卷一八。

⑤ 王庆云：《户部议复福建督抚陈奏盐务折》，《王文勤公奏稿》卷四。

⑥ 兆那苏图：《酌议变通河东盐务章程疏》，王延熙等辑《皇朝道咸同光奏议》卷三五（上）。

⑦ 参见张国辉：《晚清钱庄和票号研究》，中华书局1989年版，第5—12页。

丰七年）起，清廷大发银票、宝钞，铸大钱、铁钱，造成通货膨胀，道光萧条也随之结束。

二　人口与耕地

人口迅速增长和耕地大量垦辟是 18 世纪经济与市场繁荣的重要因素。

清早期只公布人丁数，如何估算人口，已有多家研究。通常用 1 丁合 5 口计算；或选较稳定时期之丁折口数为基期，再按丁之增长率推算，或以乾隆时的人口增长率回测前三朝；吴慧并求得一"人丁隐漏率"以助测算。[①] 丁是赋税单位，有按田亩派丁者，有按税粮派丁者，但多数是按三等九则派丁，故丁与人口数并非全无关系。唯丁赋有轻重，比例不一。如 1781 年之编审，盛京 1 丁合 9.5 口，而吉林 1 丁合 4.5 口。[②] 内地比数较小，或谓 1 丁合 3 口余，然"一户一丁"概念仍流行。无奈，我仍按 1 丁合 5 口比例，估算 1661 年（顺治十八年）和 1724 年（雍正二年）的人口数，以前者代表长期战乱后的人口低谷，后者代表已恢复到明代盛世的人口水平。实则经济恢复约在 1711 年（康熙五十年）已完成。以 1724 年为代表，是因该年份省数字较详。

1741 年（乾隆六年）开始公布依保甲制建立的人口统计，时已摊丁入地，隐匿较少，大体可用。唯其前数十年的统计人口年增长率高达 18‰，显系在逐步转制中，不足据。我因此选择 1757 年（乾隆二十二年）代表 18 世纪中期，1812 年（嘉庆十七年）代表 19 世纪初期，1851 年（咸丰元年）代表 19 世纪中期，估算人口数。这些年份均不合理想，亦因有较详细的分省数字，以便比较。

以上五个基期，原丁或口的统计均有缺漏，时贤已多有修正。我

---

① 吴慧：《清代人口计量问题》，载《中国社会经济史研究》1988 年第 1 期。
② 孔经纬主编：《清代东北地区经济史》，黑龙江人民出版社 1990 年版，第 138、140、154、156 页。

以较新的章有义对 1812、1851 年的修正为准，补估前三个基期原缺的台湾、黑龙江、西藏人口数字；又另据资料，补估五个基期的吉林人口和新疆（除原列巴里坤、乌鲁木齐以外）的南北疆人口数字。[①]估算结果，分七个大区，列入表 1。

表 1　人口估计

（单位：万人）

大区 \ 年份	1661	1724	1757	1812	1851
华北 4 省	3 531.1	4 906.3	6 481.1	9 399.1	9 634.2
华东 3 省	3 086.6	3 505.5	5 969.7	9 826.9	11 204.1
华中 3 省	1 352.6	1 531.5	2 582.9	6 907.0	7 897.4
东南 4 省	1 316.2	1 547.1	1 952.8	4 336.5	5 896.1
西南 3 省	74.8	296.3	803.3	3 228.5	5 759.1
西北 3 省	1 250.9	1 324.3	1 352.4	2 618.5	2 845.1
东北 3 省	5.2	25.2	47.6	141.6	312.5
西　藏	90.0	90.0	100.0	148.9	153.7
总　计	10 707.4	13 226.2	19 289.8	36 607.0	43 702.2

注：

华北：河北、河南、山东、山西。　　西南：四川、云南、贵州。

华东：江苏、安徽、浙江。　　　　　西北：陕西、甘肃、新疆。

华中：江西、湖北、湖南。　　　　　东北：辽宁、吉林、黑龙江。

东南：广东、广西、福建、台湾。

清代耕地统计，远较人口为差。盖所统计为税亩，隐漏固多，又沿行折亩及奇零免科，故大幅度偏低；另一方面，或包括山、塘、基地，又有偏高因素。时贤对此亦多有修正。我亦取章有义对 1812、1851 年的修正为准，并用他的办法，即以增加 44% 来补估折亩及隐漏，

[①]　各年原数见梁方仲：《中国历代户口、田地、田赋统计》，上海人民出版社 1980 年版，第 250、258、262 页。章有义修正见所撰《近代中国人口和耕地的再估计》，载《中国经济史研究》1991 年第 1 期。我所作修正项目颇繁，实则对总数影响不大；为节约篇幅，不录，读者如有需要可向作者索阅。

来修正 1661、1724、1753 年的耕地数（采用 1753 年而不用 1757 年的人口，因 1757 年无分省数字）。又另据资料，补估五个基期原缺台湾、新疆、吉林、黑龙江耕地数字。又章有义所列 1851 年的江苏、安徽、陕西耕地数与前后各年均不符，我改用《大清会典》1812—1887 年的年增长率，以 1812 年耕地数字重新估计。最后均以 1 清亩合 0.9216 市亩折成市制。[①]估算结果列入表 2。

表 2　耕地面积估计

（单位：万市亩）

年份 \ 大区	1661	1724	1753	1812	1851
华北 4 省	26 441.0	37 766.5	36 165.7	39 835.9	41 288.9
华东 3 省	18 654.7	19 829.2	20 080.8	21 237.1	21 724.8
华中 3 省	16 424.9	17 944.2	18 490.0	18 496.5	19 085.8
东南 4 省	5 497.8	7 153.1	7 461.7	7 372.9	8 093.1
西南 3 省	991.9	4 004.7	7 441.6	7 780.5	8 147.1
西北 3 省	5 063.9	7 080.1	7 793.8	7 362.2	7 861.6
东北 3 省	240.3	1 500.0	1 890.0	3 035.8	4 136.9
总　　计	73 314.5	95 277.8	99 323.6	105 120.9	110 338.2

我们假设，1661—1724 年为明清战后经济恢复时期；1724—1851 年为经济增长时期，其间又分为三个阶段。依表 1、表 2，各时期、各阶段的年增长率如表 3。

从表 3 可见，半个多世纪的恢复时期、耕地的增长速度快于人口增长速度，这也许是 18 世纪人口迅速增长的原因之一。18 世纪人口增长速度达 11.6‰，的确太快了，同时耕地的增长率大幅度下降。但进入 19 世纪已见转机，人口增长率剧降，而耕地增长率恢复上升。到 19 世纪下叶，即进入近代，又有变化。据前引章有义文估计，

———————————

① 各年原数见本书第 152 页注①梁方仲书，第 380 页。章有义修正见本书第 152 页注①章有义文，并参见史志宏：《清代前期的耕地面积及粮食产量估计》，载《中国经济史研究》1989 年第 2 期。我所作修正项目颇繁，为节约篇幅，不录，读者如有需要可向作者索阅。

1851—1933 年，人口增长率降至 1.92‰，而耕地增长率升达 3.35‰，快于人口的增长。不过，这已不是本文范围。但可看出，所谓人口压力主要指 18 世纪，以后就逐渐缓解了。

表 3　人口、耕地年均增长率

时期	人口（‰）	耕地（‰）	代表年份
恢复时期	3.36	4.17	1661—1724
增长时期	9.46	1.16	1724—1851
18 世纪上叶	11.50		1724—1757
		1.44	1724—1753
18 世纪下叶	11.72		1757—1812
		0.96	1753—1812
19 世纪上叶	4.55	1.24	1812—1851

清代大力垦辟山区、边区，耕地面积比明盛世增加了 3 亿余亩，是历代垦田最多的。唯在本文所考察的 1724—1851 年间，仅增 1.5 亿亩。辟地最多的为西南地区，增 4 000 余万亩；次为华北，增 3 500 余万亩；再次东北，增 2 600 余万亩。这三个地区的人口（移民）增长，与耕地的垦辟是相适应的。但是，本时明人口增长最多的地区是在华东，即通称江南三省，增加近 7 700 万人，而该区耕地垦辟不足 2 000 万亩。其次是华中三省，增 6 300 余万人，而耕地垦辟仅 1 100 余万亩。东南人口增 4 300 余万人，耕地仅增 940 万亩。这三个地区都出现人口过剩。不过，华东、东南到 19 世纪末已有好转，到 1930 年，人均耕地面积已恢复并超过 18 世纪水平。只华中三省情况继续恶化，不过这三省人口密度原不甚高，19 世纪末人均耕地面积仍在 2 亩左右。

人口增长有多种因素，不必须有同比例的土地垦辟。1750—1900 年，欧洲人口增长率达 13‰[1]，高于我国 18 世纪的 11.6‰，主要不是由于耕地扩张，而是由于工业革命，改变了人口就业结构。我国没有工业革命，但这时农民家庭副业有很大发展，尤其是棉纺织业的发展。原来人民生存的最大威胁是"饥寒交迫"，棉纺织业的发展在一

---

[1]　Prgatish Majtra, *Population: Technology and Development,* Gower Puhlisbing Go., 1986，p. 25. 该书称同期中国的人口增长率为 6‰。

定程度上解决了"路有冻死骨"的问题，并有利于向山区、边区移民。其他副业和商业发展也有增加就业的作用。

农家副业的发展开拓了市场，而最为学者注意的是 18 世纪以来市镇经济的繁荣。江南苏杭等 7 府 51 个县，明盛世有市镇 226 个，乾嘉时增为 410 个。[①]岭南广州、琼州府 19 个县，雍正初有定期墟 332 个，道光时至少有 662 个。[②]常规，人口增加，城市兴起，小城市变大城市，形成区域的乃至全国性的大市场。我国西周已有 10 万人口的大城市，汉代长安人口约为古罗马的 3 倍，至宋达于高峰，汴京人口 140 万（或云 200 万），城市人口占总人口数的 12%（或云 20%）。[③]然而，明清以来，城市发展停滞，首都人口从未达到宋代汴京水平，甚至不如临安。苏州人口也逊于宋代。反之，发展了市镇和墟集经济，形成了遍布各地的地方小市场。然而，总计清代城市和市镇人口，亦只占总人口的 5% 强。[④]赵冈认为，这是因为人口压力，余粮不足以支持城市消费，而农民需要交换，只好发展市镇。[⑤]此说有理，但不全面。市镇的大发展实在 19 世纪下叶到 20 世纪 30 年代，北方尤其是这样。[⑥]这时期人口增长率甚低，耕地增长率颇高，前已言及。总之，市镇经济或地方小市场的繁荣固然与人口密度有关，而重要的恐怕还是农业尤其农家副业的商品化，以及小农贸易的细碎性和间歇性使然。[⑦]

我国的小农生产，用方行的话说，是一种"农业和手工业、自给

① 陈忠平：《明清时期江南市场的考察》，载《中国经济史研究》1990 年第 2 期。

② 叶显恩主编：《清代区域社会经济研究》下册（罗一星文），中华书局 1992 年版，第 655 页；郭蕴静：《清代商业史》，辽宁人民出版社 1994 年版，第 182 页。

③ 漆侠：《宋代经济史》下册，人民出版社 1988 年版，第 933 页。何一民：《中国城市史纲》，四川大学出版社 1994 年版，第 138 页。

④ 胡焕庸、张善余：《中国人口地理》上册，华东师范大学出版社，第 255 页。

⑤ 赵冈：《中国历史上的市镇》，载《中国社会经济史研究》1992 年第 2 期。

⑥ 对北方市镇的精密研究见丛翰香：《市镇的勃兴》，载《近代冀鲁豫乡村》，中国社会科学出版社 1995 年版。又丁长清、慈鸿飞估计，20 世纪 30 年代全国有 16 000 个人口在 2 000—20 000 之间的镇，镇和集总数约 58 000 个。见丁长清：《中国近代农村商品经济与市场》，1995 年。

⑦ 这方面的一篇出色研究是龙登高的《个体小农与传统市场》，提交 1995 年"小农经济、市场与现代化"学术讨论会的论文。

性生产和商品性生产双重结合"的模式。①这种模式能有效地利用所有生产要素，在维持我国众多人口的生活和开拓商品市场上发挥了重大的历史作用。但是，到了18、19世纪，它的局限性或副作用也日渐突出出来。其中最重要的是，它阻碍着市场促进社会分工和专业化的作用，阻碍着手工业，尤其是棉纺织业从种植业中分离出来，也阻碍着自由劳动力市场的形成。

三　价格

（一）田价

18—19世纪田价资料不少，但能作长期系列分析者仍首推徽州档案。表4专用歙县，符合田价地方性特点。所辑为卖田契，不包括卖地、山、塘契，唯田契中常附小塘，虽注明而无法剔除。又专指大卖即田底，不包括小卖即单卖田面者。我共见236年的382件卖田契②，唯有74年无契。表4系先求得每年平均价，再按10年平均。

我在《16世纪与17世纪的中国市场》中指出，徽州田价在嘉靖，万历年间曾长期保持一个每亩12两强的高水平，似是受土地边际报酬的作用。入清后，顺治朝仍是每亩12两余，至康熙剧跌至7—8.5两，1711年（康熙五十年）始恢复，反映康熙年间的不景气。③12两余水平保持30余年，乾隆中期后跃进到约21两的新水平；这似乎只能从货币方面即白银购买力降低予以解释。约21两新水平维持近70年，19世纪30年代跌落，明显反映道光年间的萧条。1850年以后的大跌，则是受太平天国战争影响。

---

① 方行：《清代前期的小农经济》，载《中国经济史研究》1993年第3期。
② 1665年无契，以1664年契代替；1900年无契，以1901年契代替。
③ 顺治朝平均12.17两，康熙朝平均7.96两。见彭超：《明清时期徽州地区的土地价格与地租》，载《中国社会经济史研究》1988年第2期，所用为歙县西乡田契。但钱泳称：顺治年间"良田亦不过银二三两"，康熙"长至四五两不等"，见《履园丛话》卷二，又光绪《常昭合志稿》卷二二亦同。无锡、常熟无系列数字，岂地区差异如此之大耶？

表 4　安徽歙县田价

年份	契数	两／亩	年份	契数	两／亩
1665—1670	5	7.74	1781—1790	16	21.67
1671—1680	25	8.54	1791—1800	9	21.64
1681—1690	13	9.90	1801—1810	13	19.05
1691—1700	16	9.01	1811—1820	14	19.55
1701—1710	15	11.60	1821—1830	16	21.03
1711—1720	23	12.49	1831—1840	12	15.51
1721—1730	33[①]	12.51	1841—1850	14	10.48
1731—1740	19	12.69	1851—1860	24	9.28
1741—1750	23	15.84	1861—1870	22	5.14
1751—1760	23	18.37	1871—1880	7	5.16
1761—1770	17[①]	21.58	1881—1890	3	5.54
1771—1780	14	23.26	1891—1900	6	5.44

资料来源：据安徽省博物馆：《明清社会经济资料丛编》第 1 集，中国社会科学出版社 1988 年版；包括该馆及徽州地区博物馆所藏卖田契档。

注：① 减除一项特高价。

　　时贤研究中，有赵冈所辑徽州府及浙江衢州、严州、杭州府和江西广信府的耕地资料并列有 10 年平均之田价系列，兹择其 1641—1900 年 471 个数据列入表 5。表 5 中五府田价水平略低于歙县，变动趋势与歙县基本一致，而升降幅度较歙县略大，康熙年间，尤其是道光年间的不景气至为明显，而所受太平天国战争的影响与歙县迥异。

　　据章有义研究，顾炎武所说徽商不置田业盖一时现象，商人兼地主乃常见。从卖田契看，卖田以筹店本、以偿商欠、以补盐课者屡见；在 40 家折产文书中，有 26 家是兼分田和店，至少有 13 家是由商获利置田的。[①] 我所见歙县卖田契，有近半数是将数块以至十来块小田凑成 50 两、100 两，以至 500 两之整数出卖，显系商人间的交易。

---

① 章有义：《明清徽州土地关系研究》，中国社会科学出版社 1984 年版，第 23—24、27—28 页。

又农户卖田，常于契中强调贫困、病丧以至有"呼天不应，呼地不灵"等语，而徽州卖田契中常有"因正用"、"因急用"等词。这都说明徽州田价与商业和市场关系较为密切。

表5　安徽、浙江、江西五府水田价

年份	件数	两／亩	年份	件数	两／亩
1641—1650	57	10.00	1771—1780	16	17.30
1651—1660	23	8.82	1781—1790	15	17.46
1661—1670	5	7.37	1791—1800	8	16.35
1671—1680	37	5.60	1801—1810	16	17.72
1681—1690	29	5.63	1811—1820	12	19.69
1691—1700	20	6.80	1821—1830	11	21.16
1701—1710	19	7.10	1831—1840	6	22.54
1711—1720	25	8.01	1841—1850	2	16.10
1721—1730	33	8.04	1851—1860	11	12.34
1731—1740	28	7.90	1861—1870	13	4.93
1741—1750	18	8.68	1871—1880	6	10.63
1751—1760	20	12.66	1881—1890	5	11.95
1761—1770	24	17.26	1891—1990	12	14.73

资料来源：Kang Chao, *New Data on Land Ownership Patterns in Ming Ch'ing China-A Research Note, Journol of Asian Studies,* XL:4, August 1981, pp. 728-729.

注：五府，即徽州府、衢州府、严州府、杭州府、广信府。

陈铿辑有福建建瓯地区田价。据称曾见卖契千余件，除卖地、山、赔田、年份田、祭田及单卖田皮、田骨等外，列表86件。唯顺治、康熙年间仅各1件。我选其1750—1900年70件，按10年平均列入表6。该地区田按产量罗计（每罗70斤），或按担、斛、斗、桶计，表内均折为罗。金额多用钱文，我按表19折为银两。陈铿从若干实例计算，当时建瓯亩产量约265斤，故表6之罗价乘以3.786即每亩田价约数。表6反映道光年间的萧条亦颇明显，趋势与表4歙县一致。闽南亦商业较发达地区。至于19世纪60年代以后与歙县变动不一致，或因受太平天国战争影响较轻所致。

表6　福建建瓯田价

年份	契数	两／罗	年份	契数	两／罗
1750—1800	6	3.70	1851—1860	8	2.55
1801—1810	2	3.46	1861—1870	9	4.11
1811—1820	2	4.03	1871—1880	11	4.69
1821—1830	1	3.48	1881—1890	9	3.32
1831—1840	4	3.74	1891—1900	12	3.73
1841—1850	6	2.94			

资料来源：

陈铿：《清代南平建瓯地区田价研究》，载《中国经济史研究》1990年第3期。

刑科题本中有不少田价资料，唯极分散。兹择其数据较多的湖南省的18世纪45件列入表7。原件以产量计。以种粮计者均折为亩，以钱文计者均按表19折为银两。因非原契，件数不多，且系各州县综合，质量较差。时湖南为发展中省份，18世纪上叶由每亩不足1两递增至10余两，六七十年代又增1倍，维持22—23两高峰，直追江南。案例以洞庭湖地区为多，当受湘米东运影响；18世纪80年代起田价陡降，盖亦与湘米输出受阻有关。

表7　湖南田价

年份	件数	两／亩	年份	件数	两／亩
1711—1720	2	0.86	1761—1770	2	22.54
1721—1730	3	19.00	1771—1780	3	23.33
1731—1740	5	8.49	1781—1790	3	18.00
1741—1750	18	11.27	1791—1800	4	13.05
1751—1760	5	10.99	1801—1820	2	20.75

资料来源：

中国第一历史档案馆、中国社会科学院历史研究所编：《清代土地占有关系与佃农抗租斗争》，中华书局1988年版；又《清代地租剥削形态》，中华书局1982年版；黄冕堂：《清史治要》，齐鲁书社1990年版；李文治：《明清时代土地关系的松解》，中国社会科学出版社1993年版。

四川巴县和新都县档案，经学者整理，有卖田契刊布，可得系列田价，列入表8。各契多水旱田地捆卖，并常包括边坎、沟埂、房屋及基地，虽注明，但并捆作价，无法剔除。其田地面积，用"册载条粮"之银钱数表示；因田分等纳赋，丁银随赋加征，故每亩所纳条粮无定值。乾嘉时，四川全省赋额平均为每亩载粮 0.14 钱。巴县契中，有 13 件附记种粮斗数，四川为大斗，按 1 斗 2 亩计，可计出平均每亩载粮 0.188 钱。中都县契，除载粮外，大都附记亩数，据 78 契平均，每亩载粮 0.177 钱。1841 年（道光二十一年）增赋，载粮数未详。表 8 中，巴县田价应以载粮为准，中都县则每亩价与载粮钱价可并用。

表 8　四川巴县、新都县田价

（载粮单位为钱、银）

年份	巴县			新都县		
	契数	两／亩	两／载粮	契数	两／亩	两／载粮
1736—1748	2	13.30	63			
1761—1770	4	13.26	196			
1771—1780	2		138			
1781—1790	1		197			
1791—1800	3	29.58	173			
1801—1810	4	44.17	135	3	49.06	240
1811—1820	4	21.88	92	1	40.00	224
1821—1830	3	28.79	219	9	28.15	227
1831—1840	3	41.25	299	2	38.52	
1841—1850	3		209	8	26 683	136
1851—1860				5	25.44	234
1861—1870				17	43.57	273
1871—1880				22	49.31	282

资料来源：

四川大学历史系编：《清代乾嘉道巴县档案选编》，1989 年；熊敬笃编：《清代地契史料》，新都县档案局，无出版年。

注：另有 12 契过大或过小未予计入。

四川属移民开发区。从巴县资料可见，18 世纪其田价上升较迟亦较缓，19 世纪早期亦有下滑，而 19 世纪 30 年代后仍上升，与他处不同。新都县资料始于 19 世纪，从中可见嘉庆末的下滑与道光后期的剧跌，与他处趋势相同。但 19 世纪 50 年代后坚挺上涨，我不能解释。又两县按亩计之平均价高峰都达五六十两，睥睨江南，令人诧异。盖二县均四川土地肥沃地区，由其载粮数较高可知。

北方地价极少系列资料。表 9 所列出西襄汾县丁村地价，系据张正明、陶富海所辑卖契。数据不多，且限于 19 世纪，然 19 世纪初的下滑，道光中期的再度下滑，以及世纪晚期的大幅度跌落，则与表 4 歙县完全一致，与表 6 建瓯亦大体相符。说明此时地价变动，货币原因占有重要地位。襄汾为义和团运动地区，但似未影响地价，运动大开展后，地价还略升。

表 9　山西襄汾县丁村地价

年份	契数	两／亩	年份	契数	两／亩
1764—1789	2	42.53	1851—1860	1	20.62
1801—1810	5	30.60	1861—1870	3	8.56
1811—1820	4	41.19	1871—1880	1	5.00
1821—1830	0		1881—1890	0	
1831—1840	4	37.62	1891—1900	3	4.02
1841—1850	1	30.62	1901—1910	4	4.02

资料来源：

张正明、陶富海：《清代丁村土地文书选编》，载《中国社会经济史研究》1989 年第 4 期。

以上各省田地单位不同，不能直接比较，因将价格均化为指数，列入图 1。从图 1 中可见趋势大体一致，18 世纪下叶上升加速，而 1770 年后有段下滑，高峰俱在 1830 年，然后是道光年间萧条。至于太平天国战争影响，大体在 19 世纪 60 年代以后即告消失。此次战争延续 15 年，生灵涂炭，生产破坏，但究属局部地区，亦属暂时性的。战争支出军费 1.7 亿两，连同镇压捻军，共 2 亿余两。就市场说，有此巨额通货投入，必会提高购买力，导致战时繁荣。

（二）粮价

粮价反映市场情况最为敏感。清代粮价，时贤研究者甚多，成果丰硕。其系列较完整者唯米价，兹择七种研究，按五年平均价汇入表10和图2。小麦、杂粮数据不全。免列表，仅用原作者曲线图入图3。研究者不少是采用清代官方粮价单及雨雪粮价折。此项官方报告的可信性已有不少专门讨论。本文需要历年价格系列，此项官报仍属必需。就长期趋势说，表10所列各地米价与彭信威据《清实录》及其他文献所作的全国米价基本一致，但就中短期变动说，利用官报时仍需与其他资料核对。

表10　18—19世纪上半叶米价

（单位：银两／石）

年份	全国	上海	苏州	萧山	广东	湖北	湖南	甘肃（小米）
1641—1645	1.23	3.28						
1646—1650		2.82						
1651—1655	1.17	2.98						
1656—1660		1.50						
1661—1665	0.83	1.25						
1666—1670		0.67						
1671—1675	0.63	0.86						
1676—1680		1.32						
1681—1685	0.84	0.98	0.88					
1686—1690		0.96	0.98					
1691—1695	0.72	0.90	0.87					
1696—1700			0.82	0.83				
1701—1705	0.94		1.04	0.87		0.63		
1706—1710			1.28	1.21	0.77	0.79	0.73	
1711—1715	0.90		0.90	0.92	0.73	0.70	0.66	
1716—1720			0.86	1.01	0.74	0.67	0.63	
1721—1725	0.86		1.06	1.18	0.78	0.87	0.76	
1726—1730			1.16	1.02	0.93	0.88	0.83	
1731—1735	0.97		1.22	1.11	0.81	0.90	0.83	
1736—1740			1.20	0.99	0.96			1.13
1741—1745	1.11		1.49	1.14	1.26	1.00		1.05
1746—1750			1.67	1.38	1.24	1.10	1.02	0.79
1751—1755	1.59		1.90	1.50	1.60	1.26	1.18	0.77
1756—1760			1.90	1.50	1.60	1.45	1.20	1.15

续表

年份	全国	上海	苏州	萧山	广东	湖北	湖南	甘肃（小米）
1761—1765	1.67		1.84	1.61	1.30	1.38	1.17	1.14
1766—1770			1.86	1.89	1.59	1.24	1.22	1.08
1771—1775	1.48		1.64	1.72	1.59	1.10	1.23	1.00
1776—1780			1.98	1.80	1.65	1.70	1.37	0.94
1781—1785	1.56		1.91	2.06	1.55	1.30	1.66	0.85
1786—1790			1.68	2.05	1.61	1.61	1.34	1.05
1791—1795	1.91		1.40	2.84	1.44			
1796—1800			1.21	2.37	1.36			1.04
1801—1805	2.12		2.31	2.61			1.05	
1806—1810			2.77				1.09	
1811—1815	2.09		2.55					1.28
1816—1820			2.37					1.17
1821—1825	1.89		2.49					1.16
1826—1830			2.23					1.11
1831—1835	2.35		2.64					1.10
1836—1840			2.25					1.24
1841—1845	2.19		2.40					
1846—1850			2.09					1.21

资料来源：

全国　彭信威：《中国货币史》，上海人民出版社1965年版，第850页。原据《清实录》及其他文献。原为10年平均，以银克／公石计，兹按1两＝37.031克、1（清）石＝1.0355公石改算。

上海、苏州、萧山　均为王业键整理数，见 Yeh-chien Wang, *Secular Trends of Prices in the Yangzi Delta 1638—1935*, in Thomas G. Rawski and Lillian M. Li eds. Chinese History in Economic Perspective, University of California Press, 1992, pp. 41-45. 上海原据叶梦珠《阅世编》及姚廷遴《历年记》。苏州原据《李煦奏折》及苏州府陈报粮价单。入本表时除去1756、1786、1814、1815年这些特大灾年。萧山原据"萧山来氏家谱"（田仲一成整理）。入本表时除去1755、1785、1986年这些特大灾年。

广东　陈春声：《市场机制与社会变迁——18世纪广东米价分析》，中山大学出版社1992年版，第145、147页；原据粮价单及其他文献。入本表时除去1713年这一特大灾年。

湖北、湖南　龚胜生：《18世纪两湖粮价时空特征研究》，《中国农史》第14卷第1期，1995年版。原据粮价单，辅以文献。本表采用其6—11月平均价（低价），唯有数年缺，系自12月至下年5月平均价推出；又湖南1751、1752年用官中档奏议补入。

甘肃　Peter C., Perdue. *The Qing State and the Gansu Grain, Market, 1739—1864*, 载上引 Rawski and Li 所主编书第124页，原文称五年滚动平均，看来不像。入本表时除去1759—1760年这一战争年份。

经济史理论与实证

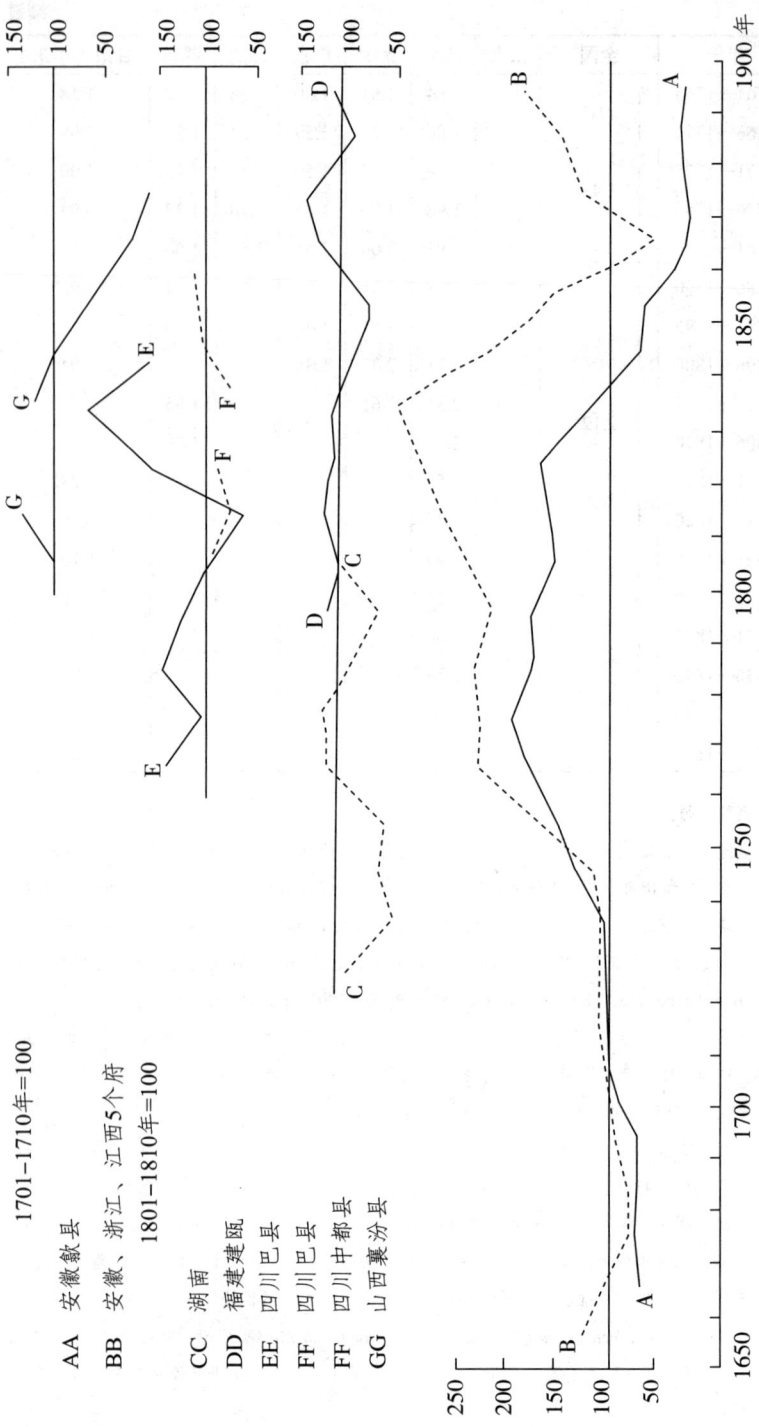

图1 田价指数

AA 安徽歙县   1701—1710年=100

BB 安徽、浙江、江西5个府   1801—1810年=100

CC 湖南
DD 福建建瓯
EE 四川巴县
FF 四川巴县
FF 四川中都县
GG 山西襄汾县

164

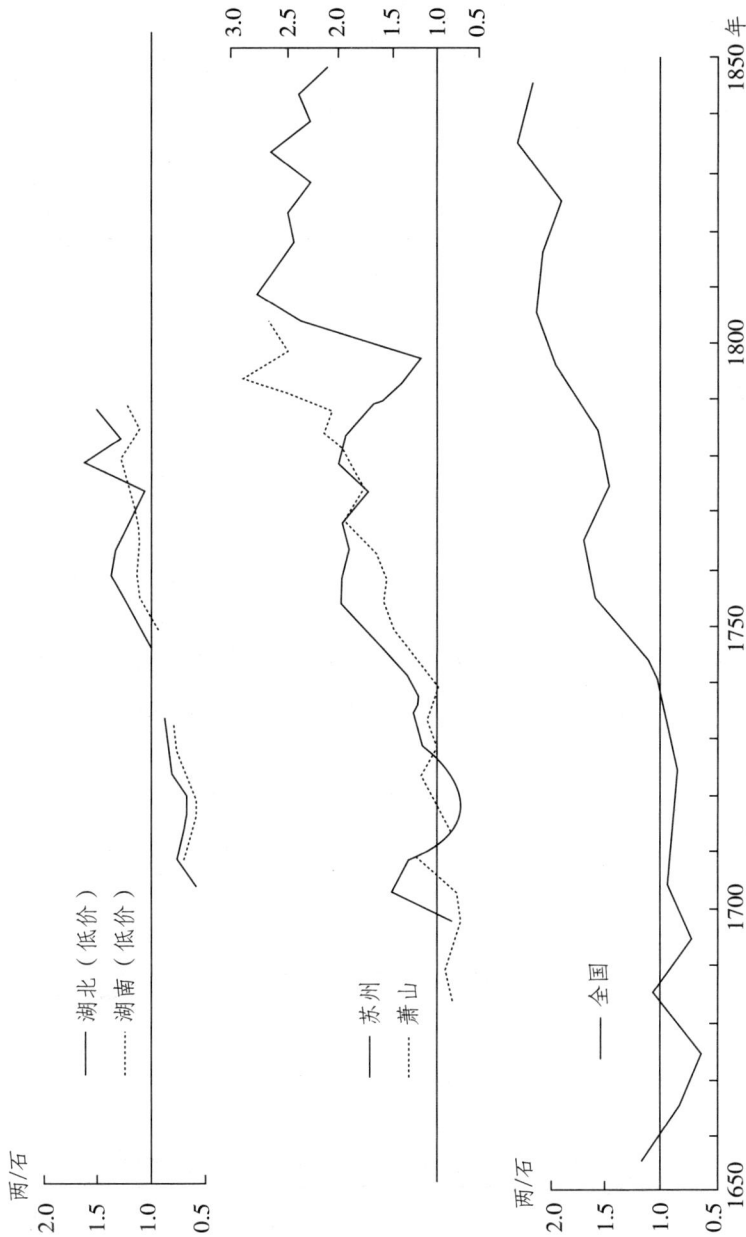

图 2　米价变动

两/石

- 湖北（低价）
- 湖南（低价）

- 苏州
- 萧山

- 全国

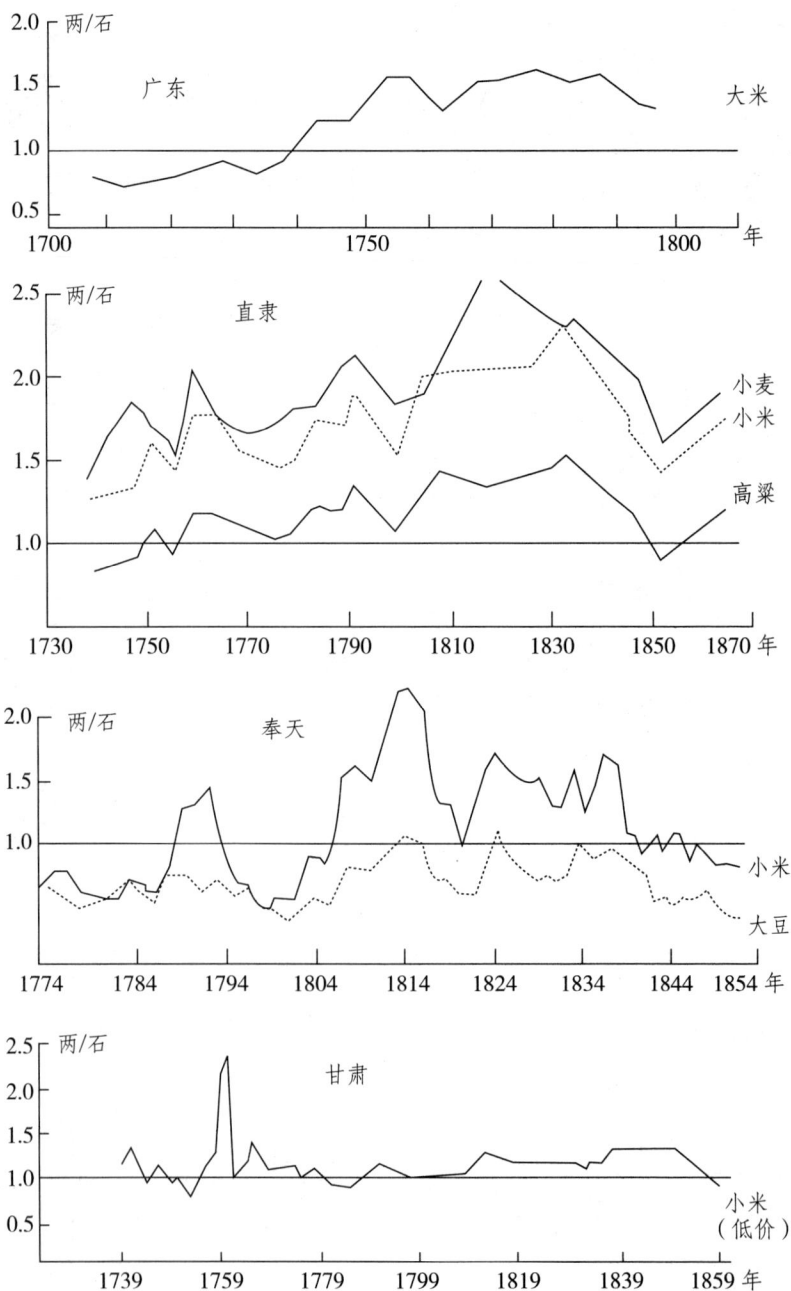

图3　米价变动

下面分三个阶段讨论：17 世纪下叶、18 世纪、19 世纪上叶。

17 世纪下叶仅有王业键据《阅世篇》、《历年记》整理和补缺的上海（松江）米价系列。两书皆学者常用，唯制成系列，不免损益。此上海系列的最后十余年，与萧山系列完全相符，而与陈鸿、陈邦贤《熙朝莆靖小记》①所记莆田米价有出入。莆田属福建，仅数年数字，我们姑置勿论。

上海系列中，1645 年以前属战时，米价极昂，有时超过每石 5 两。1646—1655 年，即顺治前期，稳定于接近 3 两水平，如第一小节所述。此时市场活跃，商贾厚利，民生安恬。1656 年开始跌价，其间除 1659 年（郑成功攻南京）外，未有超过 2 两者。1662 年后，递降至 1 两以下，最低 0.5 两，市场停滞，反映康熙年间的不景气。其间，唯 1679、1680 年一度陡升至 1.8 两、2.3 两，当系三藩战事影响。三藩战事主要在西南，但军费支出达 1 亿两，采购多在江浙。大量货币投入市场，物价乃涨。三藩战后，上海米价仍维持在 1 两以下水平，直到 18 世纪到来。

18 世纪是米价上升时期。表 10 苏州系列是据《李煦奏折》和苏州府粮价单制成。其价世纪初即达每石 1 两强，大约受 1707—1709 年江南水旱交替影响，旋落。真正上升自 18 世纪 20 年代起，维持 1 两以上水平，世纪中期达 1.5 两，七八十年代近 2 两，唯 1788 年后下降。这与萧山系列径庭，王业键因此怀疑 1788 年后苏州府官报不实。萧山系列是田仲一成发掘《萧山来氏家谱》制成，自 1684 年起有逐年记录，当更可信。该记录与苏州系列一致，唯 1788 年以后仍维持 2 两以上水平，1793、1794 年达 3 两以上。

18 世纪江南米价究竟升到什么程度，尚难定论。郑光祖《一斑录·杂述》记常熟米价，1707 年约 0.9 两，至 1790 年约 2 两。钱泳《履园丛话·旧闻》记苏、松、常、镇米价，1707 年约 0.9 两，至 1790 年约 1.5—3.2 两。萧山汪辉祖《病榻梦痕录》记 1713 年约 1.12 两，1796 年约 3.05 两（原记钱文者均按表 19 折成银两）。全汉升研究，苏州米价 1707 年 1.25 两，1786 年 4.3 两；扬州米价 1709 年 1.25 两，1786 年 4.8

---

① 《清史资料》第 1 集，中华书局 1980 年版。

两。①看来，高峰约在18世纪80年代，世纪末有所回落是可能的。

江南为高米价地区。从表10中可见18世纪全国米价水平概不超过2两。表10中广东、湖北、湖南系列均主要据粮价单。广东当时是发展中地区，米价水平低于江南。湖北为米粮转运中心，米价水平低于广东。湖南为米输出地区，米价水平低于湖北，唯增长甚速。

为进一步观察18世纪米价变动趋势，兹以1736年（乾隆元年）为界，分为前后两期，用回归分析，即 $y=a+bx$ 公式（分列见表11）。式中 x 为五年期，即第几个五年，a 为常数或基数，b 为回归系数，即平均每五年的升降额，以两／石计。

表11　18世纪米价回归分析

地区	时期	a	b
苏州	1701—1735	1.01	0.0164
	1736—1800	1.71	− 0.0020
萧山	1701—1735	0.96	0.0214
	1736—1800	0.92	0.1201
广东	1706—1735	0.71	0.0240
	1736—1800	1.25	0.0276
湖北	1701—1735	0.61	0.0415
	1741—1790	0.86	0.0826
湖南	1706—1735	0.63	0.0326
	1746—1790	1.08	0.0270

18世纪，江苏人口增长率颇高，达13.2%，而表11中可见苏州米价前期的上升率在表11中最低，每五年升0.016两／石。这当归功于苏州市场整合性强，能有效运进粮食，平衡供需。但后期竟成负数，似不可能。因1801年苏州米价即升至3.5两，1808年达4两余。若非如前述，1788年后苏州府的官报不实，则属统计误区。或谓萧山系列更可信。表11中可见萧山米价上升率前期合理，后期达每五年0.12两，似又属过高，与江南市场发达情况不符。

① 《美洲白银与十八世纪中国物价革命的关系》，载《中国经济史论丛》第2册，香港新亚研究所1972年版。

18 世纪，广东人口增长率为 11.5‰，湖北为 19.9‰，湖南为 8.9‰。广东亦为市场整合较强地区，表 11 中可见广东米价升幅比较适中，后期略大于前期。湖北人口增长率最高，米价升幅远大于广东，亦前低后高。这都与预期相符。湖南米价升幅低于湖北，与人口增长率相符，但后期反低于前期，则不知如何解释。

18 世纪米价上升有两大因素，即人口剧增和白银内流，已成共识。货币因素下文再议。人口方面，假设人口增长与资源供给是相适应的（我认为这个假设可以成立），则物价不应上涨。但事实上，在人口迅速增长时期，即使粮食供给并不短缺，价格仍会上升，中外皆然，其故为何，有多种理论。我看比较合理的解释是，人口迅速增长使固定和流动家庭（户数）增大，购买趋于零散和频繁，市场总供给和总需求虽属平衡，但货币流通速度和交易频率增加，物价仍会上涨。当然，这是在市场繁荣条件下，一旦进入周期性危机，情况就不同了。

下面谈 19 世纪上叶。此时出现"道光萧条"，米价下跌一般在 1821—1850 年。郑光祖《一斑录·杂述》称，嘉庆后期（1820 年前）升米"常价亦必三十八、四十。道光三年大水，升米不过四十二"；"后二十年来，升米以三十二三为常。惟十四年因岁频歉，升米至五十二。近五年来，升米仅二十二三，为罕遇也"。"近五年"约指 1844—1848 年。道光三年后 20 年来，虽升米以 32—33 文为常，若折成银两，每石亦由 2.5 两降至 1.5 两左右。柯悟迟（亦常熟人）《漏网喁鱼集》记有道光十六年至咸丰七年米价。咸丰七年注"人心窘迫"，指太平军逼近。该记载用银两及钱文。兹将郑、柯两记载合并，制成常熟米价系列如表 12。

《中国经济史统计资料选辑》有从河北宁津县大柳镇泰升记商号账册中辑出的零售物价指数，属极可信的资料。兹将其农产品（大米、花生两项）零售价格指数与王业键所作苏州米价系列、表 12 常州米价系列均按指数汇入图 4，以作比较。

从图 4 可见，苏州、常熟、河北宁津米价的变动十分同步。南北同步，表明道光年间萧条的主要原因是在货币方面，即当时所称"银贵"。再从图 3 中直隶和奉天（沈阳）小麦、小米、大豆、高粱价格的走势看，19 世纪上叶北方粮价的下跌似乎比南方有过之而无不及。至于图 3 中甘肃小米价格十分平稳，可能是由于军事控制较严，或则官报不实。

表 12　19 世纪上半叶常熟米价

（单位：两／石）

年份	米价	年份	米价	年份	米价
1820	3.18	1832	（2.34）	1845	0.97
1823	3.36（大水）	1833	（1.72）	1846	0.97
1824	（2.56）	1834	3.83（歉收）	1847	1.04
1825	（2.59）	1835	（2.29）	1848	1.04
1826	（2.55）	1836	0.93	1849	2.83（大水）
1827	（2.42）	1838	1.33	1850	1.44
1828	（2.43）	1839	1.55	1851	0.97
1829	（2.36）	1840	1.62	1852	1.33
1830	（2.38）	1842	1.62	1855	1.06
1831	（2.38）	1844	1.26	1857	2.70（窘迫）

资料来源：1820—1835 年，据郑光祖：《一斑录·杂述》，括号内为据"升米二三十文"常价折算数。1836—1857 年，据柯悟迟：《漏网喁鱼集》，折算率见表 19。

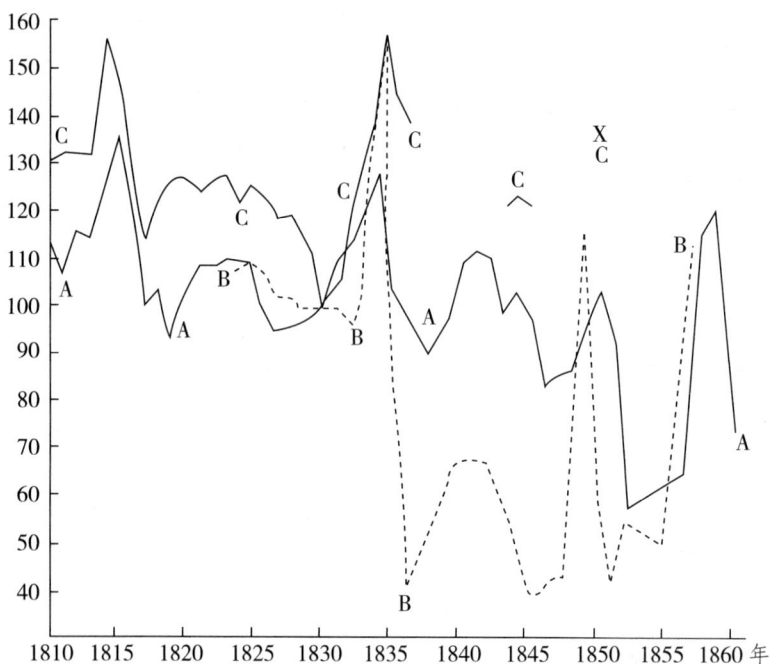

图 4　19 世纪上叶物价指数（1830 年＝100）

注：

A　苏州米价指数来源同表 10。

B　常熟米价指数，据郑光祖：《一斑录·杂述》估计，见表 12；据柯悟迟：《漏网喁鱼集》，见表 12。

C　河北宁津县农产品零售物价指数，据严中平等编：《中国近代经济史统计资料选辑》，北京科学出版社 1955 年版，第 38 页。

从图 4 还可看出，太平军起义以至在南京建国后，江南粮价并未上升。苏州米价，1850 年 2.39 两，1851 年 2.18 两，以后 5 年都在 1.5 两以下。1860 年太平军占领苏州，米价一度涨至 4 两，但 1867 年就恢复到战前水平。常熟米价趋势相同。上海高米价延续到 1870 年以后，则因绅富逃亡租界，人口倍增之故。

（三）棉价、布价、丝价

棉价据叶梦珠、姚廷遴、郑光祖记述，勉强可成上海、常熟两个系列，列入表 13。

表 13　江南棉花价

（单位：两/担）

上海				常熟		
1621—1627	1.6—1.7	1680	3.0	1644—1735	常价	2.2—2.5
1628—1635	4.0—5.0	1681	3.5—3.6	1736—1780	常价	3.2—3.5
1644—1645	0.5—0.6	1682	4.1	1781		2.59
1649	3.4—3.5	1684	1.3—1.4	1782	风潮后	6.38
1650	5.0	1687	2.0—3.0	1783—1793	常价	4.00
1657	2.5	1688	1.8	1794	雨荒后	9.57
1659	4.5	1689	2.6—2.7	1805	水荒后	9.62
1661	2.0	1690	1.4—2.0	1806—1814	复归	（4.00）
1662	2.0—3.0	1692	1.2	1815	大旱后	5.44
1667	2.0—1.2	1693	1.6	1817		6.90
1669	1.4—0.8	1694	1.0—1.6	1821	丰收	2.57
1670	3.0—4.0	1659	3.5	1824	大水后	8.67
1671	3.0—5.0	1696	3.0—3.6	1825—1832	常价	5.92
1672	2.8			1833		7.33
1673	0.7—0.8			1835		5.92
1674	1.9			1836—1839	复归	（3.33）
1676	2.0			1841—1842		3.85
1677	2.0			1843		3.20
1678	1.5			1844—1848	常价	2.50
1679	1.5—1.6			1849	水灾	4.91

资料来源：

上海，据叶梦珠：《阅世篇》卷七，食货四；姚廷遴：《历年记》。常熟，据郑光祖：《一斑录·杂述》卷六，唯 1841—1849 年改据卷八己酉水灾。

从表 13 中可见棉价的年度波动远大于米价。盖因米有外地米调剂市场的机制。江南用棉原亦由北方济运，至清则主要本区供销。又因棉单荏，无季节调剂。表中上海棉价属 17 世纪，虽起伏极大，但康熙朝下跌仍显然。姚廷遴著述原在比较粮与棉的价格变动，石米担棉比价由 1∶1 至 1∶4 不等，但后期常注"花贵"、"米贱花贵"字样，意似棉价相对较高。表中常熟棉价属 18、19 世纪，数据太少。唯有五段标"常价"，又二段标"复归"而无数据，我按前段价列入括号，此七段可视为棉价水平的七个台阶。其第一台阶跨百余年，不可能，可视为 18 世纪初的常价为每担 2.5 两。经两台阶递增至世纪末的 4 两，即增 60%，远小于同期萧山米价增幅 220%（见表 10，苏州期末跌价不实，故不用）。19 世纪上叶的不景气，棉价由每担 4 两经三台阶跌至世纪中的 2.5 两，即跌 37.5%，远大于同期苏州米价的跌幅 11.4%（萧山无资料），棉花属经济作物，在市场周期中其价格波动较大原在意料之中，但没想到与米价差距如此之大。

布价数据极少，且品种多。表 14 中上海布价以标布为准，中机、阔布略同标布，唯尚有单用"布"者未详。广州出口布通称南京布，实苏松所产，或谓即上海紫花布。

表 14 中上海布价属 17、18 世纪。我们考察的重点是与表 13 中的棉价相比。布价表 14 中以叶梦珠所记最实，可见 1684 年比 1654 年下降 55%，反映康熙年间市场不景气。依表 13，相近期即 1657—1679 年，棉价下降 38%，小于布价。18 世纪的布价上升，很难把握。表 14 中 1743 年和 1793 年布价均洪亮吉提供，应可比，计 50 年间上升 189%。而依表 13，同时期棉的常价仅增 60%。不过，洪亮吉所称 1793 年布价每匹 0.09（原文是三四十文），低得令人难以置信。若以康熙年间萧条中的 1684 年与 1800 年左右相比，则布价增 260%，棉价增 196%；唯 1800 年的布价似属偏高。表 14 中广州出口布价属 19 世纪上叶，其 1830—1833 年平均价比 1810—1819 年平均价下降 28%，反映道光年间不景气。按表 13，相当时期棉花的常价仅下降 17%。

表14　棉布价格

（单位：两／匹）

上海（松江）布价				广州出口英国布价	
1645	标布	0.10	A	1810	0.50
1651	标布	0.33	A	1817	0.61
				1818	0.65
1652	阔白布	0.32	B	1819	0.63
1654	标布	0.45	A	1820	0.92
				1821	0.67
1682	中机布	0.30	A	1822	0.65
1684	标布	0.20	A	1823	0.53
				1824	0.55
1695	黄沙布	0.18	C	1825	0.74
1743	布	0.09	D	1826	0.60
				1827	0.61
CA1760	木棉布	1.11	E	1828	0.49
1765	细布	0.29	F	1829	0.50
				1830	0.42
1793	布	0.26	D	1831	0.37
CA1800	布	0.72	G	1832	0.50
				1833	0.53

资料来源：

A 叶梦珠：《阅世篇》，卷七，食货五。

B《上海县志》，卷三，田赋。

C《上海续且志》，卷三十，杂记。

D 洪亮吉：《卷葹阁文甲集》，卷一，生计篇。

E 褚华：《木棉谱》。

F《沙头里志》，卷二。

G 杨小崖：《寒圩小志》，风俗。

广州出口英国布价据《中国经济年鉴》第11章，第K220—222页，1934年版，由出口量及出口值计出。

　　总之，在市场周期性波动中，布价的升降幅度都远大于原料棉价。这是合理的，因布的需求弹性大，且不受年成丰歉的直接作用，价格全由市场供求决定。研究清代布价的意义远不只此。布是当时最重要的工业品，其商品值仅次于粮食；又是当时唯一有自由竞争价格的商品，与受政治或地理限制的盐及各种矿产品不同。明盛世，棉布产于松江，他处不织或织不精，江南布价具有垄断性。至清，则各直省几乎都织布，且有十来个集中产区，成为市场上竞争性最强的商品，其价格变化,应自有规律。王廷元曾有文论康熙至嘉庆年间,江南织布成本(按棉价计)增加,而劳动(织工)收益下降[1],惜无地区性比较研究。刘秀生论清中期的棉布市场,认为当时有江南、冀鲁豫、湘鄂赣、广东、四川五个大的布产区,它们大体上不需要外地来布,可称为不受布区。东北、塞北、西北、西南不产布,为受布区。福建、云南、贵州产布少,亦受布。如江南布已难进入冀鲁豫和湘鄂赣,但可越华北而远销东北以及福建、广东等地。[2]刘秀生的研究很有创见,惜缺乏价格数据佐证,我更无能。实际上,当时农户生产商品布的能力几乎是无限的,各主产区也都有布远销,尤其精品,而关键在于市场需求或购买力,这方面的价格研究大有天地。

丝价之能成系列者有全汉升辑自马士《东印度公司对华贸易编年史》的广州丝价,已常被引用。全汉升原为研究中国"18世纪的物价革命",所辑以18世纪为限,引用者常失察。我因从《编年史》第3、4卷中辑录19世纪价格,并补充原缺项目,列入表15。当时出口称南京丝,包括湖丝及大丝,又有部分廉价的粤丝,但难分别。又,表15中19世纪为英国船的丝出口值除以担数的平均价,18世纪则杂有市价、预约价等,不尽可比。不过大体可看出:康熙时的价格下跌并不严重,18世纪的价格上涨亦较缓和,19世纪的下跌也不激烈。国内市场荣衰与出口关系不大,这是合理的。惜无国内丝价与之对证。

表15 广州出口生丝价

(单位:两/担)

年份	价格	年份	价格	年份	价格
1699	127—137	1767	265	1818	261.5
1702	132	1768	265—294	1819	340
1703	140	1770	300	1820	334
1704	100	1771	265—275	1821	236

---

[1] 《论明清时期江南棉织业的劳动收益及其经营形态》,载《中国经济史研究》1993年第2期。

[2] 《清代中期湘鄂赣棉布产销与全国棉布市场格局》,载叶显恩主编:《清代区域社会经济研究》下册,中华书局1992年版。

年份	价格	年份	价格	年份	价格
1722	150	1773	272.5	1822	216
1723	142—145	1774	272.5—277.5	1823	307
1724	155	1776	275	1824	169
1731	155	1777	265	1825	213
1750	175	1780	265	1826	183
1754	155—220	1783	275	1827	231
1755	190—195	1784	310	1828	251
1756	192.5	1785	290	1829	226
1757	225—250	1787	280	1830	169
1759	198	1793	255	1831	226
1763	240—250	1798	288	1832	225
1765	269	1799	270	1833	225
		1817	216		

资料来源：

1699—1799 年，见全汉升：《美洲白银与十八世纪中国物价革命的关系》，载《中国经济史论丛》第 2 册，香港新亚研究所 1972 年版。原辑自 H. B. Morse, *The Chronicles of the East India Company Trading to China, 1635-1834*（编年史）1、2、5 卷。1817—1833 年，作者辑自马士《编年史》第 3、4 卷，又 1754 年补自《编年史》第 5 卷。

四　商税

清代商税包括盐课、榷关（常关）税和地方商税，简列表 16。

盐课的主体引课征自流通过程，但属专卖性质，量甚巨增长亦快，而与市场兴衰无甚关系。如康熙"计丁加引"，增课数 10 万两，乃为平三藩军费。雍正、乾隆增课多用颁"余引"方式，虽与人口增长有关，但常造成盐滞销，非尽市场需求。嘉庆、道光则更多采取盐斤加价办法，更多出于财政考虑。1841 年（道光二十一年）盐课收入达 747.6 万两[1]，而此时正值市场不景气，盐商"消乏"，已如第一小节

---

[1]　王庆云《石渠余记》卷五，直省盐课表。

所述。因而，不能从盐课变动考察市场。

表 16　商税

（单位：万两）

年份	盐课	榷关税	地方商税
顺治六年　（1652）	212	100	
康熙二十四年（1685）	388	122①	47
雍正二年　（1724）	387	135②	52
乾隆十八年（1753）	701	459	91
嘉庆十七年（1812）	580	481	93

资料来源：

许檀、经君健：《清代前期商税问题新探》，载《中国经济史研究》1990年第2期。

注： ① 1686年。

② 1725年。

表16所列地方商税系许檀、经君健从"杂赋"中辑出的属于流通税部分，即各种商品税和市集落地税，以及与集市贸易关系密切的牙税、牙帖税。尚有少量不属于流通税的地方商税，如契税、典当税等，不包括在内。从表16中可见这项地方商税直到嘉庆时都是增长的，可以反映地方市场，特别是市镇、集墟贸易的发展。但其增长速度甚小，1685—1812年一百多年间增长不到一倍，必远落后于市场的扩大；此中原因，尚待研究。或者，税有定额、漏报溢额和胥吏贪污以致之。

无论就经济发展或市场整合来说，更重要的是长途贩运贸易；这项贸易的兴衰可从榷关税收中得到线索。兹将榷关总税收和四大榷关税收简况列入表17和表18。原来清财政收入并无标准统计，表17中1753年数字与表16不同，乃取舍之故。①

---

① 1753年（乾隆十八年），表16作者取《大清会典则例》，表17我取《皇朝掌故汇编》，因其所计4 324 005两系据奏销册，且与《啸亭杂录》的433万两、《大清会典》卷十六的4 312 153两一致，《大清会典》且有37个关的详细数字。

表 17　榷关税收

（单位：万两）

顺治九年	（1652）	100	《清史稿》卷一百二十五，《食货志》
康熙二十五年	（1686）	122	康熙《大清会典》卷三十四
雍正三年	（1725）	135	雍正《大清会典》卷五十二
雍正十三年	（1735）	300	《钦定户部则例》卷五十五
乾隆十八年	（1753）	432	《皇朝掌故汇编》卷十四
乾隆三十一年	（1766）	540	乾隆《大清会典则例》
乾隆五十四年	（1789）	328	《钦定户部则例》卷五十五
乾隆六十年	（1795）	846	昭梿《啸亭杂录》卷四
嘉庆十七年	（1812）	481	表 16
道光十一年	（1831）	430	《钦定户部则例》卷三十九
道光二十五年	（1845）	551	王庆云《石渠余记》卷六
道光二十九年	（1849）	470	王庆云《石渠余记》卷六

表 18　四大榷关税收

（单位：万两）

淮安关			浒墅关			九江关			粤海关		
康熙	正额	15.1	康熙	正额	16.9	康熙	正额	15.4	康熙	正额	4.0
1725		8.4	1727		35.3	1731		25.2	1727		9.1
1736		48.4	1738		38.2	1739		35.2	1742		31.0
1753		32.5	1753		49.5	1753		35.4	1753		51.5
1773		55.7	1764		54.2	1776		66.2	1765		60.0
1818		44.1	1791		58.3	1801		53.9	1804		164.2
1828		30.2	1818		42.7	1820		58.5	1812		137.5
1831		32.4	1831		39.1	1829		60.0	1831		146.2

资料来源：

吴建雍：《清前期榷关及其管理制度》，载《中国史研究》，1984。唯各关 1753 年，淮安关 1725 年，粤海关 1765—1831 年均另据资料补充。

榷关税理论上按值计征 3% 左右，实际是按斤、匹、包、件等征银若干。据许檀、经君健最新研究，此项税额有时依市价调整，但只占很小部分，绝大多数商品的税额数十年乃至百余年未曾变动，故实际税负会因物价上升而减轻。法定附加税，主要是加一火耗，其他为数甚小，并因时有裁革减免措施，部分被抵消。[①]至于非法的私征与勒索，无法计量，不过这虽增加商人负担，却不影响关税收入所代表的商品量。

顺治时有 19 个权关，主要沿明万历之制。这时物价高，实际税负颇低，商运活跃。表 17 见 1652 年税收 100 万两，较明万历二十五年（1597 年）8 大关的 40 余万两高 150%，这完全是可能的，反映市场兴盛。

康熙时增设 11 个关，包括四川 2 关及江浙闽粤 4 海关。1686 年（康熙二十五年）定户部 24 关、工部 5 关之制，以后无大变动（雍正、乾隆时仅增广西、蒙古 4 关）。这年关税收入 122 万两，较顺治仅增 22%。1749 年（乾隆十四年）有上谕称："当康熙年间，关差各有专员，恣意侵蚀，不但无盈余，并不敷正额。"[②]此时尚未实行养廉制，恣意侵蚀不可免，但不敷正额主要还是因为康熙年间市场不景气，物价下跌，亦即税负加重，贩运商裹足。

雍正初整理财政，权关之耗羡亦归入正税。上引之乾隆谕称："雍正间一番清理，于是以盈余报者相属，而缺额从未之闻。"整理有功，但真正原因是此时市场转入繁荣，物价回升，税负减轻，运销活跃。1730 年（雍正八年）用江西巡抚谢旻建议，所有盈余，连同耗羡除支付公用外亦人盈余，汇总解户部。[③]表 17 中，1725 年的 135 万两大约仅为正额，1735 年，即雍正末年的 300 万两则已包括盈余 154 万两，超过正额了。以后关税的增长主要是盈余增长。

上引乾隆上谕继称："自朕御极，政尚宽大，盈余岁减一岁，将渐开亏损正额之端。"此事殊费解。据表 10，乾隆于 1736 年继位后江南米价确有几年下降，但旋即复升。又雍正、乾隆之际曾发生"钱荒"，银每两折钱由 900 余文跌至 800 余文，至 1749 年即上谕发布

---

① 许檀、经君健：《清代前期商税问题新探》，载《中国经济史研究》1990 年第 2 期。
② 此上谕见王庆云：《石渠余记》卷六，"纪关税"。
③ 雍正：《勤批谕旨》第 35 册，雍正八年三月初一日。

时跌至 790 文（表 19）。这意味着银货紧缩，不利商贾。又此时财政混乱，胥吏私用，恐怕还是盈余岁减的主要原因。故该上谕继称："夫盈余无额，而不妨权为之额。当雍正十三年，正诸弊肃清之时，亦丰约适中之会，嗣后盈余成数，视雍正十三年为准，著为例。"这样，1753 年（乾隆十八年）的关税收入遂达 432 万两。此后随市场繁荣，关税收入继升，1766 年达 540 万两高峰，比康熙时约增 340%。

表 17 中，1789 年关税收入忽降至 328 万两。查八九十年代确有一次物价下跌，观图 2、图 3 中苏州、广东、直隶、奉天的粮价曲线可知。这年关税收入中，盈余为 156 万两，占 47.6%，盈余比例下降，亦市场萎缩之象。但这种小的周期性市场波动不应影响关税收入如此之大，恐怕主要还是由于统计口径不同。《户部则例》统计，包括人地田赋，与《会典》有差距，乃属常见。至于 1795 年，即乾隆末年关税收入突增至 846 万两，可疑。盖礼亲王并不熟悉财政，其《啸亭杂录》仅以"司事者觊久留其任每岁以增盈余"为由，剧加至 846 万两。因而，我宁以 550 万两左右作为 18 世纪关税收入的高峰。

嘉庆朝关税收入下降，表 17 及表 18（粤海关除外）均清晰可见。此时有 9 年的白莲教战争，对四川、湖北、陕西等地经济造成破坏，货运或受影响。但此时国库存银至少减少 3 500 万两，而整个战费支出达 2 亿两，大量购买力投入市场，不会出现萧条。这时关税收入下降，主要是占关税近半数的粮食长途贩运减少了（回程货也相应减少）。一般认为粮产区因人口增加减少粮食输出，以及运河淤塞妨碍运输。邓亦兵近作《清代前期内陆粮食运输量及变化趋势》[①]考察了 7 个权关的粮运量，颇具功力。其中淮安关于 18 世纪末开始下降；浒墅关、凤阳关（淮河）18 世纪七八十年代即见下降；芜湖关 18 世纪 50 年代已露衰象。夔关粮税一直平稳上升，唯 1796 年后无资料。

道光时关税收入继续下降，显系受市场不景气影响。唯表 17 中

---

① 载《中国经济史研究》1994 年第 3 期。

1845 年突增至 551 万两,可疑。道光曾实行"正赋核实",然事在 1850 年以后。表中 1849 年的 470 万两已包括五口通商后的洋关税 221 万两,原榷关(常关)税不足 250 万两矣。

我在《16 纪世与 17 世纪的中国市场》中说:"以明代钞关税收还原为商品流通额,殆不可能。"清代亦难。盖税额有定,偷漏难详。上引邓亦兵文估计粮食运输一律按偷漏 150% 处理,似有勉强。[1]粤海关有 1750—1838 年逐年税收记录,但进出口货难有平均税率。黄启臣对粤关研究甚稔,但一律按 2% 税率推算贸易值亦受评议。[2]进一步研究,有待时贤。

五 白银的流入流出

清代货币方面有两大问题:银钱比价问题和白银的流入流出。银钱比价波动造成市场失序,当时人即有不少评议和改革建议,今清史学家更有不少研究,我在第一小节中也说此事需另作专论。然本文篇幅已过长,我只好从略,但将林满红所辑比较最完整的银钱比价变动系列列入表 19,作为观察市场荣枯的参考,并作为本文常见的银钱折算之用。[3]下面只谈白银问题。

[1] 邓亦兵主要根据晚清冯桂芬《罢关征议》(《皇朝经世文续编》卷四十七)一文:"浒墅关一端言之,运米百石者,关吏教之报三十石,验过则云实米四十石,应倍罚作八十石,仍少完二十石。"(罚银半数给胥吏)问题在各关尤其各时期情况不同,雍正清理榷关,乾隆亦多次整顿,晚清腐败最甚。
[2] 参见黄启臣:《清代前期海外贸易的发展》,载《历史研究》1986 年第 4 期;《清代前期广东的对外贸易》,载《中国经济史研究》1988 年第 4 期。陈尚胜:《也论清前期的海外贸易》,载《中国经济史研究》1993 年第 4 期。
[3] 钱文与银两折合率各地不同,但除云南及边区外相差不过一二百文,对本文折合言,表 19 可适用。沃哥尔辑有 17 个省的约 200 个银钱比价,较详,见 Hans U. Vogel, *Chinese Central Monetary Policy 1644-1800, Late ImperiaL China*, vol. 8, No. 2, Dec., 1987.

表19　18、19世纪银钱比价

（单位：文／两）

年份	比价	年份	比价	年份	比价	年份	比价
1721	780	1747	850	1772	950	1798	1 090
1722	780	1748	775	1773	950	1799	1 033
1723	800	1749	790	1774	955	1800	1 070
1724	829	1750	805	1775	960		
1725	845			1776	910	1801	1 040
1726	900	1751	820	1777	890	1802	997
1727	925	1752	840	1778	870	1803	967
1728	950	1753	850	1779	850	1804	920
1729	980	1754	850	1780	910	1805	936
1730	950	1755	850			1806	963
		1756	850	1781	925	1807	970
1731	925	1757	850	1782	940	1808	1 040
1732	900	1758	850	1783	955	1809	1 065
1733	880	1759	850	1784	970	1810	1 133
1734	860	1760	850	1785	985		
1735	840			1786	1 000	1811	1 085
1736	820	1761	825	1787	1 020	1812	1 904
1737	800	1762	800	1788	1 040	1813	1 090
1738	755	1763	850	1789	1 060	1814	1 102
1739	830	1764	870	1790	1 080	1815	—
1740	830	1765	890			1816	1 177
		1766	910	1791	1 100	1817	1 217
1741	830	1767	930	1792	1 120	1818	1 245
1823	1 249	1843	1 656	1863	1 130	1883	1 630
1824	1 269	1844	1 724	1864	1 190	1884	1 720
1825	1 253	1845	2 025	1865	1 250	1885	1 720
1826	1 271	1846	2 208	1866	1 420	4 886	1 720
1827	1 341	1847	2 167	1867	1 690	1887	1 720
1828	1 339	1848	2 299	1868	1 690	1888	1 690
1829	1 380	1849	2 355	1869	1 750	1889	1 460
1830	1 365	1850	2 230	1870	1 780	1890	1 530
1831	1 388	1851	—	1871	1 850	1891	1 530
1832	1 387	1852	—	1872	1 880	1892	1 530
1833	1 363	1853	2 220	1873	1 720	1893	1 470
1834	1 356	1854	2 270	1874	1 610	1894	1 360

年份	比价	年份	比价	年份	比价	年份	比价
1835	1 420	1855	2 100	1875	1 660	1895	1 250
1836	1 487	1856	1 810	1876	1 630	1896	1 200
1837	1 559	1857	1 720	1877	1 510	1897	1 200
1838	1 637	1858	1 420	1878	1 420	1898	1 200
1839	1 679	1859	1 610	1879	1 420	1899	1 200
1840	1 644	1860	1 530	1880	1 440	1900	1 220
1841	1 547	1861	1 420	1881	1 420		
1842	1 572	1862	1 210	1882	1 470		

资料来源：

林满红：《嘉道钱贱现象产生原因"钱多钱劣论"之商榷》，载张彬村、刘石吉主编：《中国海洋发展史论文集》第 5 辑，"中央研究院"中山人文社会科学研究所，1993 年版，第359—360 页。唯 1721 年据《大清会典事例》卷二二〇。

我曾估计，明代国内白银产量盛时年约 30 万两，16 世纪即见下跌，17 世纪早期记录仅数万两，连同隐漏不过 20 万两。清代银矿有所发展，乾隆后保持 30 个左右矿厂，唯银课记录过少，亦不像明代银矿有多家研究。所见仅彭泽益的考察，据称 1754 年（乾隆十九年）最高峰时约产 55.7 万两，以后下降，1800 年左右不过 43.9 万两；道光时屡次密令增产而乏成效。[①] 又 1760 年华人在越南开采兴银矿，年产 100 余万两；1761 年在缅甸开波多温银矿，年产亦 100 余万两；产银主要运中国，惜为时不久即停产。[②] 这样粗略看，18 世纪国内银产量应不下 4 000 万两，连同 17 世纪下叶和 19 世纪上叶，当有 7 000 万两左右。

区区每年三四十万两的白银生产，显然不能满足清代人口增长和市场扩大的货币需要。这也是在市场交易中银不能排挤铜，从而引起复杂的银钱比价问题的原因之一，时论似注意不足。亦因人口和市场的巨大发展，在 19 世纪下叶大量发行纸币前，清代对进口白银的倚赖远超过明代。究竟有多少白银流入，以及 19 世纪上叶有多少流出，

[①] 彭泽益：《十九世纪后半期的中国财政与经济》，人民出版社 1983 年版，第 26—27 页。
[②] 全汉升：《中国经济史研究》中册，香港新亚研究所 1976 年版，第 258 页。

时贤已有多家估计，而结果悬殊。我愿在时贤研究的基础上作进一步讨论。下面的讨论分四个时间段，即17世纪后期、18世纪前期、18世纪后期、19世纪前期。须说明者，每个阶段的估计都有不少漏洞，欲求完善，尚有待高明。

（一）17世纪后期

本期白银流入，主要来自中国与菲律宾（马尼剌）贸易和中国与日本（长崎）贸易。我在《16世纪与17世纪的中国市场》中已对两者作过考察，本文作些修正；另增列本期新兴的尚属微弱的中英贸易。中菲贸易仍据钱江精心提供的数据[①]，但减除台湾来菲船只，因台湾时为郑氏所据，台船运回的白银鲜在清市场流通。又将"水饷银"计入，因此项银虽非商人所得，然清关吏收取后仍在大陆流通。具体方法是，设每船载货值35 000比索，在菲出售得利100%，回船载值70 000比索，内90%为银，即63 000比索；减除付马尼剌进口税6%，即2 100比索，减除国外销售费用及回船费用，按载值15%计，即10 500比索，得50 400比索即8 403两，运回中国。比值乘以船数，即白银流入数。

中日贸易，改用岸本美绪估计，她是据岩生成一对长崎与中国贸易提供的数据估算的。[②] 我在前文中也用岩生的概数，而岸本是减除了由长崎驶往南洋和台湾的船只，只计驶往大陆的船只，故比我前文所估为低。

中英贸易，是据H. B. 马士《东印度公司对华贸易编年史》第1卷的附录表估计，限于该公司来广州、厦门、舟山、澳门的船。《编年史》所记有不同情况：（1）有些船记有运来白银值，多用磅，按每磅3两折成银两。（2）有些船兼记有运来货物值和运来白银值，从

---

① 钱江：《1570—1760年中国和吕宋贸易的发展及贸易额估算》，载《中国社会经济史研究》1986年第3期。

② 岸本美绪：《康熙年间の谷贱について》，《东洋文化研究所纪要》第89册，1982年。数据见岩生成一：《近世日支贸易の数量考察》，载《史学杂志》第61编第11号，1953年。

中可计出本时期（10 年）白银所占总载值比例。（3）有些船仅记货物和白银的总载值，可从前项比例中计出白银值。（4）有些船既无货物值亦无白银值，当然不会空船开来，因按上三项每船运银的平均数计算。

以上三种贸易均有逐年的系列数字，为节约篇幅，按 10 年汇总列入表 20。

表 20　17 世纪后期白银流入估计

年份	中菲贸易		中日贸易		中英贸易		合计（万两）
	船数	万两	船数	万两	船数	万两	
1650—1659	67	256.9	406	512.5	0	0	769.4
1660—1669	45	172.5	184	544.4	1	0.4	717.3
1670—1679	30	115.0	27	10.1	3	6.6	131.7
1680—1689	77	295.2			12	29.2	324.4
1690—1699	168	644.1			5	27.6	671.7
合　计		1 483.7		1 067.0		63.8	2 614.5

原来 1656 年清政府禁海令后，华船出海即减少，但从表 20 看，大量减少是在 1661 年靖边令之后。但就中日贸易言，从逐年数字看，1658—1662 年从长崎运华白银反而由以前的每年几十万两增至一二百万两，清禁海政策适得其反。日本是清初白银入流的最大来源地，其锐减是由于 1866—1867 年日本政府禁止白银出口，此后每年来华白银不过万余两，乾隆时并有中国银流入日本。因而我对日本来银的估计就此终止。但日本禁银出口后，据称又有经朝鲜、琉球和经东南亚运澳门的白银流出，苦无资料计量。又 17 世纪日本金贵银贱，商人常从中国运黄金到日本换银谋利。据说中国输日货中，生丝、丝织品外，黄金居第三位[①]，我未能计及贵金属的净流通。这都是我估计中的漏洞。

---

① 参见滨下武志：《中国近代经济史研究中一些问题的再思考》，载《中国经济史研究》1991 年第 4 期。

表 20 均系外国统计，对清政府法令无所顾忌，足证禁海期间
（1685 年开海禁）白银流入并未终止。当时人如慕天颜将康熙银荒、
市场不景气归之于禁海，所谓外国银钱"绝迹不见一文"、"坐弃之
金不可以亿万计"，乃夸大之词。再从银钱比价看，康熙年间最初 20
余年禁海期间，除三藩之乱时升至 2 000 文以上外，都在 700 文以上
水平，无大变动，开海禁后降至 600 文以上水平。^① 又从金银比价看，
长期维持，并无波动。^② 这可说明，与道光年间萧条不同，康熙年间
不景气是市场缺银，而非银贵。第一小节中，我曾说这时市场缺银
与康熙的紧缩政策有关。时无金融机构，紧缩政策表现为财政节约。
康熙曾自诩："明朝费用甚奢，兴作亦广，一日之费，可抵今一年之
用。"^③ 1706 年康熙谕："前光禄寺一年用银百万两，今止用十万；工
部一年用银二百万两，今止用二三十万。必如此，然后可谓之节省
也。"1710 年再谕："朕每岁供御所需，概从俭约。各项奏销、浮冒，
亦渐次清厘。外无师旅镶馈之烦，内无工役兴作之费。因以历年节省
之储蓄，为频岁涣解之恩膏。"^④ 户部银库，从无到有，据云康熙时
积存达 2 400 万两 ^⑤，为过去王朝所未曾有。民间存银，大约 30%—
40% 为银饰，银器和窖藏，在物价下跌、白银购买力提高的情况下，
这一比例也会增高。是以通货紧缩。

（二）18 世纪前期

此指 18 世纪的前 60 年，因 1760 年以后将采取另一种估计方法。
本时期，中菲贸易仍在继续，中日贸易微弱免计，中英贸易日渐重要，
另加入中国与荷兰贸易。估计结果列入表 21。

---

① 据叶梦珠：《阅世篇》卷七。又见本书第 180 页注③沃哥尔所辑江苏银钱比价，开
海禁前常在 1100 文以上，无大变动，开海禁后在 900 文左右。
② 郑光祖：《一斑录·杂述》卷六。
③ 《清朝文献通考》卷三九，《国用考》。
④ 王庆云：《石渠余记》卷三，《纪会计》。
⑤ 《清代全史》第 5 卷，第 400 页，1991 年版。时无黄册记录，或称 800 万两，此数
亦不小了。

185

表 21　18 世纪前期白银流入估计

年份	中菲贸易		中日贸易		中英贸易		合计（万两）
	船数	万两	船数	万两	船数	万两	
1700—1709	191	732.3	33	274.90			1 006.3
1710—1719	110	421.7	17	163.8			585.5
1720—1729	116	444.7	30	262.6			707.3
1730—1739	127	486.9	38	312.0	28	152.4	951.3
1740—1749	131	502.3	49	455.4	38	164.3	1 122.0
1750—1759	139	532.9	71	503.5	39	212.0	1 248.4
合　计		3 120.8		1 971.3		528.7	5 620.8

从表 21 中可见，第二个 10 年起，中菲贸易衰落，盖受 1717 年康熙禁止与南洋贸易的影响。1727 年雍正废除禁令，贸易恢复，但已不如从前。本期中菲贸易估计方法与前期同，唯已计入台湾来船，因台湾已于 1683 年入清版图；但减除了澳门来船（全期共 19 艘），因它们多属外国船的三角贸易，用银在澳门购中国货，驶马尼剌销售后载香料等返航欧洲。这里的漏洞是，估计所用回航每船载值和载值中 90% 为白银的假设是根据 1662 年以前的事例制定的，18 世纪胡椒、香料等在中国畅销，运来白银比重恐怕没那么大了。再则，我们一直假定华船驶南洋其他港口的贸易不运或很少运回白银。乾隆以后，东南亚贸易活跃，巴达维亚（雅加达）、越南、暹罗尤繁，有否白银出入，未能详考。

本期中英贸易大有发展。估计方法一如前期。这方法原较精密，但 1743 年以后东印度公司档案不全，1754—1774 年档案遗失，后经马士找到部分档案，补充为《编年史》第 5 卷，历年船数基本齐全，而载银资料甚少。我参用第 5 卷补估，以致 1750—1759 年的估计有 54 船是按每船载银 70 909 两计出（此时因采用伦敦汇票结算，载银比例大减），有失精确。而另一问题是，《编年史》的统计限于英东印度公司船只，而此时已有不少英国散商或印度商船驶广州。不过它们多系东印度公司委托，甚少自载白银，然终属漏洞。

中荷贸易是采用庄国土的近作，他是取用荷兰学者的著述，论证精当。[1]荷兰东印度公司早就经营中国丝、茶、瓷器等，但是派船到巴达维亚向华船购货。1728—1734年曾由荷兰直接派9船驶广州，携来白银702 855两，我记入表21的第四个10年。1735年荷印公司放弃对华直接贸易，改由巴城派船来广州，每船资本30万荷盾，其中除胡椒、香料等外约半数为白银，即每船携银43 228两。1735—1756年共来广州85船，我以19船计入表21的第四个10年，38船计入第五个10年，28船计入第六个10年。1757年起又恢复直接贸易，1757—1794年共来广州135船；平均每船携银82 697两，我以11船计入表21的第六个10年。

本时期主要漏洞是，除英、荷外已有法国及其他欧洲船来中国，1750年广州有法国船4艘，瑞典、丹麦船各2艘，但无法估计它们所携白银数量。此外，如前所说，国外金价略高于中国，外商常从中国购黄金回国。又因中国银锭成分比墨西哥本洋成分为高，外商运进墨洋换取中国纹银出境，有1%以上的利润，纹银出口大约比黄金流失更大。这些，我都无能作出估算。一般假设是，这时茶叶、丝的利润较金银交易利润为大，加以清廷严禁，金银出口不会很多。

（三）18世纪后期

1757年，西班牙殖民当局驱逐菲律宾非基督徒的华商，中菲贸易衰落，1760年以后无记录。同在1757年，清廷限广州一口通商。我们只好假定1760年以后外贸集中在广州，并假定美洲白银流入中国基本上是通过中国与欧洲的贸易渠道（本时期尚无中美贸易）。严中平主编的《中国近代经济史统计资料选辑》有从1765年起的中国与欧洲各国贸易的进出口值统计，我即以此为根据，方法是出口值减进口值等于估计的白银进口值。唯该书缺1760—1763年的

---

[1] 庄国土：《茶叶、白银和鸦片：1750—1840年中西贸易结构》，载《中国经济史研究》1995年第3期。所据有 C. J. Jörg, *Porcelain and the Dutch China Trade*, 1982; Kristof Glamann, *Dutch-Asiatic Trade*, 1958.

中欧贸易统计，仅有此期间中英贸易统计。查 1764—1769 年英商在全欧输华总值中占 66.5%，在中国输欧总值中占 48.4%，即按此比例补估所缺全欧数字。依此法估出逐年白银流入数，再按 10 年距汇入表 22。

表 22　18 世纪后期白银流入估计（中国与欧洲海上贸易）

（单位：万两）

年份	出口值 I	进口值 II	估计白银流入值 III = I − II
1760—1769	3 212.0	1 361.1	1 850.9
1770—1779	4 544.3	2 045.1	2 499.2
1780—1789	6 731.5	3 242.1	9 489.4
1790—1799	7 642.8	5 892.8	1 750.0
合　计	22 130.6	12 541.1	9 589.5

上述已知这时期英国船在欧洲输华、特别是在由华输欧贸易中所占比重并不很大，采用这种方法可以包括全欧来船，是其最大优点。但缺点是，完全忽视了华船出海贸易。再则，此时陆路贸易颇有发展，尤其是 1727 年订立恰克图条约后，中俄商贸迅臻繁荣，不过从有关记载看是易货为主，未见白银出入。

（四）19 世纪前期

19 世纪前期，实际是 1800 年到 1843 年 6 月，1843 年英东印度公司解散，遂再无可系统计量的资料。下面估计采用《中国近代经济史统计资料选辑》提出的方法，即在中国与欧洲和美国的贸易中，用中国出口值减去进口值，再减去鸦片走私进口值，得出白银流入或流出的估计数[①]。

---

① 严中平等：《中国近代经济史统计资料选辑》，科学出版社 1955 年版。本文所用为第 4—5 页和第 7—8 页表，原书主要据 Earl H. Pritchard, *The Crucial Year of Early Anglo-Chinese Relations 1750−1800*, 1936; "The Struggle for Control of the China Trade During the Eighteenth Century", *The Pacific Historical Riview*, vol. 3, Sept, 1934.

原来，英商早就向中国输进鸦片，作为携带白银以外抵偿他们对华贸易逆差的一种手段。葡、法、荷船也有鸦片输华。1729年，雍正即谕令禁止开设烟馆和贩卖鸦片；但乾隆时海关则例将鸦片作为药材进口，每百斤税银3两。1782年英国"嫩实兹"号装载1 601箱鸦片到澳门，是当时最大的一批，而在缴纳关税和礼金后，海关监督发给执照放行了。故英人说："虽然鸦片是违禁的，现在它由英国散商船及悬挂其他旗帜的船不断输入。"[①]到1799年，粤海关监督奉上级谕令，严禁进港船只夹带鸦片，"如有违犯，即予拿捕，送官究办"。次年，英东印度公司请董事部颁布命令禁运鸦片。因此，我们采取上述估计方法是根据这样一个假设：1799年以前，进口鸦片值已包括在表22所列的进口总值之内（Pritchard所作进口统计包括散商船以及东印度公司船员私人的输华值），1800年起，英人正式视鸦片为走私，不包括在他们所统计的输华总值之内。当然，这种假设的真实性，尚有待时贤评正。

严中平《中国近代经济史统计资料选辑》第36页有1817—1834年的按照（出口值－进口值－鸦片走私值）＝白银流入或流出公式所作的逐年估计数。我采用这个估计，但需补充和调整。第一，该估计是采用7月至次年6月的会计年度，我将它调整为太阳历年度；即每项数字，以一半作为上年7—12月数，一半作为次年1—6月数。第二，原估计从1817年开始，须补充1800—1816年的数字。其中，鸦片走私值因马士《中华帝国国际关系史》第1卷中有逐年鸦片进口箱数，很易估出。《中国近代经济史统计资料选辑》第4—5页表中有1800—1806年中国与欧美贸易的进出口值可用，但尚缺1807—1817年数字，无奈，我只得以《中国近代经济史统计资料选辑》第31页的广州白银进出口统计代替。这样，估计出1800—1834年6月的逐年白银流入流出数，再按5年距，汇入表23。

---

① 《东印度公司对华贸易编年史》第2卷，中文版，中山大学出版社1991年版，第400页。东印度公司于1797年垄断印度鸦片制造，但在印度拍卖给散商或港脚商船运华。

表 23　19 世纪前期白银流入流出估计
中国与欧美海上贸易

（单位：万两）

年份	出口值 I	进口值 II	鸦片走私值 III	白银流入流出 IV = I−II−III
1800—1804	5 195.9	4 363.7	1 335.6	出 503.4
1805—1809			1 603.1	出 665.1
1810—1814			1 745.0	入 468.0
1815—1819			1 507.2	入 668.5
1820—1824	7 317.4	3 852.5	2 931.7	入 533.2
1825—1829	7 275.0	4 608.5	3 725.7	出 1 059.2
1830—1834①	6 068.6	4 108.4	4 343.8	出 2 383.6
合　计			17 192.1	出 2 941.6

注：① 1834 年 6 月止。

表 23 显示，在 19 世纪的最初 10 年即有白银净流出，令人怀疑。因为这时期我国进出口贸易上仍属顺差，而在广州白银进出统计上，并无净流出①。然而，在有贸易进出口统计的 1800—1804 年和表中未列的 1805—1806 年，贸易顺差确实不像 1810 年以后那样大，可以抵补鸦片输入而有余，我现在还不能解释这个困惑，但我认为，表 23 中 1810 年以后的估计，暂时仍然是可用的。

总看以上估计，白银流动状况如下：

17 世纪后期	流入	2 614.5	万两
18 世纪前期	流入	5 620.8	万两
18 世纪后期	流入	9 589.5	万两
19 世纪前期（1833 年止）	流出	2 941.6	万两
总　计	流入	14 883.2	万两

---

① 严中平等：《中国近代经济史统计资料选辑》，科学出版社 1955 年版，第 33 页。

这个估计，白银的流入比人们常用的 1700—1830 年流入 5 亿元即 3.6 亿两的概念为小。5 亿元的概念是 H. B. 马士在一次题为"中国与远东"的演讲中说的，并无详细的计算。我认为马士的数字实在太大了，用这个概念来研究 18 世纪中国经济、特别是市场的运作，势必夸大了货币方面的作用，成为贵金属主义者（bullionist）。如果有这么大量的白银流入，也不会出现嘉庆时的银贵和道光时那么严重的市场萧条。

嘉庆、道光时的银贵和市场不景气，鸦片走私和白银外流当然是个重要原因，但也往往被夸大了。按照我的分年估计，在 1817 年下半年和 1818 年上半年即有 150 万两的白银净流出，但以后 10 年，除 1824 年有小量净流出外，仍是白银流入。从 1827 年起，变为连续的白银流出，并由每年 350 余万两升至 400 余万两，1833 年达 669 万两。

早在 1820 年（嘉庆二十五年），包世臣即提出当时银贵钱贱是由于鸦片走私，乃至"散银于外夷者且倍差于正赋"[1]。他说正赋不过 4 000 万两，则鸦片走私近 8 000 万两，这显然是不可能的。道光初年黄爵滋、许乃济称每年耗银 2 000 余万两，或是按 2 万箱鸦片的零售价粗估，因按进口价计不到 1 000 万两。冯桂芬说咸丰初年"计每年漏银二三千万两，故银骤贵"，显然是夸大。因为他的"漏银"是指减除贸易顺差后，依我们估计不超过 1 000 万两。他又说，1855、1856 年，欧洲诸国"一年中买（中国）丝至六七千万两，各货及鸦片不足抵，则运银偿之，银遂骤贱，以迄于今"[2]。就是说又有白银流入了。

总之，晚清的银贵和道光时萧条，需从市场的货币总需求和总供给去考察，我已说过这需另作研究，本文也就到此结束。

（原载《货殖：商业与市场研究》第 3 辑，
中国财政经济出版社 1999 年版）

---

① 包世臣：《安吴四种》，"庚辰杂著"二。
② 冯桂芬：《用银不废银议》，《显志堂稿》卷十一。

中国的现代化

中国近代经济史若干问题的思考

沉沦观和近代化

近年来史学界有个关于中国近代史基本线索的讨论，对于多年来以太平天国运动、义和团运动、辛亥革命为基本线索的"三次革命高潮"的体系提出了不同意见。其中较著称的是以太平天国运动、洋务运动、戊戌维新、辛亥革命为基本线索的"四个阶梯"的体系；这显然是一种重视资产阶级运动的看法。而在最近一次中国近代史体系讨论会上，则径提出应以资本主义近代化作为中国近代史的基本线索。[①]

这个讨论势必涉及对中国近代经济史的看法。在早期，根据鸦片战争后新式工业的发展，经济史学界原是以中国经济的近代化及其成败为研究的着眼点的，老一辈学者有不少论述中国工业化的著作。[②] 20 世纪 30 年代，人们开始从半殖民地半封建社会的角度来研究这个问题。到 40 年代，一种定型的看法是：中国半殖民地半封建社会是一个向下沉沦的社会，"九一八"以后变成殖民地、半殖民地，"七七"以后更是半个中国沦陷，国亡无日。在这种情况下，中国的经济也是日益凋敝，谈不上发展。有发展的，如建立新式工厂、修筑

---

① 这个讨论始于 1982 年而盛于 1984 年，几种看法可见于 1984 年《历史研究》第 2、4、6 期的有关文章。最近一次讨论会是 1987 年 8 月在湘潭召开的。

② 可举出的有龚骏的《中国都市工业化程度之统计分析》，李达的《中国产业革命概观》，刘大钧的《中国工业化研究》，方显廷的《中国工业化：一个统计的考察》（英文），何廉、方显廷的《中国工业化的程度及其影响》等。

铁路等，只是反映半殖民地化的加深；商业、银行的繁荣则是属于"畸形发展"；民族工业虽有初步发展和进一步发展，亦迅即陷入"破产半破产"的境地。直到 20 世纪 70 年代，一些中国近代经济史的著述，大都给人以一片凄凉、每况愈下的感觉。这种历史观，可称之为沉沦观。

国外研究中国近代史的学者中也有类似的看法。他们叫做"不发展的发展"（Development of underdevelopment），即中国的不发达的状况是日益加深了。不过这些论著主要是分析中国经济不发达的原因，而不是写历史。[①] 更多的西方和日本学者，是把近代中国看成是一个开始近代化（他们一般称"现代化"）的过程，尽管其道路艰险，以至是失败的。

近两三年，国内也兴起了用近代化理论或者发展经济学的理论来研究中国近代经济史的趋向，还专门召开过这方面的研讨会。[②] 近代化与沉沦观，形成了两种不同的历史观。

对于近代化有不同理解，社会学的考察和历史学的考察不尽一致。从历史上看，大体包括经济上的工业化、政治上的民主化以及新的文化观念和价值观念的确立等几个方面。近代中国，由于帝国主义的侵略和封建势力的专横，确实是历劫苦难，危机四伏。但不一定是整个社会的沉沦，若多难兴邦、生聚教训，反是兴发之兆。在政治史方面，无论是"三次革命高潮"或"四个阶梯"体系，写的都是民主运动逐步提高，最后通过新民主主义革命取得辉煌胜利。在文化史方面，也从来不否定"新学"与"旧学"之争，尤其是"五四"以后的新文化运动，使中国进入现代思潮之林。唯独在经济史方面采取沉沦观，实属莫解。

这也许是受到一种历史理论模式的影响。好比认为封建社会的发展有个顶峰，例如盛唐，过此就走下坡路了，因而写明清史总是暗无

---

① 以"不发展的发展"为标题的著作，有 Victor D. Lippit 的长文，载英国 *Modern China*，第 4 卷第 3 期，1978 年；Philip C. C. Huang 编辑的论文集，纽约 1980 年出版。
② "对外经济关系与中国近代化"研讨会于 1987 年 5 月在武汉召开，在这以前在黄山召开了"世界近代史上的现代化问题"研讨会。

光彩。又如资本主义的发展也有个顶峰，过此就丧钟敲响了，写当代资本主义只能强调矛盾。20世纪60年代经济史学界曾有一个"半殖民地半封建社会由产生到崩溃"的模式，所论虽不无道理，但终究是个模式。近年来对于什么是半殖民地半封建，亦展开了讨论，看法颇多，兹不赘言。[①] 不过，大家同意的一点是半殖民地半封建不是一个独立的社会形态，而是一个过渡阶段。那么，它过渡到哪里去？是走向一个更高级的社会，还是下入深渊？如是前者，不创造一定的生产力和社会条件，又何能过渡？

在近代经济史的著作中，对于资本主义的发展都是肯定的。但往往侧重于考察资本主义的生产关系，而对于生产力有无发展、发展到什么程度，无暇深究。新中国成立后，国家统计局实事求是地把民国时期农业和工业的最高产量定在1936年，颇使我们经济史学者汗颜。我想补充一语是，一个社会走向近代化的经济条件，诸如生产力的一定发展，生产的商品化、社会化等，并非完全属于资本主义范畴。国外有人把中国近代史的起点提到18世纪以至16世纪，也许失之偏急。[②] 但应当说，导致近代化的经济活动在鸦片战争前已经开始了，这以后有了发展。正因为有了发展，中国才能步入社会主义。否则，只能采取"愈穷愈革命"的理论来解释我们的历史。这种理论虽颇引人入胜，但还难说是社会发展规律。

我觉得，中华民族的经济史是一部不断发展和进步的历史。其间有严重曲折，以至人口损失1/3，但即在这种时代，也不是神州陆沉，而有它发展和进步的一面。[③] 这正是帝国主义不能灭亡中国的原因。半殖民地半封建的百年间，是中国历史的又一次大曲折，但新的力量

---

① 我想赘疣一句：1928年后这个词创行时是"半封建半殖民地"，大约40年代改为"半殖民地半封建"；王亚南的《中国半封建半殖民地经济形态研究》直到新中国成立后修订第六版仍保持原称，深有见地；1987年十三大以后，有些文献又恢复了"半封建半殖民地"的称谓。
② 18世纪论者可以Joseph Fletcher为代表，见《剑桥中国史》第10卷，中译本第41页；16世纪论者可以Frederic Wakeman Jr. 为代表，见所编 Conflict and Control in Late Imperial China，1975年版，第2页。
③ 这种看法见于笔者为《中国大百科全书·经济学卷》所写"中国经济史"词条；该卷可望年内出版。

和运动也在这里开始。无论从人口、移民、农业结构的演变来看，或是从新式工业和交通运输业的创建来看，或是从自然经济的分解和商品、货币经济的发展来看，我们都没有悲观的理由，而是可以同近代政治史、文化史一样，作为中国近代化开端中的一章。当然，其道路艰险，关塞重重，前人的奋斗，泰半无功，以至失败。但百年遭遇，都给我们留下足迹；研究其成败得失，以至一厂一店的经验，正是近代经济史的任务。

外部因素和内部因素

以上所论可说是历史观的问题。再从方法论上说，长期以来支配中国近代史研究的是一种外因论的观点，有人称之为"冲击—反应"模式。① 这种研究法是把中国近代发生的一切变化都归之于 19 世纪西方文明的冲击。大部分西方学者都认为西方的商品输出、资本输出以及条约口岸都有利于中国的近代化，以至是打破中国"传统平衡"（停滞）和"贫困循环"的唯一动力。在中国，人们则常把鸦片战争以来的一切演变都视为帝国主义入侵的结果，或是中国沦为殖民地化的产物；以至把一些好事"推其根源"也变成了坏事。但是，西方的冲击是世界性的，而受冲击各民族的结局迥异。近年来中日对比和中国与印度等国对比的研究尤启人深思。内因是根据、外因是条件这一原理好像才受到重视。人们开始寻求中国社会内部的能动因素，以至有人提出要找到一个历史线索，从中国本身来解释中国近代发生的事情。② 不过，迄今的研究还多半偏重在政治史、文化史方面；例如，已不再把戊戌维新和辛亥革命完全归之于西方思想的传播，毛泽东的新民主主义革命路线，包括农村包围城市的战略思想，更是属于中国

---

① 这个词正式出现于 1954 年出版的费正清、邓嗣禹合编的 *China's Response to the West: A Document Survey* 一书的序言中，但这种观点是早已流行甚广了。
② 国外在这方面比较详尽的一项研究是 1984 年出版的美国 Paul A. Cohen 写的 *Discovering History in China*，该书最后一章的标题是"走向以中国为中心的中国史学"，这也是该书的主旨。

的。经济史方面尚待深入，但突破"冲击—反应"模式总是近年来史学界研究中国的一个贡献。

一个国家的工业化不是重复先前工业化国家的足迹（西欧中心主义），而是走它自己的时代的道路。这是晚近发展经济学研究的一项成果。熊彼特把以纺织工业为主导的产业革命结束在1842年，而把自此至1897年作为"蒸汽和钢铁时代"。由于这两个年份恰好是从鸦片战争到甲午战争，我曾利用这种巧合写了一篇短文，论述中国近代产业萌发时期的一些特征。[①]这个时期，西方拼命地向中国推销纺织品和鸦片，而中国人向西方寻求的却是如当时洋务派所说的"机船矿路"。在中国国土上，第一批机器制造厂、机械采矿业、钢铁联合企业、实用化的铁路，都是中国人创办的。外国资本投资于这些事业，是在中国人创业20年至30年以后的事情。只有"船"是例外，英国人早在上海开设大造船厂，与中国的福州、江南船厂竞争，不久双方都有了造万吨轮船的能力。但两者造船的路线完全不同。外商船厂造船照例是进口轮机，在上海装配船体。中国人造船则自始就力求自造轮机，所谓"轮船一局实专为习造轮机而设"。我在该文中还提出：以"机"和"船"而论，当时不仅是进口替代工业，而且是"追赶时代"的工业。因为那时是以造兵器和战舰为主。这期间，中国造枪的水平与国外的差距由落后37年缩短到20年，再缩短到13年，最后为6年；在造舰上的差距，由落后16年缩短为8年，再缩短为6年。

这些新式产业的出现，自然是西方文明冲击的结果。但是，"机船矿路"路线的形成，以及上述每项产业的创办，却不是西方的意愿。以钢铁为例：当时西方是钢铁输出国，1881年到1891年它们输华的钢铁增长了10倍，它们自然不会在中国设钢铁厂来自我替代。而创办汉阳铁厂的张之洞可说是个钢铁迷，他在1889年给李鸿章的电报说："晋铁如万不能用即用粤铁，粤铁如亦不精不旺，用闽铁、黔铁、楚铁、陕铁"，"岂有地球之上独中华之铁皆是弃物"。联想熊彼特的钢铁时代，张之洞可谓不自觉地捕捉到时代脉搏。这种创业精

[①] 该文载入《对外经济关系与中国近代化国际学术讨论会论文选集》，并部分发表在《教学与研究》1987年第5期。

神，以及上述技术上的时代追赶，如不归功于某个人，都是来自中国社会内部的能动因素，是外因通过内因而见诸实践。即以"机船矿路"路线而论，以及当时更为普遍的"求强"、"求富"要求，也不就是"冲击—反应"模式，它不仅是以中华民族的爱国主义为基础，还有自龚自珍以来的"思想之解放"（梁启超语），以至可追溯到 17 世纪的社会变革和"明夷"思想。

然而，洋务派的"机船矿路"路线最后终于失败，被西方强力的商品输出和资本输出路线所代替或摧毁。后来，中国新工业中唯一略有发展的反而是棉纺织工业。这是中国的不幸，也是中国的近代化步履蹒跚的原因之一。"机船矿路"路线的失败有种种政治的和经济的原因，有待史学家去总结。不过，我想至少原因之一是它与中国传统的经济脱节，不能产生经济效益。而后来棉纺织业之所以略有发展，则恰是因为当时的纺织厂都是以纺纱为主，将纱卖给农村织布户，充分利用了传统手工业的能动因素。棉纺织业以外，他业也有类似情况，下面再详述。

这就又产生了一个传统经济与近代经济的关系问题。本来。西方国家的工业化，都是在传统经济的基础上，经过马克思所说的"三阶段"的过渡，走上机器大工业的。在这里，传统与近代犹如母与子，没有前者也就没有后者。而在中国，这两者却变成完全对立的东西。长期以来，人们是把传统的东西都看成是落后的、封建的、阻碍近代化的东西，好像非统统打倒不可。这是因为，中国开始建立新式产业时，是在西方资本主义入侵以后，传统与近代的关系变成了东方与西方、土与洋的矛盾。西方资产阶级是要按照自己的面貌去改造世界[1]，他们所遇到中国的传统的东西，就应当都在打倒之列。

除了以救世主自居的种族主义偏见外，近代西方人对中国的认识，是把中国看成一个停滞的、永恒不变的社会，只有靠西方文明来唤醒它，才能得到解脱。这种停滞不变的理论可以追溯到黑格尔，他把中国置于人类历史辩证法之外。以至马克思也受其影响，把两千年

---

[1] 这是毛泽东的概括，概括得非常好。《共产党宣言》的原文是："按照自己的面貌，为自己创造出一个世界。"

来封建的中国比作木乃伊式的社会。加以韦伯主义对中国儒学的宗教观解释，中国传统社会就失掉了任何能动的因素。

不幸的是，许多中国人对自己的传统的文明也采取了虚无主义的态度，直到最近才有了改变。这一方面是受西方思潮的影响；一方面也是因为，在中国人认真思考这个问题的时候，正值革命高潮，从"驱逐鞑虏"到后来的反封建，对传统的东西都重在批判，很难说一句好话。不过，20世纪60年代以来有了很大改变。在国外，已基本上突破了中国社会停滞不变的理论，对于宋代以来商品、货币经济的发展，人口、价格的变动，地区经济的演进颇多研究。中国学者做了更多的工作，尤其是对于明清经济的发展，地制、租佃、雇佣关系的演变有深入的探讨，而1955年以来关于中国资本主义萌芽的研究尤有成绩。

近代社会是从古代社会孕育出来的，任何人不能割断历史。这在政治史上，尚可有外族入侵，或宫廷政变，立即改变政权。经济史则不能这样。按照恩格斯的说法，任何经济现象都是一个过程，有它的继承性和延续性。传统经济和近代经济的关系也是这样。像封建文学有精华也有糟粕那样，传统经济中也有积极的、能动的因素，或在改造过程中仍须加以利用或暂时利用的部分。中国传统农业的特点就是高度集约化经营，以至亩产量达到世界的高峰，到今天还高于美国和欧洲；这个特点，到今天我们还在利用。不过，与本文所谈工业化关系更密切的是传统手工业，下面就专论这个问题。

机器大工业和手工业

西欧的工业化，有个长达两个半世纪的工场手工业时代。实际上，那时的手工工厂也非十分普遍，但马克思称之为"时代"并非夸大其词，而是指出其重要意义。在这种经济形式中，生产技术还是手工的，但生产关系已经是资本主义的了，它能够实现一定的规模效益和劳动组合效益，发展生产力和促进生产社会化。西欧经济力量的膨胀，社会结构的变革和资本价值观念的确立，都在这个时代。非洲、印度的征服，澳洲、美洲殖民地的开拓，物质上都是靠工场手工业的威力。荷兰和英国的资产阶级革命，美国的独立，都是手工工厂和农场发展的结果。近代经济理论就是这时出现的：托马斯·曼、威廉·配第的全部学说，魁奈的《经济表》，都是手工工厂和农场的产物；斯密的《国富论》出版时，蒸汽机尚未在实用上推广。

中国也自 16 世纪就有工场手工业出现，但这种作为资本主义萌芽的形式，迄无多大发展。到鸦片战争后外国人和洋务派创办新式工业时，就是自国外引进全套设备。这就形成一种看法，认为中国的工业化只能从外国移植而来，没有本国传统经济的贡献；经济史学者也大都两眼只重视那些大烟囱工业，很少去研究手工业的演变，直到最近才有所改变。

我们考察了 30 个传统手工行业，它们的产值约占全部手工业产值的 85%，因而有足够的代表性。这 30 个行业中，有 8 个在洋货大量入侵后被摧毁或部分摧毁，其中主要是手纺纱，别的都产值比重不大。其余 22 个行业都维持生产，并且大部分有不同程度的发展。[1] 而最值得注意的是工场手工业（包括散工制）的发展。到 20 世纪 20 年代初，所有我们考察的这些手工行业中，都或多或少有了工场手工业形式。并且，民族机器大工业发展最快的时候，也是工场手工业发展最快的时候，乃至在同一行业中，也有这种情况。另外，鸦片战争后兴起的新手工业（我们考察了 18 个行业），也大部分有工场手工业形式。据我估算，到 1920 年左右，工场手工业的产值，大约比之官办的、民办的和外国资本经营的机器大工业的产值加起来，可能还稍大一些。中国确实没有一个工场手工业时代；不过就工业生产的资本主义化来说，工场手工业的地位决不容忽视。

在一定条件下，工场手工业又常成为工业化过程中的不可逾越的阶梯。甲午战争后，我国从国外引进了一些新工业，它们在国外已是机器大生产，引入中国后，却变成了手工业。这并不是中国人习于落

---

① 我国近代手工业发展的最高峰，迄今还是个谜。20 世纪 30 年代，有人认为按产值计，最高在 1930 年。新中国成立后，中央手工业管理局把它权定在 1936 年。最近，有人提出应在 1912 年。我们研究，大体是在 1920 年。

后，也不完全是由于中国劳动力便宜。例如针织业，20 世纪初，上海一部美式电力织袜机约售 900 两，一台德式手摇织袜机约售 80 两。电力机与手摇机的产出比例约为 6∶1，而资本投入比例为 11∶1，在当时市场条件下，手摇机具有较大资本边际效益，工场手工业便是最佳生产规模。这些新手工业，大都在二三十年代过渡到机器大工业，仍保留部分手工生产。

传统手工业中，也有这种过渡。例如缫丝业中，由手摇丝车到足踏丝车、到汽喉足踏丝车、再到蒸汽动力丝车；制棉业中，由手摇轧花车到足踏皮辊轧花车、再到蒸汽动力齿轮轧花车；榨油业中，由木槽锲入油榨到人力螺丝油榨、再到动力水压油榨；磨粉业中，由畜力石磨到火轮石磨、再到电力钢磨。尤其值得重视的是棉织业和丝织业，由投梭机到手拉机、再到足踏铁轮机以至足踏自动提花机，这种手工厂，就足以和机器大工业竞争了。顺便提到，上述这 6个手工行业，其产值约占全部手工制造业产值的 60%。当然不是说它们已完成这种过渡，如果它们已全部实现过渡，中国也早就实现工业化了。更可引人深思的是，上述这些手拉机、铁轮机、提花机、皮辊轧花车等，原来都是来自日本，后由中国仿造。那么，在已经有了英美式的机器纺织厂后，日本人为何还费力去研制这些手工机械，难道专为销往中国吗？不，原来日本工业化的道路就是这样走过来的。

机器大工业取代手工业，是经济发展的必然趋势；但它不能消灭手工业，这两者之间不仅有矛盾的一面，还有互相补充的一面，以至有母与子关系的一面。"第一批机器是在手工业条件下，用手工劳动制成的"[1]；直到今天，一项新发明的样机，仍然要依靠手工研制。今人在前工业化（proto-industrialization）研究中提出的互补效应，列宁在《俄国资本主义的发展》中就早已论及了。其实何止是前工业化，手工业对于机器大工业的补充，手工业对于经济近代化、现代化的贡献，至今不渝。第二次世界大战后，联邦德国出现的"手工业复

---

[1] 马克思：《机器、自然力和科学的应用》，人民出版社 1978 年版，第 89 页。

兴"①，曾经引起西方经济史学家的重视。在我国，近年来乡镇工业的勃兴，尤其是"温州模式"（主要是家庭工业），以及它们在社会主义现代化中的功能，也应当对我国经济史学界有所启发。照我看来，回顾我国近代史中的工业化过程，总是贪大求洋，不适合国情，吃了亏。

中国式的工业化道路

这样看来，19 世纪以来的中国近代化，本来应当走自己的道路，正如今天走有中国特色的社会主义现代化道路一样。就是说，它应当不是西方生产方式的原样移植，而是新生产方式和中国内部能动因素的结合。历史是无情地失败了，以致我们无法总结这方面的经验，中国近代经济史只能是灰色的。但在失败史中，还是可以隐约地看见一些中国式工业化道路的憧憬，使人得到启发。

19 世纪洋务派创办的那些官办企业，尽管在体制上有一个"中学为体，西学为用"之标的，在实践上却是走的一条移植西方或者全盘西化的道路，与中国的传统经济脱节。它们被称为"洋务"，而最后多半是被强大的外国资本所吞没或支配。但是，在一些民办企业中，并不完全是这样。资本家经营企业，多少要自觉或不自觉地遵守经济规律，谋取最大效益。前已提到他们引进一些外国新工业时先采取手工生产，即为一例。现在再以缫丝工业和棉纺织工业为例，看一下它们发展的道路。

缫丝是一种出口主导型的工业，是民办最早的近代工业。早在1870 年前后，西方人就在上海和东京引进当时最新的意大利式丝机，建立蒸汽动力丝厂，都因为不是桑蚕区，脱离鲜茧市场，经营失败。日本人是把该厂由东京迁到长野县信州，并且把丝机简化为木釜，把蒸汽动力改为水力，利用山区桑蚕业的优势，发展起日本缫丝工业，

---

① 联邦德国是把年销售额不满 30 万马克、职工不满 10 人的企业划为手工业。1949—1979 年，手工业的销售额由 210 亿马克增至 3 520 亿马克，职工由 322 万人增为 416 万人。同时期，日本经济的发展也得力于这种小企业。

再经过不断改进，最后打败了中国缫丝业，这是尽人皆知的。[①] 广东陈启源，立足于本土，利用岭南多造蚕的优势，并把法国式丝机改造为足踏、汽喉（蒸汽煮茧）作为过渡，结果发展起顺德一带的小型机器缫丝业，19世纪末达100多家。上海新建的华商丝厂，仍然保持西方式的高技术设备大型厂，19世纪末，上海丝机每台日产能力达375克，广东丝机为225克，日本丝机仅169克。但是，上海白厂丝的出口只有广东的1/3，在成本上也敌不过日本。这是因为，它脱离桑蚕区，既无利用鲜茧之便，又昧于信息，经营困难（茧的年成和含丝量与气候、雨量关系致密）。直到1920年，上海厂丝的出口仍然落后于广州。无奈，江南缫丝业向桑蚕区无锡转移，兴起了新的缫丝工业基地，到1928年，江南厂丝出口才压倒广东。这时，日本本国式丝机经过改进，已超过意大利式，日产量达449克了。[②] 这叫先退后进，占了上风。

棉纺织是进口替代型的工业，也是近代中国最重要的工业。1879年李鸿章创办上海机器织布局，1890年张之洞创办湖北织布官局，都是着眼于洋布的泛滥，希图"分洋人之利"。1899年张謇创办大生纱厂，情况就完全不同。它一开始就是建立在通海的植棉业和手织业发展的基础上的。通海的植棉业，乾隆间已由"沙花"发展为"通花"；这里的织布业，嘉道间已由稀布（包装用）发展为关庄布，再进而为通州大布。大生的成功，10年间资本由44万余两增至165万两，就因为利用了中国传统经济的这两个能动因素。它以生产12支纱为主，以适应通海棉；70%的产品供应通海手织户，以发挥通布的市场优势；在管理上也"停年歇夏"，以利用农村劳动力。这条道路是中国式的。以后民营棉纺织工业的发展莫不如此；李鸿章、张之洞的织布局也从失败中得到教训，弃布就纱，变成三新纱厂和裕华纱厂。到20世纪20年代，中国棉纱已由净进口变成净出口，于是纱厂

① 古田和子：《日中两国缫丝业比较》，译文见江苏省中国经济史研究会：《经济论衡》，1986年版。
② 丝机制式，见 Robert Y. Eng, *Economic Imperialism in China: Silk Production and Experts*, Berkeley, 1986, pp. 170-171.

开始增设布机，到 20 世纪 30 年代，洋布进口也已不足道了。

棉纺工业不完全是进口替代，它同时具有前向联进（linkage）和后向联进的效应。原来的土纱是不能适用手拉机、铁轮机的，因而也不能织宽幅布。20 世纪以来，随着纱厂的发展和廉价机纱的大量供应（这时进口洋纱已不居重要地位），推动了各城镇织布工场手工业的发展，到 20 年代约有 2 000 余家；同时，产生了南通、定县、高阳、宝坻等新兴手织布区；并在这些地方和江浙手织布区发展了商人放纱收布的资本主义生产形式。在这些形式下织造的宽幅改良土布，在质量和价格上都可以同洋布直接竞争。我们估计，到 1920 年，改良土布的产量约有 5 000 万匹（土布匹），同样，中外纱厂生产的机织布不过 3 664 万匹（折合土布匹）。当然，市场上最大量的商品布仍是农村家庭生产的，约有 2.2 亿匹；不过，家庭织户也已大都采用机纱，并部分采用手拉机，从而提高了手织效益。到 30 年代，改良土布就再让位给机织布。

后向联进主要在于棉种的改良，即长纤维棉种的引进和推广。张之洞、张謇、穆藕初都是这项事业的开拓者，而他们之开发农业经济都是由于办有纱厂。此外，由于张謇的倡导，在苏北地区还出现了几十家盐垦公司，改造盐滩 2 000 万亩，移民 30 万口。尽管这些公司设备落后，并主要行租佃制，但由晒盐改为植棉，土地利用效益增大，这本身就是一个进步。

从缫丝和棉纺织业的发展中还可悟出一个道理，即在中国，工业的发展必须与广大农村经济相结合。在当时，中国要走日本的或今天亚洲"四小龙"的那种外向型发展的道路是不现实的，工业的原料和市场都是在农村。上海的丝厂是用湖州丝，而多少年来，著名的湖州丝并无改进，质量且有下降之势。无锡的丝厂与当地桑蚕业直接结合，到 1929 年，在无锡农村改良蚕种已完全代替了土种。在南通，由张謇创建的、包括农、工、商、运输以至银行的"南通实业"体系，人或讥之为地方主义或封建割据，其实，他那包括农业在内的十几家实业公司都是由大生纱厂资助或保证，是建立在大工业资本力量之上的。在幅员辽阔的中国，这种以大工业为中心，以农村为基地的区域或乡土经济发展路线，不失为中国式的近代化的途径之一。它比之那种以洋行为中心，以租界为基地，脱离农村以至对立于农村的口岸经济发展路线，应当有更广阔的前途。然而历史无情，南通模式的乡土经济发展路线，随着大生纱厂的衰落而失败。第一次世界大战中开始的上海纺织业向内地的转移，也因军阀混战和时局多变而甚少成绩。口岸经济发展路线却在帝国主义保护下取得优势。

中国近代经济史仍然是一部失败的历史。但是，我觉得研究者的任务，不仅是从失败中汲取教训，还应当从中找出积极的东西。我的本意不过如此。

（原载《中国经济史研究》1988 年第 2 期）

论工场手工业

一　含义和界限

"工场手工业"一词译自马克思所称 Die Manufaktur。1932 年瞿秋白译为"工厂手工业"[①]，1945 年商务印书馆版《德华大词典》同。1953、1961 年版郭大力等译《资本论》作"手工制造业"。后马列著作编译局译作"工场手工业"。本文中，"工场手工业"指其经济性质，具体组织依习惯，如绸厂、布厂、磨坊、油坊、机房、铁作、木器作等；类称用"手工厂"。

工场手工业是资本雇佣劳动者的生产形式。但雇佣多少人始具资本主义性质，当因生产力发展状况和民族历史条件而异。在研究资本主义萌芽时，当时史料多不能区分家属劳动与雇佣劳动，我们原则上以有 10 人以上的厂坊为工场手工业。鸦片战争后，沿用此例。1929 年公布《工厂法》，规定使用发动机器并雇工 30 人以上者为工厂；此后统计资料皆以此为准，我们遂以雇工 10 人（或稍少）以上而不足工厂标准者为工场手工业。新中国成立后，国家统计局作有 10 人以上工厂统计，中央手工业管理局遂以 4—9 人的厂坊为工场手工业。原来，机器大工业、工场手工业、个体和家庭工业都是经济研究所用概念，硬性划界不可能，亦无意义。

手工业无明确定义。工业革命之初，以蒸汽机代替人畜力视为惊

---

① 《中国资产阶级的发展》，《前锋》1932 年第一期，署名屈维它。

人之举，遂以动力区分机器与手工。然水力发达区域常以古老的水轮机代替蒸汽机，亦无碍技术革命。又如历史悠久的磨坊，曾经历人力、畜力、风力、水力诸阶段，及用蒸汽机称火轮磨坊，仍是利用两片石磨转动。19 世纪末发明滚筒制粉和联动装置（rolling system），才实现技术革命；前此均可称手工业。进入 20 世纪，手工工具演变为复合装置，不少应用精密机械原理或化学反应过程；电力普及后，手工厂添置马达已属常事。因而研究工业结构者多以企业规模为准。如日本常将不足 10 人的厂视同手工业；日军占领华东时并规定 20 釜以下之丝厂为手工业。第二次世界大战后，联邦德国以不满 10 人、年销售额不满 30 万马克者为手工业。按规模划分，似更合理。

本文主旨在研究工场手工业在我国近代化过程中的作用。工业化初期，资本主义家庭劳动或散工制（putting-out system）颇为流行，就其组织生产说与工场手工业无异。在研究资本主义萌芽时，因重点在分析生产关系，我们曾详析工场手工业与商人雇主制，包买商制的区别。本文目的不同，因将这些均作为散工制，并包括在工场手工业含义之内。

二元经济论中所称"现代化"部门与"近代化"部门原属同义。鉴于我国正在实行社会主义现代化，对于历史事物本文均称"近代化"。"近代化工业"即指机器大工业。

本文研究实指手工制造业，不包括营造业和手工运输、修理等服务业。由于篇幅关系，也删除了手工采矿工业。

二 二元经济和日本的经验

西欧在工业革命前有个长达两个多世纪的工场手工业时期。它是西欧近代化过程中的一个重要阶段。西欧经济力量的膨胀，社会结构的变革，资本价值观念的确立，都在这个时期。非洲、印度的征服，澳洲、美洲殖民地的开发，都是靠工场手工业的威力。英国和荷兰的资产阶级革命，美国的独立，都是手工厂和手工农场发展的结果。政治经济学就是这时产生的。托马斯·曼、威廉·配第的全部理论，魁奈的《经济表》，都是以手工生产为依据；斯密的《国富论》问世时，蒸汽机尚未在实用上推广。

工场手工业为西欧的工业革命铺平了道路。但只有英国可说是"自我"完成工业化的。稍晚实现工业化的国家，都有个或长或短的机器大工业与手工业并行发展的时期。法国 19 世纪 30—60 年代，机器大工业的产值由 16.1 亿法郎增至 34.1 亿法郎，同时期手工业的产值由 47.7 亿法郎增至 86.9 亿法郎，被称为"双重性增长"。[①] 更晚工业化的东方国家，因一开始就有外国资本或本国资本移植或引进的近代化产业，与本国传统经济并存，形成二元经济。这些国家的近代化或现代化，就是在二元经济的消长中进行的。

二元经济中的传统部门应包括所有传统产业。但自 1954 年刘易斯（W. A. Lewis）提出二元经济模型以来，论者都是讨论传统农业，而于手工业绝少置论。唯日本有个"在来产业"（固有产业）的概念，一般指农林以外的、明治维新以前原有的各产业部门，而重点是在来工业即手工业。缫丝、棉织、酿造是日本三大在来工业。1859 年开港后，生丝出口猛增，成为换取原料和西方机器设备的主力。时发明座缫丝，有了座缫丝手工厂和"赁挽"制（商人资本的散工制），但极少。棉织业中，"赁织"和"放机"较多，但甚少手工厂。日本工场手工业的兴起是在明治维新以后，尤其是政府创建近代化工业的"殖产兴业"时期（1870—1884）。据内务府统计，1884 年各府县有民营工厂 1981 个，60% 在农村，职工 30 人以下者占 83.4%。这些30 人以下的和在农村的工厂大多是工场手工业。

1885 年起日本将官办大企业陆续转为民营，近代化工业勃兴，但传统的在来工业仍发挥作用。1867 年出现仿法国式的缫丝工具，称"器械缫丝"，逐渐代替座缫丝，列为"新在来工业"。1905 年后全近代化的丝厂兴起，但直到 1920 年，生丝产量中仍以器械丝为主。棉织业中，1873 年曾有卧云式多锭手纺车发明，但终以不敌英美式机器纺机而失败。手织情况不同。进口和国内生产的机纱转使赁织有利。又发明手拉织机代替原用的低机，织布厂大兴；发明仿西式水利

---

① 卡龙（Francois Caron）：《现代法国经济史》1979 年版，中译本，商务印书馆 1991年版，第 121 页。

铁轮织机，能造宽幅细布。到 19 世纪末，手织布才渐为机制布取代。酿造业则仍以手工厂为主，最大的清酒业迄未机器化。

在来工业中家庭手工业仍占较大比重。1884—1920 年日本工业产值以年率 10% 的速度增长，而家庭手工业也以 7% 的速率增长，如表 1。其增长部分又主要是赁挽、赁织、加工订货等，属于工场手工业的内涵了。表中工厂部分包括手工厂。日本工厂中 30 人以下者占 80% 强（1909 年的数据），多数属工场手工业性质。

表1　日本的工业生产

年份	总产值（百万日元）	工厂		家庭手工业	
		产值（百万日元）	比例（%）	产值（百分日元）	比例（%）
1884	279.6	8.1	2.9	271.5	97.1
1892	527.4	22.1	4.2	505.3	95.8
1909	1 915	881.0	46.0	1 034	54.0
1914	2 561	1 518	59.3	1 043	40.7
1920	9 579	6 544	68.3	3 035	31.7
1930	8 834	6 376	72.2	2 458	27.8

资料来源：
中村隆英：《日本经济——その成长と构造》，东京大学出版会 1980 年版，第 86 页。

传统产业的最大效果是在就业方面。直到 1935 年，日本农林业的就业人口不断下降，而"在来产业"的就业人口不断增加，所占全部就业人口的比重也增加，如表 2。就是说，近代化过程中农业释放的劳动力不能全部转入近代化产业，而需要由传统经济吸收。1920年日本近代化工业就业人口 172.3 万人，旧在来工业 179.1 万人，新在来工业 94.9 万人，即手工业占 61.4%。

20 世纪 30 年代，日本工业化已有一定基础，同时手工业逐步电力化、机器化；日本对工业结构的研究也转入现代化企业与中小企业的并行发展上。原来日本为发挥劳动力优势，大企业实行多班制，而将一些工序和零配件制造转包给中小企业。第二次世界大战后，中小企业又对日本经济的复兴作出重要贡献。1980 年日本政府发表《中小企业白皮书》称："实际上它们在支撑我国经济基础的同时占有核心地位。"

表 2　日本各部门的就业人口

年份	农林业		近代化产业		在来产业	
	数量（千人）	比例（%）	数量（千人）	比例（%）	数量（千人）	比例（%）
1881—1885	15 650	70.8	406	1.8	6 059	27.5
1891—1895	15 509	66.1	681	2.9	7 268	31.0
1901—1905	15 843	64.0	1 165	4.7	7 744	31.3
1911—1915	15 760	60.7	1 965	7.6	8 225	31.7
1921—1925	13 675	49.2	3 237	11.7	10 866	39.1
1931—1935	14 185	46.4	3 696	12.1	12 668	41.5

资料来源:
同表 1，第 40 页。

　　日本曾有人将帕累托关于消费者选择商品的无差异曲线理论用于二元经济，提出生产的无差异曲线，在这个线上，资本与劳动力两要素的不同配合可获得同一的经济效益。[①] 近代化企业需较大资本，工场手工业需较多劳动力，按不同行业情况，两者并用，即可形成无差异曲线的生产。其实，帕累托关于不同商品的替代性和互补性的理论，亦曾由希克斯用于生产。[②] 从辩证的观点看，互相替代的东西也是互相补充的东西，二元经济的研究应注意及此。

　　然而，当代西方的二元经济理论都只研究农业的剩余劳动力怎样转移到现代产业部门。20 世纪 50 年代的刘易斯模型把传统农业看成是完全消极的东西，它的边际劳动生产率等于零，它的作用只是在固定工资水平上无限制地向现代产业部门输送劳动力。[③] 20 世纪 60 年代初费—拉尼斯模型注意到为了继续输送劳动力，农业必须提高自身生产力，但这种提高是依靠外来的投入，传统农业本身仍是无所

[①]　中村隆英，表 1 前引，第 79—80 页。
[②]　希克斯（J. R. Hicks）:《价值与资本》，1939 年版，中译本，商务印书馆 1982 年版、第 38、278—279 页。
[③]　刘易斯（W. A. Lewis）:《二元经济论》，中译本，北京经济学院出版社 1989 年版，第 4—11 页。

作为。[1] 其后，乔根森否定了传统农业边际劳动生产率等于零的假设，并注意到农业剩余，但这种剩余是从新投入的技术得来，不是传统农业的内在因素。[2] 20 世纪 70 年代末，刘易斯在《再论二元经济》中论述了现代部门与传统部门的"相互关系"，但只讲了现代工业对传统农业有利的和不利的作用，而不讲传统农业对现代部门的作用。[3]

传统农业对国民经济的近代化或现代化有无贡献，是个需要专门研究的问题。[4] 这里只指出，这些模型都把传统农业看做单一的粮食生产，它的机会成本等于零。事实上，各国农业都有非粮食作物，并与畜牧业和家庭手工业相结合。至少在宋以后，中国的小农经济是一个农业与家庭手工业互补的经济体系。奇怪的是，西方学者在讨论原始工业化（proto-industria-lization）时很注意这种互补作用，而在现代工业化模型中把它一笔勾销了。

和纯农业不同，手工业基本上没有剩余劳动力问题。在进入工场手工业和散工制下的农民家庭手工业之后，它们更成为吸收剩余劳动力的巨大力量。上述日本经验和 20 世纪 80 年代初我国乡镇企业的兴起都是明证。早期乡镇企业实际是工场手工业。它也证明了对现代化产业部门的不可缺少的补充作用。

工场手工业在生产力上还基本上是传统的，但在生产关系上已是资本主义的，即近代化的了。在这个意义上，它已不完全是传统经济了。工场手工业历史悠久。在西欧，它是向机器大工业过渡的形态。在二元经济中，它的地位如何，作用何在，是个新的课题。

---

[1]　费景汉（J. C. H. Fei）、拉尼斯（G. Ranis）的著作发表于 1963 年，《劳力剩余经济的发展》，中译本，华夏出版社 1989 年版。

[2]　乔根森（D. Jorgenson）：《农业剩余劳动与二元经济的发展》发表于 1967 年，引见贾塔克（S. Ghatak）：《发展经济学》，商务印书馆 1989 年版，第 67—69 页；贾塔克、因格森（K. Ingersent）：《农业与经济发展》，华夏出版社 1987 年版，第 114—115 页。

[3]　《二元经济论》，第 149—156 页。

[4]　吴承明：《近代中国工业化的道路》，载《文史哲》1991 年第 6 期。

三　中国工场手工业概况①

我国在明后期已有工场手工业出现，而发展缓慢。到鸦片战争前，在制茶、制烟、酿酒、榨油、制糖、制瓷、造纸、染整等 16 个行业中均有手工厂，但只是在某些城镇的个别大户中存在，十分稀疏。至于散工制，仅在南京、苏州的丝织业中较发达，余不足论。我国工场手工业的兴起，主要是在 19 世纪 70 年代以后，与近代化工业的创建同步进行的。

鸦片战争后，有些传统手工业被进口洋货摧毁，其中最重要的是手纺纱，产量由 1840 年的约 748 万担递减至 1936 年的 107 万担，仅供农家织自给布用。余如柏油、土针、土钢、踹布坊渐被淘汰；土烟、土烛、制靛受洋货冲击而衰退；但在手工业中都非重要行业。

除上列几项外，绝大多数手工行业都随着市场的扩大或外贸需要而有不同程度的发展，并在发展中逐步工场手工业化。这种发展可以 1920 年为界，分为两段。大体在 1920 年以前，手工业是与近代化工业并行发展的，近代化工业发展较快的时候，也是手工业尤其是工场手工业发展较快的时候，乃至在同一行业中也是这样。两者间的互补作用超过两者间的对抗。

早期我国近代化工业主要是由国外移植或引进而来，但不是说它们与工场手工业没有关系。第一家外商工厂即 1854 年在广州开设的柯拜船坞（Couper Dock）最初就是租买中国手工船坞建立的。上海开埠后，最早的外商厂伯维公司（C. Purvis & Co）和杜那普船厂（Dewsnap Dock）也是手工厂起家的。洋务派创建的第一家军工业即 1861 年的安庆内军械所也是个手工厂，后来添置西式机器；1863 年李鸿章创建的三个洋炮局也都是从手工厂开始的。第一家民办近代化工业即上海发昌机器厂，原是个打铁作坊，1869 年添置西洋车床，便近代化了。甲午战争前，上海、广州、汉口有 16 个民营机器厂，

① 本小节和下一小节所用资料及论证，除另有说明者外，均见许涤新、吴承明主编：《中国资本主义发展史》，人民出版社版，第一卷 1985 年，第二卷 1990 年，第三卷在印刷中。文内不再一一注明。

其中有 10 家是由铁作、针坊、冶坊发展而来的。下一小节中还可看
到工场手工业转化为近代化工厂的情况,差不多每个重要手工行业中
都有。即使是完全从外国引进的企业,它们在建厂时需要手工业进行
营造、装置和制造零配件。投产后,也需要手工厂进行原料整理、机
械修配、成品包装等工作;为节约资本,又常将一些辅助工序转包给
手工厂或家庭户承担。原来手工业生产多是并联的而非串联的。近代
化工业专业化较细,对于传统生产有连进(linkage)作用,这就促进
了工场手工业的发展。

工场手工业的发展,多半要伴随着手工工具和技术上的改进。我
国在引进西方机器大工业以后,也引进了国外一些先进的手工工具,
或按西法改进原来的手工工具。这些器械都能在国内制造,降低成
本,易于推广。这是 20 世纪以来工场手工业发展较快的另一个原因。

鸦片战争后,我国出现两类新手工业。一类是原来所无,由国外
引进,因市场尚狭小,改用手工生产,如针织、火柴、制皂、搪瓷、
电器、电池、胶轮人力车、西药、化妆品等。它们大都一开始就是手
工厂,亦有用散工制。另一类是因出口需要形成的,如出口地毯、出
口裘皮革、制蛋、肠衣、猪鬃、花边、抽纱、草帽及草帽鞭、发网等。
它们有些是手工厂,有些是散工制。这是工场手工业发展的又一原因。

工场手工业在工业生产中的地位如何,素少研究。农商部 1915 年
统计,我国工厂中使用原动力者仅 488 家,不用原动力者 20 258 家。
又列手工作坊 16 140 家,平均每家职工达 25.2 人。这些不用原动力
之工厂和大部分作坊均属工场手工业。唯此项统计原不完整,1915
年以后填报省区更由 25 个递减至 1920 年的 10 个。我们不用此项统
计,而是选 13 个主要行业进行较细考察(其产值占全部手工业产值
的 84%)。据我们估计,1920 年我国近代化工业的产值约 8.83 亿元,
手工业的产值约 85.88 亿元,除农家自给部分外,商品生产约 38.4 亿
元。[①] 参照 1936 年情况(表 3),设 1920 年商品生产部分有 30% 是工

---

① 本文所称产值指总产值(即毛产值)。1920 年手工业产值的估计见《中国资本主义
发展史》第二卷附录乙表二,其中最大的碾米、磨粉两项因资料关系原用净产值,本文
则改用总产值,故与原表有异。

场手工业（包括散工制）生产，即11.5亿元，比同年近代化工业（包括外商、官办、民营）的产值还要大。

1920年以后情况有所变化。先说抗日战前的1920—1936年。这期间，外国工业投资有很大增长（包括东北），民营近代化工业也扩大了范围和地区，加速了对手工业的替代。在20世纪30年代经济危机中手工业受到严重打击，手工业品的出口大幅度下降，因而有手工业衰落、破产之说。但据我们考察，这时期，机器工业替代手工业的趋势确实加强了，但手工业产值仍缓慢增长（年率约1%，而近代化工业达7.6%）。同时期，工场手工业（包括散工制）则发展甚快，并因电力普及，部分转化为近代化工业。我们着力估计了1936年手工业的生产情况，如表3。

我们估计1936年近代化工业的产值约28.3亿元。表3见同年工场手工业的产值约23.7亿元，已逊于近代化工厂了。不过，工场手工业产值占到手工业商品生产产值的43.6%，接近新中国成立后的调查（47%）。

表3　1936年手工业产值估计

	产值万元（A）	其中：商品生产		其中：工场手工业生产	
		万元（B）	B/A(%)	万元（C）	C/B(%)
食品工业	691 631	300 733	43.5	123 769	41.2
碾米业	367 120	110 136	30.8	33 041	30.0
磨面业	157 526	56 859	36.1	22 100	38.9
榨油业	66 235	43 299	65.4	17 161	39.6
酿造业	46 673	37 338	80.0	17 736	47.5
制烟业	12 950	12 950	100.0	11 655	90.0
制茶业	9 763	8 787	90.0	6 151	70.0
制糖业	6 575	6 575	100.0	5 100	77.6
制盐业	7 792	7 792	100.0	4 026	51.7
其他食品工业	16 997	16 997	100.0	6 799	40.0
纺织工业	161 562	108 446	67.1	40 259	37.1
缫丝业	7 370	7 370	100.0	2 283	31.0
丝织业	11 877	11 877	100.0	4 312	36.3

	产值万元（A）	商品生产			其中：工场手工业生产	
		万元（B）	B／A（％）		万元（C）	C／B（％）
轧棉业	73 996	65 560	88.6		21 853	33.3
纺纱业	5 328	—	—		—	—
织布业	61 158	21 954	35.9		10 977	50.0
其他纺织业	1 833	1 685	91.9		834	49.5
新手工业	38 417	38 417	100.0		25 618	66.7
针织业	16 400	16 400	100.0		9 840	60.0
机器制造及修理	1 956	1 956	100.0		1 369	70.0
胶轮人力车制造	5 768	5 768	100.0		4 038	70.0
煤油提炼	2 691	2 691	100.0		2 153	80.0
肥皂、洋烛制造	2 842	2 842	100.0		1 989	70.0
铅石印刷	3 519	3 519	100.0		2 111	60.0
其他新手工业	5 241	5 241	100.0		4 118	78.6
新出口手工业	15 490	15 490	100.0		14 957	96.6
桐油炼制	8 178	8 178	100.0		8 178	100.0
猪鬃整理及打包	2 223	2 223	100.0		2 223	100.0
花边、抽纱、挑花、发网	2 547	2 547	100.0		2 547	100.0
草帽、草帽鞭、花席等	1 040	1 040	100.0		893	85.9
出口装、皮、革及革制品	716	716	100.0		501	70.0
地毯	571	571	100.0		400	70.0
制蛋	215	215	100.0		215	100.0
其他手工业	93 930	80 968	86.2		32 387	40.0
总　计	1 001 030	544 054	54.3		236.990	43.6

注：① 产值指总产值（毛产值），均按生产者价格计算（盐按各场成本价计算），与市场价有一定的差距。估计数原则上包括东北。

② 工场手工业生产包括散工制生产。

③ 新出口手工业中桐油、地毯两项包括内销部分，其余仅计出口数值。

④ 本表最初估计作于 1981 年，见吴承明：《中国资本主义与国内市场》，中国社会科学出版社 1985 年版，第 132—133 页。修正于 1990 年，见《中国资本主义发展史》第三卷附录乙表三。本文据较新资料再次修正，其中数字变动最大者是碾米业由原用净产值改为总产值。

抗日战争时期，沦陷区的民族工业受到敌人残暴摧残，手工业也难免厄运。唯在城市，为逃避敌人的管制，出现大量小型厂或简易厂，实属工场手工业。抗战大后方，工业发展，新设工厂 4 000 余家，唯多小型，有 40% 雇工不到 30 人，当属工场手工业。后方手工业大兴，并改良工具，工场手工业再次成为制造日用工业品的主力。若已被淘汰的手工纺纱复兴，估计占后方纱产量的 60%，并出现手工纱厂。又如四川的土纸生产增长了 7 倍，为机制纸产量的 5 倍，并由迷信纸、包装纸改产文化纸、新闻纸。当时的抗战文化实为土纸文化。

抗战胜利后，近代化工业恢复缓慢，后并受内战破坏。手工业所受影响较小。新中国成立后统计，1949 年全部工业产值为人民币 140.2 亿元，内现代化工业 79.1 亿元，个体工业 32.4 亿元。[①] 这里有个差额 28.7 亿元，可作为工场手工业产值，占全部手工业产值的 47%（原统计不包括农家自给性生产）。

1953 年国家统计局作了较详细的私营工业调查，辅以次年的手工业调查，当时 4 人以上的私营工业有 15 万家，内工场手工业 11.8 万家，产值 35.39 亿元，占私营工业总产值的 27%。

四　主要行业简况

（一）缫丝业

我国是丝绸之国。鸦片战争后，受出口刺激，桑蚕丝产量由战前 7.7 万担增至 19 世纪 70 年代的 15.5 万担。19 世纪 80 年代机器丝厂兴起，成为早期最大的近代化工业。但迄 1920 年，手缫丝是不断增长的。我国又盛产柞蚕丝，基本都是手缫，增长更快。手缫丝无统计，最新估计数见表 4。

---

① 国家统计局：《伟大的十年》，1959 年版，第 14、80 页。

表4　手缫丝产量估计

（单位：万市担）

平均每年	桑蚕丝总产	内机制丝（主供出口）	内手缫丝			柞蚕丝（基本手缫）
			合计	出口	内销	
1881—1885	15.52	少量	15.52	7.05	8.47	2.17
1891—1895	19.67	2.57	17.10	7.78	9.32	3.74
1901—1905	22.96	5.73	17.23	5.25	11.98	5.28
1911—1915	26.98	7.37	19.61	5.55	14.06	7.58
1920	28.69	7.53	21.16	3.21	17.95	9.25
1925	30.48	14.10	16.38	3.45	12.93	9.60
1930	31.72	14.09	17.63	2.47	15.16	7.00
1936	23.36	14.19	9.17	1.51	7.66	6.50

资料来源： 据徐新吾主编《中国近代缫丝工业史》，1990 年版，第 654、660—661、662—666 页，资料折算成市担。

桑蚕丝原皆农家生产，仅在复缫上有小作坊。农家用足踏丝车，无拈鞘装置，丝成断片。复缫用纺车，摘糙接头，使成缕。在主产区江浙，复缫成专业，并有用三锭纺车者。又将二丝或三丝加拈成线，称苏经、广经，颇畅销。同治间，周姓商人仿日本经由右旋左（苏经系由左旋右），称洋经，出口为盛。于是有商人雇工纺经，或发交农村纺经专业户，出现工场手工业。

广东为桑蚕丝第二大产区，然习用手摇丝车，效率甚低。1874 年，侨商陈启源在南海设继昌隆缫丝厂，造法国式共拈丝车，木制，足踏；又置锅炉，输蒸汽于茧盆，代替炭火煮茧。一时仿效者众，19 世纪 90 年代广州有丝厂 300 家，大都用此种改良足踏车，或加用蒸汽煮茧，亦有少数用蒸汽动力成近代化丝厂者。同时，手摇车也并行。内销丝多手摇；又大厂将劣茧拣出，另雇工手摇；亦有丝厂发手摇车给农户在家缫制。1913 年以后，广东丝厂向全机器化过渡。继昌隆，发展到 800 釜丝车后改用蒸汽动力，但 1894 年又恢复足踏，直到 1937 年。

在江浙，上海早有机器丝厂，后无锡转盛，但迄 1910 年上海出口仍以手缫丝为主，内销皆手缫丝。除复缫外，江浙手缫丝一直停留在农民家庭作业。盖其所用三绪足踏丝车原较精致，又所产七里丝驰名遐迩，不虞销路，遂致保守。浙省府曾在五县设模范工厂，倡用日本再缫式足踏车，并设传习所，终以农民不谙使用而罢。唯抗日战争时期，敌伪严格管理机器丝厂，本区乃有小丝厂兴起，1939 年达 489 家，平均每厂有人力丝车 20 部，应属工场手工业。

四川、山东亦桑蚕丝产区。四川农家用足踏丝车，称大车丝，须复缫，有商人雇用男工之复缫厂。20 世纪初出现小车丝房，小车足踏，在后面加小箴回转，以接断头。但丝常在箴角胶固，因再改良，加车扬返，成直缫小车丝（指免复缫工序）。1930 年有小车 8 000 部，而农家老式车有 2 万部，即近 30% 工场手工业化。抗战中小车房盛行，以数部至十数部为一连，手摇联动，所产扬返细丝与机制丝无异，而成本较低。1943 年有小房车 17 080 部，户均 10 部。山东情况相仿，唯称大纩丝、小纩丝。小纩丝均工厂制，规模较大，常有车七八十部，雇工百人，另设复缫车。

柞蚕丝主产区在山东和辽东。早有人在烟台设机器丝厂，而质量和成本不敌手缫，故柞蚕丝生产以手工厂为主。技术上由手摇车改为足踏；并倡小纩细丝，摘粗接头；又改水缫为旱缫，即将煮茧工序分出，分别粗细，再上丝车。烟台手工厂大者有车五六百部，小者亦有 200 部。辽宁安东"九一八"前有柞蚕丝厂 40 家，户均有车 400 部，并有用电力者。此项柞蚕丝主供出口。而山东牟平、栖霞，辽宁盖城、海平，以及贵州、河南亦缫大纩柞蚕丝，则供国内织柞绸用。

（二）丝织业

丝织品消费弹性较大，生产常有起伏。但长期看，乃近代我国手工业中发展最有成效的行业之一。丝织品产量无统计，但从表 5 丝织原料消费量估计中可见其长期增长趋势。

丝织业发展的成效主要在于工艺、技术和生产组织的改进，三者互相作用。我国宋代即有从农业分离出来的机户，至明而盛，形成南京、苏州、杭州三大丝织中心。工艺上向高质华贵和普及耐用两个方向发展，从而扩大了市场。清康熙间出现包买商，即通称账房的绸缎庄。账房向数十至数百机户发料收货，并组织纺经户、络纬户和牵经结综工、捶丝工、染坊等成为庞大的生产体系。晚清，缎类由华贵趋向轻软，并重花绒剪绒；绸类渐重花色，创耐用的宁绸、茧绸、府绸等。20 世纪，随新式生产工具的引进，一些账房改设手工厂，继而设厂日多，通称绸厂。20 年代绸厂已成主流，使工艺有更大改进。原丝织皆用手缫丝，兹改以厂丝为经，以至厂纬，节省工力，并利提花。人造丝大量进口后，价低于真丝过半，且易染色，绸厂掺用，织成巴黎缎、华丝葛、美丽绉等，鲜艳绝伦。或用人造丝与棉纱交织成羽纱、线绨，价格低廉。又以机制纱为纬，织成纱绸，或以蜡线为纬，织成线绸，着身挺爽。丝织品市场因而不断扩大。

表5　丝织原料消费量估计

平均每年	万市担	指数	平均每年	万市担	指数
1871—1875	9.07	100	1911—1915	17.89	197
1881—1885	9.92	109	1921—1925	23.22	256
1891—1895	11.13	123	1931—1935	28.39	313
1901—1905	14.33	158			

资料来源：其中桑蚕丝、柞蚕丝指国内销售部分，来源同表4；人造丝为进口量，据海关统计，未计走私进口。原料总量中，有少量用于丝带丝线，后期并有 1 万—2 万担用于针织业，未剔除。

技术改进乃上述发展之关键。我国丝织向用投梭木机，足踏开口，双手递梭，回手打纬，一分钟可 40 梭。织花物用花机，需人踞花楼提综，三人操作。1912 年杭州朱某自日本引进法国式手拉铁机，设伟成绸厂。其机足踏开口，一手拉索投梭，另手执箔打纬，一分钟可 60 梭。织花物于机上装摆轮及花板，踏绳带动提综，变三人为一人操作。国内仿造，因得推广。1915 年上海某绸庄购入瑞士电力织机，设肇新绸厂。其机集开口、投梭、打纬并提花于一体，一分钟可 150 梭；但尚非自动织机，一人只看一台。电力机多式，国内均能造。或改用人力驱动，称铁轮提花机。于是电力机、手拉机、投梭机长期并存，乃至一厂中常有两种机，盖生产上尤其成本核算上有互补性。其演变如表6。

表6　主要丝织区织机的演变

（单位：台）

	1880年投梭机	1911年投梭机	投梭机	1936年手拉机	电力机
江苏省	20 380	24 515	2 100	12 800	10 400
南京	5 800	6 110	700	—	—
苏州	5 500	7 000	1 400	500	2 100
盛泽	8 000	8 000	—	8 000	1 100
镇江	1 000	1 300	?	?	—
丹阳	—	2 000	—	4 300	—
上海	80	105	—	—	7 200
浙江省	11 748	25 750	5 500	13 435	7 245
杭州	3 000	10 250	500	8 000	6 200
湖州	4 000	10 000	3 000	585	931
双林	1 200	1 200	?	1 500	—
绍兴	2 700	3 400	2 000	2 650	34
宁波	848	900	?	700	80
广东省			22 430	?	20
四川省			2 000	1 300	—
山东省			8 000	1 770	28

　　资料来源：江苏、浙江据徐新吾主编《近代江南丝织工业史》，1991年版，第56、93、124页，多系估计数。四川仅成都、乐山，广东为顺德、南海、广州，山东为烟台、周村扣胶东三个县，皆零星材料。

　　江浙两者为主产区，太平天国战争中织机损毁过半，表列1880年为初步恢复数，到1936年两省总数增60%。但若以投梭、手拉、电力三种织机之效率为1:1.5:3，则生产力实三倍之。唯各地情况不一。南京衰落，因原产锦缎元缎已不行时，又过于保守，一直用投梭机并全用真丝。苏州尤其杭州则改机在先，工艺尚新，是以兴盛。丹阳、绍兴系新产区，发展亦快。而上海后起，自始即行绸厂制，1936年有480厂，全部电力化；尚有非公会会员厂，有电力机7 500台，未列表内。1920年开设的美亚绸厂，至1936年在上海有8个绸厂，电力机1 200台，年产绸18万余匹，另有经纬厂、染炼厂、纹制（图样）厂、铁工厂及苏杭分厂。

江浙以外，各省丝织业因产品难与沪、苏、杭竞争，多趋衰退。唯辽宁、山东之柞绸业颇有发展。辽宁丝织已工厂化，"九一八"前有电力机约 600 台。四川在清代为重要丝织区，以蜀锦著称，民国后衰落；唯在抗战时期复兴，成都、乐山等四地有织机 7 600 台，但除内迁之美亚厂外未见电力机记载。此外，天津、武汉、郑州等市亦有电力织机。

我们估算丝织业产值时将全部电力织机都计入近代化工业，实则许多用电力机的小厂以及有电力机而以手拉机为主之厂，仍应属工场手工业。

（三）织布业

"织布业是工场手工业的第一个行业。"[①] 这是因为它对社会近代化即"男耕女织"的自然经济的解体有决定性作用。这里的"织"是包括轧棉、纺纱、织布、染色、整布全过程而言。鸦片战争前，我国已有脱离农业的轧棉、染布、踹布作坊，但纺纱、织布两主业仍是农民家庭手工业。

我国轧棉通用手摇轧车，需三人操作。乾隆时苏北太仓创制一人操作的足踏轧车，但未推广。鸦片战争后，引进日本有皮棍卷花的足踏轧车，导致轧花手工厂兴盛。有的添置蒸汽动力，或引进英国式锯齿轧车，成为机器轧花厂；但手工轧花仍属一大手工行业。染坊在鸦片战争后兼用化学染料，改进工艺，唯 1930 年以后渐为机器染整厂所替代。踹坊用人踏"元宝石"压光色布，过于落后，渐被淘汰。

纺织业之脱离农业多半始于纺与织的分离。我国丝织业即因较早与缫丝分离，有了丝和丝织品的平行市场，丝织业得以独立发展，成果辉煌。我国早有颇大的布市场。但无与之平行的纱市场，以致纺纱和织布都长期停留在农民家庭生产，成为我国近代化缓慢的标志。缘农家一直使用元明以来的手摇单锭纺车，效率过低，农民不能靠卖纱

---

① 《马克思恩格斯全集》第三卷，第 62 页。

度日。上海曾创制足踏三锭纺车，但需强劳动力，而农家需以强劳动力织布，老幼纺纱，故不能推广。待洋纱进口和国内机器纱厂兴起，才有了纱市场，织布业中的手工厂和散工制也由此而兴。

棉纺织的近代化总是从纺纱开始。即使在英国，1810 年轧棉，纺纱已完成机器化，而织布基本上仍由家庭手织业承担，"如无此家庭手织业，纱厂即无从建立"[①]。

我国手织布生产情况估计见表 7。表见与机制纱替代手纺纱不同，手织布的产量是起伏的，到 1920 年还高于鸦片战争前，到 1936 年才大量被机制布替代。这期间，手工织布厂和散工制都大有发展。

表 7　手织布的生产

	1840	1860	1894	1913	1920	1936
手织布产量（百万匹）	597	605	589	507	602	393
占棉布总消费量（%）	99.5	96.8	85.9	65.2	71.5	43.2
内：自给布（百万匹）	282	288	299	310	331	261
商品布（百万匹）	315	317	290	197	271	132
手织布用纱量（万担）	751	760	741	638	757	494
内：机制纱（万担）	3	4	174	465	415	387
手纺纱（万担）	748	756	567	173	342	107

资料来源：据许涤新、吴承明主编《中国资本主义发展史》第二卷，1990 年版，第 319、320、325 页。

注：手织布标准匹合 3.634 平方码，重 1.32 斤。

闽浙总督卞宝第于 1888 年在福州设织布局，为手织布设厂之始。至 1891 年福州有 60 个局，但多是商人向农户发纱收布，实为散工制。至 19 世纪末，广州、万县、昆明、贵州黄草坝均有织布厂记载，有雇工达 80 人者。我国织布向用投梭机。1896 年宁波人王承惟加以改良，增多踏板，可多层开口，织洋式布，曾获专利；唯其机大约仍是双手递梭。1900 年传入日本式手拉机，式如丝织手拉机而小，农家可备。1905 年引进日本式铁轮机，双足踏动，飞轮蓄能，使送经、

[①]　P. Deane and W. A. Cole, *British Economic Growth 1688—1959*, p. 192.

开口、投梭、打纬、卷布连续运动。又有铁轮提花机，用花板按程序自动提综。于是织布厂大兴，上海、天津、广州、重庆尤多。1913年，据有记载的142家估算，共有织机12 911台，户均91台，雇工142人，盖所记皆规模较大者。又据1930年左右的记载估算，43个城市有织布厂6 814家，织机56 256台，户均8.3台；江苏、四川、河北为多，而东北全行工厂制。

织布厂所织布称改良土布或爱国布，以手拉机为多，用铁轮机所织幅宽达22寸，与机制布同，可与洋布竞争。时纱厂所产机制布大皆白胚，而手织厂着重花色、条纹，格子布流行一时，并线呢、哗叽等新品种。1925年以后并流行丝棉夹织品麻葛、明葛、华丝布等。用铁轮提花机织布一匹需花板千张，此种厂称染织厂。1934年调查上海和七省的415家染织厂有电力布机11 208台，手工布机11 886台，大都是扬长补短，两种机并用。

织布业中的散工制与织布厂并行发展，主要行之于江苏江阴、常熟、常州，浙江平湖、硖石，河北高阳、宝坻，山东潍县，广西郁林，山西平遥。而老织布区如松江、南通等地反罕见。

江阴放机始于1895年，20世纪后乃盛。初放织小布，20世纪20年代后放织改良土布以至放染色纱织条纹布。1925年后用改良木机，效率提高而工资压低。20世纪30年代后盛行放盘，即带机头布放出，一个盘头可织花色布12匹，工资亦再降。大布庄有支配织机两三千台以至5 000台者。江南他处开始放机较晚，情况略同。唯常州1916年后即用铁轮机，而硖石则始终用投梭机。

北方放纱收布始于河北定县，20世纪后盛于高阳。布商又以手拉机贷出，1915年后并贷铁轮机。1920年盛时高阳有机21 904台，78%放属放织；后衰。1926年传入浆麻法（麻指人造丝），织花色麻布，高阳织布业再盛，1929年有机29 224台，内4 324台为提花机；后大衰落。1934年麻布改织葛、绨等新品，色布增派力司、阴丹士林等新品，高阳织布业再盛。

抗战时期，改由日商放纱，并将织户集中城内以便统制，北方产量锐减2/3。唯因人口集中城市，织布厂增加，且多用铁轮机。

抗战大后方，织布厂大兴。重庆土布公会会员厂1942年有织机

3 238 台，较战前增 60%，内铁轮机占 70%，并有用电力者。陕西原甚少织布厂，1942 年据说有 500 家，织机 6 000 台。而更可注意者是手纺纱复兴，产棉区农户重操手纺。同时，发明一种手摇"七七纺机"，可带动 32 锭，三人操作，日产纱 625 克，大都用于手工厂，1939 年有 2.5 万台，1942 年增至 6 万台。有人估计这年后方产纱32.1 万包，内 47.7% 为农家所纺，16.8% 为七七纺机所纺，35.5% 为近代化纱厂所纺。

（四）磨粉业

磨粉为产值仅次于碾米的第二大手工业。碾米产值虽大，但主要是农民自给性生产；且稻谷加工容易，增加值甚少。又机器碾米厂不多，砻坊多为米行附设。磨粉则历史上就是一项重要工业，鸦片战争后，机器制粉是我国仅次于棉纺的近代化民族工业。在这种情况下，手工磨粉并行不衰，有重要意义。

鸦片战争后，磨坊日盛。1890 年上海有 58 家，天津近百家。同时，津、沪即有火轮磨坊即机器磨坊出现，其效率约人均日产粉五六包。如前所说，它们尚非近代化机器面粉厂（其人均日产达 50 包）。机器磨坊以南方及东北为多，1936 年约有 180 家。畜力磨坊则遍布北方产麦区。若山西，1936 年调查 69 县有 1 186 家，石磨 1 503 台，职工 4 576 人，平均规模甚小，唯有 8 家已使用电力。在大城市如天津，1930 年有 510 家，而其中 265 家已使用电力，用畜力者户均亦有磨 5 台，足具工场手工业规模。北京、青岛等磨坊较多之地，也不少使用电力。磨坊地产地销，成本低，又能兼磨玉米、高粱、豆类，或代农民加工，是以能和近代化面粉厂并行发展。其发展情况估计如表 8。

抗日军兴，沦陷区机制面粉产能减少 1/3，而能逃避敌伪管制之机器磨坊转盛，有记载者 376 家，日产能力达 3.27 万包。其中有些已不用石磨，而用滚筒式小钢磨了。抗战后方，也有机器磨坊兴起，计 44 家，亦有用小钢磨者。同时，畜力磨坊复兴，有些并用电力。

表 8 面粉生产状况

（单位：万包）

	1913	1921	1936
机器面粉厂生产	4702	10 051	12 322
手工业生产	42 104	44 704	54 629
合　计	46 806	54 755	66 951
内：农家自给生产	25 442	30 035	35 952
畜力磨坊生产	16 572	14 048	17 201
机器磨坊生产	90	621	1 476

资料来源：据上海粮食局等所编《中国近代面粉工业史》，1987 年版，第 94、103、105—106 页资料改算。

注：每包按 44 斤计。

表 9 榨油业产量估计

（单位：万担）

	1920	1933	1936
豆油	340.7	523.3	413.5
菜子油	962.0	1 286.1	1 479.5
花生油	498.0	575.7	508.2
芝麻油	68.2	184.4	165.3
棉籽油	123.4	183.3	187.5
其他油	132.2	200.0	232.6
总计	2 124.5	2 952.8	2 986.6
内：机器油厂生产	155.9	212.6	219.4
手工业生产	1 968.6	2 740.2	2 767.2

资料来源：

据巫宝山等：《中国国民所得》下册，1947 年版，第 145 页，1933 年之估计，按油料作物生产指数推算 1920 年、1936 年。油料作物生产情况据许道夫《中国近代农业生产及贸易统计资料》1983 年版，及统计局《中国农业统计年鉴》1993 年版。

（五）榨油业

榨油业产值居手工行业第三位（表 3 因将桐油列入出口，故较低）。近代化机器油厂产量甚小，榨油业基本上是手工业，生产情况估计如表9。

油类商品率较大，早有脱离农业的油坊，明代嘉兴石门镇油坊已具工场手工业规模。20世纪初，江苏24家油坊各雇工20—50人；湖北沙市油坊各有榨机五六台；山东烟台油坊各有榨机2—4台，每台需8人，骡马6头。但抗战前统计15省8 233家榨油厂坊户均仅4.8人，仍是多个体户，唯江苏省则户均达15.3人矣。

各种油情况不同。菜子油的出油率和油价均低，但饼值可达油值的30%。花生油出油率和油价均高，但饼值仅及油值的16%。唯大豆油虽出油率及油价不高，而饼值可达油值的1.8倍，并属出口大宗，最适规模生产。榨油技术改进亦多出自大豆王油。

我国传统榨油用木槽楔入法，大豆坚硬，需极强劳动力，畜力碾豆和蒸料亦费工时。英商于1867年即在营口设机器油厂，以出油率低于手工而废。1896年再设厂，用蒸汽机碎豆而用于工螺丝车榨油，出油率比楔入法高7%。从此此法渐行于关内外。1906年，日商设小寺油厂，用水压机榨油，效率高于螺丝车。1911年营口有华商厂坊21家，内7家用蒸汽机，5家用内燃机，9家用畜力。后榨油中心移至大连，并用水力、电力。此皆指碎豆，榨油仍以手工螺丝车为多，亦有用水压机者。"九一八"前，除关东州外，东北有厂坊590家，则仍以用畜力者多。畜力油坊一般雇工30人，牲畜10头，均具工场手工业规模。事变后因出口递减，东北油业衰退，但大厂技术改进，已有用吸入式者。

（六）针织业

针织是新手工业，主产袜及毛巾，以及内衣衫裤。始于1896年上海设景纶衫袜厂，20世纪由沿海普及内地，而以江苏、浙江最盛，上海为中心。第一次世界大战时发展最快。农商部有1912—1920年产值统计，但残缺，唯江浙两省有历年报告，兹列入表10。针织业原以抵制洋货而兴，至此，除高级品外洋货几绝迹，唯织袜所用细纱及人造丝仍赖进口。同时袜及毛巾出口颇盛，并列入表10，以代替生产统计。表见 20 世纪 30 年代经济危机中出口锐减，此时针织业衰落，但不如织布业之甚。

表 10　针织业的发展

江苏、浙江 针织业产值（万元）		袜及毛巾出口值（万关两）			
1912	91.7	1923	61.3	1932	75.4
1913	140.2	1924	69.2	1933	94.7
1914	182.1	1925	67.5	1934	64.5
1915	209.5	1926	77.8	1935	46.6
1916	205.3	1927	85.7	1936	66.4
1917	296.3	1928	78.1		
1918	384.5	1929	66.2		
1919	451.5	1930	66.3		
1920	511.9	1931	115.3		

资料来源：江浙产值见方显廷：《天津针织工业》，1931 年版，第 12 页；1920 年仅江苏数字。出口值见彭泽益：《中国近代手工业史资料》，1962 年版附录（四）3。1923 年海关开始列项。

　　针织业初兴时，英德筒式手摇袜机每台价百余元；同时亦有美制电力平机，每台千余元，而效率不过手摇机五六倍，故人多舍电力而手工。手摇机 1912 年国内即能仿制，价不过 20 元，20 世纪 20 年代年产万余台。织袜业之普及农村，全赖此。1927 年上海华胜厂仿造美式 B 字电力平机成功，后复能造 K 字长筒袜机，但一般仍用美货。1929 年上海有袜厂 130 家，内 39 家大厂有电力机 1 389 台，但高级袜仍用手摇机，如织宝塔眼、造花，仍需手工。织毛巾较易，上海用铁木机，内地用木机，10 余元即可置。亦有进口电力毛巾机，价 300 元，鲜有用者。1912 年创办之三友实业社，在上海有 12 个毛巾厂，用木机 1 800 台；1929 年织高档毛巾，才采用电力机。织衫裤用横机，大都用电力，靠进口。1931 年上海锦华厂仿制新型汤姆金横机成功，一时传为美谈，然年产不过 130 台。

　　我国针织业一开始即采工厂制，但到 1933 年，仅有近代化针织厂 110 家，产袜 542 万打，毛巾 6.4 万打。同年，上海附近之南汇即有手工厂 175 家，产袜 266 万打，已为全国近代化厂之半；产毛巾 28.5 万打，为近代化厂的 4.5 倍。他处如天津、武汉，袜厂均以百计，南京、扬州，毛巾厂以 200 计。这些手工厂自以家庭户为多，但常有向大商号或大针织厂领料加工者，实属散工制。在无锡，1929 年有袜厂 37 家，除 3 家用电力机者外，大多是工人自备织机，或向厂租用，由厂发料收货。这实即本业的放机制，因在城市，变成集中生产。

放机制可以浙江平湖为例。1912 年平湖设光华袜厂，招女工 40 余人，以产品供不应求，乃改由农妇来厂租机，收押金 6 元，起租费 2 元，领纱回家织造，以后月租 2 元，由工资扣除。光华以此获利甚巨，至 1926 年平湖有厂 20 余家，织机近万台。放机制浙江最多，江苏亦流行。又无论放机厂或雇工厂，都是将织好袜坯发交家庭妇女缝袜口袜尖，又摇纱工序亦常发交厂外摇纱女工。此皆属散工制。

抗日战争时期，沦陷区针织厂遭破坏、管制，同时有小厂兴起。大后方针织原小发达，仅昆明略有基础，战时亦无大发展。战后上海针织业恢复，1946 年有 593 厂，电力袜机 4 756 台，手摇机 18 742 台，唯生产不正常。

上述事例说明，在二元经济中，虽已不会出现工场手工业阶段，但工场手工业（包括散工制）的发展仍是不可避免的，在一些行业甚至是不可逾越的。如果说，上述事例只是从反面证明当时近代化工业的落后，那么，20 世纪 70 年代末乡镇工业的勃兴就从正面说明了发展工场手工业的必要性。

（原载《中国经济史研究》1993 年第 4 期）

论二元经济

一　概说

二元经济指传统经济与现代化产业并存的格局，是传统社会向现代社会过渡中常见的现象。发展中国家的现代化产业多由外国资本移植或本国资本引进而来，在中国始于 19 世纪后期。或谓发展中国家的二元经济形成于二战后，不确。唯早期现代化产业多集中于个别地区，亦称"飞地经济"。又常称之为近代化产业，实与现代化同义；本文通用后者。

刘易斯把现代化产业定义为"使用再生产性资本"以谋取利润者，即资本主义产业；而传统经济是"维持生计"的产业。[①] 在历史上视资本主义化为现代化未尝不可；但日本直到 20 世纪 70 年代充分就业前仍可称二元经济，中国在进入社会主义后仍属二元经济。又传统经济亦使用再生产性资本，并有谋利部分。迈因特从市场经济发展的不完整性出发，把现代化产业和半自给性生严并存作为二元结构。[②] 石川滋采取希克斯（John Hicks）《经济史理论》中由习俗经济、命令经济到商人经济的观点，把市场经济与传统经济并存作为二元经济。[③] 用市场经济的发展来说明现代化过程是可取的，但用之区分二元范畴似欠妥。

---

① 《二元经济论》，北京经济学院出版社 1989 年版，第 7—8 页。
② H. L. A. Myint, *Dualism and the Internal Interation, of Underdeveloped Economies, Banca Nazionale Lavaro quarterly Review*, 93, June 1970.
③ 石川滋：《发展经济学的基本问题》，经济科学出版社 1992 年版，第 10、27 页。

传统经济包括农、工、商、运输、服务等部门，原为完整的经济体系，在中国更是一个十分发达的传统经济体系。但自 1954 年刘易斯提出二元经济理论以来，西方学者大都只论传统农业和现代化工业，并注重于农业的剩余劳动力如何向工业转移问题。费－拉尼斯干脆把二元经济定义为农业与二业两大部门并存。[1]他们也提到手工业者、小商人、服役人、搬运工等，但把这些人看成是"隐蔽的失业者"[2]，或等待进入现代化部门的"城市传统部门"[3]。事实上，传统经济的非农业部门人数众多，基本上不存在剩余劳动力，在早期它们是与现代化产业并行发展的，并成为吸收农业剩余劳动力的重要力量。日本称明治维新以前已有的产业为"在来产业"，并进行专门研究。[4]1881—1935 年，日本农业就业人口是不断下降的，同时期现代化产业就业人口增加约 3 300 万人，而"在来产业"就业人口增加逾 6 600 万人。[5]就是说，现代化过程中农业释放出来的多余劳动力主要是由传统经济中的非农业部门吸收的。

明治维新后，日本工场手工业和家庭手工业中的散工制发展迅速，对日本现代化工业的建立起了辅助作用。直到 20 世纪 30 年代，日本为发挥劳动力优势，仍是在现代化企业中实行多班制，而将部分工序和零件生产转包给小厂和家庭工业去完成。中国的工场手工业和家庭散工制也是在鸦片战争后随现代化产业的建立兴起的，迄 1936 年，工场手工业的就业人口约为现代化工厂的 5 倍。这我已有专文论述。[6]

我国传统商业和金融业原较发达，现代化产业的建立有赖于传统商业网和钱庄的支持。同时，也有新式商业和银行兴起。然而，即使在新式商业最发达的上海，传统大商业如米行、豆行、丝栈、茶栈迄

---

① John C. H. Fei and Gustav Ranis：《劳动剩余经济的发展》，华夏出版社 1989 年版，第 47 页。

② 刘易斯著作第 3 页。

③ 托达罗（Micheal P. Todaro）：《发展中国家剩余劳动力迁移模式和城市失业问题》，《现代外国经济学论文选》第 8 辑，商务印书馆 1984 版，第 166、172 页。

④ 中村隆英：《在来产业の规模と构成》，《数量经集史论集 1》，日本新闻社 1967 年版。

⑤ 中村隆英：《日本经济——その成长と构造》，东京大学出版会 1980 年版，第 40 页。

⑥ 吴承明：《论工场手工业》，《中国经济史研究》1993 年第 4 期。文中介绍了日本经验。就业人口数据国家统计局整理的资料补列。

1936 年仍是发展的，仅豆行的经营品种和丝茶栈的销售对象有所变化而已。迄 1936 年，上海土布号约减少一半，绸缎庄则倍增，药行由 1851 年的约 100 家增为 498 家，在营业额上始终超过西药业。[①]上海钱庄的资本和营业额也是不断增长的，1932 年以后才逐渐为新式银行所代替。

运输是先行产业，现代化进程较快。迄 1936 年，中国在现代化运输业的投资一直大于在现代化工业的投资；但是，木帆船、人畜力等传统运输的产值一直是增长的，轮船、铁路亦需传统运输为其集散货物。[②]毛泽东说："若干铁路航路汽车路和普遍的独轮车路，只能用脚走的路和用脚还不好走的路同时存在。"[③]二元经济，正是这样一种多途径的经济。

在地域辽阔、人口众多、传统经济十分发达的中国，二元经济将持续相当长的时期。这期间，经济上是现代的与传统的对立统一体；就是说，二者间不仅有对立的一面，还有互补作用的一面。西方学者往往把传统产业看成一钱不值，在国内也有人把二元社会看成是"二律背反"，我看不妥。传统经济和传统文化一样，有它有价值的东西，有它的能动作用。二元经济的发展也不是简单地用现代化产业去替代传统产业，而是多途径的，扬长避短，发展前者，也改造后者，共同创造克丽奥之路。

传统经济不限于农业，但在一篇短文中遍论各业是不可能的，又手工业我已有专文，故本文仍只论传统农业，但要密切联系非农业部门和市场变化。又本文是从经济史的角度来考察，有别于一般二元理论。

---

① 《近代上海城市研究》，1990 年版，第 135—136 页；徐新吾主编：《江南土布史》，1992 年版，第 323 页；徐新吾主编：《近代江南丝织工业史》，1991 年版，第 289 页；上海医药公司等：《上海近代西药行业史》，1984 年版，第 119—120 页。除《丝织》一书为上海人民出版社出版外，余均为上海社会科学院出版社出版。
② 吴承明：《中国近代资本集成和工农业及交通运输业产值估计》，《中国经济史研究》1991 年第 4 期。
③ 《毛泽东选集》四卷本，第 172 页。

二 传统农业的生产、剩余和资源配置

刘易斯以简明的模型奠立了劳动力过剩型的二元经济理论的基础，后来学者多遵此道。在他的模型中，传统农业完全是消极的，它的边际劳动生产率等于零[①]，唯一作用是在低工资水平上为现代化工业提供劳动力。20世纪五六十年代不少第三世界国家大力发展工业，但因忽视了农业，而后继无力，工业化计划受挫。1964年的费－拉尼斯二元模型就很重视农业了，并提出工业应先采取资本浅化政策以吸收更多的农业剩余劳动力。但在他们的模型中，农业剩余只是在农业过剩劳动力移出后才能实现，并随着农业劳动力的大量移出而减少。农业劳动生产率的提高只能依靠外生的技术投入，传统农业本身仍是无能为力的。1967年的乔根森二元模型，否定了农业零边际生产率学说，并更加注意农业剩余，认为它是能否实现工业化的关键。但他把技术进步速度超过人口增长速度作为农业剩余的唯一重要因素。[②]其后如凯利的二元模型，就更加注重外生的技术变量了。[③]

这些二元论者，除凯利外，都把资本排除在农业生产模型之外，这是他们把传统农业看成无所作为的原因之一。实际上，传统农业中非人力的物质投入是个重要的变量，农民主要是从农业剩余上来考虑资本投入的。1922年日本的水稻生产成本中，土地（地租）占30%，劳动占36%，资本投入占34%。[④]舒尔兹考察印度灌溉区的投入，土地占13%，劳动占34%，资本（包括灌溉建筑）占53%，与1949年美国农场的投入比例相仿；其中牛和工具占30%，比美国动力和机

---

① 农业零边际生产率学说早见于罗森斯坦－罗丹（Paul N. Roaenstien-Rodan）关于东欧工业化的文章，载 *Economic Journal*，53，June-Sept.，1943. 拉尼斯亦遵此说。但受到许多学者的怀疑和舒尔兹等的批评。1967年以后，刘易斯承认此说在其理论中并不重要，易受误解；前引刘易斯著作第75、105页。在中国和日本学者中，一般不取此说。

② Dale W. Jorgenson, *Surplus Agricultural Labour and the Development of Dual Economy,* Oxford Economic Papers, 19：3, 1967，转见贾塔克（Subrata Ghatak）：《发展经济学》，商务印书馆1989年版，第68—70页；贾塔克与英格森（ken Ingersent）：《农业与经济发展》，华夏出版社1987年版，第113—115页。

③ Allen C. Kelley et., *Dualist Economic Development: Theory and History,* Univ. of Chicago Press, 1972.

④ 前引石川滋著作第76页。

器占 26% 还高些。① 中国清代农学家就很注意资本投入，在江南每亩地约需现金 1 000 文，相当于收获值的 15%—25%。包世臣说："凡治田无论水旱，加粪一遍则溢谷二斗，加作一工亦溢谷二斗"；追加资本与追加劳动同等重要。② 李伯重研究，江南稻田自明末至清中叶，每亩用工量甚少变化，而投资增加。这期间亩产量增 44%—56%，主要是追加饼肥所致，每亩追加饼肥 40 斤可增产谷 80 斤。③ 1933 年无锡 3 个村 121 户生产成本调查，不计土也，劳动占 45%（包括雇用农工、畜工和机器工），资本占 55%；资本中肥料占 77.6%，种子秧苗占 12.7%，工具添修占 9.7%。④

上述西方二元论的最大缺陷是他们的模型都是以粮食代表整个农业生产。实际上，任何国家的农业都不仅是粮食生产，而非粮食作物和农家副业不仅可变性大，也常是积累和导致资源再分配的重要条件。在中国，在粮、油、棉三类作物的播种面积中，粮食所占比重由 20 世纪初期的 87%—88% 下降至 20 世纪 30 年代的 80%—81%，经济作物的比重则是增长的。⑤ 20 世纪初期，农业总产值中，大约粮食占 62.2%，经济作物占 23.7%，到 1936 年分别为 59.8% 和 26.1%（余为林牧渔业）。⑥ 中国小农经济又是农业和家庭手工业密切结合的。副业种类繁多，副业收入约占农家纯收入的 30%，在江南可达 40%。20 世纪 30 年代末，无锡、嘉定、松江、常熟、太仓、南通的 12 个村 433 家农户调查，农家纯收入中，农田收入占 60.2%，禽畜饲养占 6.5%，纺织、育蚕、贩运、捕鱼等主要副业占 21.2%，其他零散副业占 6.2%，佣工和外出人员汇回款占 5.9%。⑦

① Theodore W. Schultz：《改造传统农业》，商务印书馆 1987 年版，第 76—77 页。

② 吴承明：《中国近代农业生产力的考察》，《中国经济史研究》1989 年第 2 期。

③ 李伯重：《明清时期江南水稻生产集约程度的提高》，《中国农史》1984 年第 1 期；《清代江南农业的发展》（待刊稿）第 5 章第 1 节。

④ 韦健雄：《无锡三个村的农业经营调查》，《中国农村》第 1 卷第 9 期，1935 年。

⑤ 前引吴承明 1989 年文。

⑥ 许涤新、吴承明主编：《中国资本主义发展史》第二卷附录乙表一、第三卷附录乙表一，人民出版社 1990 年版、1993 年版。

⑦ 曹幸穗：《旧中国苏南农村工副业及其在农家经济中的地位》，《中国经济史研究》1991 年第 3 期。原列百分比有误植，按分列细表改正。

传统农业原有很大的剩余，这从封建地租常占产量的一半可知。唯其剩余多转化为租赋以及商人和高利贷利润，农民不能支配。日本明治维新时以 1873 年地税改革将水稻产量的 30% 集中到政府手中，成为兴办现代化产业的资本。中国一向租重赋轻，而地租是最难转化为资本的。甲午战争后，田赋日增，附加尤重，粮田殆无纯剩余。唯经济作物和商品性副业一般仍有盈余，否则农民不去生产。田地生产受气候影响，商品性副业更具市场风险，故农家经营常是有亏有盈，总的看仍是略有盈余的。[①]

但在二元经济理论中，农业剩余不是指农家的纯盈余，而是指农村产品和劳务的净输出，或以货币表现的农业对非农业部门的净流出。这将于第四小节详述。

一种社会经济是发展或是衰退最终决定于生产资源的配置是优化还是劣化。上述西方各家的二元论皆未及此。唯舒尔兹强调了这一点。舒尔兹把传统农业定义为长期使用传统生产要素的农业，并认为，农民是十分精明的经营者，因而传统农业中生产要素的配置是有效的，"没有一种生产要素没有得到利用"。这颇适合明清以来中国的小农经济。但他又认为，不能指望更好地配置传统生产要素来改进农业生产，他提出的"改造传统农业"是指引进西方现代化的生产要素，并改进农民的素质，即技术和人力投资。[②]

舒尔兹基本否定传统农业重新配置资源的作用，一方面由于他过分强调了农民对获取收入的来源（即生产要素）的"偏好和动机"保持不变；另一方面，原有生产要素配置的有效性表明各要素的边际收益率大致相等，不能从再配置中得到好处。[③]这种理论未必恰当。农民的决策受生产关系（特别是赋役和租佃关系）、市场、多种作物和多种副业的影响，往往是在不知不觉中改变，从而导致资源（包括人力资源）的再配置；有知有觉的号召如"以粮为纲"有时反而误事。

---

① 参见方行：《清代前期的小农经济》，《中国经济史研究》1993 年第 3 期，第 14—16 页；对粮食生产剩余的一些测算见同期另文第 133 页。
② 前引舒尔兹 1964 年著作第 4、27、29—31 页。
③ 同上书，第 24、56 页。

有人考察，明清以来，由于棉桑茶竹的推广和生产专业化以及水产的开发，江南平原、丘陵地带和山区都以不同方式调整资源的利用，使之趋于合理。[1]吴柏均研究，在明末，无锡从生产结构上说还落后于苏州、嘉兴、湖州、松江等府。清前期，由于棉手工业的引进（尽管无锡不产棉）和区域贸易的发展，引起资金和劳动力的重新配置。进入二元经济后，随着桑蚕业和城市工业的发展，农村发生更大的变化。到 20 世纪 20 年代末，农民的纯收入中，种植只占48.5%，手工、饲育等副业占29.6%，商业和运输业占7.7%，佣工和外出人员寄回款占14.2%；农村劳动力的平均收入以 1.5% 的年率递增，农家经济的总流量有 59% 通过市场交换。这都是在传统的小农经营没有改变、技术也基本未变的情况下，通过调整生产结构，导致资源重新配置，取得增长效果的。[2]

西方二元论模型中，认为农民的收入是维持生存的费用或"制度工资"，是不变的。这不合实际。农家是生产单位也是消费单位，即使不谋求利润也谋求消费优化。在正常情况下是有所提高的，但也因多半是外在原因而下降。在历史上，农民生活是在糊口、温饱以至小康之间摆动的。

基于上述认识，我将二元论者提出的传统农业生产模型改制如下图。图上部的 MP_1 代表粮食生产的边际劳动生产率，它与农民生活水平 W_1 相交点决定就业人口 OL_1。相应在图下部中，总产品曲线 TP 超过农民消费线 OC 的部分，即 SE，为农业剩余。由于农民可以引种多品种和生产市场价值较高的作物，增添新副业阳扩大旧副业，使边际劳动生产曲线移至 MP_2 以至 MP_3，农民生活水平相应改变，就业人口移至 L_2 和 L_3，这三条 MP 是不同值的（斜率不同），吸收劳动力的作用也不同。

按过去理论，总生产曲线越过 S 点后将变成水平线，即再增加劳动投入不再增产。这不符合实际。在中国，无论是在人口剧增的清前

① 李伯重：《明清江南农业资源的合理利用》，《农业考古》1985 年第 2 期。
② 吴柏均：《无锡区域农村经济结构的实证分析》，《中国经济史研究》1991 年第 3 期；清前期部分见待刊博士论文，1989 年。

期，人口缓慢增长的近代百年，或人口迅增的新中国，农业生产都能满足需要。理论上讲，边际劳动生产降为零的时候，也是总产量达到最高峰的时候。这个最高峰，迄今也未达到。

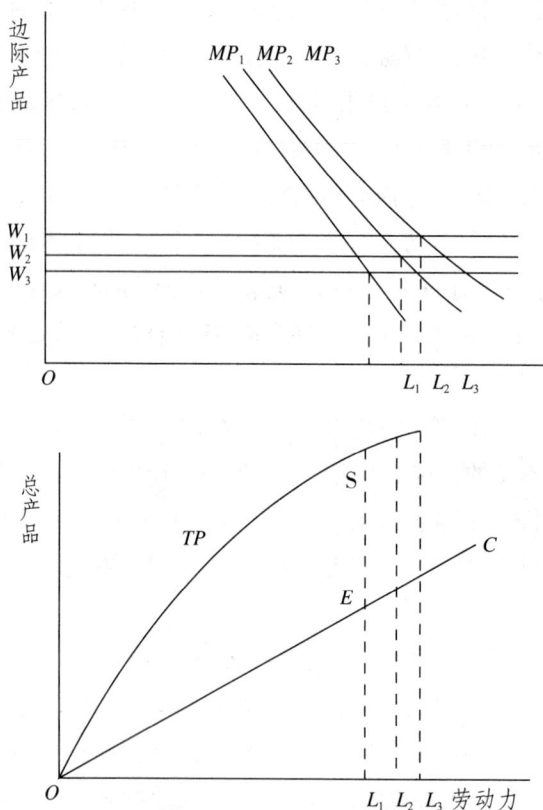

三　农业剩余劳动力的转移

刘易斯的公式是把边际生产为零的劳动者作为剩余劳动力；拉尼斯并把边际生产小于制度工资的劳动者也计入。在完全的市场经济中，上图的边际生产曲线 MP 可代表农业劳动力的需求，而平行线 W 是劳动力的供给。但在二元经济中，市场尤其是要素市场是不完全的，价格尤其农产品价格是偏离的（见后），加以前述 MP 和 W 都有弹性，故上述公式不能确立。即使确立，也难计量。事实上，对剩余劳动力的测算都是凭经验数据。其概念是，农村劳动力投入田地（种植业）的劳动者，超过当时技术水平所必需的劳动者的部分，即剩余劳动力。

西方二元论者大都把日本农业剩余劳动力的转移作为最成功的经验，并认为这是由于日本工业化是从劳动密集型的轻纺织工业入手，1930 年后转入资本密集的重工业时，已有资本积累的能力了。这种观察，远非全面。日本在"殖产兴业"（1870—1885）时期已建有一批基础工业，轻纺工业是在这个基础上建立的。有人分析，19 世纪，日本实以农产品加工等"有明显传统特点"的工业占支配地位，20 世纪后资本劳动"中间性"的纺织工业才占优势。又日本中小工业特别发达，19 世纪末民营工厂中有 60% 在农村，有类我们现在的乡镇工业。以后，仍采取小工厂为大企业承包加工的政策。[①]前面我已指出，迄 20 世纪 30 年代，日本吸收多余劳动力的主力不是现代工业，而是传统经济中的非农业部门。现再指出，就业量最大的不是工业，而是第三产业。据 1920 年的国势普查，全部就业人口中，第一产业 1 511 万人，基本上属传统产业；第二产业 529 万人，内 66% 属传统部门；第三产业 677 万人，内 76% 属传统部门。[②]1920—1930 年，工业不景气，很少增加工人，而第三产业增加了 209 万人。总之，日本农业剩余劳动力转移的成功，是农、轻、重和大、中、小合理配合，发展第三产业，现代化产业与传统经济互补协作的结果。

日本的农业就业，尚有两事值得注意。其一，1872—1940 年，日本全部就业人口以 6.18% 速率增长，农业就业人口以 1.72% 速率下降，但非总是如此。在 19 世纪 70 年代，由于推行"明治农法"（主要是整理土地灌溉和推广集约化耕作），农业劳动力是增长的。在1895—1905 年间，由于迅速扩大桑蚕业，1925—1933 年间，由于恢复和扩大复种，农业劳动力也是增加的，以至出现"再流入"现象。其二是，日本农业始终保持较高的劳动投入（也保持较高单产），乃

① 布莱克（Cyril E. Black）等：《日本和俄国的现代化》，商务印书馆 1983 年版，第 245、248 页。中小工业见万峰《日本资本主义史研究》，湖南人民出版社 1984 年版，第 130 页。
② 前引中村隆英 1980 年著作第 39 页。

至逐步机械化以后还是这样。石川滋提供的资料如表 1，因而他认为现代欠发达国家和地区农业的劳动投入偏低，就业问题"在近期内不可能通过工业化、城市化得到解决，而只能主要在农村内部寻找其解决办法"[①]。

表 1　单位劳动投入和产出（欠发达国家和地区）

			每公顷劳动投入 （工作日）	每公顷农业收入折稻谷 （吨）
日本	1956	平均	530	6.06
		近畿	663	9.95
韩国	1960	平均	498	4.00
中国台湾地区	1964	平均	469	8.52
中国大陆	1957	平均	240	2.87
		中部	270	3.41
		南部	465	4.45
印度	1957	西孟加拉	137	1.79
		旁遮普	109	1.79

中国农业剩余劳动力的移出是不成功的，至今我们还为此事发愁。新中国建立后，有历年劳动力统计，城乡移动一目了然，对剩余劳动力的研究不乏专论。而在旧中国，从无就业统计，农村人口数茫然，遑论转移？但在近代，这问题并不像新中国成立后那样严重。主要因为那时人口增长率颇低，从太平天国战争后损失初步恢复的 1873 年算起，到 1949 年平均只有 0.6%，最高时不过 1%；而新中国成立后则人口成倍增长。又近代耕地面积一直是有所增加的，1873—1949 年增近30%；而新中国成立后耕地面积于 1957 年达到高峰后即猛降，35 年减少 13.7%。中央农业实验所曾提供一个 1873—1933 年的农村人口指数，因系选点调查，不能从中取得全国农村人口数，但可作比较如表 2。表见农村人口的增长率平均低于人口自然增长率。这时期，农家副业

---

① 前引石川滋 1990 年著作第 91、93 页。

是发展的，因而可说明农田劳动的剩余劳动力会有所移出。[①]

表2　人口和耕地面积

	全国人口		农村人口	全国耕地面积	
	亿人	指数	指数	亿亩	指数
1873	3.453	100	100	11.451	100
1893	3．801	110	108	11.889	104
1913	4.380	127	117	12.679	111
1933	4.500	130	131	14.047	123
1949	5.416	157		14.813	129

现以新中国建立后的统计数据来解释近代情况：

（1）农村人口占总人口比率，由1952年的87%递减至1990年的65%。唯1952年计数偏高，早期均在82%左右。在旧中国，无"农转非"等限制，一般谓农村人口占80%。巫宝三等研究国民所得时，除去牧区、林区、船户等，农村人口按总人口75.7%计；此议可取。[②]

（2）劳动力率，即全国劳动力占总人口的比率，由1952年的36%递升至1990年的49.6%，此因几次生育高峰引起人口青年化所致。在旧中国，无劳动力定义，但可移用此比率，不考虑青年化问题，以40%左右为宜。

（3）农村劳动力率，即农村劳动力占农村人口的比率，由1952年的36%缓升至1978年的41%，农村改革和乡镇企业发展后陡升至50%。在旧中国，类似20世纪80年代改革后的状况，长期并无大变化。据卜凯选样资料计算，平均每农户6.2人，参加劳动者3.1人，即劳动力率约50%。[③]

（4）农业剩余劳动力。统计无此指标，但有农村劳动力用于田地（种植业）人数；此数减去估计的田地所需劳动力数，即农业剩余劳

---

① 表2全国人口及耕地面积见前引吴承明1989年文。农村人口指数据《农情报告汇编》1934年，第48—53页。

② 章季闳：《中国就业人数的估计》，《社会科学杂志》第9卷第2期，中央研究院社会研究所1947年12月版。

③ 前引章季闳1947年文。

动力数。孟昕、白南生根据全国选样调查平衡，每个劳动力的耕种能力为 9.93 亩（当时已有 35.6% 的机耕），1984 年耕地 14.678 亿亩共需劳动力 1.478 亿人，而当年从事种植业的劳动力为 2.549 亿人，因有 1 亿余人为剩余劳动力，占农村劳动力的 30.2%。[①] 其余估计亦皆为 1 亿余人。而问题的严重性在于，新中国成立以来尽管每年有两三百万至六七百万（1984 年达 1200 万）农村劳动力转移出去，而农村劳动力和农业剩余劳动力数仍是增长的，并预测到 20 世纪末仍将增长。

旧中国机耕几乎没有，但在需劳动较多的江南，一夫治田 10 亩仍属常事，故剩余 30% 或略低仍可利用。此中另有一重要数据即 1984 年从事田地（种植业）的劳动力占全部农村劳动力的 72%，与我们前文 20 世纪 30 年代的估计略同。原来在计划经济体制下，城乡隔绝，自由市场极小，农家副业是萎缩的，1984 年的数字反映了改革初始时的情况，揆诸旧中国，田地劳动力当不高于 70%。

由此，可粗略地估计 1933 年中国农村人口为 3.407 亿人，农村劳动力 1.363 亿人，从事田地（种植业）劳动的 9 500 万人，其中约 2 800 万人属剩余劳动力。在近代百年，此项剩余劳动力也多少是向非农业部门转移的。为此，我比较详细地（但不是说准确地）估计了 1933 年非农业部门就业情况，并尽量划分现代化部门和传统部门，如表 3[②]。

表 3 见非农业部门就业人口 3 900 余万人，约占城镇人口（按总人口 20% 计）的 43%，与农村劳动力率相当。按 1905—1938 年 119 个大中城市的人口增长率达 15%[③]，为人口自然增长率的数十倍，是必有不少是农村人口移来。按其就业情况言，则约 85% 是在传统经济部门，现代化部门仅占 15% 强。又主要是由第三产业吸收，现代化工业只吸收 100 余万人。

---

① 孟昕、白南生：《结构变动：中国农村劳动力的转移》，浙江人民出版社 1988 年版，第 216—217 页。

② 本表是以前引章季闳 1947 年文为基础，参阅各种行业资料估列的，包括刘明逵提供的《中国产业工人人数资料汇集》手抄稿。所估总就业人数较章季闳原估数少 600 余万人。

③ 珀金斯（Dwight H. Perkins）：《中国农业的发展，1368—1968》，上海译文出版社 1984 年版，附录五。

表3 1933年就业估计（非农业部门）

（单位：万人）

	工人	员司	合计	现代化部门	传统部门
工厂	98.8	11.8	110.6	110.6	—
手工制造业	788.6	—	788.6	—	788.6
矿业	77.6	2.9	80.5	34.1	46.4
轮船	24.2	1.3	25.5	25.5	—
铁路	28.8	5.1	33.9	33.9	—
汽车电车及航空	7.1	1.3	8.4	8.4	—
邮政及电信	5.1	2.0	7.1	7.1	—
木帆船	293.4	—	293.4	—	293.4
人畜力车	58.2	—	58.2	—	58.2
搬运夫	30.0	628.6	30.0	—	30.0
建筑及营造	165.7	18.4	184.1	40.0	144.1
金融业	4.1	13.4	17.5	5.1	12.4
商业及服务业	841.1	330.0	1 171.1	172.0	999.1
教育界	—	108.8	108.8	80.8	28.0
宗教界	—	106.4	106.4	3.5	102.9
自由职业	—	27.2	27.2	3.9	23.3
家庭仆佣	351.3	—	351.3	—	351.3
小计	2 774.0	628.6	3 402.6	524.9	2 877.7
比重（%）	81.5	18.5	100.0	15.4	84.6
党政军队人员	200.0	309.4	509.4	509.4	—
总计	2 974.0	938.0	3 912.0	1 034.3	2 877.7
比重（%）	76.0	24.0	100.0	26.4	73.6

四 农业与非农业部门之间的资源流动

农业与非农业部门之间的资源流动，实际是二元经济中最重要的问题，其流动模式，决定二元经济发展的道路。西方二元论者，既忽视传统农业及其剩余的作用，因而甚少这方面的论述。1979年刘易斯在《再论二元经济》中设"现代部门与传统部门的相互影响"一节，但只论现代部门对传统部门的作用，后者则完全是被动的。[①]拉尼斯并认为传统农业的剩余仅提供转到工业部门的劳动力的工资基金。[②]他们又大都认为，随着农业剩余劳动力的移出，农业边际生产率提高，必导致工农业产品交换的贸易条件向不利于工业方向转化。研究中国二元经济的学者，又有一种旧中国现代化部门的产销都限于城市、与传统农业是隔绝的看法，自然也就没有两者间的资源流通了。[③]

这些论点和看法都不符合历史实际。大多数经济史学者都认为，几乎所有国家在开始工业化的阶段，都要从传统农业中汲取大量的农业剩余，作为发展现代化工业的资本，或称之为"原始积累"；而其最重要的形式，则是在工农业产品的交换中，通过不利于农业的贸易条件，或称价格"剪刀差"，剥削农民。[④]

检查农业与非农业部门之间的资源流动，通常用农业净流出即 E-M 来表示，E 是农业部门的流出总额，M 是非农业部门（主要是政府和工业部门）向农业部门的流入总额。在具体测算时，又常将其分为三项，即：

$$E\text{-}M = T + K + V$$

其中 T 是农业税。K 是资金净流出，即流出农业的地租和农民储蓄减去金融界对农业的信贷和政府对农业的补贴。V 是贸易净流出，即农产品流出价值减去非农产品（工业品）流入价值。当测算一个时期的农业净流出时，须以农产品价格指数 P_a 和工业品价格指数 P_m 对有关项目进行修正，所得称为有形的农业净流出。

$$\text{有形的农业净流出：} \frac{E}{P_a} - \frac{M}{P_m}$$

[①] 前引刘易斯著作第 150—152 页。
[②] 前引费—拉尼斯著作第 7、21 页。
[③] Hou Chi-ming（侯继明）：*Economic Dualism: The Case of China* 1840-1937, *Journal of Economic History*, 23: 3, 1963. 持此看法的还有墨菲（Roads Murphey）等。
[④] 参见吴承明：《近代中国工业化的道路》，《文史哲》1991 年第 6 期。

由于农产品的价格变化常与工业品的价格变化不一致，出现贸易条件 P_m/P_a 的变化，由此引起的农业净流出在统计上是看不见的，称为隐形的农业净流出。

$$隐形的农业净流出：\frac{M}{P_m}\left(\frac{P_m}{P_a}-1\right)$$

两者之和，即实际发生的农业资源的净流出。显然，如工农业产品价格的变化完全一致（均衡价格），即 $P_m = P_a$，则隐形的净流出为零。

新中国有完整的历年统计，农业净流出可按上述公式测算出来。但测算的结果产生奇怪的现象，即农业净流出年年都是负数，也就是说农业部门没有净流出，而是净流入，并由每年流入几十亿元递增至数百亿元。农民对国家建设毫无贡献，只是受益者。这显然是虚妄的；果真如此，农村早就富裕了。其故在于价格扭曲。农产品价格是以统购统销价为基础，工业品价格是国家计划价格。无论从劳动价值学说看，或从价格决定于边际生产成本说，两者都是人为的主观价格，与市场均衡无关。由于统购统销价过低，农民贫困，政府不得不几次调高，以致超过工业品价格指数 5 倍，这就使贸易条件出现"有利"于农业的巨幅"逆剪刀差"，以致计算的隐形农业净流出变成巨额的净流入。近两年，中国学者对这个问题作了大量的研究和有价值的探讨，试图以其他变量系列（主要是用工人和农民人均净产值或单位产值劳动量的比率的变化）来代替官定的价格指数。结果一反旧观，每年都有大量的农业剩余流向非农业部门，平均每年从一百亿元到两三百亿元（各家论证不一），农民对国家建设作出了巨大贡献。[①]

旧中国没有系统的统计资料，不能按上述公式测算农业部门的资源净流出。不过，农业税（包括附加）和地租是近代中国农民的两大负担，两者都是可以计量的，已有人进行深入的研究。最成为问题的，也是数量最大的，仍然是在工农业产品交换中由于贸易条件变化

---

① 参见叶兴庆：《农业剩余与经济发展》；王光伟：《我国农业剩余的流动状况分析》；郭熙保：《我国农业资源转移的规模与特点》；冯海发、李微：《我国农业为工业化提供资金积累数量的研究》，分别载《经济研究》1992 年第 1、5、9 期和 1993 年第 9 期。

所产生的农业隐形流出。

旧中国市场基本上是自由市场，但并不是说它就会产生均衡价格。首先，这个市场是不发达的，尤其是要素市场，几乎不存在竞争力量。其次，运输条件不足和交易费用过高也阻碍了商品市场的竞争。而更重要的是在价格结构上受半殖民地半封建社会经济条件的限制，远非自由和合理。例如，主要农产品的价格水平是决定于通商口岸的批发市场，而在那里，又常是决定于国外批发市场，与国内农业的边际生产成本完全脱节。这方面，我已有专文论述。[①] 我并根据比较简单的唐启宇－何廉指数和上海物价指数对近百年来的工农业产品贸易条件作了初步分析。大约在 19 世纪 70 年代物价下跌中，农产品稍获其利，在 19 世纪 80—90 年代物价曲折上升中，工农业产品价格的变动趋势大体相符。进入 20 世纪，工农业产品价格的剪刀差不断扩大了，只是在 1905—1912 年和 1923—1925 年短暂时间有所回转。20 世纪 30 年代物价下跌期间，农产品交换蒙受巨大损失；抗日战争后，无论在沦陷区或大后方，贸易条件都大不利于农产品。陈其广利用 12 种物价指数，辅以多种其他指数，对 1859—1949 年的工农业产品交换比价做了逐年的利益偏向和偏向程度的分析，结果是：除了 1890—1892、1920—1929、1934—1937 年三个小阶段比价变动有利于农产品外，其余年份都是不利、很不利以至极不利于农产品的。[②]

旧中国的贸易条件问题，可以进一步明确化。但由于没有收集到较完整的工农业产品交易量的资料，我还不能对旧中国农业的净流出作出长期性估计。现我想以另一事作为本文的结束，即最近 15 年蓬勃兴起的乡镇企业。乡镇企业无疑是中国农民的一个伟大创造。它不仅是农业剩余劳动力转移的杰出形式（到 1993 年已吸纳 1.12 亿人），也是农业与非农业间资源流动的最佳形式。乡镇企业以工业为主，它是农民以农业剩余投资设立的，而企业利润至少有 20% 又流回农业，

① 吴承明：《中国资本主义与国内市场》，中国社会科学出版社 1985 年版，尤其是其中《论我国半殖民地半封建国内市场》篇，系原载《历史研究》1984 年第 2 期论文之修正。
② 陈其广：《中国近代工农业产品交换比价及其理论思考》，未刊博士论文，1988 年 9 月。

用于支农、补农、养农。今天，农民人均收入的增长值中有 60 % 是来自乡镇企业。费孝通指出，中国原有农业与手工业相辅的小农经济，而乡镇企业，"从一对对的男耕女织到一村一乡的农副工业综合发展，使农工相辅的传统在社会主义制度下发生了历史性的变化"[1]。乡镇企业已日益现代化，与国有大中企业接轨，其工业产值已与国有大中工业相埒，两者也是相辅关系为主。厉以宁提出，社会主义大公司财团与乡镇企业、合作企业并行发展，将是"中国的二元经济模式"[2]。现代化企业与传统经济互补，农业与工业相辅发展，正是我所论二元经济发展的道路。乡镇企业是最佳形式之一，当然还会有其他形式。

（原载《历史研究》1994 年第 2 期）

①　费孝通：《小城镇回记》，新华出版社 1985 年版，第 59 页。
②　厉以宁：《中国经济改革的思路》，中国展望出版社 1989 年版，第 71 页。

近代中国工业化的道路

我在 1987 年的一篇文章中说："鸦片战争后半个多世纪，可以说是中国工业化的萌动时期。正是这种萌动，导致了推翻帝制的辛亥革命。"[1] 工业化包括新式产业的兴建和相应的经济结构与组织管理的变化。为简便计，我以新式工业和交通运输业的投资代表新式产业资本，并把各时期产业资本集成的估计列为本文附表（见文末）。[2]

从附表可见，在甲午战争前中国的产业资本原大于外国在华的产业资本，这是洋务派创业之功。而甲午至辛亥间，则是民间资本即通称民族资本历史上发展最快的时期，平均年增长率达 15.1%。正是这种增长，成为辛亥革命的经济上的动力。辛亥革命的政治成果被袁世凯篡夺，但民气大开，在工商界正式形成"实业救国"论。自辛亥革命迄 1920 年，外国在华产业投资因欧战影响进入颓势，增长率仅有 4.5%；官僚资本的增长率更跌为 3.8%；唯民族产业资本的增长仍保持两位数，为 10.5%。

本文目的不是研究产业资本发展的过程，而是探讨中国工业化的道路，或它在当时条件下可行的道路。故有关增长情况可参阅附表，不再置论。

---

[1] 吴承明：《早期中国近代化过程中的外部和内部因素》，《教学与研究》1987 年第 5 期。这里用"萌动"字样是为了避免中国工业化何时开始的争议。
[2] 表见本书《近代中国经济现代化水平的估计》一文表 1。

工业与小农经济

我国新式产业是在汪洋大海的个体农业和手工业这两种传统经济中诞生的，它与传统经济的关系如何，决定它发展的道路。

我国不是一个海上国家，工业发展必须以国内农业为基础。据20世纪50年代的经验，一年丰收，次年工业即有发展；一年歉收，次年工业发展即受阻。这也适用于近代中国，不过那时因受殖民地型外在因素干扰，反应不甚灵敏而已。那时的国际和国内条件都不允许我国采取外向型发展战略，我国的工业化应当是建立在工农业协调的基础上。

我曾考察，鸦片战争后迄抗日战争前，我国的农业生产力是有所增进的[①]。就农作物产量说（不包括潜在生产力），确实增长极慢，年率也许不过0.5%—1.5%，扯了工业发展的后腿。但经济作物占农作物总产值的比重，由19世纪末的约10%增为1920年的17%和1936年的23%；加以棉种、蚕种的改良和烤烟的种植，基本上能满足当时工业发展对农产原料的需要。实际上，也能满足当时工业化对粮食的需要；粮食进口的增加乃是不平等条约所造成的大口岸经济的结果。这种大口岸经济又使农产品价格脱离生产成本，给农业造成损害。[②] 尽管如此，近百年来我国农业生产仍能对工业建设作出贡献，与工业的发展保持一个低水平的均衡。这是因为我国以家庭为单位的、集约化的小农经济有很高的生产效率，亩产量始终居于世界前列。这是我国传统农业中可贵的积极因素，至今我们还在利用这个积极因素，即家庭承包制。

传统农业有巨大的剩余，这从封建地租常占产量的50%可知，而且中外皆然。几乎每个国家工业化的最初阶段都依靠从农业中汲取原始积累。英国的暴力圈占土地只是历史上的特例；最通常的办法是

[①] 吴承明：《中国近代农业生产力的考察》，《中国经济史研究》1989年第2期。从耕地面积、复种指数、水浇地面积、施肥等所见的生产力的发展要略大于实际产量的增长。粮食产量的平均增长率不低于人口的平均增长率。

[②] 关于农产品价格水准的决定及各级价格构成，见吴承明：《中国资本主义与国内市场》，中国社会科学出版社1985年版，第276—277、292—295页。

通过不利于农产品的交换价格将农业剩余转化为工业积累。[①]从甲午战争后工农业产品的价格变动看。大约除 1905—1912 年、1921—1925 年短期间外，都是不利于农产品的。1913—1920 年，工业品价格的上升快于农产品价格的上升，13 年间差价扩大约 1/3；这时期也正是工商界所称"黄金时代"。1926—1931 年，同样的差价在 6 年间就扩大了 1/3，工商繁荣。接着进入经济危机，危机中农产品价格的下跌快于工业品价格的下跌，差价进一步扩大。[②]危机最甚的 1934 年与危机前的高峰年比，农业所得下降了 31%，工业所得仅下降 5.9%；若用 1931 年不变价格计，农业所得下降 20.8%，工业所得反增长 11.9%。[③]农业对工业的资助显然可见。

农产品的商品化是传统经济进步的标志，也是工业化的条件，它为工业提供市场，也给农民提供收益。我国农产品商品化的过程十分迟缓，但毕竟有所加速。我们估计，粮食的商品率 1840 年为 10.5%，1894 年为 15.8%，1920 年为 21.6%，1931 年为 31.4%。主要农作物商品值，按不变价格计，其平均年增长率早期不过 1.5%，20 世纪二三十年代为 3% 强。农产品的商品化有赖于交通运输业和商业的发展。在我国新式产业的开发中，交通运输业快于制造工业。有人认为铁路、轮船等"先工业资本而发展"，以至"过度开发"，并导致民族资本"偏向商业"，乃是半殖民地经济的表现。[④]此论非是。1920 年我国铁路货运量中，农产品占 41%，矿产品占 39%，工业品连同进

---

① 这种不利于农产品的价格变动趋势，在西方或称为 Mill-Marshall 模式，在苏联称为"剪刀差"；我国亦称"剪刀差"，唯近年来有人认为概念不确，改称为"差价"。这是各国普遍存在的原始积累办法。唯日本明治维新时以 1873 年的地税改革法将农业生产（大米）的 30% 集中到政府手中，以利"殖产兴业"，为东方一大创举。孙中山的地价税法，或源于此。唯我国一向是高租低税，此法不能行，并且农业剩余尽入地主之手，而地主是不投资于新式产业的，造成我国原始积累的一大困难。
② 吴承明：《中国资本主义与国内市场》，第 277—275 页。不过，这时差价扩大的幅度并不比新中国成立后 1952—1978 年为大，并远较 20 世纪二三十年代苏联工业化时期的"剪刀差"为小。见李炳坤：《工农业产品剪刀差问题》，农业出版社版，第 45、49 页；《苏联国民经济六十年》，三联书店版有关章节。
③ 此项估计见巫宝三等：《中国国民所得》上册，中华书局 1947 年版，第 17、19 页。"所得"指净产值。
④ 这种观点早见于 1932 年瞿秋白（屈维它）的《中国之资产阶级的发展》，转载于《近代中国资产阶级研究》，复旦大学出版社 1983 年版，以后成为流行的看法。

口洋货不足10%。^①又商业资本大于工业资本二三倍，人常谓"畸形"发展。但据我们测算，1936年全国商业资本所媒介的交易额中，农产品占45%，手工业品占26%，工矿产品占16%，进口商品占9%；不得谓之"畸形"。在当时，唯孙中山明确指出交通运输业乃先行产业，并提出保商、通货流之要义，实属卓见。^②

工业与手工业

我国原有十分发达的手工业，并以技艺精湛闻名于世，除自给外尚有出口。鸦片战争后，洋货入侵，约有8个传统手工行业受到摧残，但除手纺纱外都非重要行业。据我们考察，迄1920年，绝大部分手工行业都是发展的，手工业总产值也是增长的；并且，机制工业发展最快的时候，也是手工业发展最快的时候，乃至在同一行业中也有这种情况。1920年，制造业总产值中，手工业占82.8%，机制工业占17.2%。这以后，情况略变。机制工业加速取代手工业，但手工业产值仍有增长，到1936年，制造业总产值中，手工业占69.4%，机制工业占30.6%。

作为封建经济中的资本主义萌芽的工场手工业，原甚微弱。鸦片战争后，则发展甚快。我们估计，1920年工场手工业的产值约占手工业总产值的25%，比当时全部机制工业（包括外商厂）的产值还稍大些。这以后，工场手工业仍有发展，但因电力比较普及，部分工场手工业向机制工业过渡。到1936年，工场手工业的产值约占手工业总产值的30.6%，与机制工业的产值比则只有后者的69.2%了。

机器大工业取代手工业（艺术品除外）是历史的必然。不过据我们考察，至少在1920年以前，两者的矛盾不是很突出，同时两者又有互补性。当时最大的两项民族机制工业是棉纺和面粉。棉纺业是先

---

① 交通部：《国有铁路会计统计报告》1924年，货运延吨公里表。
② 交通运输业"先行"之论见《中国实业当如何发展？》，《总理全集》第一集下；保商、通货流之义见《上李鸿章书》，《孙中山选集》上。

以纺粗支纱供应手工织布为主，到 1920 年它已占有 52% 的纱市场；然后转向织机布，到 1936 年亦占有 57% 的布市场。至此，它已杜绝了洋纱进口，洋布的进口也不多了。机制棉纺业的发展比较顺利，实得力于农村手织户以及定县、高阳、潍县、宝坻、郁林、平遥等新的手织区的兴起，给它提供补充作用。这是一种垂直式互补。机制面粉业兴起于 20 世纪初。1931 年至 1936 年；它的产量由 0.47 亿包增至 1.23 亿包；但同期土磨坊的产量也由 1.66 亿包增至 1.72 亿包，土洋并行发展。又机制面粉厂最初是采用一种土洋结合的机器磨坊形式，然后改用全机器化的滚筒制粉法。在上述期间，机器磨坊的产量也由 90 万包增至 1 476 万包。三者并进，形成一种水平式互补。这样，1913 年进口洋粉 260 万担，1936 年就仅进口 51 万担了。[①] 此外，如火柴、针织、机器电器、日用化工等工业，自国外引进后大都是先用手工上马，或利用家庭散工制，俾事易举，俟扩展市场后，再实行机械化的大生产。

传统手工业中，不少是从改革工具入手，增进生产力的。如丝织业，原用投梭机，20 世纪初引进日本手拉机，接着并用足踏铁轮机，再进一步改用电力铁轮机。到 1936 年，全国丝织机中，已有 20.3% 是电力织机，按生产力计，占到 38.3%；即 1/3 以上已过渡为现代化绸厂了。[②] 棉织业的工具改革与丝织业同，但因早有机制纱厂在，织布厂用电力织机者不多，手拉机和足踏铁轮机则长期使用。余如缫丝业，由手摇丝车而足踏丝车，而汽喉（煮茧用）足踏丝车，再到蒸汽动力丝车。轧花业由于摇轧车而足踏皮棍轧车，再到动力齿轮轧车。榨油业由木槽楔入油榨而人力螺丝油榨，再到蒸汽吸入式油榨。这种工具改革大多出现在工场手工业，而个体户仍少改进。以工场手工业而论，在一定改革后即容易过渡为机制工业。又手工矿业，到 1920 年大体都已具有工场手工业规模。在煤矿，是先添置动力吸水机，积

---

① 面粉产量估计据上海市粮食局等：《中国近代面粉工业史》，中华书局 1987 年版，第 101、106 页。

② 1936 年有电力织机 17 810 台，手拉机 32 677 台，投梭机 37 030 台；生产力分别按 3：1.5：1 计算。这是我根据有关资料所作的估计。

累资金，再添置井口卷扬机，采掘仍用手工。在金属矿，是先添置动力铁杵捣石机，积累资金，再添置新式粉碎机以至新式冶炉，采掘仍用手工。

近代中国工业化的道路

在近代中国，不清除帝国主义的侵略势力和封建主义的束缚，要实现工业化只能是个幻想。但不是说，就应当否定当时人们的任何工业化的努力。因为，如果没有一定的新式产业，没有中国的资产阶级和无产阶级，就不会有成功的反帝反封建的革命；并且，新中国的建设，也仍然要利用前人遗留的物质基础——尽管十分薄弱——和经验。

我国地域辽阔，人口众多，有高度发展的传统农业和传统手工业。这就决定了机器不能轻易地取代手工。传统是个巨大的力量，中国的工业化必须走与传统产业协调发展的道路，而不能一举取而代之。即使在清除了帝国主义和封建制度的障碍后，也还是这样，这可以从新中国成立后行之有效的多种经济成分并存的发展战略中得到启发。

高度发展的传统经济意味着它内部含有精华，尽管是与糟粕并存。从上述介绍中可见，在我国传统农业和传统手工业中，都含有积极的、能动的因素，能为工业化，甚至为社会主义工业化所利用。这就决定了一条协调发展道路的可能性。

在晚近的发展经济学理论中，曾有一种在国际上广为流行的刘易斯二元经济模式，它是把传统农业看做完全无所作为的，只为工业发展提供无限劳动。这种模式，以及它的修正模式，显然不能适用于中国。[①]国外汉学家的研究还常采用一种"传统—现代"模式，认为

---

① 这个获得诺贝尔奖金的 Lewis Model 见《劳动无限供给条件下的经济发展》，载《现代国外经济学论文选》第8辑，商务印书馆1984年版。此模式经费景汉和拉尼斯修正后，仍没有消除传统农业无所作为的观点。因为它没有看到农业剩余对于工业积累的作用。并且，传统农业不同于现代农业者，正在于它不提高劳动生产率或边际效益，甚至下降，仍能扩大农业总产量和剩余量；至少中国的小农经济是这样。其论见吴承明：《中国近代农业生产力的考察》。

中国的各种传统的因素都是静止的（static）或只能"在传统内改变"（change within tradition），因而与从西方传入的现代化因素是互斥的，互不相容的。这样，中国的工业化就只能是"全盘西化"了。不过，这种理论既未得到证实，近年来也已受到批判。①

在近代中国的理论界，也不乏全盘西化论者。但是，以卓越的工业家穆藕初为代表，也曾有一种农本主义思想，认为工业化不能脱离农业，应从改革农业入手。②还有以著名经济学家方显廷为首的一批学者，根据中国国情，主张应优先发展乡村工业，以就地利用资源和农余劳动力，降低运输成本；且众擎易举，有类今之乡镇工业。③然而，在当时的政治条件和以外国资本势力为背景的大口岸经济的压力下，这些颇有见地的理论都只能停留在纸上。

最早兴办新式产业的晚清洋务派，虽在体制上标榜"中学为体，西学为用"，在实践上却是走的全盘移植西方企业的道路，连厂房也是在国外设计，与中国传统经济脱节。国民党政府的资源委员会的建设思想也基本上是以欧美为楷模，并主要是引进成套设备，仅是适应中国的自然资源，与传统经济无涉。民间的或民族资本家则不完全是这样，上述那些土洋结合、逐步过渡的事例，都是他们创造的。资本家的目的是获取利润，在强大的外国资本和大口岸经济的压力下，就必须从"地利"和"人和"上下工夫，创造出一条道路。其中，也不乏佼佼者。

张謇创办南通大生纱厂，就不完全是当时洋务派"分洋人之利"

① 传统—现代范式，"tradition and modernity" paradigm，最早是从分析中国的儒学立论的，可追溯到黑格尔和韦伯（Max Weber）；而其广泛被汉学家应用是在20世纪前叶。对于这种理论的介绍和批判，详见 Paul A. Cohen, *Discovering History in China*, 1984, Columbia University Press, chapter 2.

② 穆藕初说，"产之于农，成之于工"，工业以农业为前提，见《藕初文集》上卷第49页。又董时进、漆琪生也是当时的重农主义者，他们的言论见《中国经济》第一卷第6期、第三卷第8期。

③ 见吴承明：《中国之工业化与乡村工业》，载《中国经济研究》，商务印书馆1938年版。又顾翊群提出发展农村工业的9项理由，见吴承明：《农村工业化问题》，商务印书馆1944年版。马寅初在他的《中国经济改造》中（商务印书馆1944年版，第104—106页），刘大钧在他的《国民经济建设》中（《经济统计月志》第二卷第8期）也提出了向内地发展中小工业的主张。

的目的，还有一个传统的但是积极的"天地之大德曰生"的思想，它是立足于本土的。大生纱厂一开始就是建立在通海的手织业上。这里的植棉业，乾隆间就已由"沙花"发展为"通花"；这里的织布业，嘉庆道光间已由稀布（包装用）进而为关庄布（销东北），再进而为通州大布（销各地）。大生利用这种优势，以产12支纱为主，全厂70%的产品供应通海手织户，在管理上也"停年歇夏"，以适应农时。张謇在创办大生前就有个黄海垦殖计划，这种思想更是立足于本土的。既得大生的资助，乃创办盐垦区，得到各方响应，一个2 000万亩、30万人口的通海垦区终于形成。垦区由晒盐而植棉，土地利用效率大增；所产棉花，供应大生原料。而其意义在于由工业与手工业的协调发展进而与农业协调发展；用张謇的话说，"不兼农业，本末不备"。棉纺是具有联进（linkage）效应的工业，以大生为中心，陆续办起炼铁、机器、油脂等多种工业，以至轮船、商务、银行、汇兑，成为"南通实业"体系。张謇说："实业者，西人赅农、工、商之名。"这是个完整的 industry 定义，包括第一、二、三产业，也是工业化的完整的内容。[①]

可见，在近代中国，也确实有人在探索一条土洋结合，再进一步现代化和通过工场手工业过渡的道路。张謇的以大工业为中心发展实业和地区经济的道路，可称之为一种中国式的工业化道路。但是，当时占优势的，乃是以外国洋行为中心的，脱离了农村以至对立于农村的大口岸经济的道路。张謇的立足于本土的实业建设，也败于这种大口岸经济之手：大生纱厂于1925年被上海的银行团接管，他的其他事业也一一失败。不过，失败也是一种历史经验。历史经验告诉我们，没有一个立足于本国大地、适应本国国情的发展战略，是不可能实现工业化的。

（原载《文史哲》1991年第6期）

---

① 张謇的事业见《大生系统企业史》，江苏古籍出版社1990年版；引语见《张季子九录》，文录卷二，记论舜为实业政治家。

传统经济·市场经济·现代化

1992 年我国确定建立社会主义市场经济体制以来，史学界有不少讨论：主要是如何评价我国历史上比较发达的商品流通，它是不是市场经济，或者什么时候进入市场经济。本文拟从经济史角度提出我几点看法：（1）从传统经济至市场经济有个转变过程；（2）市场机制也有个演变过程；（3）这个转变过程也就是经济现代化的过程，迄今我国尚未完成这种转变。

一　市场经济有个转变过程

什么是市场经济，没有一个经典定义。马克思从未用过市场经济一词，只讲商品经济。古典和新古典经济学，开卷就讲市场，但也无市场经济一词。我国提出建立社会主义市场经济体制后，学术界对于什么是市场经济莫衷一是，但是两点共识。（1）我们所说是建立社会主义市场经济体制，不是指个别市场。（2）建立这种体制的主要目的，亦即市场经济的主要功能，是通过市场机制更好地调配资源的利用，改变计划经济体制下老是比例失调的状况（当然，实行市场调配后仍需要远景规划、战略性计划调配和宏观调控，这都不在话下）。

将这两个概念用于历史：历史上看，一个社会的经济是发展、停滞或衰退，归根到底是有限资源的利用或配置是优化了还是劣化了。历史上看，经济体制或制度的良窳对经济发展与否有决定性作用。

历史上长时期内资源的利用主要不是通过市场调配的。一块土地种什么，主要是由家庭的需要、地租的需要、政府征税的需要决定的。朱元璋是个实物主义者，不但要征粮、棉、丝，还要按亩征布、帛以至红花、靛蓝，农民就得生产这些。但是，自古就有交换，就有市场，就有市场调配。陈春声研究，到乾隆时，广东的耕地只要一半种粮食，就足够全省人食用了。但广东是个缺粮省，靠外省接济，因为一半以上的耕地种蔗、桑、果木、葵去了。^①这就是市场调配。历史上，资源调配方式是不断演进的，演进到一定程度就发生制度的转变。市场经济可说是一次大的制度转变。马克思和古典经济学没有市场经济一词，但都讲过这次大的转变。

马克思的市场观源于重农学派，即工业品与农产品交换形成市场，工农双方都是独立生产者。单纯农产品包括农家副业产品的交换，历史悠久，但还不是现代意义（资本主义）的市场。他说，工场手工业（它是独立生产的）的出现，使农产品进入资本市场，但还没有引起"根本的改变"。要到机器大工业时代，彻底消灭农民家庭手工业，才为资本"征服了整个国内市场"^②。

在《德意志意识形态》的"交往和生产力"一节，马克思和恩格斯详述了西欧这个转变过程，并把它分为三个阶段。第一阶段始于16世纪"特殊的商人阶级的形成"，这指脱离手工行会、从事城市间长途贩运的商人。他们造成城市间生产分工，市场扩大，结果是工场手工业兴起。第二阶段始于17世纪中叶，商业政治化。诸如英国、法国的革命，各国争相开拓殖民地，实行保护关税和各种贸易禁令，以至战争。第三阶段始于18世纪晚期，世界市场的巨大需求产生了机器大工业，生产大发展，同时，英法等国已具备了自由贸易的条件，竞争普遍化。^③"人们在他们的交往方式不再适合于既得的生产力时，就不得不改变他们继承下来的一切社会形式。"^④因而，这是一种

① 陈春声：《市场机制与社会变迁》，中山大学出版社1992年版，第27—28页。
② 《资本论》第1卷，人民出版社1975年版，第816—817页。
③ 《马克思恩格斯选集》第1卷，人民出版社1994年版，第59—67页。
④ 《马克思恩格斯选集》第4卷，第321页。这里"交往"是借用英文 commerce，比上引《德意志意识形态》中用德文 Verkehr 更接近商业行为。

社会形式的转变；转变后的西欧可说是市场经济了（虽然马克思没有用这个词）。从 16 世纪到机器大工业建立，前后近三百年。

古典经济学的市场观多少带有重商主义色彩。斯密的市场促进分工、分工和专业化引起国民财富增长的学说已为人所共知。德国历史学派的经济学家们提出各种经济发展阶段论。最早，李斯特把原始社会以后的发展分为农业时期、农工业时期、农工商业时期；商业似最晚出。但他实际的论点是，在第一阶段应以自由贸易为手段，力求发展农业；在第二阶段应行"限制贸易政策"即保护关税，来促进工业发展；到第三阶段，如工业革命后的英国，即可"再行逐步恢复自由贸易的原则"，"进行无所限制的竞争"。[①]到新历史学派的毕雪，提出第一阶段是封闭经济，包括种族社会和中世纪庄园。第二阶段是城邦经济，指城市兴起以后的西欧，是生产者与消费者直接交换。第三阶段是国民经济，在工业革命以后，这时，生产者都是为市场而生产，商品要经过许多环节才达到消费者手中。[②]毕雪实际上已提出市场经济的概念了，虽然他没用这个词。

首先使用市场经济一词的大约是希克斯 1969 年出版的《经济史理论》，但也是偶尔使用，更多是用"商业经济"。他认为，世界经济发展的趋势是由习俗经济和命令经济向市场经济过渡或转换。这种转换是渐进的，各地有先后，并可有反复。欧洲中世纪是习俗经济和命令经济的混合物，其转换的起点是 16 世纪"专业商人"的出现，他们要求保护财产权和维护合同，而旧制度无能为力。于是，在西欧出现城邦制度，城邦和商业竞争，导致殖民主义和海外市场的扩张，接下去，就是一个"市场渗透"阶段。他从四个方面详述了这个过程：（1）适应新市场的货币、法律、信用制度的确立；（2）政府财政、税收和行政管理的改造；（3）领主制破坏，货币地租通行，农产品商品化；（4）自由劳动代替农奴劳动，劳动力市场形成。而这一切，导致工业革命，转换完成。[③]算来，前后也是近三百年。

① 李斯特（Friedrich List）：《政治经济学的国民体系》中译本，商务印书馆 1961 年版。
② Karl Bücher, *Die Entstehung der Volkswirtschaft*（《国民经济的形成》），1893.
③ 希克斯（John R. Hicks）：《经济史理论》中译本，商务印书馆 1987 年版。

20 世纪 80 年代兴起的以诺斯为代表的新制度学派的经济史学，把经济的发展归之于向有效的经济制度的变革，尤其重视产权制度的完善化和交易费用的节约。诺斯认为，人类历史上有两次重大的关系人口与资源的"经济革命"，一次是大约一万年以前的定居农业的出现，一次就是工业革命。工业革命是由 1450—1650 年间欧洲人的海外扩张和市场扩大开始的，它引起欧洲政治、经济结构的变革。一方面，它迫使具有完善财产权规定和自由竞争的"普遍法"取代中世纪和王权时代的约束；另一方面，它使生产组织发生变化，"从手工业到领料加工制再到工厂制"，完成制度变革。这个变革"经历了三个多世纪"。[①] 由于我国正在进行体制改革，新制度学派经济学连同诺斯的经济史理论已为国人所熟知。

二 市场机制也有个演变过程

无论在传统经济或在市场经济中，所谓市场调节生产或资源配置，都是通过市场机制。在传统经济转变为市场经济的过程中，市场机制也是不断演变的。不过，市场机制是只"看不见的手"，它究竟怎样演变我们并不知道，我们知道的只是经济学家对市场机制的解释和分析的方法的演变。我常说，在经济史研究中，一切经济学理论都应视为方法论；任何伟大的经济学说，在历史的长河中都会变成经济分析的一种方法。[②] 所以，这里说"市场机制的演变"，实际是经济学家解释和分析市场功能的方法的演变。不同学派有不同的市场理论，我只能择其当时比较通行或比较实用的方法来讨论，自不免主观成分。

指导市场机制的，一般称为"价值规律"。在马克思的理论体系中，资源调配被归结为劳动时间（包括活劳动和物化劳动）的节约和

---

① 诺斯（Douglass C. North）：《经济史上的结构和变革》中译本，商务印书馆 1992 年版，尤其"工业革命的反思"章。"Property right"原译"所有权"，不妥，兹改为"财产权"即通称"产权"。

② 吴承明：《经济学理论与经济史研究》，《经济研究》1995 年第 4 期。

它在各部门间的比例分配。而决定商品价值的是社会平均必要劳动或"抽象劳动"。这本是难以计量的，尤其物化劳动。但是，在交换比较简单、物化劳动比较直接的情况下，人们凭经验是可以理会的。例如"抱布贸丝"，交换双方对生产布和生产丝要花多少劳动都是心中有数的。[①] 所以恩格斯说："马克思的价值规律，从开始出现把产品转化为商品那种交换时起（按指五千到七千年以前），直到公元 15 世纪止这个时期内，在经济上是普遍适用的"；直到 15 世纪止，它起着"支配作用"。[②]

16 世纪西欧进入资本主义以后，市场空前扩大，竞争加剧，原来采用劳动时间度量的价值规律不能有效地解释市场的运作了。于是，马克思提出"商品价值转化为生产价格"的理论。就是说，市场上商品价格的形成不再以劳动价值为基础，而是以成本价格加平均利润的"生产价格"为基础了；在市场上调节生产和资源配置的价值规律，也要从生产价格的组成上来分析了。在这个意义上我们说，市场机制的原理发生了变化。而马克思的生产价格，实际上就是斯密的"自然价格"、李嘉图的"生产价格""生产费用"[③]，它们都是由生产成本或费用、利润的平均值（有的如地租实际已采用边际值）组成。这种分析方法，在资本主义早期（16 世纪到 19 世纪 70 年代）大体是适用的。

但是，市场经济的发展，日益扩大和复杂化了。现代经济，不仅商品市场和生产要素市场日臻完备，还有无形财产和技术、信息市场，专利权和知识产权市场，货币衍生品、期货、期权、风险市场；所有市场都要有个价格，市场上没有的东西也有个影子价格。这些价格，很多是不能用生产成本来考察的，于是，经济学家必须有新的理论来解释和分析市场机制，从这个意义上说，市场机制又改变了。

在众多的新经济理论中，比较通行和比较实用的是新古典的均衡价值论。这种理论用"均衡"来描绘极其复杂的交易中的各种力量，

---

① "里谚：君有一尺绢，我有五尺布，相与值贸之，粗者不贫，细者不富。"（同治《余干县志》卷三市镇）

② 《资本论》第 3 卷，人民出版社 1975 年版，第 1019 页。

③ 同上注，第九章第 221 页。

恐怕是唯一可行办法，而其主要特点是不再用平均值、而是用边际值来进行分析。经验证明，无论买方或卖方，要得出最优决策，不能只看平均数，而需考虑边际值。实用上，边际分析比较容易计量，也比较精确。最早的边际分析是抛开古典的生产成本说，专从买方即需求（消费）方面进行评价的，但到新古典经济学中，已兼顾需求和供给（生产）了，最优价格决定于边际需求和边际供给的均衡，最优生产（投资）是在边际成本等于边际收益的水平上经营，资源替代成本或机会成本的均衡使资源获得最佳收益，而这也就是资源配置的优化。

现在我们也常把上述这些原则叫做价值规律。但新古典经济学完全忽略经济结构和社会制度的变革，只适于静态或短期分析。作历史研究，还必须运用马克思的历史观和新制度学派的理论。并且，（1）国家政策，尤其基础建设、国防、环保等政策，造成一条很大的非市场的资源流通渠道；（2）托拉斯、跨国公司、大公营企业的内部交易，造成另一条"看得见的手"指挥的资源流通；（3）垄断、寡头垄断、协定价格、博弈交易，都造成对均衡价格的破坏；（4）传统偏好、文化和习俗刚性、法律的破绽，都会在这里或那里造成市场失灵。总之，均衡价值论作为市场规律，实际是漏洞百出的。我们用它来解释和分析市场机制，也可说是出于不得已；当然，也可从其他理论（如合理预期论、博弈经济学、模糊经济学）中，吸取某些补充。

三 市场转变过程实即经济现代化过程，我国尚未完成这个转变

从上面的分析可以看出，从传统经济向市场经济的转变过程实即经济现代化或近代化的过程。① 因为，它不仅是市场量的空前的扩大，市场交易的内涵和市场机制的原理也发生根本性的改变，而这一切，又都是以政治、法律、经济体制和制度的相应变革为前提的。上引马

---

① "现代化"与"近代化"为同义语。我过去文章因为是讲历史，多用"近代化"；本文涉及当代和21世纪，故用"现代化"。

克思所说，"commerce 方式"的不适应导致人们"不得不改变他们继承下来的一切社会形式"，应是最好的概括。

　　这里我把过渡到市场经济作为经济现代化的标志，看来比过去把资本主义化作为现代化标志更符合历史实际。任何传统社会，除非中途灭亡，它迟早总要进入现代化社会，这在逻辑上是无误的。但历史上，却不一定必须经过资本主义，我国实际上就是越过"卡夫丁峡谷"，由半封建进入社会主义的。市场作为调节生产的手段，市场经济作为现代化经济的形式，与基本生产资料所有制（不是指财产权或产权）并无主从关系。这也是我国要建立社会主义市场经济体制的理论根据。

　　历史上我国商品交换比较发达，但是，用上两小节所述标准看，它还不是市场经济。它也有个向市场经济转变的过程，何时开始转变，也要联系中国经济的现代化过程来考察。

　　傅衣凌晚年提出"明清社会变迁论"，指出"从16世纪开始，中国在政治、社会和文化方面发生一系列变化"，但因种种原因，这些变化有中断以至倒退，但最后仍未脱离世界经济发展的共同规律。①我深佩其说。

　　我以为，中国市场的转化也是从16世纪即明嘉靖、万历年间开始的。这时出现的徽商、山西商、陕西商等大商帮即相当于马克思所说的"商人阶级"、希克斯所说的"专业商人"；同时，也有工场手工业出现，即过去我们强调的资本主义萌芽。在社会风气、社会群体组织上也有一定变化；出现了不少"离经叛道"的文学作品引发起明末清初的"启蒙思潮"。我曾有文分析这种情况。②并指出，这时的商帮与马克思所说的"纯商人"尚有一定差距，其社会影响太弱。而最重要的，恐怕是没有引起希克斯所说的"政治渗透"，在产权、商法、税制上毫无变化，仍然是完整的封建专制国家，没有商人权利，并坐失了海上和外贸的优势。随着17世纪市场危机和大规模战争的到来，

---

①　傅衣凌：《明清社会变迁论》，人民出版社1989年版。

②　吴承明：《16世纪与17世纪的中国市场》，《货殖：商业与市场研究》第1辑，1995年；《世潮·传统·近代化》，《近代史研究》1993年3月号。

现代化萌芽销声匿迹。进入清代，尤其是康、雍、乾盛世，商业有很大发展，商帮资本由百万两级增至千万两级，市场扩大到边疆地区，市场一体化颇有成绩。我亦有文论述这种情况。[①] 然而，愈是"盛世"，统治者愈趋保守。封建专制加强，启蒙思潮被扼杀。迄19世纪，尽管市场大发展，却无任何制度性改革，反不断出现禁海、靖边、闭关、康熙不景气、道光市场危机等逆流；嘉庆以后，长途贩运贸易实际上衰退了。

进入20世纪后，我国已有了现代化产业，口岸城市勃兴，并与国际市场接轨。然而，以抗日战争前而论，我国尚未转变为市场经济：（1）占国民经济最大比重的农业仍然是传统的小农经济体制，商品率很低；新兴产业集中于纺织和食品业，尚未形成部门体系。这种二元经济的结构刚性和由此造成的低供需弹性，从根本上限制着市场调配资源的作用。（2）现代化市场被定义为"一个价格"，如两地的价格差等于运费，则属一个市场。20世纪30年代的中国远未达到这个程度。又因许多产品和劳务价格受国际市场支配，与成本脱节。尤其农产品市场，实际是扩大了的集贸市场，没有权威性的集中价格，即使有也辐射性甚弱。加以工农、城乡价格剪刀差，就进一步破坏了边际成本和收益的均衡。（3）市场现代化是由人格交易向非人格交易的转变，这需要一系列的成文和不成文的法律，以明确产权，中立化规则，规范行为和执行罚则。市场经济必须是法制经济，这一点，在当时尚不存在。

抗日战争爆发，又出现向实物经济倾斜的逆流。1953年开始实行计划经济，限制以至取消市场调配资源的功能，就更谈不到转变了。

我国真正有意识地向市场经济转变，还是在邓小平时代。这时，我国已经有了颇为完整的现代化产业体系，就生产力说，比西欧工业革命时期不知要高出多少倍。但要实现市场经济体制，还是不容易的。邓小平说："市场经济在封建社会时期就有了萌芽。"[②] 我想，这

---

① 吴承明：《18世纪与19世纪上叶的中国市场》，《货殖：商业与市场研究》第3辑，1997年；《利用粮价变动研究清代的市场整合》，《中国经济史研究》1996年第2期。
② 《邓小平文选》第2卷，人民出版社1994年版，第236页。

可以指上述 16 世纪即嘉、万时的变化。1995 年中共十四届五中全会提出"九五"计划和 2010 年远景目标的建议,说"九五"期间要"初步建立社会主义市场经济体制",到 2010 年"形成比较完善的社会主义市场经济体制";也就是说转变完成。从 16 世纪到 2010 年,约 500 年,比西欧多用 200 年,何以故?这正是我们经济史要研究的问题。应当把这 500 年作为经济史的重要课题。它也是中国现代化的历史。它经历明、清、民国和新中国 50 年,历经风风雨雨,惊涛骇浪,其间迭次顺流和逆流,都值得借鉴。

（原载《中国经济史研究》1997 年第 2 期）

现代化与中国 16、17 世纪的现代化因素

一　对现代化内涵的认识

"现代化"与"近代化"为同义语。我国文献常两词并用，无碍原义。

什么是现代化，无经典定义。总的说，是从传统社会向现代社会演变，应包括各个方面。张玉法（1980）谓现代化趋势是向深度和广度双方推进，深度由物质层次而制度层次、而思想层次；广度有知识、政治、经济、社会、心理五个方面。他列举各层次、方面演变的特征，颇全面。唯本文主要是探讨经济的现代化，而以社会和思想为参证。盖许多经济动态，若生产突出增长、市场陡现繁荣，可能由于特殊机遇，或属周期现象，必验之社会、思想较深层次的变化，才能确定其是否属于现代化因素的出现。又因我于经济的现代化已有若干论文发表，本文仅述要略，反是社会与思想方面占较大篇幅。

一国的现代化，在历史上有个开始期，即各种现代化因素的出现时期，但没有终结期，迄今仍在继续现代化过程中。[①] 唯人们对现代化内涵的认识随时代而不同，这对如何评价历史非常重要，因略作申论。

---

① 有"前现代化"之说，指工业革命以前，实即现代化因素出现时期，或现代化开始阶段。又所谓"后现代化"，主要指一种对现代社会持批判态度的思潮，未曾见诸实践，所以并非历史发展的一个阶段。

在 16 世纪西欧现代化因素出现时，人们尚无"现代化"这一概念，流行的主要是重商主义见解，以通过贸易增长一国的净收入为鹄的。18 世纪末工业革命后，工业化成为讨论中心，重视新的技术装备。19 世纪下叶以降，乃更注意资源的有限性，边际主义盛行。但迄 20 世纪前期，对现代化的认识可说都是集中在物质方面，忽视人和社会，强调国民生产（GDP）的增长，忽视为这种增长所付出的代价。20 世纪 60 年代以来，新的科学技术给人以巨大鼓舞，同时，对人和社会状况作了深刻的反思。舒尔茨（1961）提出人力资本理论，开始注意智力投资。舒马赫（1973）指出现代经济以人和环境为牺牲的危机，《小的是美好的》一书醒人耳目。原来对经济的发展几乎是线性概念，70 年代变成结构主义；原来以人均收入衡量经济增长，70 年代提出人文指数，预期寿命、男女平等都成为指标。80 年代提出精神文明问题，文化与公共道德纳入现代化范畴。90 年代，知识经济成为要务，同时，"拯救地球"、环保和持续发展成为急务。的确，物质发达，而道德败坏、环境恶化，能说是现代化吗？

以上是现代化内涵在经济学认识上的变化。研究历史上的现代化，还应注意人们在历史观上的变化。工业革命以后，西方史学受新康德主义和进化论的影响，大都把人与人和人与自然界的关系看成是对立的，人与人是生存和利益最大化的竞争，人与自然是支配或征服后者。这种自我中心的历史观在 20 世纪初受到怀疑论的冲击，人类学、社会学以及地理、气候、生态等科学进入史学，出现整体观、社会整合、社会与自然界和谐发展等历史观点（布鲁代尔，1979；佩鲁，1983；宋祖良，1993）。或者说，向马克思早年（1844、1845）提出的"工业社会和自然界本质同一性"的观点和中国"究天人之际，通古今之变"或主客体统一的思维方式"回归"了。

总之，现代化的内涵和人们对它的认识是不断变化的，我们研究一国现代化的历史时以何为准呢？我以为，历史研究本来应当具有实证分析（positive analysis）和规范分析（normative analysis）两种功能。因而，一方面，应当将所论事物放在当时的历史条件下，实事求是地进行考察，也就是历史主义的方法论。另一方面，要用当代的现代化概念和历史观，对所论事物及其潜在效应作出评价，也就是克罗齐（1915）所说"一切历史都是当代史"的方法论。这样，我们的研究才能以史为鉴，古为今用。

二 西欧现代化的理论

研究西欧现代化，一般是从14、15世纪的文艺复兴讲起。这是因为，在欧洲，人们的思想不从神学的禁锢中解放出来，树立人文主义世界观，现代化将无从谈起。中国不同，中国占统治地位的儒学思想，一直是人文主义的。但中国的现代化也有一个思想解放和启蒙运动问题，而且时间很长，下面再详论。

研究西欧的现代化虽常是从文艺复兴讲起，但经济上的变动，或现代化因素的出现，实始于16、17世纪的重商主义时代，这几乎成为史学界共识。我曾为文（1997）介绍西方一些关于16—18世纪西欧经济变迁的论述，实即他们关于西欧早期现代化的理论。

马克思、恩格斯（1845）的理论是从封建经济向资本主义过渡。他们在《德意志意识形态》的"交往和生产力"一节详述了这个过渡。这始于16世纪脱离行会约束的"特殊的商人阶级"的出现。他们造成城市间生产的分工，从而工场手工业兴起。随之竞争使商业政治化，诸如殖民主义、保护贸易、民族国家形成以至英、法革命和海上战争。到18世纪晚期，世界市场的巨大需求产生了机器大工业，同时，英法等国已具备了自由贸易的条件，过渡完成。前后近三百年。马克思、恩格斯（1848）在《共产党宣言》中说得更为简洁："以前那种封建的或行会的工业经营方式已经不能满足随着新市场的出现而增加的需求了，工场手工业代替了这种经营方式"；"市场总是在扩大，需求总是在增加，甚至工场手工业也不能再满足需要了，于是，蒸汽和机器引起了工业生产的革命"。

希克斯（1969）在他的《经济史理论》中认为世界经济发展的趋势是由习俗经济、命令经济向市场经济转换，虽然各国时间悬殊，并有反复。在西欧，这种转换始于16世纪"专业商人"的出现。他们要求保护财产权和维护合同，这是旧制度无能为力的，于是出现城邦制度，城邦和商业竞争，导致殖民主义扩张，接着出现四个方面的"市场渗透"，即：适应新市场的法律、货币和信用制度的确立；政府财政、税制和行政管理的改造；货币地租通行和农产品的商品化；自由劳动代替农奴劳动，劳动力市场的形成。而这一切，导致18世纪末的工业革命，可以说完成了向市场经济的转换。前后也是近三百年。

诺斯（1981）在《经济史上的结构和变迁》中注意到斯密、李嘉图和身在工业革命中的所有经济学家都未提及这场革命。诺斯说，他们所以未"觉察"这场革命是因为西欧的经济变革老早就开始了，工业革命不过是进程"加速"而已。他把这个变革追寻到1450—1650年，其间贸易"是一种根本动力"。贸易的发展使具有完善财产权规定和自由竞争的"普通法"取代中世纪和王权时代的约束，同时，它使生产组织"从手工业到领料加工再到工厂制"，至工业革命"经历了三个多世纪"。可以说，诺斯是从经济结构和制度变革上来理解现代化过程的。

以上各家理论可显示：西欧早期的现代化始于16世纪市场和商业的发展，经过政治和制度变革，导致18世纪末的工业革命。

三　中国现代化历史的研究

对近代中国经济现代化的研究，早期是集中在工业化问题上。这里暗含一个"现代化即工业化"的假说，自然是不完整的。但是，中国的工业化应该走怎样一条道路，在过去和现在都是一个重要问题。在20世纪三四十年代，一些著名学者如方显廷、刘大钧、谷春帆等，对此都曾作出卓越贡献。20世纪60年代以后，这种研究已包括在落后国家实现现代化的二元经济理论之内，其实质是，在发展现代化经济时，如何利用传统经济中的积极因素的问题（吴承明，1991、1994A）。近年来，有人从总需求和总供给上来研究近代中国的工业化进程，因为这时期工业的发展主要受市场有效需求的制约（张东刚，1997）。

二战后，美国学者提出"冲击—反应"（impact-response）范式，

268

认为近代中国的一切变化都是对西方文化冲击的反应，一时成为西方研究中国经济的主流思想，其假说显然是"现代化即西方化"。70年代有个文化热，汤因比的文化多元论重新受到重视，西方研究中国近代经济者也不少强调内因论。到80年代，"冲击—反应"范式在西方也渐失去权威，科恩（1984）的《从中国发现历史》对该范式作了全面批判。还有人指出，在西方冲击以前，中国和日本都已经有了"缺乏科学的现代化"（魏丕信，1995）。

20世纪50年代，中国史学界开始了一场研究资本主义萌芽的热潮，历"文革"不衰，而大成于80年代。这项研究本于马克思的社会形态理论，其假说是"现代化即资本主义化"，多数认为中国资本主义生产关系萌芽于16世纪。但是，"现代化即资本主义化"这个假说早就广泛为中外学者所取用，不仅用于研究中国，也用于研究其他国家。用于研究中国者，不一定认为重要变革始于16世纪。着眼文化思想者，尝推演至宋代，李约瑟（Joseph Needham）也认为宋代科学技术的发展已具备英国工业革命前夕的条件，没有实现资本主义化是社会原因。不过更多论者是从19世纪60年代中国建立新式企业讲起，这种假说也就相当于"现代化即工业化"假说，不过较注重制度和管理方面的考察。

我也参与了中国资本主义萌芽的研究（许涤新、吴承明，1985）。但从1981年起，转而从事市场和商业史研究。我发现，市场和商业的重大变革也是始于16世纪，16世纪出现的徽商、晋商等大商帮，有类于马克思所说的"特殊的商人阶级"或希克斯所说的"专业商人"，可作为开始出现现代化因素的征兆。用市场和商业研究现代化因素，符合这个时期需求牵动生产的历史。还有一个好处。资本主义萌芽的资料在17世纪几乎消失，18世纪再现，仍很稀疏，难作宏观考察。市场发展的轨迹则比较明显，它是连续的，并可利用价格、货币量等多少做一些计量分析。例如，我们可以比较肯定地看出17世纪的经济危机，康熙时的市场萧条，道光时更大的一次萧条，进入近代，还可估计出市场商品量的消长（吴承明，1995、1998、1994B）。1992年我国宣布建立社会主义市场经济体系后，市场史的研究也热乎起来。把过渡到市场经济作为现代化的标志，比把实现资本主义化作为标志，更符合历史实际。任何民族迟早总会现代化，但不必需经过资本主义社会。像历史上有的民族没有经过奴隶制社会或封建社会那样，我国实际上就是越过"卡夫丁峡谷"，由半封建社会进入社会主义的。但进入社会主义社会后，仍然要建立市场经济体制，才能实现现代化。也可以说，这是一种"现代化即市场经济"的假说（参阅吴承明，1997）。

傅衣凌（1982、1989）晚年提出"明清社会经济变迁论"，认为16世纪开始，中国在政治、经济、社会、文化等方面发生了一系列的变化，表现出一种活泼、开朗、新鲜的时代气息，出现了反传统的以至叛逆的思想。但中国并未进入资本主义社会，16世纪发生的资本主义萌芽经历了一个夭折、中断、再继承的曲折道路，但总的看，它并未摆脱世界各国发展的共同规律。我十分钦佩傅衣凌的立论。我以为他所说16世纪以来的变迁，实即我国的现代化因素的出现。下面分经济、社会、思想三个方面作些探讨。这些因素没能顺利发展，则是因为它没能引起根本性的制度变迁，进入18世纪，又受到各种"逆流"的冲击。到19世纪才再现起色。

四　16、17世纪的经济变迁

16、17世纪我国商业有重大发展，若商路之广辟，商品流通的扩大，市镇勃兴，农村集市网络形成，大商人资本的兴起等，时贤均有精湛论证。而这种发展是以农业（特别是经济作物）和手工业（特别是棉纺织业）的增长为基础的，亦有论证。从而可以解释本时期和18世纪的人口增长是合理的。

在本时期经济变动中，我以为属于新的、不可逆的变化堪作现代化因素者，约有六端。

（一）大商人资本的兴起

后来称为十大商帮者，其中山西、陕西商人原应北边开中纳粮而兴，性质特殊，应从弘治 1492 年开中折色后之转化为买卖经营的"内商"算起。这样，徽商、晋商、陕商三个最大商帮均形成于 16 世纪早期，广东、福建两个海外贸易商帮形成于 16 世纪中期，其余最晚不出 17 世纪前叶（张海鹏、张海瀛，1993）。众多商帮集中出现决非偶然，而是反映时代特征。他们都是脱离封建束缚的自由商人，主要从事长途贩运，前已言他们有类于 16 世纪西欧的"特殊的商人阶级"或"专业商人"，其作用亦如之。最近的研究，总结出他们的活动有相当的社会效应，并形成具有中国特色的商业文化，益可看出他们在现代化因素中的先驱作用。

（二）工场手工业的出现

按比较严格的标准，在 16 世纪，至少在苏州、杭州的丝织业中，广东佛山的冶铁和铸造业中，浙江崇德县的榨油业中，江西铅山的造纸业中，已有十人以上的工场手工业出现（许涤新、吴承明，1985）。工场手工业为数甚微，但毕竟是一种全新的生产形式，它发展迟缓，但是不可逆的。它发展迟缓，恐怕主要是由于我国小农生产制度，而非市场需求不足。明代棉代替麻成为平民衣被主要材料是经济上一大变革，棉布成为大商帮经营的仅次于粮、盐的第三位商品。但棉纺织这个引发现代化最重要的产业，到 19 世纪后叶才逐渐从小农经济中分离出来，工场手工业（包括散工制）也在此后有了巨大发展，在我国二元经济的发展中作出重要贡献（吴承明，1993）。

（三）财政的货币化

中华帝国的财政是大财政，不仅是公共收支，还具有资源调配、干预生产和流通的作用。宋代财政已相当货币化，元代反复。朱明建国，厉行实物主义，两税全部征实，乃至规定民田种植品种，令农民将税粮直接送交对口的军士。正统 1436 年南方少量税米改纳金花银，而实际赋役的货币化是在正德以后。估计万历中期，包括地方财政，田赋已有 40%—50% 纳银，里甲、均徭纳银者可达 2 300 万两，钞关、盐课、匠役已全部或基本纳银（吴承明，1995）。万历1581年全面推行一条鞭法，货币化成为不可逆趋势。这时的货币化已非如宋以前之纳钱钞，而是白银化，我国确立贵金属本位，实在16世纪（秦汉之金本位，史家疑之）。

（四）租佃制的演变

我国实物地租由分成制向定额制演进，有利于佃农生产，但无质的改变。16世纪开始推行的押租制和永佃制，则有新的意义。押租制是以佃权的商品化和货币化为前提的，并常是加押减租，反映佃农以货币实力获得更多的自由（魏金玉，1993）。永佃制不仅使佃农有完备的经营自由，并可出卖田面，导致经营权和土地所有权的分离，这是颇具现代意义的。它不仅提高经营者的效率，而且使出卖田面和所获得的小租，含有垫支资本报偿的意义，土地权力大为凌替了。17世纪以后，押租制和永佃制都有所推广，但也受到政治权力的阻碍，未能成为租佃的主要形式。

（五）雇工制的演变

我国生产上的雇工历来对雇主有人身隶属关系。万历1588年的条例解放了短工，使他们在法律上与"凡人"处于平等地位。两百年后，乾隆1788年条例才解放农业和商业雇佣的长工，给他们以人身自由。但是在生活实践中，16世纪中叶即有平等对待短工的事例，1588年立法予以承认而已。对长工，亦常是采取不立文契，不议年限等办法，逃避法律约束，18世纪尤多这种事例，1788年条例予以承认而已（经君健，1983，第266页；魏金玉，1983，第428—429页）。

（六）白银内流

明廷厉行朝贡制度，禁止商舶入海，但民间海外走私贸易不止，以至被迫亦商亦盗。嘉靖后闽、粤诸大外贸商帮形成，隆庆1567年开放海禁。这时，中国在对南洋、日本、英荷贸易中均属顺差，遂有大量白银内流。谨慎地估计，16 世纪后叶和 17 世纪前叶流入白银近 1.5 亿两，17 世纪后叶流入 2 600 余万两；扣除商人海外费用、海上损失和抵付中国金银出口，净流入不会少于 1 亿两，而 1 亿两将使我国存银量增加 2/3（吴承明，1995、1998）。这对中国来说，是个全新的因素，并延至 18 世纪。

原来西欧的现代化，始于 16 世纪的美洲白银大量流入，并成直接动力之一。这时我国工业水平居世界之冠，外贸具有顺差优势，这种优势一直保持到 19 世纪初。这时我国的造船和航海技术亦在世界先进之列。又当时国力，建立强大舰队，与西、葡、荷、英争雄海上，并无困难。乃明廷不此之图，只知罢市舶司，填平双屿港，烧毁出口大船，曰御倭寇。进入清代，"逆流"更甚，禁海、迁边，远较明代严厉；康熙 1684 年开海禁，却禁止五百石以上船出口；雍正 1727 年停止南洋禁令，却不准前此留贸外洋华人回国。乾隆盛世，盖愈盛世愈趋保守，停止恰克图贸易，限广州一口通商，拒绝马戛尔尼使团；1793 年致英王书曰，"天朝物产丰盈，无所不有，原不藉外夷货物以通有无"。这种闭眼不看世界的统治者心态，实为国家现代化之大碍。

按前述现代化理论，经济上的发展必须引起制度上的革新以至政治上的变革，才能保证其持续发展。16、17 世纪虽也有一些制度变迁，如财政、租佃、雇工制的变迁，但未能引起体制的或根本法（constitutional）的变迁，旋逢清入主，加强专制主义统治，连一个保障私有产权和债权的商法都未能出世，更不用说政治上的变革了。但不是说现代化因素就此终止，上述各种变化那是不可逆的，只是在种种"逆流"下，步履维艰而已。

五　16、17 世纪的社会变迁

16 世纪的社会变迁，人们常以顾炎武《歙县风土论》为典型。据论，歙县在弘治时尚属"家给人足"、"妇人纺绩，男子桑篷"的社会。"正德末嘉靖初则稍异矣。商贾既多，土田不重，操赀交接，起落不常"，于是"凌夺、诈伪、讦争"并起。"嘉靖末隆庆间则尤异矣。末富居多，本富益少"，"资爰有属，产自无恒。贸易纷纭，诛求刻核"。至万历1609年，"则复异矣。富者百人而一，贫者十人而九"，"金令司天，钱神卓地，贪婪罔极，骨肉相残"（文字据南京藏明刻《歙志》，转引自陈学文1989，第293页。1609年为成书年）。

歙县是徽商故乡，社会变迁较早较剧。从有时间记载的20余处史料看，变迁多始于嘉隆，亦有始于万历或更晚者。江南尤其苏州、扬州、杭州为早，珠江三角洲较迟，内地仍有不少地志未见反映，或仍是淳朴力农。以下分述16、17世纪几项社会变迁，盖均有地域局限性。

（一）就业结构变化和商人地位提高

明后期弃农就商、弃儒就商、致仕就商记载屡见，"士农工商"就业结构中商人增加，但无法作数量估计。在徽商、晋商、陕商故乡的文献中都有"商贾十之九"之说，有的且出自大家（如王世贞），但都不可信。以徽州论，府志称"农十之三，贾十之七"，但细察之，则"贾十之七"仅歙县东乡、祈县东南乡为实，若黟县则"独事耕作，鲜经营"。唯苏州、扬州、杭州、临清等商业城市，则民"半商贾""大半食于利"或有可能。林希元说"今天下之民，从事于商贾技艺、游手游食者十而五六"（《林次崖先生文集》卷二）。若指城镇，其说可信，而其时城镇人口约只占全国10%强。"游手游食"指夫役匠等。

何良俊《四友斋丛说》卷十三："余谓正德以前百姓什一在官，什九在田。……自四五十年来，遂皆迁业。昔日乡官家人亦不甚多，今去农而为乡官家人者已十倍于前矣。昔日官府之人有限，今去农而蚕食于官府者五倍于前矣。昔日逐末之人尚少，今去农而改业为工商者三倍于前矣。昔日原无游手之人，今去农而游手趁食者又十之二三矣。大抵以十分百姓言之，已六七分去农矣。"此指华亭县。是1500—1550年间松江一带非农人口约由10%增至60%—70%，而增加最多的是服役于"官"的。不过，其中如里长、粮长及奔走粮差之人并非完全去农，乡官家人亦非皆去农。所云工商业者，不知基数，窥文义，约增三倍。

商人地位提高则毋庸置疑。大商人交通官宦，养披文人；士大夫亦喜结富贾，乃至攀附婚姻。朝廷有捐输纳官之法，商人不乏名位，商人子弟更多仰望仕途。据《两淮盐法志·科举志》，明代两淮共取进士137名，内徽、陕、晋籍106名；共取举人286名，内徽、陕、晋籍213名；均占70%以上，盖皆商人子弟。

大约民间从不贱视商人，甚多企羡。在徽州有"诎者力不足于贾，去而为儒；赢者才不足于儒，则反而归贾"之说（汪道昆《太函集》卷五《溪阳吴长公墓志铭》）。而儒家及大官员之悄悄改变其四民本末观，则有时代进步意义。原来主导明后期儒家的王阳明理学即主张"四民异业而同道"，人皆可致良知（《王文成公全书》卷二五《节安方公墓表》）。殆张居正倡"农商之势常若权衡"说，主张"省征发以厚农而资商"、"轻关市以厚商而利农"（《张文忠公全集》卷八《赠水部周汉浦榷竣还朝序》）。于是朱国桢、庞尚鹏均有农商平等说，激进派何心隐、李贽且有意抬高商人，至17世纪黄宗羲乃有"工商皆本"之论。

（二）"宗法制复兴"

我国宗法制自废宗子后已是有族无宗，宋废门第等级，族权亦凌替。明中叶后，忽兴建祠堂、修族谱、置族田之风，至清不衰，或称之为"宗法制复兴"。李文治（1988）曾详考明代建祠事例，并编有明清族田表。建祠主要在嘉靖以后，置族田在万历以降，两者皆不在保守的内地，而集中于商贸发达之区。是所谓"复兴"实亦经济发展的产物。

古制，士大夫祭于庙，庶人祭于寝。成化1475年尚有谕一至九品各立庙，未入品官不得置家庙（《宪宗实录》卷一三七，成化十一年正月丙子）。又庶民只准祭三代，曾祖以上撤去牌位（《皇朝经世文编》卷六十六陆耀《祠堂示长子》）。这些规定并未严格执行，民间常有违制。嘉靖1536年礼部尚书夏言上《令臣民得祭始祖立家庙疏》（夏言《桂州文集》卷一一）。家庙成为合法，有财力者乃纷起建祠。族谱，唐以前属官立，以别门第而录仕。宋废门第，乃有私谱，限于大家。嘉靖既准祭始迁祖，民追忆先人，私谱乃盛。至于族田，始于宋范仲淹，当时或有宗法之意；但范氏义庄标榜"济养群众"，持平均主义，收入由族人均分，为人称道，是以历元明清不衰。明清置族田者均自称法范氏，包括义田（赡养族人）、祭田、族学田，多系富商捐置，自不待言。

宗法制至晚明已是一种以孝亲敬祖、睦族共济为主的伦理观，早已无宗，故应称家族制。此种伦理观是我华夏民族特有文化，它并不妨碍经商治产，或更有助于贸易经营。是以每值商贸繁荣，只要条件允许，便会"复兴"。以近事言，经"文革"破四旧，家族制可谓尽毁。而20世纪80年代提倡市场经济，忽有建祠、修谱、联宗祭祖的小高潮，亦是在东南市场发达之地，与16世纪的"复兴"何相似乃尔。

"长幼尊卑"是家族制最重要的礼法。有人记南京"嘉靖中年以前，犹循礼法，见尊长多执年幼礼。近来（万历中）荡然，或与先辈抗衡，甚至有遇尊长乘骑不下者"（顾起元《客座赘语》卷五引《建业风俗记》）。江苏溧阳，正德间"卑幼遇尊长，道旁拱让先履"，嘉靖末"或弟强兄弱，横臂驺途，眇目布老"（何乔远《名山藏·货殖记》）。淮安府，成化前"长幼之序不紊，途遇长者必避让"，天启时"童稚辄乘肩舆，行不让长，靡靡颓风，渐不复挽"（天启《淮安府志》卷二《风俗》）。大约到万历，"民间之卑胁尊，少凌长，后生侮前辈"，已属常见（管志道《从先维俗议》卷二）。

（三）乡绅权力的膨胀

16、17世纪乡绅权力膨胀，最显著的是土地大量集中于乡绅之手，以及乡绅干预地方事务。这种民田的集中，是和成化以后大兴皇庄、藩王庄、勋贵宦戚的赐田并行的，故论者常解释为晚明皇权与绅权的土地之争。实则，乡宫中固有倚势夺田者，但主要还是价购，视晚明土地买卖空前活跃可知。16世纪，全国文官已达两万人，理退者增多，党争株连下岗者更众。何良俊说，正德前至嘉靖中，华亭乡官增加了十倍。且弘治前"士大夫尚未积聚"，"至正德间，诸公竞营产谋利"。当时乡族邻里诡寄投充之风尚盛，故"去农而为乡官家人者已十倍于前"（《四友斋丛说》卷三四、卷一三）。总之，乡官在人力和经济实力上的骤增，实为绅权膨胀的基础。

除乡官外，还有无缘入仕的举人、监生、贡生等。到明末，"大县至有生员千人以上者比比也"（顾炎武《亭林文集》卷一《生员论》），这就形成一个远比乡官庞大的绅衿阶层。生员的学位原属一次性应试资格，到明代已成为终身功名制。他们在法律上有免拘押、可赎刑等优待。嘉靖1545年又明定他们赋役的优免例，因而也不乏乡里投充门下。又因他们绝望于仕途，在诸如设立书院、聚众讲学、组会结社、鼓吹"乡议"以至沟通东林党人评骘朝政等方面，常较乡官更为积极。而在协助地方官维护社会秩序、调解纠纷、参办水利和地方公益事业等方面，则乡官更富实力。此时的绅权尚未掌握武装，而在储粮方面颇有成绩。明廷曾屡令地方官设预备仓、济农仓，均告失败，仓圮粮空。嘉靖1529年、万历1601年令办社仓、义仓，均由乡绅经营，借贷为主，一直延续至清代。

日本学者早就对晚明绅权进行了研究。在20世纪五六十年代他们也是着眼于土地集中和封建关系问题，提出"乡绅土地所有制"、"乡绅统治"等论点。20世纪80年代转而注意社会史、文化史方面，提出"地域社会""地方意识"等论点（森正夫，1982；檀上宽，1993）。后者有似于西方所谓public sphere，是社会现代化过程常见的一种现象，它并无对抗中央或王权的意图，但有干预地方事情和民主化的倾向。我国16世纪的绅权膨胀也有这种倾向。但入清以后，清廷为平息各地反清斗争，加强中央专制统治，绅权运动趋于平息。

16世纪的乡绅几乎都是科举产物，其中乡官又多有高级学位，他们是当时社会中唯一的知识阶层。但在过去，这种知识只是登仕途之阶，并无社会价值，只能教书课食，而"刘向传经心事违"，一旦官场失败，满腹经纶等于无用。16世纪的绅权膨胀，也可说是在"思想解放"（见下一小节）风波下一种"知识价值化"的现象，是社会发展中的一个现代化因素。这种因素是不可逆的。16世纪的绅权膨胀虽在高压下窒息，但在以后几次的启蒙运动中又重现知识的价值化。到 19 世纪末，不仅知识的地位提高，地区社会中，义仓代替了常平仓，甚至地方团练代替绿营，20 世纪初并有"地方自治"口号。

（四）奢侈之风

晚明奢风是当时人记载最多、今人也论述最多之事，毋庸多叙。但有几点可资研究者。

晚明奢风主要在城镇，但不限于富贾及上层社会，并及于市井小民。这反映城镇就业增加和一般收入水平提高。何乔远《名山藏·货殖记》说，昔时"人皆力田"，指力田；"今人皆食人，田野之民，聚于市廛"。"食人"即工资劳动者，工资收入高于力田收入。又工资劳动者无需积累资本，形成一种新的消费观："舆夫仆隶奔劳终日，夜则归市肴酒，夫妇醉而后已，明日又别为计。"不仅如此，这种"勤劬自食，出其余以乐残日"的消费观，据说也浸及"缙绅家"（王士性《广志绎》），这就使整个消费膨胀了。

消费牵动生产，也是很明显的。奢风中记载最多的是"吴绅云锦""不丝帛不衣"。明后期丝织业发展，无产量可据，但知自正统至嘉靖，绢价无论按银计或按米计都明显下降（许涤新、吴承明，1985，第 125—126 页）。平头巾易瓦楞帽属奢风，嘉靖末"瓦楞帽价值四五两，非富室不戴，今（万历末）所值一二钱，虽丐者亦用"（《敬所笔记》见陈学文，1989，附录）。奢侈品中如马尾裙（原系进口）、鬃帽、暑袜皆新产品。又原来一些家内自制自用的服装、帷帐、家具等，现皆有专业制造，列肆出卖，价不高，但需花钱买来，亦属奢风。

论者常注意奢风破坏礼制。原来洪武 1380 年律，凡官民房舍、车服、器物各有等第，违式潜用，官杖一百，民笞五十，罪坐家长。殆嘉万奢风，几乎无不违式。尤其服饰，"今男子服锦绮，女子饰金珠，是皆潜拟无涯，逾国家之禁者也"（张瀚《松窗梦语》卷七《风俗纪》）。但从未见惩处记载，盖所谓礼制早已成具文，风俗变迁无时，官方亦不以为意。

唯可注意者是"士风"。"儒巾"原为功名象征，有定式，而嘉万青年儒者喜戴宋巾、唐巾以至晋巾。王艮并按《礼》制"五常冠"，经（丧服）而讲学。这无关奢侈，亦非僭越，而是一种反世俗心态。又儒生宴饮谈禅，携妓遨游，成为风气，以至唐寅、祝允明等名士粉墨演传奇。崇祯 1630 年礼科给事中张竟心概括曰："士骄于序而蔑等，凌尊，贱名，迁义，赋诗，饮酒，口舌。"（抄本《崇祯长篇》，见李文治，1993，第 30 页）顾炎武论曰："举业至于抄佛书，讲学至于会男女，考试至于鬻生员，此皆一代之大变。"（《日知录》卷一八《艺文》）

当时士大夫于奢风多予谴责，或欷歔无奈。然亦有崇奢之论。嘉靖时上海人陆楫有无题文一篇，以为"俗奢而逐末者众"，即增加就业；奢侈之地"民必易为生"；富人资财散于社会，"是均天下而富"。其实类此言论并不乏人，若郭子章、王士性、顾公燮、休宁人叶权均多少言及（林丽月，1991）。此论涉及国民收入的分配和消费理论（暗含乘数效应），是一种现代化思想。欧洲重商主义时期亦有"奢侈有益社会"的理论，曾为凯恩斯所重视，不过当时在英国议会辩论中常被绅士们批判，而是"贫穷效益说"（保持劳动者贫穷可提高劳动生产率）占优势。以陆楫为代表的这种思想当时本来无何地位，入清后，在康熙的节俭紧缩政策下烟消云散。

六　16、17 世纪儒学思想的变迁

16、17 世纪我国思想界有很大创新。经济思想，前略言及。文学方面，若《西游记》、《金瓶梅》以及"三言"、"二拍"皆一反传统，发聋振聩之作。又如董其昌、李日华等鼓吹"率意"，终有扬州八怪的惊世新风。实用科技，徐霞客、李时珍、徐光启、宋应星、方以智等功力深厚，或兼纳西学，都成一代新献。

然本篇所论限于儒学。拙意经济上的现代化新因素须引起制度上的变迁才能保证其持续发展，经济和制度的变迁须从社会变迁上来验证，而所有这些变迁在最高层次上都要受占统治地位的文化思想所制

衡（conditioned）。制衡有二义：一是不合民族文化传统的经济、制度变革往往不能持久；二是文化思想变革又常是社会和制度变革的先导，这种先导在思想史上称为"启蒙"。在西方，这种占统治地位的思想可概括为基督教文化，在中国则是儒学。

16、17世纪是我国儒学思想大解放的时代，梁启超（1920）曾比之于欧洲的文艺复兴，侯外庐（1988）曾比之于战国诸子百家。我只能择其最显著者汇为两大思潮，即16世纪的反传统思潮，以泰州学派、何心隐、李贽及东林党人为代表；17世纪的启蒙思潮，以黄宗羲（梨洲）、顾炎武、王夫之、唐甄及颜李学派为代表。

思想发展有它自己的规律，决非与经济变迁如影之随形，故不可以经济决定论。思想发展规律如何，我不能言。唯就本文所涉及范围来说，我以为，儒学的向现代化发展，即是它的理性化。因而，我从宋明理学谈起。

（一）宋明理学

宋明理学，总的说，是传统儒学吸取非儒思想使自身理性化（或哲学化，李约瑟称之为科学化）而形成的思想体系，故又称新儒学。

儒学原主要讲社会伦理道德，无自己的宇宙观和认识论。汉儒继孔子之业，取六经以释其仁学，即经学。宋儒取佛老之义，完成以理或道为根本的本体论，以格物穷理为要略的认识论，朱熹集其大成，遂成理学。

朱子理学立，其他学派退居次要。后虽有陆九渊的心学堪与颉颃，陈亮、叶适等功利学派开后世实学先驱，但均未成显学。元代，朱学益受尊崇。朱明建国，朱学实成官学，永乐颁五经、四书、性理三种《大全》，成为科举入仕之阶。然朱学亦因此教条化和僵化。学者"师承有自，矩矱秩然"，"笃践履，谨绳墨，守先儒之正传，无敢改错"（《明史·儒林传》）。朱学统治学坛近两百年，15世纪末王守仁（阳明）心学兴，僵化的理学再具活力。

王阳明理学与朱学在本体论上是不同的。朱持"心与理为二"，"理在事先"，理是宇宙本元。王继承陆九渊"心即理"说，认为"心外无理"，心是宇宙本元。然王学的精华，亦其创造，是致良知说。此说将"知"和"理"直接挂钩，为朱子所不能，因朱学是"心与理为二"。也因此，致良知之法如王阳明所说"简易明白"，即知善知恶，去恶存善。"各人尽着自己力量精神，只在此心纯天理上用功，即人人自有，个个圆成，便能大以成大，小以成小。"（《王文成公全书·传习录中·答顾东桥书》）这是非常鼓舞人心的。

王学的出现有破学坛沉寂、破教条主义之功。顾宪成说，"当士人桎梏于训诂辞章之间，骤而闻良知之说，一时心目俱醒，犹若拨云雾而见白日"（《小学斋札记》卷三）。王与罗钦顺论学书说，"学贵得之心。求之于心而非也，虽其言之出于孔子，不敢以为是也"（《传习录中》）。孔子之言可破，还有什么教条不能破？16、17世纪的思想解放，有此渊源。

致良知说崇尚自我，尊重个人思考价值，同时，把孟子"万物皆备于我"、陆九渊"六经皆吾注脚"这些大话给以理性的解释，于是，"决然以圣人为人人可到"（《传习录下》）。这是何等气魄！正是这种气魄鼓舞着16世纪那些反传统的儒子们"掀翻天地"（黄梨洲语），一如德国少年黑格尔学派那样"惊天动地"（马克思语），使哲学变成"运动"。

（二）16世纪的反传统思潮

泰州学派创始人王艮以及何心隐、李贽都宗王阳明理学体系，但都有所发明，自成一家。

王艮的思想，要言有三：（1）"万物一体论"，人与万物一体，而人为本，万物为末。一体即天理、天性。"天理者自然之理也"；"天性之体本是活泼，鸢飞鱼跃"（《王心斋先生全集》卷三《语录》）。这是一种强调自由发挥个人天然本性的人生观。（2）认为圣人之道都是"百姓日用之学"，将道学平民化。又说"愚夫愚妇，与知能行便是道"（同上）。这就打破了王阳明"惟圣人能致其良知而愚夫愚妇不能致"（《传习录中》）的界限，产生一种平等思想。（3）《明哲保身论》。或以为此篇开"临难苟免"之隙（黄梨洲语）。实则该篇主要讲"爱人"，证以《语录》中"爱人直到人亦爱"，《勉仁方》中"爱人者人恒爱人"，以及"人人君子，比屋可封"（均见《全集》卷三），直是一种博爱思想。这三者，都可说是现代化思想的萌芽或因素。

何心隐是泰州学派的激进派。他肯定"欲"合乎天性，而"寡欲，以尽性也"（《爨桐集》卷三《寡欲》）。又主张"仁无有不亲也"，"义无有不尊也"，不仅亲亲尊贤，"有血气之（物）莫不亲、莫不尊"（同上卷二《仁义》）。因而主张社会"尽交于友"，士农工商都组成"会"（同上卷二《语会》）。从而又提出"商贾大于农工"、"超农工而为商贾"的论点（同上卷三《答作主》）。

李贽的反传统思想更全面也更激进。且不说他怀疑孔孟、批判唐宋以来道统的伪善，亦不说他借评历史人物来抨击儒家政治的乖戾，单就他有关现代化思想的萌芽或因素说，亦都超过前人。他的平等观至于"天下无一人不生知"（指生而知之者，《焚书》卷一《答周西岩书》），以至"人无不载道"（《藏书》卷二二《德业儒臣前论》），并提出在"道"的面前男女平等（《焚书》卷二《答以女人学道为短见书》）。他提倡"欲"并肯定"私"。"私者人之心"，"人必有私"（《藏书》卷二四《德业儒臣后论》）。好货、好色、多积金宝、多买田地，"凡世间一切治生、产业等事"，都是圣人与凡人"所共好而共习"的（《焚书》卷一《答邓明府书》）。他重视经商，尤其海商。他似乎还把一切社会关系都看做交易关系，"天下尽世道之交也"，孔子与其弟子之间亦是交易，"以身为市者自当有为市之货"，"身为圣人者自当有圣人之货"（《续焚书》卷二《论交难》）。这也是我前面所说"知识价值化"，是一种现代化思想因素。

王、何、李都为他们反传统的新说而斗争不息。王艮自称夜梦天坠、以手托天而悟道，又称"学阐先天秘"，言行不少神秘色彩，盖以此纠集群众，时有人以"黄巾、五斗"目之。何心隐讲河图、洛书、八卦，杂先天象数以证其说。他先将族众组成"聚和堂"，继而为他所宣传的"会"的组织奔走各地，声称"聚才""聚财"，终因此被囚杀。其师颜山农迹遭诬陷。黄梨洲说，"泰州之后，其人多能以赤手以搏龙蛇，传至颜山农、何心隐一派，遂复非名教之所能羁络矣"（《明儒学案》卷三二《泰州学案》）。李贽称王艮"真英雄"，其后"一代高似一代"(《焚书》卷二《书答》)。李本人亦以叛逆言论被逮,自杀狱中。

东林党创建人顾宪成、高攀龙大约宗朱熹理学,但这方面著述甚少。唯他们反抗明廷禁令,争取设书院讲学,颇为轰烈。党人众多,不少在官。他们"讽议朝政,裁量人物"(《明史·顾宪成传》),主要标准是辨"是非"和"君子小人"。"至是非者,天下之是非"(顾宪成《以俟录》序),意非党锢之争,此言属实。而"小人"则主要指阉党,他们的斗争也主要是声讨矿税珰使,不遗余力,为此英勇就义者比比,人以"乾坤正气"颂之。而于新思想因素创见不多,较普遍者为"惠商"思想。顾宪成曾营救被捕商人之子,高攀龙曾上《罢商税揭》。党人李应昇作"曲体商人"和"爱商恤民"论(《落落斋遗集》卷八《上巡道朱寰同书之二》、卷五《答刘念劬书》)。徐如珂倡"恤民不累富"、"贫富两便"说(《徐念阳公集》卷七《候吴县万父母》),颇有新意。赵南星称"士农工商生人之本业"(《寿仰西雷翁七十序》),收入潘锡恩辑《乾坤正气集》),是"工商皆本"说的先驱。

(三)17世纪的启蒙思潮

16世纪的反传统思潮以批判为主,在批判中迸发出若干新的思想因素。17世纪的启蒙思潮则是建立一种全新思想体系,以代替宋明理学。这种新思想体系走上"经世致用"或实学的道路,与当时社会动荡、生灵涂炭、国朝危亡的环境有关,但也是儒学本身发展的规律。原来儒学发展到王阳明已完成它全部哲学化、理论化,同时也更空虚化。学者只讲"明心见性",不问世事,"天崩地解,落然无与吾事"(黄梨洲语)。这是社会不能接受的。经过近五百年,理学已走到它的尽头,再向前只能是否定自己。这时由虚返实,归于经世致用,是很自然的。

实学学者在本体论上与理学家迥异。理学以精神的理为宇宙本元,而顾炎武、王夫之、李塨都是宗宋儒张载的气一元论,以物质的气为宇宙本原。黄梨洲、颜元原属王阳明学派,兹亦改宗气说,"心亦气也"。诸子中王夫之对此大有发明。他提出"实用"概念和气不灭思想,使气一元论完善化。他发展了张载"一物两体"说,提出"静即含动"、无"废然之静"(《思问录内篇》),"今日之日月非用昨日之明"、"惟其日新"才能"富有"(《周易外传·系辞下传》)等辩证法观点。在认识论上,他主张用理性指导感觉,"形为神用则灵,神为形用则妄"(《张子正蒙注·神化篇》);用实证检验思辨,"思辨为主而学问辅之,所学问者乃以决思辨之疑"(《读四书大全说》卷一)。又利用佛家"能"(主观)"所"(客观)的范畴,提出"因所以发能"、"能必副其所"(《尚书引义·召诰无逸》)。在历史观上,他持进化论,要"在势之必然处见理"(《读四书大全说》卷九),即发现历史规律。王夫之的这些观点都具有现代思维的因素。

经世致用学者深恶当时的君主专制政治。黄梨洲说,"为天下之大害者,君而已矣"(《明夷待访录·原君》);唐甄说,"凡为帝王者皆贼也"(《潜书·室语》)。但他们并不想废除君主制,也没有虚君民主思想。黄梨洲主张"君臣共治":"天下之大,非一人所能治,而分治之以群工",君臣应是平等的,若都"以天下为事",则成"师友"(《明夷待访录·原臣》)。又主张"公其是非于学校",使君"不敢自为是非"(同上《学校》)。顾炎武主张"分治":"自公卿大夫至于百里之宰、一命之官,莫不分天子之权,以各治其事",这就是"以天下之权寄天下之人"(《日知录》卷九《守令》)。他主张"寓封建之意于郡县之中"(《亭林文集》卷一《郡县论一》),也是使地方分天子之权。他也提出由民间"清议"来监督吏治(《日知录》卷一三《清议》)。

欲、私、利概念在17世纪启蒙学者中有进一步认识。王夫之说,"随处见人欲即随处见天理"(《读四书大全说》卷八),一反理学家"存天理,灭人欲"的教条。黄梨洲说,"向使无君,人各自私也,人各自利也"(《明夷待访录·原君》),不能发挥自私自利乃君主专制所限。顾炎武于此有较大发明。他说,"天下之人,各怀其家,各私其子,是常情也;为天子、为百姓之心必不如其自为","圣人者因而用之,用天下之私以成一人之公,而天下治"(《亭林文集》卷一《郡县论五》)。为君、为公都不如"自为"之有功效,圣君使人人尽其自为之功,则天下富,即国富。故又说,"合天下之私以成天下之公,此所以为王政也"(《日知录》卷三《言私其豵》)。这是很现代化的思想。

这样，就一改前儒的"富国富民"论为"富民富国"论。其要点有：(1) 中国资源丰富，"苟无害民之政"，一二十年可全面致富。(2) 不仅农桑，凡矿、工艺、商、外贸、借贷皆可生财。他们已摆脱先儒富在"粟帛"的概念，而普遍用"财"即货币价值观。(3) 主张不干涉主义，听民各谋其利，反对国家垄断，于盐法也主张纳税后听民买卖，解禁私盐。(4) 崇尚富人。"大贾富民者，国之司命也。"(王夫之《黄书，大正》) 通过富户消费、雇佣、借贷，"借一室之富可为百室养"(唐甄《潜书·富民》)。(5) 提高"商"的地位。黄梨洲倡"工商皆本"说，而以贩卖迷信品、奢侈品者为"末"(《明夷待访录·财计》)。王源分社会为"士、农、军、商、工"，商重于工，并主张设商部，居六卿之位 (李塨《平书订》卷一一)。

17 世纪经世致用的启蒙思潮蓬勃一时，但至世纪末戛然中辍，而是复兴汉学的乾嘉经学成为儒学主流，其中又以考据学用功最深，成就最大。这主要因为，清人入主中原，为平息汉人反抗，厉行文化专制政策。顺治两颁剃发令，1652 年禁士林"纠众盟会"，1661 年的庄廷钺补刊《明史》案迁延数载，株连两百余人，其吴炎之狱死七十余人。康熙 1673 年《学宫圣谕》有"黜异端以崇正学"、"讲法律以警愚顽"专条。黄梨洲、顾炎武、王夫之均曾参加抗清义军，其说自属异端。而所谓"正学"乃朱熹理学。康熙颁《性理大全》、《朱子全书》，亲制《四书集义》；1712 年谕以朱熹配享孔子，升大成殿十哲之次。朱学成为官学，为科举晋身之阶。然如前所述，理学此时已至日暮途穷，有志之士是不屑于朱子"纲常"说教的。原来，17 世纪已有费密、阎若璩、胡渭等治经学及考据，与经世致用之学并行。18 世纪，文字狱连绵，学者复古以避，经学尤其考据乃盛，成"经学继理学之穷"态势。

清代文化上的逆流更甚于经济上的逆流，17 世纪的启蒙思潮被扼杀殆尽。然亦有它本身原因。当时所谓经世致用之学，正如顾炎武所说，"意在拨乱涤污，法古用夏"(《亭林文集》卷一《与杨雪臣》)。实学诸子无不有"法古"思想，言必六经，向往三代，以至论兼并无不憧憬井田制，论赋税殆皆主张废银，甚至有主张分封诸侯者。又于晚明已流入的西方思想，以"夷夏之防"完全拒之门外。不过，这种启蒙思潮毕竟是不可逆的，到 19 世纪前期的第二次启蒙思潮中出现转机，在接着到来的第三次启蒙思潮中终于引出戊戌变法。

本文参考文献

（以姓氏笔画为序，古籍注在文中）

马克思（1844）:《1844年经济学—哲学手稿》,《马克思恩格斯全集》第42卷，人民出版社 1979 年版，引语见第 122、128 页。

马克思、恩格斯（1845）:《德意志意识形态》,《马克思恩格斯选集》第 1 卷，人民出版社 1974 年版，引语见第 35、59 页。

马克思、恩格斯（1848）:《共产党宣言》,《马克思恩格斯选集》第 1 卷，人民出版社 1974 年版，引语见第 252 页。

布鲁代尔（1979）: *Fernand Braudel, The Perspective of the World*, Happer & Row.

宋祖良（1993）:《拯救地球和人类未来——海德格尔的后期思想》，中国社会科学出版社。

许涤新、吴承明（1985）主编:《中国资本主义发展史》第一卷《中国资本主义的萌芽》，人民出版社。

克罗齐（Benedetto Croce, 1915）: 中译本《历史的理论和实际》，商务印书馆 1982 年版，引语见第 2 页。

李文治（1988）:《明代宗法制的体现形式及其基层政权的作用》，载《中国经济史研究》1988 年第 1 期。

李文治（1993）:《明清时代封建土地关系的松懈》，中国社会科学出版社。

陈学文（1989）:《中国封建晚期的商品经济》，湖南人民出版社。

希克斯（John R. Hicks, 1969）: 中译本《经济史理论》，商务印书馆 1987 年版。

吴承明（1985）:《中国资本主义与国内市场》，中国社会科学出版社。

吴承明（1991）:《近代中国工业化的道路》，载《文史哲》1991 年第 6 期。

吴承明（1993）:《论工场手工业》，载《中国经济史研究》1993 年第 4 期。

吴承明（1994A）:《论二元经济》，载《历史研究》1994 年第 2 期。

吴承明（1994B）:《近代国内市场商品量的估计》，载《中国经济史研究》

1994 年第 4 期。

吴承明（1995）：《16 世纪与 17 世纪的中国市场》，载《货殖：商业与市场研究》第 1 辑，中国财政经济出版社。

吴承明（1997）：《传统经济·市场经济·现代化》，载《中国经济史研究》1997 年第 2 期。

吴承明（1998）：《18 世纪与 19 世纪上叶的中国市场》，载《货殖：商业与市场研究》第 3 辑，中国财政经济出版社。

张玉法（1980）：《中国现代化的动向》，载《现代史论集》第 1 辑，台北联经出版公司。

张海鹏、张海瀛（1993）：《中国十大商帮》，黄山出版社。

张东刚（1997）：《总需求的变动趋势与近代中国经济的发展》，高等教育出版社。

经君健（1983）：《明清两代农业雇工法律上人身隶属关系的解放》，载《明清时代的农业资本主义萌芽问题》，中国社会科学出版社。

林丽月（1991）：《晚明"崇奢"思想隅论》，载台湾师范大学《历史学报》第 19 期。

佩鲁（Francois Peru, 1983）：中译本《新发展观》，华夏出版社。

科恩（Paul A. Cohen, 1984）: *Discovering History in China*, Columbia University Press.

诺思（Douglass C. North, 1981）：中译本《经济史上的结构和变迁》，商务印书馆 1992 年版，引语见第 142、158—159、164—165 页。

侯外庐（1959）：《十六世纪中国进步的哲学思想概述》，载《历史研究》1959 年第 10 期。

梁启超（1920）：《清代学术概论》，中华书局 1954 年版卷首《自序》。

傅衣凌（1982）：《从中国历史的早熟性论明清时代》，载《中国经济史论文集》上册，吉林大学出版社。

傅衣凌（1989）：《明清社会经济变迁论》，人民出版社。

森正夫（1982）：《中国史专题讨论会〈地域社会的观点——地域社会与领导〉报告书》，名古屋大学文学部东洋史研究室版。

舒马赫（E. F. Schumacher, 1973）：中译本《小的是美好的》，商务印书馆 1986 年版。

舒尔茨（T. W. Schultz, 1961）：中译本《论人力资本投资》，北京经济学院出版社 1990 年版。

檀上宽（1993）：《明清乡绅论》，载《日本学者研究中国史论著选译》第 2 卷，中华书局。

魏金玉（1983）：《明清时代农业中等级性雇佣劳动向非等级性雇佣劳动的过渡》，载《明清时代的农业资本主义萌芽问题》，中国社会科学出版社。

魏金玉（1993）：《清代押租制度新探》，载《中国经济史研究》1993 年第 3 期。

魏丕信（Pierre-Etienne, Will, 1995）: *Modernisation Less Science? Some Reflections on China and Japan before Westernisation*, A Selected Pamphlet.

（原载《中国经济史研究》1998 年第 4 期）

经济发展、制度变迁和社会
与文化思想变迁的关系

目前中国经济史的研究可说有三大学派：一派偏重从历史本身来探讨经济的发展，并重视典章制度的演变。一派偏重从经济理论上来阐释经济的发展，有的力求作出计量分析。一派兼顾社会和文化思想变迁，可称社会经济史学派。三者也必然对经济史的理论和方法问题有不同观点和见解。我以为这是一大好事。百家争鸣才能促进学科的发展。如果只有一个观点，用一个声音讲话，我们的经济史就要寿终正寝了。

下面简括一下我个人的看法，但不要以此妨碍同行的不同看法。

历　　史

经济史首先是"史"，是历史研究的一个分支。

历史研究（不是写历史）是研究过去的、我们还不认识或认识清楚的历史实践，如果已认识清楚，就不要去研究了。因此，实证主义是不可须臾或离的治史方法。19世纪末期以来反对实证主义的议论，都集中在历史认识论上。我以为，应当承认我们对历史的认识有相对性（卡尔）、时代性（克罗齐）、思想主观性（柯林伍德），但都可归之于"认识还不清楚"，需要再认识。历史需要没完没了地再认识，否则历史学者都可下岗了。

历史学的首要任务是探求历史真实，史料考证非常重要。50 年代史学革命要打倒历史主义，代之以"科学的史学"。结果出现了模式论，逻辑实证主义和包含目的论、决定论的历史研究法，我看都不足取。

价值判断是中国史学的优良传统。史学本来有实证分析（positive analysis）和规范分析（normative analysis）两种功能。作实证分析时要把所论事物或行为放在它产生或运行的具体历史条件下，不可怨天或尤人。作规范分析时，则是用今天的价值观，不仅评论当时效果，还包括它对后人以至今人的潜在效应，但不要苛求古人。

每个人都有自己的历史哲学，即世界观和历史观。但只应作为思维方法，而非推理根据。"马克思的整个世界观不是教义，而是方法"（恩格斯）；"历史唯物主义……只是……说明历史的方法"（列宁）。我赞成"究天人之际，通古今之变"的思维方法，前句是说经济的发展应与自然界相适应，后句是说要有意识地考察中国历史发展的辩证法。

经　济

经济史是研究各历史时期的经济是怎样运行的，以及它运行的机制和效果。这就必然涉及经济学理论。在经济史研究中，一切经济学理论都应视为方法论；任何伟大的经济学说，在历史的长河中，都会变成经济分析的一种方法。没有一个古今中外都通用的经济理论。"史无定法"，需根据时空条件，问题性质和史料的可能，选用适当的经济理论作为分析方法。

任何经济学理论都要假设若干条件或因素可以略去或不变，否则不可能抽象出理论来。这种假设是与历史相悖的，因而，在应用时必须用历史学的特长来规范时间、空间（地区特点）和考察范围，使理论在小环境内起分析方法的作用。在对待"经济人"这个假设时，还要从社会和文化传统上来规范它。

经济史凡能计量的都应尽可能计量，乃至模糊数学；有时比较值更重要于绝对值，这是史的特点。回归分析要谨慎，例如不少于

十个连续数据。除非当代史，我不赞成用模型，也不赞成用反拟法
（conterfactual）。

经济史利用经济学的理论进行经济分析，但应指出更复杂的历史
条件，提供社会制度、文化习俗等广阔的视野。经济史应当成为经济
学的源，而不是它的流。

制　　度

任何经济都是在一定的制度保障下运行，才能持久。制度机制着
经济的有序运行，要有稳定性；但历史上也常有变迁，尤其像田制、
赋役制度、劳动制度等。这种变迁是不可逆的，表现历史的进步。但
也会出现反复和逆流，造成停滞和倒退。一般说，生产和（或）交换
的发展要求制度的革新，而在一定的生产力水平下，制度的良窳决定
经济的盛衰。

近代经济史是研究传统经济向现代化经济的转变过程，也就是新
的（现代化的）经济因素产生和发展的过程。这种新的经济因素，不
仅要求有一般制度的革新，还要有体制上的（systimatic）以至根本性
的（constitutional）变革，才能完成（以工业化为标志的）转变。这是
西方从重商主义到工业革命的历史经验，也是马克思"交往与生产力"
的理论（该理论认为 16 世纪交换和世界市场的扩大，引起商业制度变
革和政治革命，最后导致机器大工业的建立，见《德意志意识形态》）。

我认为，我国在 16、17 世纪已经产生了现代化的经济因素或萌
芽，也有了赋役、租佃、雇工等制度一定的变迁，但由于一元化专制
统治的牢固和 18 世纪的众多逆流，未能引起体制的和政治的制度变
革，因而未能实现工业化。

社　　会

经济发展和制度变革，必然引起社会结构、群体组织和行为的变

迁；同时，体制和政治的变革，需要创新集团和社会群体两种力量，才能实现。

经济史学者无力研究整个社会，主要是考察人口与分业（士农工商）、宗族制度、等级制度、乡绅和社区组织、消费习俗等变迁，这些变迁反映社会现代化的趋向。

应注意到，经济变迁与社会变迁不是同步的，因为还有其他因素。经济史研究中的非经济因素最大的是政府和文化两项。中国封建政府对促进经济发展和障碍社会现代化的效率都远大于西方中世纪王朝。

文　化

经济发展—制度改革—社会变迁，在最高层次上都要受文化思想的制衡。制衡（conditioned）有双重含义：一方面，不合民族文化传统的制度变革往往不能持久（如人民公社）；另一方面，文化思想又常是社会制度变革的先导，这种先导历史上称之为"启蒙"。

经济史学者，限于精力，只能考察居于主导地位的文化思想；这在西方是基督教文化，在中国就是儒家文化。儒家文化实际上已渗入他家，就国家统治说，大部分历史是"儒表法里"的。

文化思想变迁不是与经济发展如影之随形，不可以经济决定论。就近代史而言，我以为儒学的变化就是自宋以来，它汲取佛老哲学，使自身逐步理性化（李约瑟称之为科学化）。至明王阳明创致良知说，起了解放思想的作用。16世纪出现了以泰州学派、李贽和东林党人为代表的反传统思潮，17世纪出现了以顾炎武、黄宗羲、王夫之和颜李学派为代表的启蒙思潮。但是，入清以后，一元化专制主义在文化上的逆流比在经济上的逆流严重得多，儒学转入经学，万马齐喑。到19世纪以西学改造儒学，才有第二次启蒙思潮。这以后，文化思想的作用又是先导为主了。

（原载《近代中国经济史研讨会1999论文集》，

香港新亚研究所1999年版）

历史观与方法论

经济史：历史观与方法论①

一　历史观

（一）引子：经济史学小史

在西方，经济史作为一门独立学科，是 19 世纪后期从历史学中分立出来的。其分立，是因为经济学已发展成为系统的理论，原来历史学中的经济内容，可以用经济学的理论来分析和解说了。

19 世纪，西方历史学界占主导地位的是以兰克（Leopold von Ranke）为首的史学，被称为历史主义学派（historismus）。他们强调历史世界与自然世界不同，自然世界是普遍一致的，历史则有个性，一国的意识形态、制度、价值观完全受自己的历史发展所决定。他们认为历史学就是要真实地再现和现解过去，所以十分重视历史文献的考证，因而是实证主义的史学。他们十分重视历史事件，详述事件经过，用因果关系联系起来，成为叙述式的史学。在 19 世纪后期，经济史从历史学中分立出来以后，虽然是用经济学理论解释历史，但仍保持着历史主义的特点。如英国的阿什莱（Williams J. Ashley）认为经济学原理不能普遍有效，应用于本国社会需作修正，并需作出历史评价。坎宁翰（William Cuningham）强调经济变动中的政治、心理因素，不能废除传统的史学方法。以施穆勒（Gustav von Schmoller）

---

① 　此文为在中国社会科学院研究生院讲座的讲稿。

为首的德国历史学派，是当时经济史学中一个重要学派，提出经济发展阶段论，并强调作历史评价。总之，在 19 世纪，经济史虽已成为独立学科，但仍主要属于历史学领域。1880 年代牛津、剑桥大学开设经济史课程，都在历史系，属人文科学，相沿至今。法国、德国大学一般不专设经济史学科，也是在人文学院讲授。唯美国，经济史课程多设在经济系，亦有设在历史系者。

到 20 世纪初，已有专用经济学理论研究经济史者，如瑞典的赫克舍尔（Eli F. Hecksher），并认为历代经济史的研究都应从供给与需求入手。但多数经济史学者仍坚守实证主义原则，唯因边际主义和新古典经济学兴起，研究范围扩大，并更多注重要素分析和数据资料。如克拉潘（John H. Clapham）的英国经济史即以考证严密、数据精确著称；托尼（Richad H. Tawney）的英国经济史以人口、土地、价格的深入考察闻世。美国的米切尔（Wesley C. Mitchell）、厄什（Abbott P. Usher）善于将经济理论与统计资料结合，对经济发展的研究作出贡献。荷兰的丁伯根（Jan Tinbergen）创行计量经济史和经济周期论。同时，个性的国别史之外，也向通史发展。汤普逊（James W. Thompson）的《中世纪经济社会史》，各创理论特色的桑巴特（Werner Sombart）的《现代资本主义》、《无产阶级社会主义》和熊彼特（Joseph A. Schumpeter）的《资本主义、社会主义和民主主义》，都名盛一时。

第二次世界大战后，西方发生史学革命，实证主义受到怀疑，历史主义几乎被推翻，社会科学方法进入史学，叙述的历史变成分析的历史。同时，经济学也发生革命，凯恩斯主义盛行，宏观经济学兴起，增长理论成为研究重点，结构主义和制度学派代兴。在两面冲击下，经济史学也发生革命性变化。政治因素外，社会学、人类学、社会心理学进入经济史研究，技术因素外，地理资源、气候环境以及文化、民俗等受到更多注意。传统的因果论受到批判，线性发展被结构分析所代替。经济史面目一新，20 世纪 70 年代奇波拉（Carlo M. Cipolla）主编的《方坦纳欧洲经济史》可资代表。

第二次世界大战后西方的经济史学可说有三大学派。一是 20 世纪 30 年代兴起的法国年鉴学派进入第二代，形成以布罗代尔

（Fernand Braudel）为首的整体观史学。二是以福格尔（Robert W. Forgel）为首的计量史学。三是以诺斯（Douglas C. North）为首的新制度学派经济史学。这三个学派在下篇方法论中再为详述。此外，希克斯（John R. Hicks）于 1969 年出版《经济史理论》，认为世界经济发展的趋势是由习俗经济、命令经济向市场经济转换，各国先后悬殊，并有反复。转换中有四个方面的"市场渗透"，即新的法律、货币、信用制度的确立；财政、税制和行政管理的改造；货币地租和农产品的商品化；自由劳动市场的建立。这个理论颇受中国学者重视（《经济史理论》有中译本，商务印书馆 1987 年版）。

以上是说西方。在中国，其实很早就有经济史，《史记·货殖列传》中就应用了"善因论"的自然主义的经济理论。不过，历代的《食货志》之类都偏重于典章制度，未能成系统的经济史。系统的经济史是 20 世纪早期学习西方建立起来的。

（二）西方的历史哲学

18 世纪，西方理性主义盛行，许多学者都对历史的演变提出理性的系统观念，即历史哲学。它是研究历史发展中一般性、规律性的问题，故又称元历史（meta-history）。最早的历史哲学著作是意大利维科（Giovanni B. Vico）1725 年发表的《关于民族共同性的新科学原理》。此后重要的有康德、黑格尔、马克思、汤因比（Arnold J. Toynbee）的历史哲学。马克思的历史哲学，主要是他的历史唯物主义，大家都已熟悉，我不再谈。仅将其他几种略作介绍。

维科首先提出"人类自己创造历史"的命题；由于是自己创造的，人们能认识它。这就破除了中世纪上帝创造历史的神学历史观，也批判了 17 世纪以笛卡儿（René Descartes）为首的怀疑论，这种理论认为历史无普遍意义，不能作科学研究。

维科认为各民族历史的发展都经历了三个时代：（1）神祇时代：特征是家长制、农耕，尚无国家；（2）英雄时代：特征是贵族政府，诗歌文学，以勇武和忠心为基础的道德；（3）古典时代：特征是民主共和或代议君主制，有了科学和工业，诗让位给哲学，理性道德代替了英雄主义。但古典主义繁荣之后，人们奢侈成风，嗜杀成性，战争不息，人类又回到野蛮主义。这将导致三个时代的再次重演，但思想已占支配地位，重演不是重复，而是在更高起点上的新过程。

维科认为，造成这种规律性运动的是天意（providence），而直接推动历史发展的动力是人性的恶，即自私自利和自爱的暴力。唯人性的恶受天意制约，天意使人在有了家庭之后也希求家庭的福利，在城邦国家时代也希求本城邦的福利，在进入公民社会后希求自己的和民族国家的福利。如果各民族国家经过战争、和约、通商而联合起来，也会希求自己的和全人类的福利。总之，人的本性是随着文化和物质相争相胜而演变的，这构成历史。但历史不能预示未来，和柏拉图不同，史学家不要作预言。

维科还提出了一系列研究历史的方法，以及史学家常犯的错误。他的书简称《新科学》（*Scienza Nuova*），有中译本（人民文学出版社1966年版），思想丰富，值得一读。

康德是二元论者。他认为，人类的活动就其本体说是精神的，和自然界的本体（物自体）一样，是不可知的。历史研究，即史学家所看到的，是这种精神活动的现象。一切现象都属于自然，因此，人类历史可以看做是大自然的一项隐蔽的计划，它按照自然规律演进，目的在实现一个理性的"世界公民"的社会。这种规律，按照康德的认识论，是人们根据先验的理性原则，对于历史现象（以及自然现象）的认识，也可以说，是人的理智赋予客观的。

康德认为，人的本质是自由，人有天赋的善良意志，按照善良意志展开自由，就是历史的使命。但人又是自然的生物，自然赋予他自求生存和享乐的本能。这就形成了道德与幸福的矛盾，这种矛盾又表现为人的社会性与非社会性的矛盾。人的自私自利，即人性的恶，推动人勤奋努力，克服自然障碍，享受幸福。人的非社会性，使人与人处于对抗状态，导致战争和犯罪。这就需要人们进入理性的"自律"，即进入制定宪法和法制的国家，使个人在不侵犯他人的自由的前提下享有自由。这也就是迄今人们按照理性发展的历史。但是，国家与国家之间的野蛮对抗仍在继续，那要等到在世界范围内建立理性的自律才能解决，即康德所称"世界公民"的"目的王国"。然而，那将是在遥远的未来，照康德看，人类的"目的王国"只能是在"彼岸"的事。

康德的历史哲学有篇 1784 年发表的论史《一个世界公民观点之下的普遍历史观念》，中译本见《历史理性批判文集》（商务印书馆 1990 年版）。

黑格尔破除了 18 世纪流行的二元论，把精神、自然界和历史描绘成一个统一的辩证法运动过程。他以"绝对精神"为一切事物的本原。绝对精神的逻辑的运动，外化为自然界，有了物质世界；物质世界的运动，产生人类，有了历史；人类历史的运动，又发展出一个更为完善的精神世界。这就是"正反合"。恩格斯说黑格尔的辩证法是头脚倒立的，把它颠倒过来就意味着：精神或者思维，在物质和人类历史的发展中，显现和完善自己。而这就是马克思历史哲学的思路了。

黑格尔认为，自然界是一次又一次地重复自己，人类历史则决不重演，每次都有新的东西，历史就是旧事物的消亡和新事物的取代。

黑格尔认为，人的本质是自由，世界历史的历程也就是自由发展的进程。在古代东方王国，只君主一人是自由的，所有臣民无异奴隶。到希腊罗马世界，人们认知了一部分人的自由，并肯定于法律。到今天日耳曼世界（指普鲁士王国），便认知全体人都是自由的了。他说，"国家乃是自由的实现，也就是绝对的最后目的的实现"。他把中世纪神学的"天国"搬到人间，把康德的"目的王国"从遥远的未来搬到现世。而他所说的自由是严厉的普鲁士法律下的自由，与马克思所说的自然主义与人道主义统一的"自由王国"完全不同。

黑格尔认为绝对理性（绝对精神）是历史发展的原动力，但它要通过直接动力才能发挥作用，直接动力就是人类对自我利益的"热情"。"理性的狡黠"命令热情驱使人们奋斗，推动科学进步，控制自然界，牺牲他人以利己，世界充满斗争。恩格斯说，"在黑格尔那里，恶是历史的发动力"。其实这是西方哲学的传统。在中世纪神学，历史的动力源于人类有"原罪"，需神来拯救。在维科和康德那里，历史的动力是人性的恶。黑格尔把人性的恶归之于"理性的狡黠"，这就把它合理化，与自由同质。所以他说，"在（普鲁士）国家里，自由获得了客观性，并且生活在这种客观性享受之中"。

以上引语见黑格尔的《历史哲学》（有中译本，三联书店 1956 年版）。

汤因比是最后一位历史哲学家，他的《历史研究》发表已是20世纪30年代。他以社会文明作为研究历史的单位，共考察了自古埃及到当代的21种文明。他认为，在人类几十万年的历史中，文明的出现不过是短暂的几千年的事情，因而这些文明都可视为同时代的。他考察了这些文明的渊源及其相互关系，结论说，在哲学上，所有文明都是等价的（价值相等）。这就突破了中世纪以来的历史一元论、康德以来的主体历史论、工业革命以来的欧洲中心论。这是史学思想的一大贡献。

汤因比认为，各种文明都是在"挑战和应战"（语出《浮士德》）中发展的。文明不是起源于安逸乐土，而是产生于克服艰苦环境。能不断战胜挑战，文明便发展；应战失败，文明会衰落以至灭亡。他列举了五种挑战，其中人为的多于自然条件的，内部的多于外来的。他观察到，一种文明"成长"之后，往往会出现一个"混乱与苦难"时期；于是，人们建立起有权威的"大统一国家"以阻止文明解体；但随之而来的往往是一个作为"间歇时期"的黑暗时代。这显然是来自欧洲的经验。不过他说，军事扩张、技术进步都不是文明成长的真正原因，真正的进步是社会精神解放出来，应付挑战。文明衰落的原因通常是精神的而非物质的，摧毁文明的主要是内部斗争。

汤因比还认为，文明成长的动力是来自有创造能力的少数人或少数人组成的小社会。他们常是先"隐退"，以思考真理，再"复出"来领导群众，应付挑战。这就不同于西方传统的"英雄"史观，而接近于中国的"圣贤"史观。

汤因比的《历史研究》篇幅太大，通常是用经他审定的缩写本，其中译本亦有三册（上海人民出版社1956—1964年版）。所叙史实不免纰漏，但花点工夫看看有好处。

20世纪以来人们已很少谈历史哲学了，史学理论的讨论脱离本体论转入认识论。有人把维科至汤因比的研究称"思辨的历史哲学"，把这以后的史学理论称"分析与批判的历史哲学"。不过，我以为汤因比以后的史学理论主要不是历史本身即元历史问题，而主要是批判实证主义和历史分析方法的研究，因而我把它放在方法论中去讲。

（三）中西历史观的比较

上述历史哲学，是欧洲18世纪启蒙运动以来理性主义的产物。而历史观的演变，在中国可上溯到春秋战国，在西方可上溯到希腊罗马，并均应下延到今天。历史观的内容十分繁杂，不能详谈，只能选择其最基本的观点。马克思、恩格斯在论历史观时，曾着重讨论了两种观点，即对人与自然界的关系的看法、对人与人之间关系的看法（《马克思恩格斯选集》第1卷，第43—44、48—49页）。而在认识论上，这两者也都是对思维与存在关系的看法。下面讲历史观，我就只讲对人与自然、人与人、思维与存在这三个关系的看法，其余只附带提及。

人与自然的关系中国叫天人关系。儒家、道家、法家对天人关系有不同看法，但秦汉以后融合了。

儒家的天是神意义的天，天有意志。孔子讲天命，孟子讲天志，荀子讲天职天功，天都有意志。因而，儒家的历史观中有目的论色彩，但不浓厚，比起恩格斯在《自然辩证法》中所批判西方古代哲学的目的论，简直算不了什么。决定论，除个别如五行生克说外，在儒家历史观中是很淡薄的。儒家虽是神义的天，但人与天是相通的，可知的。孔子知天命，孟子更是"万物皆备于我"。这也就是主体与客体、思维与存在有同一性。

这里讲一件事。荀子有"制天"的话，今人多解为人能制服天，一如英国培根（Francis Bacon）所说人征服自然界。这大约出自今人的革命哲学，古人不这样讲。王念孙说"制天"是"裁天"误书，章太炎、胡适从之。照我看，"制"可作"法、则"解，"大天而思之，熟与物畜而制之"，物畜即积蓄，以天为法则积蓄财物，亦《大雅》"天生蒸民，有物有则"之意。"从天而颂之，熟与制天命而用之"，意以天命为法则来应用。总之，儒家历史观中，天人相通，天人之间是和谐的关系，没有人与天对抗的意思。

儒家思想中，人与人之间是以"仁、义"为基础的协调、合作关系。这里，荀子有"性恶"说，但他说正因为性恶，人才"欲为善"，并且都可以成为禹那样的善人，即使不能成为禹，也"无害可以为禹"。当然，在等级社会中，都有等级对立，不在哲学上人际关系之列，正如希腊哲学中不考虑奴隶那样。

先秦道家即老庄的天，完全是自然意义的天，"无为"的天。道家的历史观中一般没有目的论。"人法地，地法天，天法道，道法自然"；法是法则之意，不是对立。天与人、人与人、主体与客体、思维与存在，都是一致的，用哲学话说，有同一性。

先秦法家，主要是在治国与治军上主张法制，而在天人关系上，除商鞅宗儒外，都宗道家。韩非在《解老》篇里还首创一个"理"字，"万物各有其理"而"道尽万物之理"，给万物协调、也给立法治人找到理论根据。

秦汉之际，法家已被融入儒家，所谓"儒表法里"。这时儒家又吸收了道家的世界观，讲无为，即所谓"黄老之术"。再加上儒家和道家都很精通的辩证法思维，就形成司马迁的历史观，可用两句话来概括："究天人之际，通古今之变。"这种历史观用现代语言描述就是：人与自然界是可以相通的（communicable），人类社会是同质的（homogeneous），历史的发展是辩证的（dialectic），思维与存在有同一性（identity）。人间有苦难、战乱、罪恶，但正如自然界有日食、地震、灾荒，通过"变"，即向对立面转化，会归于祥和。司马迁还认为这种变有周期性。

这以后，中国政治上有变化，如"无为"变为专制，思想上有波澜，如魏晋玄学、隋唐佛学；但这种"究天人之际，通古今之变"的历史观，基本上延续下来，直到宋代才发生变化。

再来看西方的历史观。西方的自然观，从古希腊起，直到19世纪，都是神意义的天，很少例外，所以在历史观上有浓厚的目的论，以至决定论。

希腊哲学，人与自然界的关系还是和谐的，人与人之间要求真善美。但自公元前5世纪的泰勒斯（Thales）起，就强调主体与客体的对立，成为西方哲学的传统，以致在认识论上常导致思维与存在的分离，并为各种形式的二元论和自我的历史观开辟道路。

柏拉图实际是二元论者。他没有说明一切事物的基质是什么，但一切事物都是由于"理念"参加进来才变为存在，不是历史地存在；

从这一点说，有非历史主义倾向。他的最高的理念是善，或逻各斯（Logos）生成万物，这成为西方哲学常用的概念。而这也使柏拉图的世界观有着严格的目的论。在人与人的关系上，他提出智慧、勇敢、克己、正义四种德性，他的《理想国》主要是教化群众实现这些德性；这比较接近于中国儒学。

亚里士多德认为宇宙是永恒运动的物质，而其运动形态是由理念推动的，所以是存在一元论者。他并承认思维与存在的同一性，在此基础上，创立了三段论的逻辑学，成为西方哲学和科学推理的主要方法，这一点比中国高明。但用逻辑推导历史，也会违背实证，有非历史主义的毛病；亚里士多德对"第一推动力"的论证就是这样。在人与人的关系方面，亚里士多德很注意节制、中庸的态度和高尚的德性；他的国家论也偏重于教育培训良善公民。但他有个"整体先于部分"的原则，在理性上国家先于村社、家庭和个人，与中国修身、齐家、治国之道相反。

到中世纪，西方的神学哲学创造了一个全新的历史观，也可说是对希腊罗马历史观的否定。这个历史观认为，人类历史只是永恒天国的一个暂时的阶段，其目的在于拯救陷于"原罪"和各种罪恶中的人类。这是首次提出"历史的目的和价值"这一命题，成为18、19世纪西方历史哲学讨论的中心。在神学的历史观中，天人关系和人与人的关系都是上帝安排的，唯实论和唯名论的争论并不改变这种历史观，只是唯名论者认为罪是人类的个人行为，而非共性而已。在认识论上，作为这种历史观的经典的托马斯·阿奎那（Thomas of Aquinas）的《神学大全》，竟全部是用三段论法的逻辑论证的。用恩格斯批判黑格尔的话说，"方法为了迎合体系，不得不背叛自己"。

（四）理性发展的道路

15世纪，欧洲的文艺复兴、宗教改革冲破了神学藩篱，理性哲学的发展又给神学历史观一次否定。理性主义的发展，促成欧洲近代科学的建立，18世纪以自由、平等、博爱为号召的启蒙运动和民族国家的形成，这也就是西方社会的现代化过程。历史学可把"现代化"定义为"理性化"。

这期间出现许多理性主义大师，他们大体可别为两派：一派是经验主义者，理性来自经验，如培根、洛克（John Locke）、休谟（David Hume）；一派是唯理主义者，不反对经验知识，但认为真正的理性原则是先验的，如笛卡儿、斯宾诺莎（B. de Spinoza）、莱布尼兹（Gottfried Leibniz）。尽管学派不同，他们都对欧洲的现代化作出贡献。18世纪晚期，康德力图统一两派的世界观，实际是集各家理性观点之大成，代表一个时期的主流思潮。康德的历史观，前面已略作介绍。可以看出，在人与自然的关系上，已不是希腊哲学那种自然的和谐，而为二元论和不可知论所代替；他的先验论的理性判断，突出了主体的作用，实际是我凌驾于自然。在人与人的关系方面，虽然说善良意志是绝对的，但只能是在"彼岸"；在国家论上，抛开了希腊哲学的教化育人，而专注于运用权威和法律，以对付人性的恶。19世纪初的黑格尔的历史哲学，在认识论上有革命性的变化，但更强调了国家和法律，更强调了主体，成为一种自我的历史观。

西方理性主义的功绩，主要表现在科学发展和民族国家的富强两个方面。16世纪的培根就提出征服自然界的号召，他的名言"知识就是力量"即指征服自然界的力量。以后西方科学的发展都是朝着破坏自然界的平衡以满足人类欲望这个方向进行的。1859年达尔文的进化论问世，讲生物界的生存竞争，不惜吞食和消灭对方，而这都是合理的。进而形成社会达尔文主义，人与人之间也变成了你死我活的生存竞争。国家理论、契约说代替天赋人权说，工具主义又代替契约说。原来，西方民族国家在形成中就开展了掠夺成性的殖民主义，发展为帝国主义，战争不息。政治学只能讲强权政治，民族压迫在教科书中被标为"白种人的责任"。社会人类学提出"类意识"的理论，一个社会共同体内部要排斥非同类的成员。这比之中国理学的"民胞物与"思想，不啻霄壤。最明显的是经济学，影响历史观也最直接。经济学提出利益最大化原则，为使利益最大化，人们可以无限地消耗地球上有限的资源，政府和人民处于靠契约维持的利益对立关系，而人与人之间都只能在市场上尔虞我诈。经济学设定每个人都是理性的人，演化至今，由于"理性预期"可使一切公共政策变得无效；又因个人理性超过集体理性，一切交易行为都会变成博弈。最近两届诺贝尔经济学奖都授予了博弈论者。

西方理性主义取得胜利的一个重要原因是运用了逻辑学思维方法。逻辑学经培根、笛卡儿、莱布尼兹的改造成为一种严密的科学，它包括归纳、分析、实验，而最重要的是严密的推理演绎程序。用这种方法，可以检验一种理论、设想或计划的合理性与可行性，并按照一定程序使之变为现实。西方近代科学的发展，民族国家的形成，富国强兵和工业化的实现，都借助于这种方法。近年来，人们把借助于这种方法实现的现代化或理性化称之为"工具理性"，以别于向往于真善美世界的"道德理性"或"价值理性"。这种命名亦非新撰，原来亚里士多德的三段论法逻辑学即被编入《工具篇》，1620 年培根把他的方法论著作称为《新工具》。工具理性又被称为"功能理性""目的理性"。其含义是，这种理性，可以通过逻辑程序，有效地实现人们预期的目的，而不管这样做是否违反道德原则。像谋取最大利益的经济学，就是一种典型的工具理性。而道德理性一般不具有工具性。

回头来看中国。中国的理性主义即宋明理学，它出现甚早，而长期效果未彰，即告中辍。19 世纪以后中国的理性化或现代化，反是借助于西方理性主义的输入。良可浩叹。

北宋 11 世纪以来，即有周敦颐、邵雍、张载、程颢、程颐等理学家出现，各有所长，南宋朱熹集其大成，完成体系。朱学以理或天理为宇宙本原，以气为物质材料。天理以"理一分殊"（一般与特殊）方式转化为万物之理，使得气按阴阳（正负）的对立统一运动形成万物。宇宙万物统处于"大化流行"即互相交换的运动状态。这种本体论与康德不同，主体通过穷理尽性可认识现象，也可认识本原（理），主体与客体、思维与存在有同一性。在天人关系上，宋儒正式提出"天人合一"命题，即天道与人道的同一，也是认识世界与认识自身的同一。在人与人的关系上，以仁义为人际交往最基本的理。和西方不同，宋理学家差不多部是人性善论者，把人的私欲归之于气有浑浊或外界诱惑，因而要求人通过理性知识，自我修养，"存天理，去人欲"。一切又要以心"诚"为本，致"中庸"即中和之道。待人接物普遍宽厚，"民吾同胞，物吾与也"，以至世界大同。

李约瑟（Joseph Needham）把朱熹理学视为中国传统儒学的科学化。宋代科学技术居当时世界之冠。李约瑟估计可抵 18 世纪英国工业革命前的水平。但中国迄未能自行发展出近代科学来。朱熹也讲"格物穷理"，认为是知识的来源，而实际上他所讲的都是伦理道德之理，不讲物之理。儒家没有西方哲学那种讲物理学的传统。可以说，朱熹的理学是"道德理性"，没有"工具理性"，这也使中国理性化的道路与西方迥异。儒家辩证思维很高明，但缺乏逻辑学思维，这又是缺乏工具理性的重要原因。道德理性不能工具化，就变成教条，变成"三纲五常"，日益僵化。12 世纪出现的陈亮、叶适的富国富民之学，也因缺乏工具性，渐行衰落。

15 世纪末兴起了王守仁的理学。他反对朱熹的"理在事先"的观点，继承南宋陆九渊"心即理"的观点，认为"心外无理"。提出"以天地万物为一体"，"视天下犹一家"，不要"问形骸而分尔我"。这是破除了形而上（理）与形而下（万事万物）的界限，并破除了主体与客体界限的彻底的思维与存在同一的观点。而王守仁最大的创造是他的"致良知"说。他认为，人心本无善恶，善恶是"意"的作用，用理性来认知善恶，去恶存善，便是致良知了。致良知说纯属唯心论，但提高了个人理性思维的价值。他说，"学贵得之于心，求之于心而非也，虽其言之出于孔子，不敢以为是也"。孔子之言可破，还有什么教条不可破呢？

于是，16 世纪就产生了泰州学派、何心隐、李贽以及东林党人的反传统思潮。他们批判朱熹以至传统儒学的教条，讽议时政；他们不少人肯定了人的私欲，分别提出了自由、平等、博爱的概念（唯未见民主思想）。这个思潮很激烈，并有组织活动，不少人被系狱，以至身殉。17 世纪，兴起了顾炎武、黄宗羲、王夫之以及唐甄、颜李学派的启蒙思潮。他们以"经世致用"之学为号召，反对君主独裁，进一步肯定欲、私、利，提出令百姓"自为"，国家少干预，以及富民、解禁，"工商皆本"等主张。唯其论证限于义理，缺乏工具性。旋清人入主中原，厉行文化专制，文字狱连绵，蓬勃一时的启蒙思潮戛然中辍。

清代儒学回到经学，儒学的理性化可说以失败告终。到 19 世纪后期，吸取西方的科学和工具理性，兴起"新学"，才渐获成效，即洋务运动、戊戌变法、辛亥革命。

这里，我略谈马克思主义的历史观。马克思在《1844年经济学—哲学手稿》中就提出了人与自然界的同一性问题。人是以社会的存在与自然界交往的，并通过劳动改变自然界对人的作用。人的本质是自由，但在现实社会中，人已自我异化，成为被迫劳动。要经过严厉的阶级斗争，实现共产主义，才能实现全面的自由劳动。这就是他在《资本论》中所说的由"必然王国"到"自由王国"。他在上述《手稿》中说，"共产主义，作为完成了的自然主义，等于人道主义；而作为完成了的人道主义，等于自然主义，它是人和自然界之间、人和人之间矛盾的真正解决"。而这也就是"历史的全部运动"。

列宁在《哲学笔记》中讲"发展是对立面的斗争"，也讲"发展是对立面的同一"；而在《谈谈辩证法问题》中，他认为正确的发展（进化）观"是对立面的统一"。到斯大林，就斩钉截铁地说，"从低级到高级的发展过程不是通过现象的和谐的展开"，而是通过"矛盾的揭露"和"对立倾向的斗争进行的"（《论辩证唯物主义和历史唯物主义》）。

（五）理性主义的反思

西方的理性化或现代化，从工具理性看，确实成绩辉煌，人都要遨游太空了；但从价值理性看，生态破坏，道德沦丧，离真善美更远了。这就不能不引起反思和批判。20世纪50年代，卢卡齐（George Lukács）在《理性的毁灭》中说，1848年以后，西方资产阶级走向反动，西方文化也由理性转向非理性，20世纪已是非理性的世界了。20世纪60年代，舒尔茨（Theodore Schultz）提出《人力资本论》，要求重视人的价值，注意智力投资。20世纪70年代，舒马赫（E. F. Schumacher）发表《小的是美好的》，批判西方讲效率不讲道德，错误在于"人对自然的态度"，人属于自然，却把人作为征服自然的外在力量。20世纪80年代，佩鲁（Fran cois Perroux）出版《新发展观》，要求人与自然界和谐发展，并重视文化的决定性作用。这些书都有中译本。《小的是美好的》(商务印书馆1986年版),值得一看。

20世纪70年代起,西方兴起后现代主义思潮,声势日隆。这个思潮并未形成系统理论,而是分别批判西方现代资本主义社会尤其文化思想。我择其有关历史观的几个问题,略作介绍。

1. 人与自然,人与人的关系问题

后现代主义者一般反对西方哲学本质与现象分离、主体与客体对立的观点。以后现代主义先驱者、存在主义大师海德格尔(Martin Heidegger)为例。海德格尔认为本质和现象都是存在,本质以生成方式由本体向显体展现,犹如种子成长为树木。这与宋儒"体用一源"、"显微无间"的论点相仿。他认为,人与自然界不是主体与客体的关系,而是人"关切参与"(Sorge,中译本作"操心")自然的关系,晚年,他在《论人道主义的信》中描述人与自然界共存共荣,则颇有天人合一味道。在人与人的关系上,他认为人都是"共同存在"的,共同分享这个世界,因而人与人之间的互相关切参与(操心)的关系具有意向性和伦理价值。

海德格尔的主要著作《存在与时间》在中国已颇流行(中译本三联书店1999年第2版)。

海德格尔的弟子雅斯贝尔斯(Karl Jaspers)发挥了自由个体之间关切交往的论点,他称为"传导"。没有孤立的人格,人与人之间总有相互关系的机制和准则,而历史应视为不同时代人之间的传导,人类以此实现自由。

稍晚出现的后现代主义大师哈贝马斯(Jurgen Harbermas)提出系统的"交往理性"理论。他称之为"历史唯物主义的重建",不过是从社会关系立论的。他认为,在家庭、部落时代,人们可以自由交往,与现实社会的关系还是比较一致的。阶级社会造成两者分离。到现代资本主义社会,人异化为物,丧失人的自由,一切现实社会关系都由金钱和权力支配。要重建后现代社会,必须恢复人与人的交往理性,开展诚意的对话,通过沟通和协商,稳定群体的团结和个人与群体的协调,促使社会整合。原来,海德格尔曾从本体论上把理解和认同看做人类历史的一个基本方面。哈贝马斯从人与人关系上论证,说他的交往理性是"主体间关系",等于破除西方主客体论的传统。

这一点与中国仁学的论点有一致之处。

2. 理性化或现代化问题

后现代主义者不少人否定理性，认为世界根本不是理性的，而是由混沌、个别和差异组成，世界是非同质的，即所谓"后结构主义"和"解构论"（deconstructionsim）。因而人们在思想和选择上没有一致性。理性主义要求人们有规范行为，只能出于强迫，而强行一致就是暴力、压迫、恐怖主义（如军备以至核武器）。这就形成一种非理性主义历史观，认为18世纪以来的理性化或现代化是个历史错误，到20世纪，它以失败而告终。

但不是所有后现代主义者都是这样。很多人实际是批判工具理性，并不反对道德理性。批判大都由于资本主义的阴暗面引起，并集中于18世纪启蒙运动以后，因为在文艺复兴、宗教改革时期还是讲道德的。哈贝马斯就不否定18世纪以来的现代化，认为它是一个没有完成的理想，一项未竟事业。它的错误在于"野蛮的工具理性"由科学经济领域侵入了道德价值领域，它扭曲了人类的交往，变成"伪交往"。他提出在现代化过程中，道德或价值理性应该主导工具理性，价值观应该约束科学技术。

3. 历史一元论和中心论问题

历史一元论的基础是价值一元论和文化一元论。这种一元论源于希腊哲学的"逻各斯"理论，到中世纪基督教哲学达于绝对化，好像世界所有文明都来自《出埃及记》。18世纪，维科和赫德尔（Johann G. Herder）提出文化多元论。康德读了他的弟子赫德尔的著作后研究历史哲学，但他持一元价值论，提出"世界公民"的历史观。黑格尔更是完全的历史一元论和中心论者，中心即普鲁士王国。工业革命以后，出现西欧中心论。19世纪，出现历史发展阶段论，把各民族文明差异归结为西欧历史发展的不同阶段，落后者是处在西欧的早期阶段，希望他们按部就班前进。

后现代主义者在哲学思想上差不多都是多元论者和非中心化（decentering）论者，在历史观上也是这样。如有人认为世界本来是差异的、多样的，先进和落后都有其存在价值。著名的后自由主义者柏林（lsaiah Berlin）批判"世界公民"思想，提出各种文化价值的"不可通约性"，不能用一个尺度来衡量，甚至不可兼容，自然不能有一个中心。历史学家斯宾格勒（Oswald Spengler）和汤因比都是文化多元论者。斯宾格勒认为每种文化都会由盛而衰，因著《西方的没落》，世人瞩目。汤因比在《历史研究》中认为西方文明可免于衰亡，但不能靠物质力量，而需要一种"终极的精神"。晚年，他把注意力转向东方，他在1975年与池田大作的对话中说，将来文化上统一世界的不会是西欧化国家，而是中国。

4. 历史的连续性问题

后现代主义者很多人认为历史是非连续性的。有的是从强调个别性出发，世界上的事物彼此没有必然的联系，历史上的事物也没有纵向的必然关系。有的是从后结构主义立论，强调社会的非同质性，那么后一代与前一代也没有必然的同一性。后现代主义的领袖人物也是历史学家福柯（Michel Foucault）对此有深刻的研究，他号召新的历史学家应该去寻找历史上"断裂的现象"和"转换的原则与结果"。

历史非连续性的论断看来是不能接受的。今天我们的问题正是要反对割断历史，似乎一场革命就可与过去一刀两断，重新创造，在一张白纸上绘新图画。马克思在论法国大革命时说，人们创造自己的历史，但不是随心所欲，而是在"从过去继承下来的条件下创造"（《马克思恩格斯选集》第1卷，第603页）。他在论历史时说，"历史不外是各世代的交替"，每一代必须接受前一代留下来的"生产力总和，人和自然以及人与人之间的历史上形成的关系"（《马克思恩格斯选集》第1卷，第43、51页）。这三者是不能割断的，只能继承下来进行改造。

不过，对于福柯的非连续性历史观也不能闭目了之，需作些说明。

中国的史学传统一直是重视连续性的，这在历史观上就是"通古今之变"。西方不是这样。早期西方史学都是一件一件的故事，互不联系。鲁滨逊（James H. Robinson）的名著《新史学》说，直到文艺复兴时代，史学中时间错乱的现象还习以为常，历史连续性的概念是19世纪才建立起来的。福柯也说"19世纪成为历史学的世纪"，他所批判的正是这时期的史学。他说，这时期的史学设定了一个永恒的真理，把合理性作为人类的目的，又受进化论影响，排除断裂现象，把历史写成人类不断完善自己、理性不断增强的历史。19 世纪末，更把社会归结为某种单一的形态，某种同质的文明，排除个体，历史抽象化。福柯声讨的正是这种有发展而无变革的目的论的史学。

福柯认为，启蒙运动以来的史学是一种以人为中心的主体主义史学，人创造一切。而这种理性的人，是由权力建构的。权力认可的理性，压迫一切异论。他从笛卡儿的《方法论》中看出理性（工具理性）的极权性，又在众多论述中加以论证。他反对这种以权力为基础的主体主义史学。

福柯主要是研究文化史和思想史，他把思想认识称为"知识型"(episteme)。他认为，启蒙运动以后在科学、哲学、文学等方面的知识型不是继承古典时期的原型而来，而是古典认识的断裂和非连续性转换。因而他在《知识考古学》中宣告"历史已死亡"，提出建立"新历史"。

建立新历史，福柯要求用非连续性概念来划分历史的系统和层次，发现历史过程的界限，变动曲线的转折点，历史事物功能的极限。他反对传统史学的永恒真理论、目的论、线性发展和因果链模式，而强调断裂和转换。他说，这种新历史的最初阶段可上溯到马克思。他们知道，马克思曾说过"历史的动力……是革命"。看来，福柯的断裂和转换亦有变革、革命的意思，也可以说，是从积极方面来解释"通古今之变"。

福柯的论述集中于 *Dits et Ecrits*，中译本《福柯集》（上海远东出版社 1998 年版）。

总的看，20 世纪 50 年代以来西方新的历史观多少都有向中国历史观靠拢的倾向。

二　方法论

历史观和方法论是不可分的，在研究具体历史问题时，一切史学理论都可视为方法论：思维的方法或者论证的方法。列宁说："历史唯物主义也从来没有企求说明一切，而只是企求指出'唯一科学的'

说明历史的方法。"(《列宁选集》第 1 卷，第 13 页) 不仅如此，恩格斯说："马克思的整个世界观不是教义，而是方法。"(《马克思恩格斯全集》第 39 卷，第 406 页) 在论及历史观时，马克思说，它们"充其量不过是对人类历史发展的观察中抽象出来的最一般的结果的综合。这些抽象本身离开了现实的历史就没有任何价值。它们只能对整理历史资料提供某些方便"(《马克思恩格斯选集》第 1 卷，第 31页)。这话也许有点过分，不过，"方便"可理解为方法。

前已言及，我还把被称为"分析与批判的历史哲学"列入本篇方法论中。经济史研究中还需应用经济学、社会学、人类学等理论，也都在本篇中论及。本篇方法论，限于篇幅，我也只讲有关理论和原则，不讲具体操作方法。又主要是讲西方，中国方面另有专篇讲述，从略。

我主张"史无定法"。研究经济史，唯一根据是经过考证的你认为可信的史料，怎样解释和处理它，可根据所研究问题的性质和史料的可能性，选择你认为适宜的方法，进行研究。不同问题可用不同方法；同一问题也可用多种方法来论证，结论相同，益增信心，结论相悖，可暂置疑。

我写过一篇《中国经济史研究的方法论问题》(载《中国经济史研究》1992 年第 1 期)，举了些实例，有兴趣者可参阅。

(一) 实证主义和有关问题

实证主义是研究历史的基本方法，不可须臾或离。中国史学自司马迁起就是实证主义的，宋代加入义理，并改进因果论证。清代考据学、训诂学出现盛况，20 世纪初兼采考古学成果和西方考证方法，益臻完善。20 世纪 50 年代一度陷入教条主义，但未放弃实证原则。近 20 年来，大量发掘史料，考证范围扩大，博采详究，举世称盛。

西方史学曾长期受制于神学，继受浪漫主义影响，至 19 世纪初始有兰克的实证主义史学，故称兰克为近代史学之父。当时主要用语言学和法学方法考证历史文献，诠释经典著作，成绩斐然。不久进化论问世，考古和自然科学方法进入实证主义，麦特兰 (F. W.

Matiland）史学名重一时。继之欧洲各国开放档案，史学家信心十足，19 世纪末阿克顿爵士（Sir John Acton）受命编纂《剑桥近代史》时，相信他们是在为"终极的历史"作准备。然而，就在此时出现了批判实证主义的历史哲学，20 世纪 30 年代出现相对主义认识论，20 世纪 50 年代出现逻辑实证主义，20 世纪 60 年代又有后现代主义的解释学，都是批判实证主义史学的，但是，所有这些并未根本动摇实证主义的基础，而是以新的观点丰富了史学理论，也丰富了实证主义方法论。

19 世纪末 20 世纪初批判实证主义的历史哲学可以狄尔泰（Wilhelm Dilthey）、克罗齐（Benetto Croce）、柯林伍德（Robin G. Collingwood）为代表。

原来孔德（August Conte）创建的实证主义，是把一向视为艺术的历史学纳入他的社会学，比同于自然科学，用归纳、演绎等科学方法确立历史事实，再寻找规律。狄尔泰指出，历史学是研究精神的，与研究物质的科学不同，不能用科学的方法。史学家和他所研究的对象（历史事物）都属"个体生命"，有同一性。真正的历史知识只能来自史学家对他的对象的"内在体验"，使对象活在他的心中。这等于史学家以自己的生命思想复活已死的事物，给历史以生命，他称之为"移情"。并用移情论建立他的解释学（Hermentics）：对于文本（历史文献）须从个别词语来理解整体，又从整体来理解个别，构成"诠释循环"，以及从历史理解现在，从现在理解历史，多次循环，才能有比较完整的知识。

克罗齐也是把历史学视为一种艺术，不过一般艺术不必求真，历史则必求真实。科学是从外部观察自然事物的普遍性，历史研究则要求研究者进入历史事物内部，领会事物的个别性，而这样作出的判断是真实的，因为普遍原理只有在个别中被实现才是真实的。克罗齐又认为，史学家总是根据当代的兴趣去选择历史题材，根据当代的思想去评论历史事物，它是史学家此时此刻的思想活动，因而得出"一切历史都是当代史"的结论。现实兴趣没有进入过去以前，只有历史档案，现实生活进入档案以后，才出现真正的历史，而这也是历史的功能所在。

柯林伍德指出，历史是一个由此及彼的生成过程，过去的东西并没有死亡，而是以改变了的形式浓缩于现实之中。历史过程是由人的行为构成的，每人行为背后都有其思想动机，史学就是研究这些思想动机，因而"一切历史都是思想史"。史学家研究前人思想，也就是在自己的心灵中重演它。但不是在原来的水平上，"他之重演它，乃是在他自己的知识结构中进行的，因而重演它也就是批判它并形成自己对它的价值的判断"。这里的知识结构包括了历史，"过去的一切都活在史学家的心灵之中，正如牛顿是活在爱因斯坦之中"。

上引语见柯林伍德《历史的观念》，该书并检讨了自古希腊至20世纪初的各家历史观，可资一读（中译本商务印书馆1997年版）。

以上可见，狄尔泰、克罗齐之批判实证主义，主要因为史学是艺术，不能用科学的研究方法；柯林伍德虽视历史为科学，但它研究的是思想，须用思想"重演"的方法。事实上，他们并不反对确立史实和考证工夫。狄尔泰的解释学就是一种考证；克罗齐曾盛赞当时的考证成果，使史学脱离幼稚状况；而柯林伍德所强调的"批判"一词，主要指考据、考证。

20世纪初流行的新康德主义观点认为，自然界是统一的、永恒的，有普遍规律，而历史则是个别的，"一次如此"的东西，没有普遍性。再则，自然界无价值可言，而历史则是人为的，对历史事物有价值判断（道德判断）问题。孔德和斯宾赛（Hebert Spencer）的实证主义，主张用科学方法研究历史，并主张对历史也像对其他科学那样，只问"是怎样"，不问"应该怎样"。这就引起了争议，至今未完全解决。

这里谈一下我个人看法。我认为，历史学属于人文科学，并具有艺术（教育）功能。历史中也有一些普遍性、规律性的东西，但主要在人口、社会和经济的结构与组织方面，且不具永恒性。史无定法，自然科学、社会科学、人文和艺术的研究方法都可有选择地用于历史研究，尤其是用于考据和实证。至于价值判断，我认为是必不可少的，史学如无价值判断，怎能古为今用呢？19世纪一些史学家力求态度"中立"，免涉是非，是不可取的。我主张要有两种价值判断：实证的（positive）和规范的（normative）。作实证判断时，应把所论事物或行为放在它产生或运作的具体历史条件下，即严格的历史主义，不可用今天的标准妄议古人。作规范分析时，则可以今天的历史知识和价值观为准，评议历史事件的潜在效应和长远后果，说明当时人的历史局限性。但要有足够的谦虚，因为我们的知识有限，下一代人也会指出我们所作判断的历史局限性。

20世纪30年代兴起的相对主义认识论可以贝克尔（Carl L. Becker）和卡尔（E. G. Carr）为代表。贝克尔认为，历史事实作为过去的存在已经消逝，实证主义者要求"如实地说明历史"是不切实际的幻想。今天，"历史便是我们所知道的历史"。这种历史是相对的，跟着人们知识的增加而变化。卡尔提出，历史事实是史学家根据自己的判断选择出来的，总不免主观意识。单纯的历史事实只是一潭死水，经史学家选择和探讨才成为有意义的东西。因而历史乃是"历史学家跟他们的事实之间相互作用的连续不断的过程，是现在与过去之间永无止境的问答交谈"。

这一思想在后现代主义者伽达默尔（Hans-George Gadamer）的解释学中发展成系统理论。伽达默尔师承海德格尔的"前有"说，认为人们在解释文本（历史文献）之前必有自己的、由历史和文化传统形成的"前理解"或"成见"（Voruteil），它给解释者以"视阈"（观察的角度、范围），经过与文本互相切磋，达成共识。因而，解释不是像狄尔泰的解释学那样是重建过去，而是一种创新，达成更高基础上的理解，"比希腊人更希腊"。他说"理解总是一种对话"，真正的理解乃是读者与文本之间的"问答逻辑"，现代世界与古代世界之间"超越时间距"的交流。人们的成见不是一成不变的，它是"我们对世界开放的轨道"，会使视阈更卓越宽广，理解也更深入真实。伽达默尔的解释学否定了康德的"自我"历史观，也否定了西方传统的主客体的对立，理解不再是主体对客体的"认知"，而是今人与古人，主体与主体之间的交往。其发展，便是哈贝马斯的"交往理性"。

卡尔《历史是什么？》（中译本商务印书馆1981年版），伽达默尔《真理与方法》（中译本辽宁人民出版社1987年版），都可一读。

我认为：应当承认历史认识有相对性。我带说，历史研究（不是写历史）就是研究我们还不认识的或者认识不清楚的过去的实践，如果已认识清楚，就不要去研究了。历史上总有认识不清楚的东西，已认识清楚的随着时代进步和知识积累，又会变得不清楚了，需要没完没了的再认识。这种认识和再认识都不是复旧，而是创新，历史学也因此不断进步。就历史上的事件说，当事人并不知道他们这样做的后果，甚至不了解为什么这样做。就史料说，当时人的记载既不能详尽无遗，也不能认识它的历史意义。这都要靠史学家的考证工夫，汇集各种旁证，甚至外域的反应，才能比较清楚地认识它的全部意义。在这种考证中，史学家的主观见解既不可避免，也是必需的，特别像史学家的"历史修养"，是不可或缺的。问题是不能囿于主观，而要在研究中更新。卡尔把历史的研究比作今人与古人的对话；伽达默尔把文本的解释说成是现代世界与古代世界的交流，都很好。从认识来说，他们的主体与客体观点，十分近似中国的历史观，在他们的方法论中，也都具有"百家争鸣"和不断更新的内涵。

最后，逻辑实证主义。它原是维也纳学派的哲学思想，作为方法论，它是以经验为根据，以逻辑为工具，进行推理，用概率论来修正结论。这个学派传入美国后，与美国原有的实用主义结合，产生一种模式法的"科学哲学"，用于历史学，以波普尔（Karl R. Popper）和亨普尔（Carl G. Hempel）为代表。波普尔认为历史学和自然科学同属经验科学，但科学之成为科学不在于它能找到多少例证，而在于合乎逻辑理性。他根本否定了考据学最常用的归纳法，并认为资料不能生产理论，资料比理论"更不可靠"，转而从推理出发，研究逻辑的"覆盖率模式"。亨普尔完成了这种推理模式，即首先要有一个或几个普遍规律，其次是具备一组事情发生的初始条件，由此推理，得出描述或解释，只有这样得出的描述或解释才是科学的历史。这就把实证主义完全撂到一边。

我一向是反对用模式法研究历史的。一个时代的经济运行、社会结构确实会形成某种模式，但那是研究的结果，不能说历史是按某种模式安排的。模式法常导致决定论、预期论，这也是不健康的历史观。逻辑实证主义，首先是普遍规律问题。亨普尔也承认他提不出历史的普遍规律，而是借用心理学、经济学、社会学的已有规律；还有人提议用"正常状态"下的虚拟规律来代替。其次，所谓初始条件，除非是单称命题，是不可能齐备的，即使单称命题，也不能包括历史上的偶然因素。事实上，逻辑实证主义的史学并未流行，在美国用此法进行研究的，也只是某些个别事件。

（二）经济学理论与经济史研究

或谓经济史学是经济学与历史学两者的边缘学科，研究者要有历史学修养，又要有经济学根底。不过我认为，经济史的根据仍然是经过考证的史料，在经济史的研究中，一切经济学理论都应视为方法论。

经济学理论是从历史的尤其是当时的社会经济实践中抽象出来的。经济学家常希望他们的理论成为永恒的，实际做不到，因而有古典经济学、新古典经济学、各种学派。熊彼特（Joseph A. Schumpeter）极有远见地把他那部空前浩繁而又缜密的经济学说史定名为《经济分析史》，因为任何伟大的经济学说，在历史的长河中都会变成经济分析的一种方法。经济学理论有明显的时代性，而作为分析方法，则寿命会长些。我举二例。

西方经济学有两次"革命"，即边际主义革命和凯恩斯主义革命。19 世纪 70 年代的边际主义，由于以效用价值说为基础，受到古典学派的攻击和马克思主义者的否定。在后来的边际理论中，效用价值说即逐渐淡化，在洛桑学派中乃至成为影子，在有些学派中被成本价值说所代替。但边际分析作为一种方法，则广为流传，至今仍在应用。原来，边际分析方法只是微分数学在经济学上的应用，李嘉图的地租论和马克思对剩余价值增量的分析已有边际概念。在古典经济学完全竞争的假定下，边际收入与平均收入是一致的。到不完全竞争、垄断经济和社会主义经济中，边际值就不能用平均值来代替了，因而边际分析方法应用日广。

20 世纪 30 年代的凯恩斯主义，是在西方资本主义危机的特定条件下产生的。它曾显赫一时，为西方许多国家奉为国策，为渡过危机作出贡献。但不过 20 年，凯恩斯主义在理论上即暴露缺陷，基本上为新古典综合派所代替，并受到新自由主义、供给学派、合理预期学派的批判。但是，作为方法论，凯恩斯所创立的宏观经济分析，其国民收入、总需求、总供给、储蓄与投资等指标，国家干预经济的措施等，则被广泛应用，至今不息。因此兴起的增长理论，作为方法论，对经济史研究十分重要。

一切经济学理论都应视为方法论，那么，在我们研究中国经济史的时候，怎样利用西方的资本主义经济学理论呢？我想有两个方面，一是利用它作为思考方法，包括它的经济史观；二是利用它作为分析方法。

凯恩斯说："经济学与其说是一种学说，不如说是一种方法，一种思维工具，一种构思技术。"思考方法，西方常称为"approach"，即怎样去看这个问题，从何入手，头脑中形成什么样的架构。各经济学派不同，要根据我们的历史观，根据中国的国情，根据所研问题的性质，选择可用的理论观点及其思维逻辑作为思考方法。选用任何理论，都应是启发性的，而不是实证性的。在经济史论述中时见"根据某种理论，应如何如何"语式，这是最笨的用法。

著名经济学家，大都有自己的经济史观。例如亚当·斯密，把人类社会进步归结为分工和专业化带来的劳动生产力的增进，而分工是由交换引起的，受市场范围限制。19 世纪德国历史学派经济学家提出各种经济发展阶段论，有的是以生产的发展为主，有的则以交换的扩大分期。是需求牵动生产还是生产决定需求，至今争论不息。我很同意恩格斯在《反杜林论》中提出的把生产和交换叫做经济曲线的横坐标和纵坐标的主张，两者互相制约，至于哪者为主，在不同历史阶段有不同情况。20 世纪初熊彼特的创新论，把经济发展看成是经济内部各种因素创新的组合过程，形成一种新的经济史观。60 年代罗斯托（Walt W. Rostow）的经济成长阶段论，尤其是他的"起飞"和"主导产业"概念，最受人注意。不过这都是讲资本主义前期，到二次大战后，又有许多新的理论出现。

这里，介绍一段诺斯的看法。他说，目前，研究经济史的理论不外古典经济学、新古典经济学、马克思经济学三种。古典经济学强调人口与土地的矛盾，得出一个悲观模型，但在研究 19 世纪中叶以前的经济史中还是有用的。新古典经济学以储蓄率作为经济增长的动力。注重市场调节，并注意知识积累和边际替代，是一种乐观模型。

但它完全忽视了产权、制度、意识形态等因素，而没有这些，单凭市场机制，是不能解释历史上的重大变革的。马克思经济学把新古典模型漏掉的东西全部包括进来了，并强调所有制、国家的作用和技术发展。但马克思经济学过于理论化，不像新古典经济学拥有机会成本、相对价格、边际效益等精确的分析方法。诺斯的这段分析很精辟，不过我以为经济史研究还应从社会和文化方面取证，这一点，我将在后面谈。

关于把经济学理论作为具体问题的分析方法，我以为可根据我们研究课题的适用性和资料的可能性，选择某种理论的一点或几点，作为分析方法。例如我以为李嘉图的地租论，在分析中国封建经济中即可有用。又如斯密的增长理论，是建立在资本主义雇佣劳动的基础上的，但他所谓"资本"是以上一年的谷物收获量为基数，如果不取其工资基金说（上一年收获用于支付农场雇工工资部分），这一思路仍可用于分析明清经济的发展。就是说，有些经济学理论可加以修改，然后利用。又如投入产出法，在资料较多的明清江南农业和手工纺织工业中，已有人应用。在近代经济史中，可利用的范围更广些。19世纪后期以来的价格、市场已有不少人进行分析，在农业和新兴工业中已有人尝试边际分析。20世纪以来，宏观方面诸如 GDP、总需求、总供给、投资以至消费结构等，都已有人在研究。

最后谈一下经济史和经济学的关系。经济史研究的东西，包括体制、制度、社会结构、文化思想以至习俗惯例，远比经济学广泛，而且是活生生的。熊彼特在他的《经济分析史》巨著中，把经济史作为研究经济学的四种基本学科中最重要的一种，这不仅"是经济学家材料的一个重要来源"，而且，"如果一个人不掌握历史事实，不具备适当的历史感或所得历史经验，他就不可能指望理解任何时代（包括当前）的经济现象"。当代经济学家、诺贝尔奖获得者索洛（Robert M. Solow）写过一篇《经济史与经济学》。他谴责当代"经济学没有从经济史那里学习到什么"，而是脱离历史和实际，埋头制造模型；批评当前美国的经济史也像经济学"同样讲整合，同样讲回归，同样用时间变量代替思考"，而不是从社会制度、文化习俗和心态上给经济学提供更广阔的视野。他说，经济史学家"可以利用经济学家提供的工具"（按工具即方法），但不要回敬经济学家"同样一碗粥"。这话是很中肯的。的确，经济史有广阔的天地，无尽的资源，它应当成为经济学的源，而不是经济学的流。

（三）结构主义和整体史观

结构主义和整体史观（holistic perspective）作为方法论，都源于社会学。社会学把社会看做一个有机的整体，"整体大于部分之和"，而结构意味着部分与整体的相互关系。20 世纪 30 年代兴起的法国年鉴学派，自始即用社会学方法研究历史。他们认为历史学重视的不是显赫人物，而是组成社会的群体；不是动人的事件，而是不显眼变化着的社会结构和社会心态。该派的第二代大师布罗代尔，以他 1947 年完成的《菲利浦二世时代的地中海与地中海世界》，使结构主义整体观史学系统化并臻成熟。

布罗代尔的史学体系由三部分组成：（1）长时段（以世纪计）的构造史，包括气候等自然环境史、地理变迁史、社会心态史。（2）中时段（数十年计）的动态史，包括社会史、经济史、国家史、文化史等。（3）短时段（以年月计）的事件史。他认为，传统史学所重视的事件史，其事件的发生常由动态史的局势和节奏来调节，而中时段的动态史又受长时段的自然环境和社会心态的制约。三个时段或三个层次的相关研究，才能显示任何事件和（经济与社会）周期波动的本质和意义。就历史来说，结构意味着一种集合，一种构造，一种在相当长时间内延续力强的实在。它是历史的基础，又是历史的障碍，因为它规定了某个历史时期人们不能超越的边界。

布罗代尔的整体史观是以他的多元时间理论为基础的。人是生活在短时段里，生命有限；但他同时也是在中时段和长时段之中，实际是"多元时间的我"。我们的语言和我们周围的一切，都是多元时间的，先我们而存在，等我们死后还存在。用多元时间研究历史，可以避免眼光短浅、对事件那些只争朝夕的评论，也可以避免那种就事论事、有话便长、无话便短的历史文风。

布罗代尔是重视长时段研究的，但不都是时间长。他 1967—1979

年出版的巨著《十五至十八世纪的物质文明、经济和资本主义》，其第二卷讲市场经济，特别是经济的周期性；第三卷讲资本主义，特别是经济中心在世界范围的转移。而第一卷，相当于他体系中长时段构造史那一卷，标题为"日常生活的结构"。其内容：从人口、气候到百姓的婚丧、医药、教育；从资源、产业到居民的衣、食、住、行；从市场、货币到人民的收入分配和社会风尚。他说，正是这种每天重复发生的"结构"规定了各种经济活动的"边界条件"，也就是第二卷、第三卷所述那些重大活动的依据和制约。

布罗代尔的结构主义整体史观可谓完备无遗，但应用颇为困难。第一，体系过于庞杂，有"万花筒"之讥。这也必致卷帙浩繁，其《地中海》一书有 1200 余页，令人畏读。我认为，今天我们中国经济史研究还应提倡分工合作，专而后宏，对每个研究者说必有所舍，才能有所取；但都应有整体观点，全局在胸，力戒孤立地看经济问题。许多问题，特别像自然、地理、生态、人口等，可依赖专家。作为史学家，只于专家成果中理清其结构或"构造"关系，就达整体史观的目的了。

第二，20 世纪 60 年代以来，结构主义已广泛进入人文和社会科学。就经济史而言，主要是用结构分析修正传统史学的线性发展观和修正单线的因果链。并且，所用不仅是经济学中那种产业结构、部门结构的概念，而是社会学中多元、多层次、多时间的相互关系的概念。

第三，人们批评布罗代尔太轻视短时段的事件史，布氏在《地中海》再版中做了回答，他说对事件不能客观地叙述，而是由史学家根据自己的哲学选择的。这有一定道理，历史都有选择。不过，我们研究中国经济史时，事件，尤其是政权离合、变法改制，以至州县建置，驻屯军等都对经济作用很大；至近代，涉外事件常左右全局，几乎是不可选择的。许多事件都影响深远，甚至一个诏令都可成划分时段的标志。因此，也不能以分析史完全取代叙事史。并且，不但叙事，在多元、多层次的解说上，或恩格斯所说"合力"问题上，用叙述法往往更周全和概括。20 世纪初西方批评历史主义，有人（M. White）写了一本书《分析时代》，那时，分析史学弥漫整个西方。但是，20 世纪 80 年代，又掀起叙述主义之风，福柯、伽达默尔都有此主张。中国史学没有卷入这场风潮，基本上是叙事之中有分析，以史带论或论从史出，我看这样最好。

（四）经济计量学方法

经济史研究中早已应用统计学方法，主要是作为实证之用。我一向主张，凡能计量者，应尽可能做定量分析。盖定性分析只给人以概念，要结合定量分析才具体化，并改正概念的偏差。如过去常以为近代中国商业资本"畸形"发展，是洋货入侵结果。但据估算，1936年全国商业资本所媒介的交易额中，进口商品只占9%，而且在洋货大量进口前已有很大的商业资本了，不得谓之畸形。唯我国缺乏长期统计资料，尤其20世纪20年代以前，即使在此以后，定量分析亦需靠推算和估计。或以为估计不可靠，不如不用。实则估计有一定的数理法则，尤其是相对数（如指数、速率、比重等），只要计值方法前后一致，仍是有效的。又长期的历史统计中有两项统帅全局的数字，即人口与土地，这两项资料我国最为丰富，但因各朝代计量方法不同，不能直接运用。近年来经考证、估算、改编，成绩喜人。

计量经济学（econometrics）与统计学不同。它是设定一个经验模型或目标模型，求出变量之间的数量关系，得出结论；目前已广泛应用于现实经济的分析、预测、决策和制订计划等。计量经济学用于历史研究，即计量历史学（Cliometrics），Clio 是希腊主管史诗女神，因以命名。

计量历史学于20世纪60年代创于美国，著名学者有福格尔、戴维斯（Lance Davis）、休斯（Joanthan Hughes）等，大都研究经济史。以历史数据不足，常用间接度量法，如以成本变动度量产量，以社会储蓄度量国民生产总值。又创"反事实"（conterfactual）研究法。如福格尔作《铁路和美国经济增长》，假定美国不建铁路，用其他有效运输方法，国民生产总值仅减产3%而已。发表后批评踵至，盖铁路的社会文化效益不能进入其所设模型。又如托马斯（Robert P. Thomas）研究，假定北美不是英国的殖民地，北美将有多少收益和损失。亦引起物议，因所计算仅是英美间贸易，殖民主义不仅是做生意。福格尔又与恩格曼（Stanley Engerman）合写《苦难的时代：美国黑人奴隶经济》，计量结果，南北战争前，南方奴隶制农业的效益高于北方个体农业，经济增长率也高于北方。这里，自由平等人权价值不能进入史学家的模型，何足以言历史？以后，美国第二代的计量历史学家转入国民收入、经济增长、政府政策等宏观研究，诺斯、托马斯等大师则另创新制度学派经济史学。

近年来，中外学者用计量模型研究中国经济史者亦渐兴起，但大都属于回归分析，且限于一次线性回归，并用回归方程求得变量间的相关系数，用概率求出标准误差。这种分析实际属于统计学范围，以系列的统计数据为基础。我所见最早是关于宋代会子发行的研究，以及唐代里甲户口，其余都属近代，主要在进出口贸易、货币量、个别行业的生产等方面。物价尤其是粮价的研究较多，为分析季节变动、长期趋势、周期性、市场整合等，主要也是用回归分析，不过较为复杂，如运用价格差、价格方差、价格离散差等分析，以及利用余值法、标准误差等。

计量学方法一般适用于研究生产力，而不包括生产关系；又只见量变，不见质变；以函数关系代替事物间的辩证关系；因而不能概括在历史演变过程的全部内涵。今所用回归方程多为单元或二元，有的虽加设动乱、灾荒等因素，但只能以有无为准，不能计值；而颇为重要的制度、政策等因素，只能假定不变。这都表明，经济史研究不能单凭计量学方法作出结论。在我看来，计量学方法应该主要用于检验已有的定性分析，而不宜用它建立新的理论。事实上，国外学者用此法也大都称 test（检验），多半是检验某种假说。已有的定性分析是从广泛的考察、前人的见解和史学家的历史知识得来，它不免有夸大、不足乃至错误，用计量学方法加以检验可给予肯定、修正或否定。总之，使用计量学方法要以已有的历史研究为基础。70 年代美国经济史学会主席希德（Palph W. Hidy）在就职演说中说："没有以往史学家所作质的研究，计量史学家也会走入歧途。"

（五）制度变迁与经济发展

近年来，以诺斯为首的新制度学派经济史理论在中国颇为流行，大约因为我们正在进行体制改革之故。诺斯的经济史理论兴于 20 世纪 80 年代，由国家理论、产权理论、意识形态理论三部分组成，而以产权理论为核心。

诺斯认为，人类受自身生产能力和环境的限制，只有通过交换来获得经济收益和生活保障。产权是交易的基础和先决条件。产权结构和交易的有效性是由制度安排的，其目的在于造成一种激励，使个人（企业、团体）努力以赴，获取最大收益，以至个人收入接近于社会收入，而这种情况也就是经济增长。个人收入不可能等于社会收入，因为制度安排、产权的制定和监督执行，交易协议的达成和保证实施，都需要成本或费用，连同交易中的代理、度量、信息、不确定性（保险、投机）等费用，统称交易费用。这是过去经济学常忽略了的。而经济发展，与专业化和分工的发展，规模经济的扩大，又都增加交易程序，增加交易费用。因而，新的制度安排，能增进产权结构和经济组织效率的安排，常因交易费用方面的阻力而窒碍难行。诺斯说，长期来看，历史上经济增长的时期总是少于经济停滞和经济衰落的时期。

在国家理论上，诺斯采取契约说。在封建社会中，他就是采取契约说领主以封赏土地换取属臣和农民的效忠。在现代国家，国家制定产权和激励制度，与个人（企业、团体）相交易；国家以服务（国防、治安）和公正（法律、裁判）与选民相交易；目的在使政府的租金（权力报酬）和税金最大化。但国家的收益要受制度成本，特别是监督执行费用的制约，加以官僚政治，制度改革常会得不偿失。像"白搭车"的现象，国家的强制力量几乎无效。国家还要受选民机会成本的制约，税率过高，选民会要求政府，以至革命起义。因此，国家对于经济增长来说是必不可少的。但它也是人为的经济衰退的根源。

诺斯很重视意识形态的作用，甚至同意历史就是意识形态的战场的看法。在论述中，他也提到伦理道德和世界观在制度的选择和决策中的使用，但他更重视的是通过公民教育，建立一种意识形态，以保证制度规范的实施。例如在制度改革中，要有"灵活的"意识形态，以赢得新的利益集团的拥护和老的利益集团的不反对。他以很大的篇幅讨论了白搭车问题。因如人人白搭车，等于制度完全无效，而解决白搭车问题，除了依靠意识形态的教育外，没有其他办法。

诺斯的主要著作有《西方世界的兴起》（中译本华夏出版社 1999 年第 2 版）、《经济史上的结构和变革》（中译本商务印书馆 1992 年版）等。

诺斯的经济史理论是以新古典经济学为基础的。新古典经济学研究短期经济现象，把国家、意识形态以及制度安排都视为已知的、既定的或外生变量，不予考虑；这是非历史的。诺斯改变这种观点，把它们都纳入经济史研究范围，完全正确。他提出以制度安排为核心，研究各时期的结构变革和经济组织的有效性，并审定其实际绩效，这是经济史方法论上一大启发，但在应用上不可胶柱。历史是复杂的、多元和多因素的，不能把制度安排作为唯一的原因。在诺斯的具体经济史，特别是古代史的著述中，常可见人口和移民、战争、技术以至黑死病等非制度因素的重大作用，而他的著作也命名为"结构与变革"而非"制度与变革"。再则，制度变革，如希克斯《经济史理论》所说，常是经济发展的结果而不是它的原因。在国家理论上，我以为不宜把国家与人民的关系作为利益交易关系，这只能解释部分经济现象。在意识形态问题上，诺斯的观点就更狭隘了。

（六）经济发展、制度变迁和社会与文化思想变迁的关系

目前中国的经济史研究可说有三大学派：一派偏重从历史本身探讨经济的发展，并重视典章制度的演变。一派重视从经济理论上阐释经济发展过程，乃至计量分析。一派兼重社会和文化思想变迁，自成体系。我以为这是极好现象，从不同角度和方法出发，百家争鸣，才能促使学科的全面发展。如何研究经济史，每人都应有自己的看法。下面简括一下我个人的看法，希望不要因此干扰别人的看法。

历史 我是学经济出身的，并曾长期从事经济工作。但我认为经济史首先还是"史"，要有个历史观。我赞成中国传统的"究天人之际，

通古今之变"的历史观念：长期来看，经济发展总不能逆天行事；要辩证地考察历史上经济的兴衰，包括周期性。这种历史观有自然主义倾向，因而在我看来，一切目的论、决定论的思维方式都不足取。

历史学的首要任务是探求历史的真实，史料考证是治史之本，实证主义不可须臾或离。但历史真实是个认识论问题，应当承认我们对历史的认识总是相对的，并有我们时代的局限性。随着知识的积累和时代精神的演进，历史需要没完没了地再认识和改写。因而许多话不能说死，许多事可以存疑。

价值判断是中国史学的优良传统。我主张应作实证判断的和规范的两种价值判断。实证判断要把所论事情严格地放在当时的历史条件之下，不可以今论古。规范判断要写在后面，那是用今天的价值观来评论古人的历史局限性，但要有足够的谦虚，因为我们的价值观也有时代局限性。

我赞成结构主义整体史观，但作为方法论我们还做不到。今天中国经济史的研究还应是分工合作，以专题为主，但要有全局观点。既称经济史，在研究中还是先考察经济变迁，然后及于制度、社会、文化思想。这不符合逻辑思维，但较实用。

经济　经济史是研究各历史时期的经济是怎样运行的，以及它运行的机制和效果。这就必然涉及经济学理论。在经济史研究中，一切经济学理论（包括我前面未提及的中国的经济思想）都应视为方法论：思考方法或分析方法。史无定法，需根据时空条件，所研究的问题性质和资料可能，选用适当的方法。

任何经济学理论都要假设若干条件或因素可以略去或不变，否则不能抽象出理论来。这种假设是与历史相悖的。这不能改正，只能补救，即用史学的特长来规范时空（地区特点）和考察范围，使理论在小环境内起分析方法的作用。

经济史研究中，凡能计量的都应尽可能计量。有时比较值更重要于绝对值，这是史的特点。因为过去注意不够，我主张大胆推广计量学方法，但主要用于检验已有的定性分析，不宜凭模型创造新的理论。

制度　任何经济都是在一定的制度下运行的。制度机制着经济的有序运行，要有稳定性。但也有变迁，尤其像土地制度、赋役制度、租佃制度、劳动制度等。制度变迁常是不可逆的，表现历史的进步；但也会出现反复和逆流，造成经济的衰退。一般说，生产和交换的发展要求制度的变革，制度的反复则多半是非经济因素造成的，而在一定生产力水平下，制度的良窳决定经济的盛衰。

在重大的经济变动中，例如在由传统经济向现代经济的转变中，不仅要求有上述一般制度的变革，还要求有体制的（systematic）变革，以致根本制度的（constitutional）变革。前者包括所有制的变革，后者包括政治变革。

这个转变，在西欧就是从商业革命到工业革命。马克思称为生产方式的变革，用了 300 年时间；希克斯称为由习俗经济、命令经济向市场经济的转换，用了 300 年。考虑到社会、文化，布罗代尔和诺斯都说用了 400 年。

我以为 16 世纪中国经济就有向现代化转变的迹象，也有一定的制度变迁，但未能引起体制改革，即告中辍。

社会 经济发展和制度革新必然引起社会结构、社会群体组织和行为的变迁。社会结构的变化也会影响经济发展，例如在魏晋南北朝时期。同时，制度的变革往往需要创新集团和社会群体力量的配合才得以实现。

我赞成"社会经济史"的提法。但目前经济史学者多无力研究整个社会，要依靠社会学专家的成果。就经济史说，主要是考察人口、宗族、等级、分业（士农工商）、乡绅和社区组织、消费习俗等。据我考察，16、17 世纪，中国社会在这些方面都显著的变化，但未普及到全国。

经济史研究要注意非经济因素。非经济因素中最大的是政府和文化两项。就中国封建政府而论，它在促进经济稳定和发展上，效率要高于同时代的西方政府。在阻碍经济现代化中，中国政府也远大于西方。

文化思想 经济发展—制度改革—社会变迁，在最高层次上都要受文化思想的制衡。我用制衡（conditioned）一词有双重含义：一方面，不合民族文化传统的制度创新往往不能持久（如人民公社）；另一方面，文化思想又常是社会制度变革的先导，这种先导历史上称之为"启蒙"。

经济史学者，限于精力，只能考察居于主导地位的文化思想，这在西方是基督教文化，在中国就是儒学文化。秦汉以后，儒学文化实际已渗入其他各家，才居于主导地位。至于民间的思想和习俗，可放在社会研究之中。

文化思想变迁不是与经济变迁如影之随形，必须破除经济决定论。恩格斯说，思想发展有它自己的规律。规律如何，我说不出。不过，就宋以后而言，我以为儒学的发展就是它逐步理性化，至王阳明的良知说，将"知"和"理"直接挂钩成一元论，起了解放思想的作用（同时代，西方思想变迁也是理性化和解放思想）。

16 世纪出现的以泰州学派和李贽为首的反传统思潮，17 世纪出现的以顾炎武、黄宗羲、王夫之为首的"经世治国"的实学思潮，都是启蒙思潮。但中国的理性化思想中，只有道德理性，缺少工具理性，不见成效。入清以后，一元化专制主义在文化思想上的控制比在经济上还厉害，启蒙思潮全被扼杀，儒学转入经学。到 19 世纪后期以西学改造儒学，才有第二次启蒙思潮，以至"五四"运动，文化思想又都是以先导为主了。

（原载《中国经济史研究》2001 年第 3 期）

论历史主义

一　史学发展趋势

联合国教科文组织编辑了一套《社会和人文科学研究主要趋势》（以下简称《趋势》），其历史学卷由曾任英国史学会主席的巴勒克拉夫主笔，并邀列宁格勒大学和哈佛大学的两位教授参加，于 1978 年出版。[①] 该《趋势》较全面地考察了迄 20 世纪 70 年代世界史学的发展和演变。我仅略取其西方史学部分，并稍补充 20 世纪 80 年代后动向。

按《趋势》，西方史学在二次大战后尤其是 1955 年后发生了革命性变化。除研究领域扩大至亚非拉各国和研究重点由政治史推向经济、社会、文化史外，主要趋势是突破了历史主义的束缚，应用社会科学的理论和方法，使史学由艺术转变为科学。

按《趋势》，历史主义在第一次世界大战后即受非难，但直到1945 年，它始终在除苏联以外的史学界占优势，并且在两次大战之间实际是加强了。马克思主义是对历史主义的一大冲击，但在西方，马克思主义在第二次世界大战后才发挥重要作用。在西方，推动史学革命的是在 20 世纪 50 年代发展成熟的史学新概念和新思想。

在美国，主要是史学与社会科学、行为科学密切结合。美国原有实用主义传统，这种传统曾受德国历史主义影响而被削弱，但在 20 世

---

① 　Geoffrey Barraclough, *Main Trends of Research in Social and Human Sciences: History,* 1978. 中译本《当代史学主要趋势》，上海译文出版社 1987 年版。

纪50年代恢复了。由马林（J. C. Malin）、科克伦（T. C. Cochran）等开始，抛弃了传统的历史分析方法，运用社会科学的理论和方法，尤其是计量学方法来研究历史。经过迈耶（J. R. Meyer）、康拉德（A. Conrad）、休斯（J. R. Hughes）、戴维斯（L. E. Davis）等努力，终于形成以福格尔（R. W. Fogel）为首的计量史学（cliometrics）。

在法国，社会史学者于1929年即创办了《经济社会年鉴》，但布洛赫（M. Bloch）、费弗尔（L. P. V. Febver）的新思想和结构分析在20世纪50年代才充分发挥作用。年鉴学派的整体性（holistic）历史观在布罗代尔（F. Braudel）、莫拉泽（C. Morazé）一代成熟起来，其影响遍及欧洲。英国以纳米尔（L. B. Namier）为代表的传统史学在20世纪50年代式微，新出版的鲁德（G. F. E. Rudé）、霍布斯鲍姆（E. J. Hobsbawn）、拉斯勒特（P. Laslett）、汤普逊（E. P. Thompson）等著作都有明显的法国学派色彩。在德国，历史主义的抵抗最强，但年鉴学派思想"经过别具特色的改造"也影响到席德尔（Th. Schieder）尤其是伯梅（H. Böhme）、韦勒（H. U. Wehler）等新一代史学家。

《趋势》详述了社会学、人类学、心理学、人口学等对史学新发展的作用。经济学是最早成为科学的，也是对新史学"唯一作出最大贡献"的社会科学。按《趋势》说法，直到20世纪20年代，经济学和史学的发展是背道而驰的。经济学要求建立不受时代和国别限制的普遍理论体系；史学则囿于历史主义，着重于一个时代个别国家的研究。20世纪30年代经济危机以后，经济学转入宏观经济和经济周期的研究，20世纪50年代又转入经济发展和长期性增长的研究，这就必须重视历史，导致经济学和史学的重新结合。

《趋势》着重介绍和高度评价的两种"新史学"即计量史学和年鉴学派，实际都是经济史。这两个学派读者比较熟悉，我在《方法论》一文中也谈过。[①]到20世纪80年代，计量史学似已度过它的黄金时代，批评迭起。年鉴学派仍盛，但其向心理学因素倾斜，也遭到一些物

---

① 《中国经济史研究的方法论问题》，《中国经济史研究》1992年第1期。该文是在较小的范围内论研究经济史的具体方法；本文扩大范围并涉及理论方面，可视为那篇文章的续篇。

议。同时，出现另一种"新经济史"，即以诺斯为首的新制度学派。该派以新古典经济学为基础，个人、企业、国家都谋求收益最大化，而他们之间的关系都是交换关系。国家给个人、企业设定产权，来交换后者提供的税负，为此订立契约性的规则，即制度。经济史要研究的就是这种制度的长期变迁。但是，制度变迁要能降低"交易费用"才能引起经济增长，否则制度无效，经济停滞或衰退。交易费用包括设定产权和执行制度的费用以及信息、商务费用，是导致经济盛衰的基本因素。此外，该派还把伦理、道德规范作为保证制度执行的因素。[①]

二 什么是历史主义？

西方所谓历史主义，尽管评论众多，并无确切定义。[②]我以为，它实际是 18 世纪末西方近代史学从神学、哲学、文学中分离出来后逐步形成的一些原则。它仍带有"文史哲"的着重事件描述和直观的思想方法，强调历史世界（Welt als Geschichte）与自然世界（Welt als Natur）之不同。据说，历史主义（Historismus）一词最早是德国人评介维科（C. B. Vico）的 1725 年的著作[③]时所用。维科认为历史是循环进化的，但一国的观念、制度、价值观完全受自己历史发展所决定。被称为西方"近代史学之父"的兰克（L. Ranke，1795—1886）可称为第一个历史主义者。他写有德、奥、法、英历史，但每国只写其某主要事件，有类"纪事本末"。他认为每个国家都有其个性，代

---

① "新经济史"命名见 D. C. North and R. P. Thomas, *The Rise of Western World: A New Economic History*，1973；中译《西方世界的兴起》，华夏出版社 1989 年版。诺斯又著 *Structure and Change in Economic History*，1981，包括理论和历史两部分；中译《经济史中的结构与变迁》，上海三联书店 1991 年版。后诺斯修订该书为 *Institution, Institutional Change and Economic Perormance*，哈佛大学出版社 1990 年版。该学派其他文献参见《财产权利与制度变迁》译文集，上海三联书店 1991 年版。

② 罗森塔利（М. Розенталя）和尤金（П. Юина）主编的《哲学词典》1955 年版中将历史主义定义为："根据事物、事件、现象所借以产生的具体历史条件，从事物、事件、现象的发生和发展中对它们进行研究。"但这是指马克思主义的历史主义。

③ 维科的书名甚长，大意是国家的性质和演变的新科学原理，通称 Scienza nuova（新科学）。

表一种个别的精神，而无共同的历史可言。其后德国著名史学家如特
洛奇（E. Troeltsch）、迈纳克（F. Meinecke）等，并在方法论上强调
历史是不可重复的，历史事物具有单一性和相对性，不能像自然科学
那样用普遍规律或模式进行推理研究。特洛奇强调直觉方法，迈纳克
更重视思想史研究。这就形成了德国历史主义学派。

19 世纪末 20 世纪初，德国历史主义传播到各地。法国史学家
孟德（G. Mond）来德国学习，后于 1876 年创办《历史评论》（*Reve
historique*）。法国的米歇莱（J. Micheled）、英国的斯塔布（W. Stubbs）
都用德国学派方法写法国、英国中世纪史。俄国的罗斯托维季耶夫
（M. I. Rostovtzeff）也到德国学习，成为古代史专家。美国阿达姆（H.
B. Adams）于 1884 年创建美国史学会，引进德国史学思想，他的学生
图诺（F. J. Turner）创立进步学派（progressive school），成为美国的
历史主义学派。

19 世纪末出版班海姆的《历史方法论》、朗格卢瓦与塞纽博斯的
《历史研究导论》。这种"史学手册"性质的书将历史主义概念系统
化，译文流行各国，成为传播历史主义的重要工具。[①]

讲到经济史，那又是与 19 世纪 40 年代以李斯特（F. List）为先导，
由罗雪尔（W. G. F. Roscher）创立的、70 年代经施穆勒（G. Schmoller）
等人发展了的经济学中的德国历史学派分不开的。这个学派反对英国
古典经济学建立永恒的普遍的经济理论的企图及其抽象演绎方法，主
张根据各国历史发展的特性研究具体的经济政策。像国民经济有机
体、经济发展阶段论、历史法学方法、历史语言学方法、各国经济发
展的特殊性和经济理论的相对性等观点和方法，都是这个学派提出的，
也成为史学中历史主义的部分内容。这个学派的希尔德布兰德（B.
Hildebrand）、克纳普（G. F. Knapp）、布伦塔诺（L. Brentano）原来都
是史学家，施穆勒、毕雪（L. Bücher）是著名的经济史学家。英国著

---

① E. Bembeim, *Lehrbuch der historischen Methode*, 1897；C. V. Langlois et C. Seig-
nobos, *Introdnction aux études historiques*，1898. 两书有商务印书馆 1937 年版和 1933
年版中译本，因姚从吾在北京大学讲授"历史研究法"用班海姆，在中国较知名，实
则朗格卢瓦本流行更广。

名经济史学家阿施莱（W. J. Ashley）、坎宁翰（W. Cunningham）也都具有历史主义观点。

1883 年，经济学中奥地利学派创始人门格尔（C. C. Menger）的书中批评德国历史学派缺乏理论分析，指出历史方法不能用于经济理论的研究。施穆勒为文反驳，引起一场争论，史称"方法论论争"，断续达 20 年。1904 年，韦伯（M. Weber）为文批评德国历史学派将伦理道德范畴应用于经济学，是在科学中掺入主观价值判断。施穆勒为文反驳，又引起一场争论，史称"价值判断论争"。其后，桑巴特（W. Sombart）和布伦塔诺接受了韦伯的观点，认为经济学不应作价值判断，成为经济学中德国历史学派瓦解的原因之一。①但在史学中，价值判断传统保留下来。不过，这时的历史主义已摆脱早期神学的残余，接受了实证主义观点。

第一次世界大战爆发，西方史学家，除马克思主义者外，大都变成"爱国主义者"和主战派，各为本国、本阵营的"特殊性"辩护，而这也是战后历史主义转见强盛的原因之一。这以后情况，已见前引《趋势》一书的分析。现我再据《趋势》所述 20 世纪 30—50 年代对历史主义的批评，将所谓历史主义的特征归纳为下列五项。

（1）历史主义的史学是叙述式的，缺乏分析。又常是事件和史例的罗列，或用单线因果关系将它们联系起来，而缺乏整体性、结构性的研究。

（2）历史主义者强调历史事件、人物和国家的特殊性和个性，而不去研究一般模式和存在于过去的普遍规律，因而其解释是个别的和相对主义的。

（3）历史主义者在考察史料时采用归纳法和实证论，这种经验主义的方法不能在逻辑上肯定认识的真实性。又他们在解释史料和做判断时，由于缺乏公理原则和强调个性，就主要凭史学家的主观推理和直觉。这两者都背离科学。

（4）历史主义者或是根据伦理、道德取向来评议是非、臧否人物；或是认为一切是受时间、地点和历史环境决定，无绝对的善恶。

---

① 经济学中德国历史学派瓦解的主要原因是他们所拥护的俾斯麦政权垮台了。

两者都是不可取的。

（5）历史主义者脱离自然科学和社会科学来研究历史，认为历史学的唯一目的是真实地再现和理解过去。这就造成史学家为研究过去而研究过去的心态，养成埋头繁琐探索，穷究细枝末节的职业作风。

须说明的是，不是每个被称为历史主义者的史学家都具备这五个特征，他们往往还批判其中某些观点，或者根本不承认有所谓历史主义义存在。

三 哲学、逻辑、科学

总看上述历史主义的特征，它也包含若干史学思想，但它还不是一种历史哲学，而基本上属于方法论。

我们所称历史哲学是指一种世界观、历史观或历史发展的普遍规律。照《趋势》说，西方自黑格尔以后，称得上历史哲学的只有两家，即马克思和汤因比。汤因比的《历史研究》在二战后曾风靡一时，但"今天……这部著作的影响已经基本消逝"[1]。今天，马克思主义是"唯一的历史哲学"；"当代著名历史学家，甚至包括对马克思的分析抱有不同见解的历史学家，无一例外地交口称誉马克思主义历史哲学对他们产生的巨大影响，启发了他们的创造力"[2]。我们还可补充年鉴学派奠基人费弗尔的话："任何一个历史学家，即使从来没有读过一句马克思的著作，……也要用马克思主义的方法来思考和理解事实和例证。"[3]

---

① 《趋势》，第 263 页。作为历史哲学，汤因比关于文明的起源、生长、衰落、解体的历史观已"基本消逝"。但作为方法论，他的突破欧洲中心主义的比较研究法仍然是一个典范。该书通用汤因比审定的节录本，中译《历史研究》12 卷本，上海人民出版社 1959—1964 年版。

② 《趋势》，第 261 页。

③ 引自张广智：《克丽奥之路——历史长河中的西方史学》，复旦大学出版社 1989 年版，第 264 页。

就经济史说，我想新近出版的希克斯的《经济史理论》也具有历史哲学的内容，他的由习俗经济、指令经济向市场经济的转变，以及这种转变的非一次性和不同步观点，显然是一种历史观。希克斯也批评了汤因比，并称赞马克思，说他自己的历史理论"与马克思试图制定的理论更为相近"。J. Hicks, *A Theory of Econnmic History*, Oxford, 1969；中译《经济史理论》，商务印书馆 1987 年版，第 5 页。

尽管如此，恩格斯说："马克思的整个世界观不是教义，而是方法。"[1] 列宁说："历史唯物主义也从来没有企求说明一切，而只是企求指出'唯一科学的'说明历史的方法。"[2] 我在《方法论》一文中也是把它列为方法论。对于历史主义者的世界观、历史观，我也是作方法论看待。

前已提到，原来德国历史主义者严格区别自然世界和历史世界，这种世界观比之中国传统史学的"天人合一"思想已逊一筹。进而他们认为自然事物是永恒的、可重复的，有普遍规律，而史学所考察的是个别的，"一次如此的东西"，没有普遍规律。这种看法与新康德主义一致，但新康德主义晚出，很难说谁影响谁。汤因比说，这种"无法则"的历史观是对中世纪按"神的法则"写历史的反动。[3] 这话有道理；在当时，"无法则"有其进步作用。但到20世纪，仍坚持这种观点，就没道理了。因为历史哲学，从维科、黑格尔到马克思、汤因比，都认为历史发展是有规律的。照《趋势》的说法是："历史学家摒弃了历史哲学。"[4] 它是讲20世纪30—50年代，这是对的。这一代的西方史学家，除马克思主义者外，只是埋头治史，确实是不考虑什么哲学了。

但哲学却找上门来。原来西方哲学一向重视逻辑，尤其20世纪30年代逻辑实证主义盛行以来，逻辑成为哲学的同义语。近年流行的一本《经济学方法论》，一上来就把它定义为"经济学所运用的科学哲学"[5]。"科学哲学"实指逻辑方法，符合这种逻辑方法的理论才是科学。20世纪30—50年代对历史主义的批判大部分是围绕着历史主义的逻辑方法是否科学这个问题进行的。

历史研究主要用归纳法。这并不限于历史主义者，而是其工作性质使然——必须从分散的零星的史料入手。归纳法，按其创始人培根

① 《马克思恩格斯全集》第39卷，第406页。
② 《列宁选集》第1卷，第13页。
③ 前注《历史研究》下册，第321—322页。
④ 《趋势》，第260页。
⑤ M. Blaug, *The Methodology of Economics*, Cambridge, 1980；中译《经济学方法论》：北京大学出版社1990年版，第1页。

所说是："从感性与特殊事物中把较低级的公理引申出来，然后不断地逐渐上升，最后才达到最普遍的公理。"① 我在《方法论》一文中说，这"最后"一步"已是哲学家的事，历史研究无需走那么远"。我这话倒有历史主义味道，不过，我是实事求是的。

归纳法是有缺点的。休谟早就指出，归纳法是建立在来来与过去相似的假定上，而这假定是靠不住的。我想应当承认这一点，史学家不是预言家，"述往事，思来者"只能提供借鉴。归纳法的最大缺点是，除非规定范围，所得结论都是单称命题，难以概括全体；虽可用概率论方法作些补救，但难用于历史。历史主义者强调个别性，固然与他们否定普遍规律有关，但也是把考察限于有限范围，避免以偏概全。政治经济学，自李嘉图以来就是以演绎法为主，奥地利学派更完全用演绎法，前述 1883 年他们与德国历史学派的"方法论论争"，就是演绎法与归纳法之争。

演绎比之归纳，逻辑严密。公元前的欧几里得几何学体系，就是从 14 条定律、公理中演绎而出。其定律如"两点间可作一直线"既无懈可击，其推论也天衣无缝，至今叹为科学奇迹。但这也只限于数学。其他自然科学也是以归纳法为主，从观察和实验中得出定律、公理。到 19 世纪晚期，公理、定律已成体系，同时，科学升级，所究事物往往超出实验可能，演绎法就更为重要了。史学没有一套定律、公理。史家也用演绎法，但只限于个别事物。

20 世纪 40 年代，逻辑实证主义者提出一种"科学哲学"模式，即一切科学理论，必须有至少一个一般规律，有所研问题的初始或边界条件，然后推演出描述或解释；被称为亨普尔模式。历史学当然不能满足这种模式，随即引起一场争论。② 50 年代，波普尔发表《历史

---

① 北京大学哲学系编：《十六—十八世纪西欧各国哲学》，三联书店 1958 年版，第 10 页。
② 亨普尔（C. G. Hempel）1942 年发表《历史普遍规律的功能》(*The Function of General Laws in History*)，1948 年与人合写《逻辑解释的研究》(*Studies in Logic Explanation*)，阐述其模式。德雷（W. Dray）1957 年出版《历史的规律和解释》(*Laws and Explanation in History*)，1966 年出版《哲学分析与历史》(*Philosophical Analysis and History*)，与之辩论。参见前引《经济学方法论》，第 5、12 页及书目。

主义的贫困》。波普尔的证伪主义彻底否定了归纳法，甚至否定从人们感知的资料中得出理论的可能性，认为资料"比任何理论或'偏见'……更不可靠些"[1]。这时历史主义真是四面楚歌。并且，按此标准，不仅史学，经济学也不是科学了。[2]

物极必反。到60—70年代，又有库恩-拉卡托斯的理论出现。库恩从科学史上反对逻辑实证主义，被称为"历史学派"。他认为科学发展是新旧范式（paradigm）的更替。这种更替是革命，新旧范式是"不可通约的"，没有逻辑关系。[3]拉卡托斯认为一种科学理论的核心部分是不能改变的，但它的辅助假设即"保护带"被证伪时是可以修改的[4]，这就是淡化了证伪主义。80年代，又有被称为"新历史学派"的夏皮尔的理论出现。他反对逻辑实证主义那种"不可违背性的"假设，认为科学理论和方法论在历史上都是可以修正以至摒弃的，评价的标准也是随科学观念而改变的。[5]

怎样看待这个问题呢？

百年前，当归纳法火红、演绎法备受谴责的时候，恩格斯说："不应当牺牲一个而把另一个捧到天上去，应当把每一个都用到该用的地方。"[6]现在情况翻过来了，更见恩格斯这话的远见。我在《方法论》一文中主张"史无定法"；我讲了归纳法、演绎法，也讲了实证主义和证伪主义，因为每个都有该用的地方。

逻辑结构不是科学的标准。史学能够成为科学是因为历史发展是

① 波普尔（K. R. Popper）评历史主义的著作是 *The Poverty of Historism,* London, 1957。他否定归纳法见所著 *The Logic of Scientific Discovery*, N. Y., 1959; 中译摘要《科学发现的逻辑》，《自然科学哲学问题丛刊》1981年第1期。他否定资料见所著 *Objective Knowledge*，Oxford，1975年的一篇，中译《没有认识主体的认识》，《世界科学译刊》1980年第2期。

② A. S. Eicher, *Why Economics is Not Yet A Science*，London，1983；中译《经济学为什么还不是一门科学》第10页及第4章，北京大学出版社1990年版。

③ T. S. Kuhn, *The Structure of Scientific Revolutions*，Chicago，1962年；中译《科学革命的结构》第64、70页，上海科技出版社1980年版。

④ I. Lakatos, *The Methodology of Scientific Research Programmes,* Cambridge, 1978；中译摘要《科学研究纲领方法论》，《世界科学译刊》1980年第9期。

⑤ D. Shapere, *Reason and Search for Knowledge*，1984；中译《现代科学和哲学传统》，《自然科学哲学问题丛刊》1985年第4期。

⑥ 《马克思恩格斯选集》第3卷，第548页。

有规律的，即历史哲学。但它的思想方法，不能作逻辑的前提。迄今，从一个一般规律推演历史的著作我只见到一种，即前述新制度学派的《西方世界的兴起》。它是在写历史之前先写一篇"理论"；而实际写历史时也不能完全用理论中的产权——交易费用原理来解释，要用其他因素特别是战争来说明。历史是复杂和多样性的。用一种模型、一个终极原因来阐述，无论是看不见的手或是《看得见的手》，都是不可能的。①

此外，还有一个历史主义备受攻击的"直觉"问题。直觉是一种非逻辑性的抽象思维。Verstehen 这个词有两种含义。一是"悟"，康德认为一切知识都是由感觉进入悟性，再由悟性达到理性。另一是指一种不连续的、跳跃式的思维，亦称 Erlebins。这在科学中是常用的。近代科学的论证要经过许多中间环节和复杂的联立方程，直觉是凭本人丰富的知识和经验，跳过细节，先作出判断，再逐步去验证。像分子理论、宇宙大爆炸理论都是先由直觉作出的。爱因斯坦说："我相信直觉和灵感。"他说，世界体系可从许多基本定律中推导出来，但"要通向这些定律并没有逻辑的通路，只有通过那种以对经验的共鸣的理解为依据的直觉，才能得到这些定律"②。历史研究的复杂性不亚于自然界，按照恩格斯的合力论③，构成历史的"无数互相交错的力量"几乎都是不可度量的，不凭直觉又怎能作出判断呢？不过，直觉的判断常是"战略性判断"，它还是需要求证的。

四　历史主义的评价

上面我已对历史主义的主要部分，即第二小节中所说历史主义五个特征的第二、三项作了评价。现再就其第一、四、五项略述己见。

---

① A. D. Chandler Jr, *The Visible Hand*, Harvard, 1977；中译《看得见的手》，商务印书馆 1987 年版。是一部属于新制度学派的企业经济史，认为当代企业已能左右经济活动。
② 《爱因斯坦文集》第 1 卷，商务印书馆 1977 年版，第 102 页。
③ 《马克思恩格斯选集》第 4 卷，第 478 页。

第一项：关于历史的表述问题。史学著作多是叙述式的，我以为这并不是缺点。史学就是要再现往事，叙述得好，任务已完成过半。问题是应该有分析，即中国所谓"论"。论可单独成篇，也可史论结合。中国的论从史出、以史带论等方法，未为西方注意，其实是很高明的。又我以为历史分析应以因素分析方法为主，除某些具体问题和计量分析外，不宜用模式方法，这在《方法论》一文中已详，不赘言。

史学著述以"事件"为主；这是一个史学发展问题。早期的史学大都是事件史，并主要是政治事件，中外皆然；现在已经不同了。尤其是经济史，按恩格斯的启示，一切经济现象都是一个过程，不宜按事件叙述；我已屡言及。[①] 但是，从整个历史说，事件和个别问题的研究仍是根本的。这有点像经济学中的宏观与微观研究。宏观经济学出世不久，迅成显学；但微观理论是宏观理论的基础，研究经济学必须从微观入手。历史研究也必须从个别入手。恩格斯说："必须先研究事物，而后才能研究过程。"[②] 个别事物研究得愈多、愈彻底，整体研究、结构分析才不致落空。

因研究个别事物而出现的因果关系，成为历史主义的诟病，因果关系有两个含义。一是休谟所说前事为因，后事为果。这在史学上就是弄清事物的来龙去脉，是史学应有之义，一般是可以做到的。另一个是历史事物本身的因果性，那是非常复杂的。首先，因果是一种相互关系，多种事物互为因果。其次，必须承认偶然性。历史实际上是由偶然性组成的，因果或必然性存在于偶然性之中。"单线联系"固然不行，普通的逻辑思维也难济事，而必须依靠辩证思维，才能略得梗概，有些事情连梗概也难说。不过，如我在《方法论》一文中所说，辩证思维是不断发展的，新的时空观以及近年来科学理论的新成就，都给它增添力量。对历史的解释是逐渐接近真理，不能穷尽真理。

相对主义，这是对历史主义的另一诟病。在历史的长河中，人的认识都是相对的。这是个相对真理与绝对真理的关系问题。从主观上

① 许涤新、吴承明主编：《中国资本主义发展史》第一卷，人民出版社1985年版，第6页；第二卷，人民出版社1990年版，第1页。
② 《马克思恩格斯选集》第4卷，第240页。

说，历史主义者并不否定绝对真理。老德国历史主义者都是信心十足的。直到 20 世纪初阿克顿爵士主编一代巨著《剑桥近代史》时还相信他们是为未来的"终结性的历史"准备条件。[①]西方史学界怀疑论和不可知论的兴起是在一战后，尤其是 30 年代；这另有原因，不是历史主义的罪过。至于因研究个别性导致相对主义，并不改变问题的实质。经济学是研究一般性的，而熊彼特说，它"也必然会受到历史相对性的影响"，因为"我们使用的料材不能超过我们占有的材料"；并且，经济学家对"现象一般"的看法也不能超过"他们那个时代"[②]。

第四项：价值判断问题。我认为，历史研究应该有价值判断，这是史学的功能之一，也是中国史学的优良传统。判断标准会因时代而异，各家判断会有分歧，都可留待争鸣。

社会科学本有实证研究和规范研究两种。前者研究"是什么"，考察其运行规律，不管结局好坏。后者研究"应该是什么"，要评论良窳。前述 1904 年韦伯与德国历史学派的"价值判断论争"就是这两种研究方法的论争。这场论争无何意义，因为经济学也是有价值判断的。且不说马克思主义经济学。在西方，德国历史学派解体了，又有凡勃伦（T. B. Veblen）创立的制度学派兴起，他们批评美国的资本主义制度，被称为"历史学派的变种"。事实上，50 年代以来，西方经济学更加注意价值判断了；新剑桥学派、新自由主义学派、新制度学派[③]、新福利经济学、发展经济学等都是讲价值判断的。

史学要有价值判断，但不是说它只作规范研究，不作实证研究。实际上，实证研究是史学的主要方法；弄清楚"是什么"，才能作价值判断。但两者也有矛盾，即合乎历史发展规律的未必就是好的，大

---

① 阿克顿（J. Acton）的观点及其信心的消失见《新编剑桥世界近代史》第 12 卷，第 1—2 页，中国社会科学出版社 1987 年版。怀疑论见前引《历史研究》下册，第 326 页；《趋势》，第 11—12 页。

② J. A. Schumpeter, *History of Economic Analysis*, Oxford, 1980；中译《经济分析史》第 1 卷，第 30 页及注，商务印书馆 1991 年版。

③ 这里指以加尔布雷思（J. K. Galbraith）为首的新制度学，不是前述诺斯的新制度学派，但诺斯的新制度学派更讲价值判断。

如奴隶制的出现就是这样。最近严老（中平）遗作《规律性判断研究和价值性研究》①提出的就是这样的问题。在这种情况下，我觉得应该两者并存，也可说好坏并存，因为历史本来就是这样。

被称为《历史学派宣言》的罗雪尔的《大纲》说："历史的方法对任何一种经济制度决不轻易地一律予以颂扬或一律予以否定。"②我看这是可取的。史学家应考虑历史条件的杂复性，避免绝对化。"在分析任何一个社会问题时，马克思主义理论的绝对要求，就是把问题提到一定的历史范围之内"③，就包含了这个意思。

第五项：脱离社会科学的理论和方法，就历史写历史。这确是50年代以前历史研究的弊病，并不限于历史主义者。这也与社会科学发展的水平有关。1980年在北京召开了一次中美学者关于中国社会经济史的研讨会，会后美方的报告中异口同声地说中方的研究脱离了社会科学。④其实当时中方论文也运用了马克思主义经济学，唯因"文革"刚过，只强调了阶级斗争，而社会学当时还未开禁。不过总的说，中国史学在这方面是落后了，要急起直追。

不过，运用社会科学的理论和方法也有个个别性问题。经济学是一门历史科学，即使最一般的经济规律，如价值规律，也不能无条件地适用于任何时代或地区。恩格斯说："人们在生产和交换时所处的条件，各个国家各不相同，而在每一个国家里，各个时代又各不相同。因此，政治经济学不可能对一切国家和一切历史时代都是一样的。"⑤这是很自然的，例如我们建设有中国特色的社会主义，就必然会有中国特色的社会主义经济学。我在另一篇文章中曾论到，至少就目前说，普遍的世界性的政治经济学是不可能有的。⑥

作为结束，我想介绍一部经济史供读者看一下历史主义的结局。

---

① 《中国经济史研究》1992年第2期。

② W. Roscher, *Crundriss zur VorLesungen über die Staatswirtschaft nach Geschiohtlicher Methode*, 1843；中译《历史方法的国民经济学讲义大纲》商务印书馆1981年版，第8页。

③ 《列宁选集》第2卷，第512页。

④ *Chinese Social and Economic History*，*Report of the American, Delegation to Sino-American Symposium,* Center for Chinese Studies, University of Michigan, 1982, pp. 11, 17.

⑤ 《马克思恩格斯选集》第3卷，第186页。

⑥ 吴承明：《论广义政治经济学》、《经济研究》1992年第11期。

如果说人们熟悉的《剑桥欧洲经济史》尚未脱历史主义窠臼，那么，奇拉波主编的《方坦纳欧洲经济史》应当是全新的巨著了。它是由60位专家执笔，运用了70年代社会科学各部门的研究成果。[①]

奇波拉强调历史的整体性，史学分部门研究只是为了方便，"生活不存在这种分离，有的只是历史"。该书目的是"说明近代工业的兴起"，但不只是一次技术革命，而是"建立在土地财产的基础之上"的社会转变为"以商业、制造业和自由职业为基础"的社会，是"商人和自由职业者代替了军阀和僧侣"。这都是历史的新概念，并明显受马克思主义影响，其第二章并引马克思的话作题解。

该书运用了大量统计和图表。但奇波拉对历史进入"'世界观机械化'的时代"深为担心。他说："我认为把经济史分为'新的'和'旧的'以及'质的'和'量的'意义并不大。""基本的区别应是好的经济史和坏的经济史，而这种区别并不依据用的是哪种符号，也不在于插入表格的多寡，而依据所提出的问题是否中肯恰当，为解答问题所搜集的材料质量如何和分析方法的选择和应用是否正确。分析方法必须适合提出的问题和获得的材料。"这里就不免包括历史主义的老方法了。

该书对每个重要时代都是先分析当代的需求结构，并从农、贸、技术、金融等方面分析供给的因素。但随即转入分国别的研究。这是因为，经济的发展是"取决于该社会特定的历史文化模式"；"每一个国家都要作为特殊事例来叙述"；"在每个国家以内，有突飞猛进的区域，也有长期落后停滞不进的地区"。这就更加历史主义了。

我还可引一段奇波拉的叙事笔法。他在描述封建社会时说："教士和军阀统治着社会"，"他们各自的理想是祈祷和打仗"。"他们爱慕财神爷即使不比别人更热心，也和大家一样"；但"要他们投身于财富生产，那是不可想像的"；因为他们"有权把产品的全部或部分取过来"。"生产是手段，虔诚和勇敢才是目的"。

---

① C. M. Cipolla ed., *The Fontana Economic History of Europe*, London, 1972—1976；中译《欧洲经济史》，商务印书馆1988—1991年版。以下引语均出自奇波拉为该书所写的"缘起"和在第一、二、三、五章所写的"导言"。

无怪陈振汉为该书中译本所写的序言中说："在有关治史方法的论点上，甚至有些回到中外都很早就有的那种认为历史只能是艺术而不能是科学的老观念上去了。"

作为赘语，我还可以提到，在1980年第15版的《大英百科全书》的"历史"长条，仍是把史学的观念（idea）定义为"重建人类活动的真实记录并深刻地了解它"。而文中推荐的第一本读物，竟是被称为历史主义"工作手册"的我前引过的朗格卢瓦与塞纽博斯的《历史研究导论》。

是历史主义复活？还是它本身有值得存在的东西？

（原载《中国经济史研究》1993 年第 2 期）

经济学理论与经济史研究

研究经济史要有历史学修养，又要有经济学的基础。我写过一篇《论历史主义》，是谈历史学理论的，可作为我以前所写《中国经济史研究的方法论问题》一文的续篇。①本文拟谈经济学理论，可作为《方法论》一文的另一续篇。

经济学成为系统的科学，始于17世纪出现的古典政治经济学。本文所称经济学理论亦自此始。但不是说，在此以前的经济思想就不重要。尤其像富国、富民思想，田制、赋税思想，义利论、本末论、奢俭论等思想，在研究中国经济史中无疑是很重要的。本文自古典政治经济学开始，是因篇幅所限。也因为经济史作为一门学科，是随着古典经济学的建立出现的；又是从方法论着眼，因为经济思想成为系统的理论之后，才具有方法论的重要意义。

本文中，"政治经济学"与"经济学"为同义语。

一　在经济史研究中，一切经济学理论都应视为方法论

经济史是研究过去的、我们还不认识或认识不清楚的经济实践（如果已认识清楚就不要去研究了）。因而它只能以历史资料为依据，

---

① 两篇拙作分别见《中国经济史研究》1993年第2期和1992年第1期。

其他都属方法论。经济学理论是从历史的和当时的社会经济实践中抽象出来的，但不能从这种抽象中还原出历史的和当时的实践，就像不能从"义利论"中还原出一个"君子国"一样。马克思说过："这些抽象本身离开了现实的历史就没有任何价值。它们只能对整理历史资料提供某些方便。"①这话也许有点过分，不过，"方便"可理解为方法。

凯恩斯说："经济学与其说是一种学说，不如说是一种方法，一种思维工具，一种构想技术。"②

我在上述两文中都提出，马克思的世界观和历史观，即历史唯物主义，是我们研究历史的最高层次的指导，但它也只是一种方法。③马克思的经济理论，在研究经济史中，也是一种方法，即分析方法。熊彼特说：马克思的经济史观，"如果我们使它只起工作假说的作用"，按即方法论的作用，"那我们就会看到一个强有力的分析上的成就"。在经济理论上，"马克思的分析是这个时期产生的唯一真正进化的经济理论"④。

熊彼特极有远见地把他那部空前浩繁而又缜密的经济学说史定名为《经济分析史》，因为任何伟大的经济学说，在历史的长河中都会变成经济分析的一种方法。他还指出，"经济学的内容，实质上是历史长河中一个独特的过程"，由于"理论的不可靠性，我个人认为历史的研究在经济分析史方面不仅是最好的、也是唯一的方法"⑤。就是说，经济学是研究经济史的方法，历史又是研究经济学的最好的方法。

下面举两个例子。西方经济学有两次"革命"，即边际主义革命和凯恩斯主义革命。19 世纪 70 年代的边际革命，由于其奠基人采取

---

① 《马克思恩格斯选集》第 1 卷，第 31 页。

② 《现代外国经济学论文选》第八辑，商务印书馆 1984 年版，第 4 页。该文简化，我是从凯恩斯原文译出。

③ 恩格斯说："马克思的整个世界观不是教义，而是方法。"《马克思恩格斯全集》第 39 卷，第 406 页。列宁说："历史唯物主义也从来没有企求说明一切，而只企求指出'唯一科学的'说明历史的方法。"《列宁选集》第 1 卷，第 13 页。

④ 熊彼特（Joseph A. Schumpeter）：《经济分析史》第二卷，中译本，商务印书馆 1992 年版，第 95、96—97 页。

⑤ 前引熊彼特第 1 卷，商务印书馆 1991 年版，第 29 页及注③。

主观的效用价值学说，与古典的和马克思的劳动价值学说直接冲突，受到马克思主义者的猛烈攻击和全面否定。但是，在后来的边际理论中，效用价值说已逐渐淡化，在洛桑学派中乃至成为影子，在其他学派中被成本价值说所代替。而边际分析作为一种方法，却广为流传，至今不息。原来，边际分析作为方法只是微分数学在经济学上的应用，李嘉图的地租论乃至马克思对剩余价值增量的分析实际已有"边际"的概念。在古典经济学完全竞争的假定下，边际收入与平均收入是一致的。到了不完全竞争、垄断和社会主义计划经济中，边际值就不能用平均值来代替了。因而，边际分析方法不仅在西方被普遍采用，在前苏联和在我国也已被采用了。

20 世纪 30 年代的凯恩斯革命，是在垄断资本主义发展的特定条件下产生的。它曾经煊赫一时，为许多西方国家所采用，但不过 20 年，即为新古典综合派和新剑桥学派等学说所代替。凯恩斯学说本身，对于研究从来不是垄断资本主义的中国的经济史可说用处不大。但是，作为方法论，凯恩斯创立的宏观经济分析。其国民收入、总需求、总供给、储蓄和投资、国家干预经济的政策等，则不仅为后凯恩斯主义者所继承，也为非凯恩斯学派和社会主义经济学所取用。更有，因此而兴起的经济增长理论，包括落后国家的经济发展理论，作为方法论，也已为我国所取用；[①] 我提到它，因为在经济史研究上有重要性。

二　怎样选用经济学理论作为研究经济史的方法？

"政治经济学不可能对一切国家和一切历史时代都是一样的"，因而，恩格斯提出创立广义政治经济学的命题。[②] 但迄今还没有一部完

---

① 我国计划经济原用苏联的物资平衡表，20 世纪 80 年代引进投入产出法，曾用过柯布－道格拉斯生产函数。以后曾试用过索洛（Robert M. Solow）、乔根森（Dale W. Jorgenson）的增长模型和丹尼森（Edward F. Denison）的增长因素分析法。现正结合优选法，建立自己的增长模型。这种广集众长的方法论精神，愿为我国经济史研究者所取法；故略作介绍。

② 《马克思恩格斯选集》第 3 卷，第 186 页。

整的广义政治经济学。我前面所说的各种经济理论，都是西方的而且都是研究资本主义经济的，怎能（即使作为方法）用于从来不是资本主义社会的中国呢？这就是我在《论广义政治经济学》一文中所说的"统一性"问题。[①] 其义有三：

第一，经济学的基本范畴有统一性。例如"资本"，在奴隶社会就有了；但在分析了它在资本主义社会的完全形态后，马克思才概括出资本的初始形态的发展轨迹。[②] 解剖现代社会是解剖古代社会的钥匙。

第二，迄今人类各种文明社会都有多种经济成分并存的，资本主义社会中也有前资本主义的遗存和未来的因素。如西斯蒙第所分析的七种农业经营方式，至少有六种在中国历史上都存在过。[③]

第三，我在《论广义政治经济学》中得出一个结论，即不管在"经济学对象"上有多少理论争论，实际上前资本主义的、西方的和当前社会主义的经济学都主要是在研究那种或这种经济是怎样运行的，它的机制如何？而这也是经济史研究的主要课题。

任何社会经济都是在一定的机制下运行的，否则不能持久。各种社会形态的机制不同，但都有再生产问题，都有增长（负增长）的模式问题和发展周期性问题，都有主权者干预问题，等等。这其中，有些运行规律是共同的，有些可互相参照。在经济史研究中，是把现有的各种理论，特别是对经济运行和其机制的解释，作为方法，尤其是思考方法和分析方法，加以运用。至于选择哪种理论，则如我在《方法论》一文中所说，"史无定法"，主要根据其理论对我们所研究的课题的适用性和史料的可能性来决定。可以选用某种理论中的某一点，也可在一个问题上选用几种理论。要之，选用某种理论，主要是启发性的，而不是实证性的。在经济史论文中，时见"根据某种理论，应如何如何"语式，这是最笨的用法。

在《论广义政治经济学》一文中，作为举例，我曾提出魁奈（Fran-

[①] 载《经济研究》1992 年第 11 期。

[②] 《马克思恩格斯选集》第 1 卷，第 57 页。

[③] 西斯蒙第（Jean C. L. S. de Sismondi）：《政治经济学原理》，1819 年出版，中译本商务印书馆 1983 年版第 3 编。

cois Quesney）和重农学派的经济运行理论，李嘉图、杰文斯（William S. Jevons）等的地租论在研究封建主义经济中的作用。再如亚当·斯密的分工理论、生产劳动和非生产劳动的理论，以及他的增长理论，也是有用的。斯密的增长理论是建立在资本主义雇佣劳动的基础上的，但他所谓"资本"是以上一年度的谷物收获量为基数，如果不取其工资基金说（上一年收获的谷物用于支付雇佣劳动工资部分），这一思路是适于农业社会的。[①] 就是说，对于现有经济理论，可以加以"改造"来利用。

在经济史的研究中，重要的一段是从传统经济向现代化经济转换的历史。这种转换，过去强调工业革命，如今不同了。以西欧说，新思想始于 14 世纪以来的文艺复兴，经济变革始于 16 世纪以来的重商主义，马克思指出，欧洲资本主义制度在 16 世纪即已建立，工业革命还是 200 年以后的事，是市场扩大的结果。代表这种新史学思想的巨著是奇波拉主编的六卷本欧洲经济史[②]，它运用了当代的经济学理论，尤其是凯恩斯学派的经济理论。这种转换，在中国相当于明、清、民国以至当代的 500 年间，时间很长，所可选用的经济学理论是很多的。

在学派林立的西方经济学中，占主导地位的不外新古典主义和新古典综合派。以马歇尔为代表的新古典主义吸收了边际分析方法，以萨缪尔逊为代表的新古典综合派又吸收了凯恩斯经济学，积累和日新月异，这就给我们选用提供方便。经济史主要研究宏观，但分析中离不开微观，尤其市场理论，因为宏观经济学是以微观理论为基础的。在研究落后国家经济时，刘易斯（W. Arthur Lewis）主张用古典经济学模型，舒尔兹（Theodore W. Schultz）主张用新古典模型，两人同时获诺贝尔奖。我看各有短长。古典主义的人口与土地的悲观论调，历史上是存在的，但不能强调。新古典的乐观主义更符合中国历史，

---

① 亚当·斯密：《国民财富的性质和原因的研究》，1776 年出版，中译本商务印书馆 1992 年版上卷，第 315—316 页。

② Carlo M. Cipolla edited, *Fontana Economic History of Europe*，1972—1976 年出版，中译《欧洲经济史》，商务印书馆 1988—1992 年版。

但过分强调竞争和均衡价格，就难找历史根据了。

我以为，一个社会经济的发展或衰退，最终是看生产资源的利用或配置是优化了还是劣化了。在马克思理论体系中，资源配置被归结为劳动时间（包括活劳动和物化劳动）的节约和在各部门间的分配。但是，"社会必要劳动时间"，尤其物化劳动，是不能计量的，"抽象劳动"在经济史上更无法描述。古典和新古典经济学把资源配置归之于市场调节，新古典更引进边际分析和导数方法，比较精确。但在新古典模型中没有土地和资源变量，而是归入"资本"，这在经济史研究中是难于处理的。

新古典模型，根本不谈制度、经济结构、社会背景以及文化习俗等问题，而经济史要求整体观察，这些因素都很重要。因而，也要涉猎制度学派、结构学派等理论。我觉得，德国历史学派的"国民经济学"理论，对研究中国经济史仍是有用的。又所谓资源配置，并不完全决定于市场机制，近年来已有非市场机制、非价格信号的研究。历史上，市场不发达、没有生产要素市场的情况下，经济仍可以有进步，更不用说重大政治军事活动以及殖民、移民、水利等对资源利用的影响了。我曾见到一些对明清时期江南特别是苏南农村的研究，说明在不改变传统的生产方式和传统技术的条件下，由于经济因素的活动，在一定程度上改进了资源配置或资源合理利用。[①] 这也是经济史研究对经济学的贡献。

当代经济学家、诺贝尔奖获得者索洛写过一篇《经济史与经济学》[②]。他不满于这两个学科的现状："经济学没有从经济史那里学习到什么，经济史从经济学那里得到的和被经济学损害的一样多。"他主要是批判当代经济学脱离历史和实际，埋头制造模型。但也指出当代经济史也像经济学"同样讲整合，同样讲回归，同样用时间变量代替思考"，而不是从社会制度、文化习俗和心态上给经济学提供更广阔的视野。他说，经济史学家"可以利用经济学家提供的工具"，但

---

① 例见吴承明《论二元经济》，《历史研究》1994 年第 2 期。

② Robert M. Solow, Economic History and Economics, *Economic History*, vol.75, No. 2, May 1985.

不要回敬经济学家"同样的一碗粥"。这对当代西方一些"新经济史"的批评是很中肯的。的确，经济史有广阔的天地，无尽的资源，它应当成为经济学的源，而不是经济学的流。

三　经济学中的经济史论

斯密《国富论》第三编"论不同国家财富的不同发展"是一篇经济史论。他先从利润和风险研究提出一个经济发展的"自然顺序"，即首先发展农业，然后发展工业，最后是国际贸易。但详细考察了自罗马帝国崩溃以来欧洲各国的经济变化后，却得到相反的结论，因而他慨叹欧洲是"反自然的退化"。可是，这种考察证实了斯密在《国富论》一开篇就揭示的论点：人类社会的进步归结于分工和专业化带来的劳动生产力的增进，而分工是由交换引起的，"分工度受市场范围的限制"。因而，在他的经济史论的最后一章，就转而讨论"都市商业对农村改良的贡献"了。[①]

作为一种经济史观，19世纪德国历史学派的经济学家提出了各种经济发展阶段论。李斯特把原始、畜牧以后的经济发展分为农业时期、农工业时期、农工商业时期。这初看与斯密的自然顺序一致，但其论点是，一国在第一阶段应以自由贸易为手段，力求发展农业，在第二阶段，要用"限制商业政策"，按即保护关税，来促进工业的发展。到第三阶段即农工商业时期，如当时的英国，可"再行逐步恢复到自由贸易的原则"，"进行无所限制的竞争"。[②]希尔德布兰德是按交换方式提出三阶段论，即自然经济、货币经济、信用经济。第一阶段是农民民主社会；第二阶段是自由经济。他的第三阶段带有理想味道，使交换不依赖于货币，以克服货币经济带来的贫富悬殊。[③]毕歇尔批评了以上两种观点，提出自己的三阶段论。第一阶段是封闭的家

---

① 前引斯密书上卷，引语见第16、349、371页。
② 李斯特（Fredricj List）：《政治经济学的国民体系》，1841年出版，中译本商务印书馆1961年版，引语见第105页。
③ Bruno Hildbrad, *Natual-Geld-und Kreditwirtschaft*, 1864.

庭经济，包括种族社会和中世纪的庄园，是内部生产和消费的经济，无需交换。第二阶段是城市经济，指中世纪包括郊区农业的城邦经济，是生产者与消费者直接交换的经济。第三阶段是"国民经济"阶段，开始于中世纪晚期，这时生产者为市场而生产，消费者自市场购买商品，商品要经过许多流通环节达到消费者手中。毕歇尔实际上已提出市场经济的概念了。①

到20世纪初期，经济学家对经济史的最大影响，当推熊彼特的创新理论了。他在《经济发展理论》②一书中提出，资本主义经济的发展是一个内在因素的创新过程。即由引进新产品、引用新的生产方法、开辟新市场、控制原材料新来源、企业新组织形式所建立起来的一种新的生产函数或新的组合所推动的。而"企业家"是执行这种新组合的人。不过，熊彼特明确指出他的经济发展理论是专指资本主义时代的。在他后来的著作中，并认为资本主义的发展最后将导致"非人身化和自动化"，"革新本身已降为例行事务"，"企业家"失掉作用，资本主义将自动地进入社会主义。不过他所谓社会主义，"不外乎是把人民的经济从私人领域移到公共领域"而已。③

60年代罗斯托的经济成长阶段论对经济史学也有广泛影响。他把世界各国的经济发展分为六个阶段，但把工业化以前的几千年统归入"传统社会"，所论实际是工业化的阶段论，即为起飞创造条件的阶段、起飞阶段、成熟阶段、高消费阶段、追求生活质量阶段。④最受人注意的是他的"起飞"理论和"主导产业"理论。起飞的一个重要条件是投资净值由占国民收入的5%增至10%以上，同时有一个或几个主导制造业迅速发展，带动其他产业跟进。他认为中国经济的起飞始于1952年。各国由起飞到成熟约需60年。

---

① Karl Bücher, *Die Entstehung der Volkswirtschaft*, 1893.
② Joseph Schumpeter, *Theorie der wirtschaftlichen Entwicklung*，1912年出版，通用1934年哈佛大学经济丛书修订英文版。
③ 熊彼特：《资本主义、社会主义与民主》，1942年用英文出版，中译本商务印书馆1999年版，第164—165、515页。
④ 罗斯托（Walt W. Rostow）：《经济成长阶段——非共产党宣言》，1960年出版，中译本商务印书馆1962年版。原分五个阶段，"追求生活质量阶段"是他1971年在《政治与增长阶段》一书中所增加的。

领域十分广泛的当代经济学家希克思于 1969 年出版一本《经济史理论》。他说，世界经济史可看成"是一个单一的过程——具有一个可以认识的趋势（至少到目前为止）的过程"；这就是由习俗经济和命令经济过渡到市场经济。新石器时代的和中世纪初期的村社经济都是由习俗支配运行的，酋长或王只是传统本身的东西。命令经济常是由军事经济建立的，而由官僚制度完成，具有支配经济作用。中世纪的封建主义实际上是这两种经济的混合。由习俗经济、命令经济向市场经济的转换是渐进的，各地区不同步的、曲折乃至有反复的，但总要发生。这种转变的起点是商业的专业化，专业商人的出现。他们要求保护财产权和维护合同，这是旧制度无能为力的。于是，重商主义时期在欧洲出现了城邦制度。城邦和商业竞争，导致殖民主义扩张。接下去，就是"市场渗透"阶段。希克斯用历史回顾法从四个方面详述了这种"渗透"，即：适应市场经济的货币、法律、信用制度的确立；政府财政和行政管理的改造；领主制破坏、货币地租和农业的商业化；自由劳动代替奴隶劳动、劳动力市场的出现。这一切，导致工业革命。[①]希克斯是在经济史理论上首先全面论述市场经济的。他还用他在《价值与资本》（该著作使他获得诺贝尔奖）中提出的理论解释工业革命：其性质不过是资本由在商业和手工业的流动状态进入固定状态。

80 年代兴起产权制度学派[②]的经济史理论，诺斯于 1981 年出版《经济史上的结构和变革》[③]，他并以此获诺贝尔奖。诺斯认为，人类受个人能力和环境限制，只有通过交换才能获得经济增益，自亚当·斯密以来，经济模型都是建立在分工和交易的基础上的。他认为，产权是交易的根据。国家给谋求收益最大化的个人和团体设定产权，

---

① 希克思（John R. Hicks）：《经济史理论》，1969 年出版，中译本商务印书馆 1987 年版，引语见第 9、58 页。
② 该学派称新制度学派（new-institutional economics），因与 20 世纪 50 年代兴起的以加尔布雷斯（John K. Galbraith）为首的新制度学派（neu-institutional economics）的中译名相同，我将它改译为产权制度学派。
③ Douglass C. North, *Structure and Change in Economic History*，1981 年出版。中译本《经济史中的结构与变迁》，上海三联书店 1991 年版，又《经济史上的结构和变革》，商务印书馆 1992 年版。本文引语见商务版第 7、61、200、203 页。

用以交换后者提供的税负，以实现国家岁入的最大化。制度则是实施产权、约束个人和团体的行为、调节社会收入分配的成文的和不成文的规则，包括认可的规则和约束行为的道德观等意识形态。这种产权和制度结构的有效与否，是决定经济兴衰的关键。由于人口、资本存量、知识存量是增长的，加以其他原因，导致结构的变革，促使经济向进步方向发展，这就是经济史。但制度本身有保守性，而产权往往效率低下或失效，加以其他原因，经济史上往往是增长时期少，停滞或衰退时期多。

诺斯指出，目前用于研究经济史的经济理论不外古典经济学、新古典经济学、马克思主义经济学。古典经济学强调人口与土地资源的矛盾，得出一个悲观模型，但它"不失为一种探讨19世纪中期以前1000年间人类经验的颇有裨益的出发点"。新古典经济学以储蓄率作为经济增长的动力，通过市场调节，达到新的均衡，并注重知识积累和边际替代能力，是一种乐观模型，可以解释工业革命以来西方经济的发展。但它完全忽视了产权、制度、意识形态等因素；而没有这些，单凭市场上相对价格的变动是不能解释历史上的重大变革的。马克思主义经济学把新古典模型漏掉的东西全部包括进来了，它强调所有权和国家的作用，强调技术发展引起所有制的矛盾，"堪称是一项重大贡献"。不过，马克思经济学过于理论化，而新古典模型拥有机会成本、相对价格、边际效益等远为精确的分析方法。新古典模型的最大缺陷是忽视了交易费用，以为不花成本就能实施所有权，以至"个人和社会的收益相等"。这是从来不曾有过的。诺斯反复论证交易费用的重要性，并且，"专门化的增益越大，生产过程的阶段便越多，交易费用也就越高"。他在结论中说："专业化增益和专业化费用之间不断发展的紧张关系，不仅是经济历史上结构和变革的基本原因，而且是现代政治经济绩效问题的核心。"[1]

---

[1] 诺斯在本书中提出衡量费用、信息费用、依循费用、代理费用、怠工和投机费用等词，在他文中也将运输、利息、市场交易等费用计入。后来他在本书改写中将交易费用分成两类，即制定契约所需费用和执行契约所需费用。见他的 *Institution*, *Institutional Change and Economic Performance*, Harvard University Press, 1990, p. 27.

综观上述经济学家的经济史观各有特色，但大多是以交换关系的扩大作为历史发展的线索，亚当·斯密的分工和专业化理论普遍受到尊重，并以市场经济作为经济现代化的标志，或者是在市场经济的基础上论述现代化过程。众所周知，马克思曾提出人类社会相继出现的五种经济形态或生产方式。在由封建社会向资本主义过渡中，马克思是十分重视商业和市场的作用的。在《德意志意识形态》中，有一篇题为"交换与生产力"的经济史论。[1] 它讲欧洲商业脱离行会手工业，出现专业的商人阶级，造成城市间的分工，从而出现工场手工业。竞争导致商业政治化，出现保护关税、贸易禁令、殖民主义以至战争。而其最后结果是大机器工业的建立（马克思和 19 世纪所有的经济学家都不曾用过"工业革命"一词）。马克思在《资本论》中指出，商业资本是资本最早的自由存在方式，在前资本主义社会，"商业支配着产业"，因而，"它在封建生产的最早的变革时期，即现代生产的发生时期，产生过压倒一切的影响"[2]。

恩格斯在《反杜林论》中说，"生产和交换是两种不同的职能"，各有"多半是它自己的特殊的规律"，"以致它们可以叫做经济曲线的横坐标和纵坐标"[3]。根据这一理论，我在 1986 年写了一篇《试论交换经济史》。[4] 我是用广义的分工和广义的交换概念，并把交换这个"纵坐标"理解为历史。原来，人类在学会"生产"（指变革自然）150 万年以前就有交换了，交换的发展谱写着人类编年史。现在我想补充说的是：马克思的五种社会经济形态是历史哲学的命题，不是经济史的命题。在经济史上，没有奴隶制者有之，没有封建制者有之，越过"卡夫丁峡谷"者更有之。[5] 中国实际上就是超越资本主义阶段进入社会主义的。但是，资本主义可以超越，市场经济却不能超越，

① 见《马克思恩格斯选集》第 1 卷，第 56—58 页。这里是用广义的交换即 Verkehr，《选集》译"交往"。
② 《资本论》第 3 卷，第 369、376 页。
③ 《马克思恩格斯选集》第 3 卷，第 186 页。
④ 吴承明：《中国经济史研究》1987 年第 1 期。
⑤ "历史哲学理论的最大长处就在于它是超历史的"，《马克思恩格斯全集》第 19 卷，第 131 页。我认为五种经济形态就是这样一种理论。

如果一个国家想现代化的话。我们曾经想超越，现在还得回来补课。至于我在《试论交换经济史》一文中的分析，今天看来有一点还是有用的，即它可说明，历史上的商业发达，不一定是市场发达；历史上的商品经济，不等于就是市场经济。这是，希克思的"市场渗透"说，诺斯的"结构变革"说，值得我们注意。

（原载《经济研究》1995 年第 4 期）

究天人之际，通古今之变

司马迁"究天人之际，通古今之变"的《史记》纲领，已有不少论者。巫宝三先生从经济学上研究它"法自然"的思想，甚多创见（文载《中国经济思想史论》，人民出版社 1985 年版）。费孝通先生从文化社会学上考察它所释人文世界与自然世界的关系，并谓一"究"一"通"乃治学之本（文载《读书》1998 年第 11 期）。我则想把太史公这个纲领作为一种历史哲学，即历史观和方法论，试予探讨。限于学识，考虑不成熟，只是一些设想，求教于方家。

《史记·太史公自序》首揭司马谈《论六家之要指》，于儒、墨、名、法、阴、阳都先说其缺点，再讲可取之处；独对道家只说优点，没有缺点。孙诒让说司马迁"尊儒而崇道"，巫先生说他"崇道尊儒"。我以为司马迁基本上还是儒，主张仁政德治，但在本体论上取道家思想，即《史记》论学时常用"察其本""归于本"的"本"字义（儒家讲伦理学，原无自己的本体论）。

儒家和道家的天人观

天指整个自然界。人们不满足于只看到自然现象，要对天作出整体解释，才能说明天人关系。古人释天不下 30 种（冯友兰语），但大别有二类。一类是神义的天，天有人格，有意志，能降福祸于人，或降王命以治人。一类是自然义的天，但把它抽象，用理性思维来解释，得出道、理、阴、阳等概念与人世相通（另有用科学思维来解释天候地象者，见于医书农书，从略）。儒家的天是神义的天，先秦道家的天是自然义的天，但有变化，以至相通。

远古都是神义的天。卜辞用"帝""上帝"，另有"天"字作"大"解。西周时，天的人格已淡化，代表性说法是"天生蒸民，有物有则"（《诗·大雅》），降王命以治人成为主要的，《诗》中以此颂文王者比比。春秋时，天还降命于贤者，子产治郑，"善之代不善天命也"（左传襄公二十九年）。同时，也有了自然义的天，"则天之明，因地之性，生其六气，用其五行"（左传昭公二十五年），六气（阴、阳、风、雨、晦、明）五行都是自然现象。

孔子"知天命""畏天命"但同时畏"大人圣人之言"（《论语·季氏》），天命、王命，圣人言已等同。天的意志也不是绝对的了。"天之将丧斯文也""天之未丧斯文也"，关键在于有没有文王（《论语·子罕》）。"天何言哉，四时行焉，百物生焉"（《论语·阳货》），原意是为政不在多言，但以天为喻，这个天已是自然义的天。

孟子讲"天志"，和孔子一样，目的论。但在天人关系上是和人性联系起来。人性善，故尽心知性"则知天矣"，存心养性"所以事天也"（《孟子·尽心上》）。又"诚者天之道也，思诚者人之道也"（《孟子·离娄上》），人道通天，以至"万物皆备于我矣，反身而诚，东莫大焉"（《孟子·尽心上》）。又有养气说，是用"义"来配合道，使理直气壮，"塞于天地之间"（《孟子·公孙丑上》）。总之，孟子的天人关系是乐观的，人只要努力向上，便可"上下与天地同流"（《孟子·尽心下》）。

荀子不同意孔子的天命说，也反对孟子的天志说，他说天"不为而成，不求而得，夫是谓之天职"；"万物各得其和以生，各得其养以成，不见其事，而见其功"；天职天功是自生自养的，天已没有多少神的味道了。"天职既立，天功既成，形具而神生，好恶喜怒哀乐臧焉，夫是谓之天情"（《荀子·天论》）；这里天情实是人情了。荀子还说"制天"。"制天"何解？王念孙说是"裁天"误书，章太炎、胡适从之，今人多说就是制服自然。我意"制"亦可作"制度""法则"解。看其全文："大天而思之，孰与物畜而制之；从天而颂之；孰与

357

制天命而用之；望时而待之，孰与应时而使之；因物而多之，孰与聘能而化之；思物而物之，孰与理物而勿失之也。"（《荀子·天论》）其用天命、应天时以及"物畜"（《荀子·积累》）"化物"（《荀子·生产》）"理物"（《荀子·保藏》）等，都不是与天对抗，而是积极地与天合作。因而"制天"并无西方那种制服自然之意，而可解为"法天"即"法自然"，几与道家一致。

先秦道家的天都是自然的天。《老子》用理性思维创造了一个"先天地生"的"道"，演出道生天地、天地生万物的宇宙起源论。这个"道"是一种法则还是一种存在（如柏拉图的理念），不很清楚。不过，"万物负阴而抱阳，冲气以为和"（四十二章）；"人法地，地法天，天法道，道法自然"（二十五章）。说明《老子》的本体论中，宇宙是和谐的，道与人之间，天与人之间是协调的，主体与客体，或者思维与存在，是统一的。然而，就天道说，还是有目的的。"天之道，损有余而补不足"；"天之道，其犹张弓与？高者抑之，下者举之"（七十七章）。像射箭那样，上下调整，以命中靶心。在这点上，与儒家神义的天并无二致。

《老子》原本是讲人君南面之术的；在这里，道与儒的区别就在于"无为"。"道常无为而无不为，侯王若能守之……天下将自定。"（三十七章）这也就是"法自然"。"道之尊，德之贵，夫莫之命而常自然"（五十一章）；"功成事遂，百姓皆谓我自然"（十七章）。虽说自然，也还要一套治人之"术"，不过主要是笃静、守雌等以柔克刚之术，才能"天网恢恢，疏而不失"（七十七章）。在这点上，亦与儒家相通。

道家丰富的辩证法思想，超过儒家的《易经》，也超过18世纪以前的西方，独领风骚。"天地尚不能久而况于人乎"（二十三章），除道外，一切都在变。对立统一是普遍的，"有无相生，难易相成，长短相形，高下相倾……"（二章）"反者道之动"，一切事物都无条件地向对立面转化，因而有"将欲夺之，必固与之"（三十六章）的术。《庄子》把相对主义推到极点，因而有"彼亦一是非，此亦一是非"（《庄子·齐物论》）之说。这种思想，儒家本有，在《易传》中又加发挥，只不若老庄之极端。

黄老之术

《史记》常称"黄老之术",有人考证,唯限道家言。《论六家之要指》说道家"其为术也,因阴阳之大顺,采儒墨之善,撮名法之要,与时迁移,应物变化",可见司马迁时道家的术已非老庄原本,而是把其他五家的长处都吸收进来了,一并灵活功用。我以为这就是司马迁所说黄老之术,其中又主要是儒、道、法三家的融合。

先说法家与道家的融合。申不害著作今不存,但司马迁见过二篇,说其论本于黄老。《慎子》今所辑为佚文,但《庄子·天下篇》曾述其思想,几与《齐物论》无异,并说"是故慎到弃知去己,而缘不得已"。可见也是本于道家。法家中唯商鞅崇儒。韩非论三子,批评商鞅只讲法不讲术,提出"法、术、势"三结合的法学理论。司马迁将韩非与老子同传,大约因为韩非这种理论已与《老子》吻合。并且,韩非在《解老》篇创建了"理"的概念。作为区别物类的规定性:"万物各异理,而道尽稽万物之理",这就使那恍惚兮兮的道落实到规定万物的理上,使统治者的术发挥实效。

法家与儒家的融合更早。战国时,各国在维持社会秩序和治军上已不能不依赖法,经过秦的法家实践,到汉武帝尊儒时,基本上已是"儒表法里"了。司马迁把"循吏"定义为"奉法循理",把"酷吏"定义为"奸轨弄法",可见其表里。以后的儒,都是"法里"的儒。

秦汉之际,儒家除了完善《易传》外,出了《大学》《中庸》《礼运》三部大作。《大学》没讲天人关系,但其"止于至善"观点,知止以定、以静,本于道家。《中庸》"极高明而道中庸",冯友兰先生以为是中国传统哲学的基本精神,只儒家能做到。不过,此语冠以"圣人之道",实即前一段的"天地之道";而对天地之道的描述颇近《庄子》。又此语以"明哲保身"作结,亦类《庄子》口吻。《礼运》所讲大同世界是在三代,但很符合道家无为的世界观,给人以美好的未来理想国,恰好代替《老子》那脱离实际的小国寡民社会。总之,这三篇都有儒道融合迹象。

道家,秦汉之际流行新著《黄帝四经》,今佚。1973年马王堆汉墓出土四种佚书,唐兰考证即《黄亮四经》。其文极崇天道,"顺天者昌，逆天者亡"。但说"刑名""刑德""文武并行"都是"天地之道"，显然是以法家入于道统。又讲"静作（动）相养，德虐相成"；讲"分"以定社会等级；讲"天恶高，地恶广，人恶苛"，"过极失当，天将降殃"。这是以荀子和中庸之道入于道经。任继愈先生以为《黄帝四经》即"黄老之术"命名的由来。也许就是窦太后喜读的那部书。

司马迁所说倡黄老之术者有盖公、黄生、陆贾。盖公是曹参相齐时重金请来的，但只记了他一句话："治道贵清静而民自定。"黄生曾为司马谈师，但只记他与辕固生辩论、反对汤武革命。夏曾佑说，反对汤武革命，与黄帝革炎帝命之事不合，也与老子"天地不仁，万物刍狗"之论不合，怎能称黄老？我想，这时汉初定天下，黄生之论乃是安定团结，免得再次革命之意，司马迁托词论之。陆贾是助刘邦统一天下的文人，留有《新语》，讲天生、地养、圣人成之，"功德参合而道术生焉"；显然是儒道掺和。又讲"道莫大于无为"，但具体说，乃是轻刑、重德、薄罚、厚赏；把"无为"儒家化了。

司马迁说"本子黄老"者还包括张良、萧何、曹参、陈平、贾谊等政治人物。像入关约法三章，萧规曹随，为政简易，豁达超脱者都算黄老。以贾谊为例。贾谊建议削藩以巩固中央政权是件大事，而司马迁不理会，却在《始皇本纪》的结语即"太史公曰"一段全文录《过秦论》。又在《屈原贾生列传》中全文录《鵩鸟赋》；结语说屈原大才何必死（这是儒家语），但"读鵩鸟赋，同死生，轻去就，又爽然自失矣"。贾谊是儒，但有道家本体观，可说是"儒表道本"，故文帝"不问苍生问鬼神"。

所谓黄老、无为，其实就是一种"小政府，大社会"主张，给人民以较多自由，不要事事都管。黄老只行于文景之世，以后不谈了。但以后2000年，虽不乏好大喜功的君主，但比之波斯、罗马、哈里发帝国以至欧洲近世王朝，中国仍是小政府，赋税较轻，中央官吏最多2万人，开支两三千万两。中国也曾扩大疆土，但即于边庭，没有大流士、恺撒、苏里曼，近世葡、西、英、法那样侵略性的远征。中国历史产生了"究天人之际，通古今之变"的历史观，反过来说，好武功的成吉思汗在建立中国王朝、接受中国文化以后，就不再远征了。

司马迁的历史观

在司马迁看来，大自然是整齐有序的，天人关系是和谐一致的，人世也应当这样。礼乐是儒家安定社会秩序的工具，也是六艺之首。《史记》八种政书，《礼书》第一，《乐书》第二。但司马迁更重视乐。他说"乐者天地之和也，礼者天地之序也"。又说"乐者为同，礼者为异"（划分等级）。又说"乐由中出，礼自外作"（《正义》："乐和心"，礼"貌在外"）。总之，乐是自然的，礼是人为的，理想社会是个大乐队，弦歌不辍，"调和谐合，鸟兽尽感"。

司马迁的《天官书》中讲了三代至汉初的兴衰与天象的关系，如"汉之兴，五星聚于东井"，"诸吕作乱，日蚀昼晦"等。但亦常含糊其辞，"太史公推古天变，未有可考于今者"。司马迁奉命修太初历，属天官，要讲官话，其实是有信有不信的。如《项羽本纪》批项羽"天亡我"之谬，《伯夷列传》驳"天报善人"之说。他在《悲士不遇赋》中说"无造福先，无触祸始，委之自然，终归一矣"。这也是"儒表道本"。

司马迁对于"古今之变"是颇为认真的。"天运，三十岁一小变，百年中变，五百载大变；三大变一纪，三纪而大备：此其大数也。为国者必贵三五。上下各千岁，然后天人之际续备。"这里天运，实是国运。看变化，短看三十年，长看五百年，最好三个五百年。《高祖本纪》结语，说夏代政纲尚"忠"（质厚），但有弊病，小人撒野。于是殷代改为"敬"（严厉），又有弊病，小人捣鬼。于是周代改为"文"（多级制），又有弊病，最好再改为忠。"三王之道若循环，终而复始"。这段时间约三个五百年。其变，都是向对立面转化。又说，"周秦之间，可谓文敝矣。秦政不改，反酷刑法，岂不缪乎？故汉兴，承敝易变，使人不倦（劳），得天统矣"。这段时间约三十年。《孝文本纪》结语："孔子曰，必世然后仁"（孔安国注：三十年曰世）；"汉兴，至孝文四十有余载，德至盛也"。《孝景本纪》，全篇强调七国之乱，并记彗星、日食、地震特多，旱涝频仍。这段时间约三十年。

儒家多言必称三代，叹世风不古，是历史退化论。司马迁不是这样。"夫神农以前吾不知己，至若《诗》《书》所述虞、夏以来，耳目欲极声色之好，口欲穷刍豢之味，身安逸乐，而心夸矜势能之荣，使俗之渐民久矣。"（《货殖列传》）对这种物质利欲的时俗，他并不反对，而提出"善者因之，其次利导之，其次教诲之，其次整齐之"的对策。可见司马迁的历史观是积极的、乐观的。人间多少苦难、衰败、杀戮，终究会变成安泰、进步、平和，通达开阔，如杜诗"锦江春色来天地，玉垒浮云变古今。"

汉以后，思潮变化，如魏晋玄学，隋唐佛学，但这种历史观仍延续下来，《史记》的纪传体也延续下来。晋郭象说，圣人"终日挥形而神气无变，俯仰万机而淡然自若"（庄子注），是一种炉火纯青的"儒表道本"。唐出现禅宗，开山祖慧能云："无念法者，见一切法，不著（固着于）一切法；遍一切处（人间世），不著一切处。"与西方不同，不向往"彼岸"。到宋，周敦颐完善了老庄的本体论。儒家有了更完善的本，并吸收禅宗的心学，成为新儒学即理学。宋明理学是传统儒学的进一步理性化，李约瑟称之为科学化，总之是个进步。"究无人之际，通古今之变"的历史观也有了发展，表现于司马光的《资治通鉴》。陈寅恪先生说："史学中作推理，推理始能通识"，故"中国史学莫盛于宋"（金明馆丛稿二编）。

中西史学方法

历史观也是方法论，即认识和思考历史的方法。"究天人之际，通古今之变"作为方法论，在哲学上叫"思维与存在的同一性"。"同一性"指对立的统一。人与自然界的关系、精神与物质世界的关系，是哲学的基本问题。思维与存在同一性的观点，反映主体与客体的统一观、人类与周围世界的统一观。在中国，这种认识和思考的方法，是通过"究"和"通"，通过辩证思维达到的。在西方，逻辑思维比较发达，在有了近代科学以后，思维与存在同一性的方法论才确立起来。

西方的自然观，从希腊哲学起，直到康德，都是神义的天，都有上帝主宰，仅少数例外（如斯宾诺莎），因而目的论远重于儒家。希腊哲学，天人关系还是和谐的，但从泰勒斯起，就强调主体与客体的对立，成为西方的传统。柏拉图是精神与物质二元论者，他的自然世界是因为有"理念"的加入才变成存在，因而是非历史的。亚里士多德的存在是一元的，思维与存在也比较一致，又创建逻辑学，成为西方推理主要工具。但逻辑推导的历史缺少实证，也有非历史倾向。到中世纪，他的三段论法被用来论证神学体系，思维与存在又完全分离了。"方法为迎合体系不得不背叛自己"（恩格斯语）。

冲破神学樊篱，出现近世思想大师。笛卡儿提出"我思故我在"，思是存在的证明，也是历史的证明。但思不是实证，而是怀疑。笛卡儿是怀疑论者，历史是由思显现（presence）出来的。休谟只承认经验感觉的存在，世界上是否有真实事物的存在是不可知的；贝克莱干脆否认客观世界的存在；因而他们都没有思维与存在的同一性；其历史观，只是以时间为序的因果链。西方古典哲学之集大成者康德，有很多伟大的东西。但在康德那里，现象和本体、历史和道德是割裂的，是二元论，本体（物自体）是不可知的；显然，不存在思维和存在的同一性。到黑格尔，脱离了二元论，排除了不可知论，发明辩证法，确立了思维与存在的同一性，也使历史重新进入哲学。不过，黑格尔的历史哲学是"颠倒着的"（恩格斯语），是"绝对精神"先外化为自然界，再外化为人类历史，历史又发展出完美的精神（正反合）。把它颠倒过来，也就是精神（思维）在历史的辩证法发展中，显现自己。不过，到了影响西方近代史学最大的新康德主义那里，自然界和历史完全分裂了。自然界是常住的，有普遍规律，因而是有序的。历史是个别的，"一次如此"的东西，没有普遍规律，也就没有和谐一致。历史个别性的观点也导致自我中心的历史观。近代史学之父兰克就是自我中心论，后演化为西欧中心论。没有司马迁那种人尽入史的精神，更没有宋儒"民胞物与"的概念。

西方的近世思潮是伴随着实验科学的兴起而发展的。早在康德150年前，令人尊敬的培根就提出"征服自然"论，"知识就是力量"，即人征服自然的力量。从此，世界充满斗争。进化论的历史观，一切都是生存竞争，不惜吞食和消灭对方。经济学讲利益最大化，无限制地消耗自然界，千方百计地剥夺别人。社会学家，有一种社会发展迫使自然的限制"退却"的论点，而人的"类意识"排斥非共同体成员。政治就是压迫,一部分人牺牲另一部人。

1845 年,马克思就提出了"自然界和人的同一性"理论。但是,理论上人的自然主义和自然的人道主义的统一,还是在"彼岸",是未来世界的事;现实世界,只能是在改造自然界中努力改造社会。恩格斯警告说人们每次对自然界的"胜利"都要遭到后者的报复,但人们照样滥伐森林。剧烈的社会斗争中,对立面的同一性被忽视了。列宁在《哲学笔记》中讲"发展是对立面的斗争",也讲"发展是对立面的同一",不过他着重于前者。到斯大林就斩钉截铁地说:"从低级到高级的发展过程不是通过现象和谐的展开",而是通过"矛盾的揭露"和"对立趋势的'斗争'进行的"(《论辩证唯物主义和历史唯物主义》)。

对自然界的征服和斗争哲学给人类带来巨大灾难。这才出现反思。出现布罗代尔的整体史学,舒马赫的《小的是美好的》;出现绿党,要求"拯救地球",讲"可持续发展";出现卢卡奇的《社会存在的本体论》,海德格尔的《存在与历史》,哈贝马斯的"交往理性"。总的看,思想,特别是历史哲学,似乎在向"究天人之际,通古今之变"回归。

(原载《中国经济史研究》2000 年第 2 期)

附　录

关于传统经济的若干论述

——与方行先生的通信

　　新中国成立后不久，我就在吴承明教授领导下工作。六十余年的言传身教，使我获益终生。1978年，我开始研究清代经济史，有时提出一些问题和意见向吴老请教，有些文章也呈请吴老指正。他每次总是回复我一封信，对我提的问题和观点以及文章中论述不足之处，一一作答，并从理论上引申，以求题无剩义。1982年到2004年，这类信函共达23件，约三万余字。这充分体现了他诲人不倦的崇高美德，也体现他与我之间一种诚挚的师生般情谊。遗憾的是，有些重要问题未能按吴老要求，作出改正，或进一步深入研究，有负他的厚望，至今深为愧悔。在这批信函中，吴老有许多真知灼见，我一直妥为保存。如今哲人已萎，睹物思人，眼泪潸然，悲伤难已。为寄托我的怀念和感激之情，特将全部信函，汇编成本文，以惠同仁。此次整理，信函中开头一段中的繁文客套，一律删除，只保留与后文有直接关联的文字。结尾部分也都删除。信函按时间先后排列。不妥之处，请读者指正。

方行

2011年7月25日

一

商人支配生产"成了真正的资本主义生产方式的障碍",是专指包买商制度而言的,因为它不破坏而是竭力保存旧的生产方式,即小生产。"真正的资本主义"是由小生产者分化而来的,即"两条途径"中的第一条。这是由于商业资本(脱离生产)"独立"发展的性质决定的。列宁说,这种独立发展"阻碍着农民的分化"。(《马恩全集》3卷,第154页)

包买商制度下,生产仍然是简单再生产,不是扩大再生产。生产者的目的是求生不是求富。并且,由于商人资本的多变性,在一个地方一个行业变为不利时,商人可迅速转入别的地方别的行业。

只是在有一个不断扩大的大市场的情况下,商人才要求改变生产方式。但第一步只是在商品加工过程中,如棉布流通中的染、踹。在有新生产方式的竞争的情况下,这一步可走得较远;例如由于有外国机器缫丝业的竞争,丝商才由收购生丝改为收购生茧,然后租厂雇工加工。茶也是这样。

不过,在商人雇主(或商人雇工)的形式下,就谈不到"障碍"了,因为它已改变或部分改变旧的生产方式。然而,如原稿中所分类,那种临时性的、季节性的农产品加工,和贩运商设立的作坊,是不同的。前者,劳动者仍是小生产者,不是无产者。后者,已多少具有工人身份。这条路一发展,就是三重过渡中的第一重:"商人直接成为工业家",原是很好的一条路。

可是,这条路很难。在欧洲,照马克思说,这条路特别是在"奢侈品工业中","这种工业连原料和工人一起都是由商人从外国输入的"(《资本论》三卷,第375页)。在中国,最典型的是后来(30年代)的橡胶业。在早期,只有丝厂。所以,实际上这条路多是半通不通的。

(至于盐商、鸦片商、钱庄老板投资开纱厂、面粉厂,那不是上述意义的"商人直接成为工业家",而是在商业"积累货币资本"意义上的作用)

商人雇主(商人雇工)虽谈不到"障碍",其积极作用也很有限。

这是由前资本主义商人资本的性格决定的。其性格是"独立存在",独立运动(独立于生产),而关键是这种独立运动是以不等价交换为基础,有较高利润。尽管商人已有雇工,乃至开设加工作坊,他主要还是商人,这种性格未变。这种性格和利润结构,实际是扼制资本主义生产方式的。这种扼制,在橡胶业中非常明显。现代化大橡胶厂,几乎都是橡胶商号创办的。但在创办后,他们要求由商号控制厂的生产和分配,在控制不了时,仍要求由商号包销或独家经销,到最后才不得不结束商号,并入工厂,这时,商人才成为工业家。

"在资本主义生产中,商人资本从它原来的独立存在,下降为一般投资的一个特殊要素,而利润的平均化,又把它的利润率化为一般的平均水平。"(《资本论》三卷,第366页)这就是困难之所在。显然,当商人资本不只是经营商业,并且支配了生产时,这种"下降"和转化,就尤其困难了。在有支配生产的商业中(各种包买主、附有作坊的中药商、有垄坊的米商等),大约到1936年也还没下降多少。

总之,商人资本的存在和发展到一定的水平,本身就是资本主义生产方式发展的前提(《资本论》三卷,第365页),这是不容怀疑的。商人资本所以有这种积极作用,在于第一,它积累货币财富;第二,它开拓大市场。而不是因为它必然采取新的生产方式。商业资本的发展,使生产朝着交换价值发展,对旧生产方式起着或多或少的解体作用,这也是不容置疑的,但是这种解体作用有多大,首先并不取决于商业资本本身。至于用什么生产方式代替它,更是不取决于商业本身。

何以阻碍过渡?首先是分析(前资本主义)商人资本的本质,它是古老的资本形式,但它只有资本剥削的形式,没有生产的形式。封建社会商人资本的发展,是以小生产为基础的,这种商人资本的发展,不反映生产方式的改变。商人支配生产仍是剩余农产品的交换,而不是(像资本主义商业那样)全部商品的交换。

其次,商人资本支配生产,一般并不要求改变(它所支配的生产的)生产方式。这是因为它有广泛的活动余地来剥削小生产者,在这些生产(农产品加工)中,利用农民家庭和农闲劳动最有利。并且在一个行业或一个地方变为不利时,商人资本多变的本性,可以迅速转移到别的地区和别的行业。只是在有一个不断扩大的大市场（如海外市场）的条件下，商人资本才要求改变生产方式，由小生产变为扩大再生产（工场手工业），以满足这个大市场的需要。即使在这种条件下，也往往是因为有外在的竞争，商人才不得不如此。例如，由于海外市场上丝厂的价格远高于手工缫丝，丝商才由收购生丝改为收购生茧，再租厂加工。

前资本主义商业，原是独立于生产、独立活动的。商人支配生产，并不改变，并且加强了它的独立活动的力量。而资本主义则是产业资本支配商业资本，商人变成奴仆。"在资本主义生产中，商人资本从它原来的独立存在，下降为一般投资的一个特殊要素"。（《资本论》三卷，第 366 页）转变为产业资本的分离部分。显然，商人支配生产愈厉害，这种下降和转变就愈困难。

前资本主义商业，是从不等价交换中获取利润的。资本主义则要求等价交换，"把它（商人资本）的利润率化为一般的平均水平"（同上）。在商人支配生产的情况下，定会用不等价交换保护落后的生产方式，这也造成过渡的困难。

"起初是商业利润决定产业利润，只是在资本主义生产方式确立，生产者自己变成商人之后，商业利润才被归结为"平均利润。（《资本论》三卷，第 320 页）这个过程恐怕到 20 世纪 30 年代还未完成。商人支配生产在这里起着推迟的作用。

商人雇工（作坊）的形式，在一定程度上改变了旧的生产方式。其改变程度，决定于雇工的数目和雇佣形式。在主要是临时性、季节性的情况下，生产者仍然是农民，而不是无产者。在主要是农产品加工的情况下，加工的价值是有限的，商人基本上还是商人。但是不同商品情况是不同的。例如酿酒、制纸已不是简单的加工，而是制造了。

从支配形式说，丝织业和踹坊是不同的。丝织业中，[1] 商人支配个体机户、络工、手艺人（这三种人都是家庭劳动者），这是主要的一类。不过支配这三种人的有的不是商人，而是工场手工业主。[2] 商人支配小作坊（有雇工的机户）。[3] 商人自设作坊，雇工生产。

对丝织业，应说明此业已有了雇工生产的小作坊、工场手工业；但仍以商人支配生产为主，即以[1]为主，因为，机户大都是一户一机。

至于踹坊，不是独立作坊，不同于 [2]，也不是商人所设，不同于 [3]。它是介乎这两者之间的"包头"制。还应说明，染坊大概也类此，因无材料，从略。

踹坊，很有点像"（五）贩运商人兼营生产加工"一类，只是它已不是农产品加工了。

注：对讨论商人支配生产问题的来信。1982 年 2 月

二

什么是市镇？第 9 页讲市镇的功能，它是农村产品外销的起点，又是输入农村商品的终点。即集散市场，以下三页都讲这种功能。我赞成这个看法。这是从商品流通理论上讲的，商品流通需要各级市场，各级市场功能不同。由于市镇的主要功能是集散商品，故趋向专业化。市镇专业化趋向比城市大得多，大城市多不专业化。台湾刘石吉研究了江南 395 个市镇，有桑蚕丝织市镇 25 个，棉花棉布市镇 52 个，米粮市镇 13 个，铁市 3 个，陶、靛各 2 个，刺绣 1 个。

但本文第 6 页所下市镇的定义却不是这样，而是定义为"商贾贸易"。这是"商贾所集谓之镇"（正德《姑苏志》）的说法，用店铺多少来区分市镇与墟集。我不赞成这个定义。集散商品不完全靠坐商，而店铺不一定是集散作用。

另外还有两种市镇理论。

一是以人口（户）故为断，所谓"人烟凑集之处谓之市镇"（弘治《吴江县志》）。因市镇之设本为治安收税，地方志书载市镇始于元丰九域志，前此无有。唐以 500 人为上镇，300 人为中镇，原指军；宋废军将，留镇监，其职务就是"主烟火征商"了。这个定义的好处是把市镇和建置联系起来，事实上我们统计市镇数只有依靠建置，历朝发展情况也靠建置。按人口定义，似与经济无关。其实不然。因经济学上有个城乡关系，城市经济与乡村经济大不同，两者对立矛盾，现代化就是城市化。但两者之间还有个中间层。晚近社会学家称为"似

城聚落"（city-like Settlement），它半似城市，半属乡村；生活文化上如此，经济上也是半城半乡。现在我们讲社会主义市镇经济学，多是从这个观点出发。用于研究经济史，如吴柏均研究江南，取 100—500 户市镇 6 个，1 000—5 000 户市镇 12 个，万户以上的 6 个。因他研究粮食供销，与人口关系密切。

另一理论，是把市镇作为一定范围（区域）的经济中心，它多在交通枢纽，有经济集中和向边区扩散的功能。这是根据"中心地理论"（central place theory），是晚近经济地理学通行的理论，演化为卫星城理论。台湾的沙学俊、张秋实，我们的詹小洪都是用这个理论研究市镇。其好处是把市镇的作用同区域经济联系起来。不能全国去任意挑选例子，而要一个大区、一个大区地去研究本区市镇的作用，研究其水平。我们现在打破条条块块，建立以大城市为中心的经济协作区，就是根据这个理论。

本文第二节封建政府扶持小农一节，与全文不甚协调。本文是讲小农再生产的市场条件，这些市场，无论是墟集、市镇或雇工、资金市场，都是自发形成的，不是政府部署的。政府只是治安收税，以至和买勒索，恐怕利少弊多。至于政府的仓储、救灾等，不构成"市场条件"，也不是为了小农的再生产。讲市场条件，可提到政府的干预（收税等），在清代，干预不太大。

本文结束语不够明确。结束语主要作了反面文章，说上述种种不可夸大。而未说明市场在农民再生产中究竟起多大作用。文中说："市场是小农经济再生产实现的必要条件"（2 页 8 行），小农是通过市场"以实现需求和供给的平衡，持续自己的再生产"（3 页 1—2 行），好像没有市场，就不能再生产，农民就只能活一年了。本来，所有农业生产都是再生产，因为小农经济中，再生产的条件，即 I (v+m) = II c 根本不存在，不必要，有了市场，才有这个条件。因此，在结束语中，就应明确，到了清代，小农经济已是市场经济了，或是半市场经济了，或是以自给生产为主、市场为辅的经济了。在国外，马若孟（河北农村）、Evelyn Rawski（湖南、福建）都认为是依靠市场的经济。黄宗智（山东、河北）是分为市场、半市场、自给三类。地区不同，一地区内作物品种不同，其情况也是不同的。

注：对拙作《清代前期农村市场的发展》的意见，文载《清代经济论稿》。1987 年 3 月 19 日，系吴老来函年月，下同。

三

本文的基本论点是"封建经济是自然经济和商品经济的结合"。基本方法是把生产者划分为自给型、半自给型、交换型甲、交换型乙四种类型。四种类型户的消长或"分配比例"，决定"结合"的程度，即封建早期和后期自然经济与商品经济的发展变化。

从方法论上说，划分四种类型是从微观上来考察，四者有不同的质。进一步是上升到宏观层次，考察全社会经济是什么质，这里只提"结合"，来明确中国封建社会究竟是什么质，是什么经济占统治地位。

从方法论上说，宏观的质，不是微观相加的和。宏观系统的运行，决定于各微观的行为。在这里，微观中的自给性生产（包括赋税生产）是宏观层次的稳定因素；而其商品性生产（交换行为）是宏观层次的变动（振荡）因素，它给予宏观新的质。一般说，变动因素到了宏观领域，有加强趋势（放大效应）。例如第四类农户占 10%，到了宏观，其行为效果也许是 20%。但另一方面，稳定因素有很强的惰性，而上层建筑是保护稳定因素的。这是控制原理，微观上自发的东西（受自然规律支配），到了宏观，就变成受控的东西。封建上层建筑（政府和学者们）犹然，所以总是重本抑末，重农轻商。

自然经济和商品经济，在微观生产上，是互补作用，缺一不可。但两者的质不同。自给性生产是旧质，在宏观上表现为土地权利，在上层建筑上表现为封建主义，其代表是地主阶级。商品生产是新质，在宏观上表现为货币权利，在上层建筑上是钱神论，其代表是商人。所以到了宏观领域，特别是上层建筑中，两者的互补作用成为次要的，矛盾变成主要的。

生产是决定的因素，因而任何封建社会不能取消商品生产，而是不同程度地容纳商品生产。所谓不同程度，同制度（控制）有很大关系，领主制下小，地主制下大；分裂地区小，统一帝国大；保守派政权下小，开明派政权下大；等等。但是，容纳商品生产到一定程度，新质超过旧质，货币权利超过土地权利，尽管君主、大臣仍然存在，它已不是封建社会，至少不是典型的封建社会，而是资本主义或半资本主义社会了。

从方法论上说，划分类型的办法是可用的。20 世纪 50 年代农业合作化时，即将合作社按经营情况分为三类。60 年代考察农业经济，也是分为三类，一类户增多，三类户减少，表现进步。近年来仍有万元户、贫困户的用法，不过更多是引进了一些纯宏观的概念，如人均产值、人均国民收入、积累率、投资率等。这些是"纯宏观概念"，因为用在微观上毫无意义。阶级社会，贫富悬殊，何来"人均"？许多部门或单位，没有积累，或没有投资，何来"率"？它们纯是社会（宏观）指标。这类指标的运用，是根据"整体不等于部分之和"这一原理。再如"粮食商品率""农产品商品率""农村消费结构"这些概念也是纯宏观的，用在微观上没有意义，如独立手工业户，根本不发生"率"的问题。

现在问题是，中国封建社会，例如乾隆（18 世纪），究竟是自然经济还是商品经济？我的看法，是由近及远。我认为，鸦片战争后，农村自然经济解体这一过程是确实存在的，为此，在"中资史"中设了两节，一节讲 1840—1920 年的解体，一节讲 20 世纪 30 年代的解体。30 年代初，发生一次中国社会性质论战和一次中国农村社会性质论战，我认为，两次论战的结论是正确的，其结论之一即农村仍是自然、半自然占统治地位。新中国成立以后，（十一届）三中全会决议、直到最近赵紫阳的报告，仍是这种看法。1952 年，征购粮食665 亿斤，返销 102 亿斤，商品粮约占产量 3 088 亿斤的 18%。30 年代到 1952 年，人口是低率增长，所以 30 年代粮食的商品率也不过如此。30 年代经济作物产值约为粮食的 37%，以 80% 作为商品，全部农作物的商品率不过 40%。乾隆年到 30 年代人口也无大膨胀，经济作物远不及 30 年代，故商品率会更低。

注：对我一个讨论提纲的意见。此提纲未形成文章。观点在其他文章中引用过。1987 年 11 月 12 日。

四

文章我反复读过，用过深思。文章的最大好处是贯彻辩证唯物主义。所提各项观点，我都同意。下面是我自己的一些想法，供参考。

全文是论封建社会中，自然经济和商品经济的结合，两者的互补作用和发展过程。因此，题目似可放宽，改为"封建社会的自然经济和商品经济"。

这还有一层意思：在五六年前，即孙冶方同志批我们社会主义理论中的"自然经济论"时，自然经济是个重要问题。目前已不是重要问题。目前，商品经济的研究是重要问题了。历史研究总是为现实服务的。

p.2 说，自然经济"本身不具有特定的社会性质"，可存在于各种社会。商品经济更是这样，从奴隶社会到社会主义社会都有。历史学家的任务在辨明其不同的质，不是说有买有卖就是商品经济。

p.2 说，在历史过程中，"自然经济具有一系列阶段性的部分质变"。商品经济更是这样。但是，现在要研究的不是在不同社会中的质变（如社会主义的商品经济不同于资本主义的商品经济），而是在同一社会，即封建社会中，它有什么"部分质变"。

文中对自然经济的部分质变并未讲清楚。按照 pp. 6—10 "三层次"和"四种类型"的说法（我同意这种说法），自然经济在各层次或类型中的作用是不同的。如在自给型中起主导作用，在交换型中仅是辅助作用了。这也可说是部分质变，但究竟是量变。商品经济就不同了，它变化很明显，以商品论：物物交换、剩余品交换、小商品交换、大商品（即资本主义商品）交换，是截然不同的，是质变。

pp.12—13 的一段似乎说，在封建社会中，随着生产力的发展，自然经济有一个发展或完善的过程。这点我还有点怀疑。这是从以家庭为单位的生产说的，生产力发展，可生产更多样的东西。但从社会上说，自然经济是否发展了？就商品经济来说，则无疑问，是发展的，日趋完善的。

我认为，研究封建社会中，自然经济的发展或衰退，已经不是很重要的问题；重要的是研究它的反面，即商品经济，究竟发展到什么程度，更重要的，是什么性质。我提出"不完全意义的商品"，强调剩余品生产、小商品生产、大商品生产之不同，原因在此。

我觉得，大商品生产即资本主义生产，才是商品经济史上的分水岭，或大的质变。那就是资本主义了，但未必是机器大工业；在西欧，16 世纪已进入真正的商品经济，也就是工场手工业和重商主义时代。这有两个意义：(1) 不要以为市场上农产品多了，就是"变自给经济为商品经济"了，还要看那些农产品是怎样生产出来的。(2) 不要以为机械化才能商品经济，粮食专业户还是手工为主，已是完全意义的商品生产了。

文中把独立手工业户（包括城乡）和小农并论，其区别在于自然经济成分或补充之大小。这点值得商榷。西方的行会（封建）手工业者，在城郊都有小块地种粮种菜，但他们已是小商品生产者。我国的手工业者，在家乡有地，现在的专业户定义是 70% 收入靠专业，并非 100%。封建社会独立手工业者马克思称为生产的"第二个历史阶段"，"第二所有制"，以区别于农户、农民家庭手工业。自给经济在这里已无足轻重，其"补充"作用限于生活资料。当然，文中用"痕迹"还是很好。总之，小商品生产者与农户大不相同。

p.21 "大量出现的不是典型的小商品生产者"和下句"具有一定的专业分工的小商品生产者"，分别何在？我看，独立手工业者是典型的小商品生产者，尽管没脱离土地。

p.28 中的地方小市场，所谓使用价值的交换，不排斥经商人之手。没有商人经手的交换，在封建社会墟集上怕已是很少见了，有无商人中介似不重要。当然，地方小市场上的交换有不同性质，有的是剩余品，有的只是余缺调剂、品种调剂，是所有农户都能生产、因偶然原因而未生产或少生产的。这见恩格斯在资本论三卷中的跋。

文中把自然经济和商品经济看做是互相结合、互相补充的（指在封建社会），共同促成封建经济的协调和发展。从历史上看是这样。不过，自然经济和商品经济究竟是不同质的、对立的。前者基于土地权利，主张使用价值生产；后者基于货币权利，注重交换价值生产。两者并不是完全和谐的。我们说：中国地主制经济（比西方领主制经济）能"容纳"更多的商品经济，这正是宋元以前中国封建社会发达的原因之一。但这"容纳"并非有意的调和、利用。历史上，人们不是抑商，就是轻商。究竟是末，不是本，因为它对封建经济来说，是异质的东西。系统论的理论，有异质的东西才能进步。商品经济代替自然经济是历史的必然，问题在于代替的程度和时间早晚，包括量的比重，也包括质的变化。马克思说，"中世纪"是剩余品的交换。"中世纪"一般指9—14世纪，这以后已不是中世纪了。15世纪，地理大发现，海外殖民，已是完全的商品经济。在中国，即弘治、嘉靖，还不能这么说，商品经济还不算发达，恐怕还是以剩余品为主。这也是中国封建社会长期延续的原因之一。

注：对拙作《封建社会的自然经济与商品经济》所提意见，文载《中国封建经济论稿》。1987年10月25日。

五

封建领主的家庭消费，不限于生存、享受、发展资料。分封土地的前提是提供军事义务。军队是领主家计中首要的支出，而兵器、甲胄、车骑也是较早商品化的东西。领主愈小（如骑士级），军费在其家计中所占比重愈大。较大领主都是一级政权。因而，教会、司法、行政以及官吏、牧师的费用都列入领主的家计簿。领主剥削农民，同时也向农民提供一定的服务：社会治安、宗教生活、评议诉讼以至交通、货币、市场等便利；这些服务都可计价（当然远小于地租量）。这是领主经济内部的交换（非物质交换）。

经济学用抽象法，把物质的生产、交换、消费从整个社会生活中抽象出来考察。于是治经济史者也只研究地租和生存、享受、发展消费，未免把领主经济"简单化"。若从历史学、整体论、系统论的观点考察，情况就不同了。

地主制经济中，地主作为一个阶级，也负有军事、司法、行政的义务和同样的服务。不过，这种功能和行为已脱离地主家庭，而社会化了，不见于地主的家计簿。孤立地研究地主家庭生活，就看不见。

宏观经济学的兴起，就是要补足这个缺陷。经济史，就其本来意义说，应是以宏观经济为基础。

总之，我的看法是：生产和交换是人类经济生活的基本行为（恩格斯）。从历史看，交换早于生产。生产和交换不仅是物质的，还有非物质的，随着社会进化，非物质的愈来愈重要。任何社会，物质的和非物质的生产的商品化、社会化，都是社会进步的标志。中国地主制经济中，这种商品化、社会化的程度高于西欧领主制，这是古中国人的骄傲。不过，商品化、社会化的发展，主要的不是决定于生产关系，主要的是决定于生产力。资本主义社会，商品化、社会化程度很高，那是由于生产力很高。社会主义社会，如果生产力不高（初级阶段），也还得致力于商品化、社会化。

注：对拙作《封建社会地主的自给经济》所提意见，文载《中国封建经济论稿》。1988 年 2 月 15 日。

六

第一，湘川粮食生产的小农与江南织布桑蚕的小农是两种类型，完全正确。但孰优孰劣，未可厚薄。作者似有厚此薄彼之意。如 13 页谓江南小农"其商品量是有限的"，未必是。按理，粮食生产是有限的（土地限制），手工业则可无限（如从北方运原料棉花来）。作者主要是从积累着眼：湘川小农有积累，江南小农则无。此亦无征。按理，同样劳动投于加工业能创造更大价值。事实上，江南小农还是比湘川小农要富些。并且，湘川余粮之能运出，正因为江南从事手工业（本来江南粮食是自给的）。以湘川之米易江南之布（和盐），优势在后者。依 38 页，江南小农原也可上升为地主，后来不行了。湘川是开发较晚，也有这一天。江南小农的手工业始终是副业，有种种原因，是须另外探讨。所以，本文专研川湘，似不必同江南比较优劣。

第二，川湘是押租最发达地区，文中论押租非常精彩。押租有两重性，本文似乎偏重它是"地租之外的又一层剥削"（28 页）"使佃农的积累转化为剥削农民的资产"（39 页）这一面。对其另一面论述不够。这另一面是，它保障佃权，减轻常租负担。文中也指明，"押重租轻"在押租"初起之时"就是如此（30 页）。也提到对缴大额押租的佃农等于"买田"（33 页）。据我看，对缴小额押租的佃农，也是因祸得福。地主即田主，按年收租，这是封建古例。今要押租，减常租，表示地主地位没落了。急需钱用，只好减少经常收入；等于借债，每年所减之租即债息。从佃农说，地位上升了，等于有钱放债，年取其利。

押租不是永佃。永佃制行于江南，四川没有，湖南似也没有。但，湖南有换约之例，即缴押租，一佃十年，或二十年，或三十年，到期换约（《湖南通志》卷 49）。这与永佃何异？有 10—30 年的佃权（我们现在仅给 15 年），佃农即可垦荒、水利、改良土壤，增加生产。永佃是个进步，因为土地所有权和使用权分离。文中也有佃农转佃他人之例（35 页），以及"有押无租"之说（31 页），这不就是永佃吗？我看，此曰押租，彼曰永佃，其实有共同之处。具体建议是：论押租，可提到永佃。

注：对拙作《清代前期湖南四川的小农经济》所提意见，文载《中国史研究》1991 年第 2 期。1990 年 8 月 1 日。

七

地租率是租额占产量的百分比。西方则用租额占土地投资（地价）的百分比。刘克祥讲近代，是两者并用（租额占地价 5%—10%）。本文已有定义，自可不管地价。但由于中国早就土地自由买卖，地价确会影响地租率。证明材料是太平天国战争时。清前期，似未见。

本文（一）节的概念是：由地主供牛种发展到佃农自备牛种，对半分的地租率实际是提高了。第（二）节的概念是：由于复种、春作增加，对半分的地租率实际上是降低了。这个降低是写在"定额租"一节中，实际上分成制地区春花也是不交租的，也应降低。

那么，清初到乾嘉，地租率究竟是提高趋势，还是降低趋势呢？

地租率提高或降低的原因何在？本文屡提农业生产力提高了，它是地租率增加的原因（p. 13）也是地租率降低的原因（p. 18），农业生产力的提高没有证明。

生产力的提高可作分析（如无证明的话）：（1）投入增加了，即劳动力、肥料、排灌（水浇田）的增加。这主要在南方（北方仅增井灌）。这应该反映为，南方地租率的提高或降低大于北方。（2）复种指数提高，经济作物扩大，高产作物推广（包括麦田变稻田）。这应该反映为地租率下降，因为地租是按正田粮食计算的。

还有一节，（3），清代农业生产力的增长得力于湖南、湖北、江西等丘陵地、山地和湖田的开发，四川的开发，西北的放垦和东北的放垦，因而耕地面积增大。这种增大，不都是劣等土地。但即使有1/3是劣等地（新垦地相当于劣等地），也要增加级差地租I。另外，江南原有的好地的改良，尤其是施肥，也会增加级差地租II。这都是理论，未经证明。级差地租的存在以农产品有生产价格为前提，我以为，乾嘉时多少有了一些生产价格，因为粮价的变动是全国性的。四川、湖南、东北粮食流往江南。

pp. 23—24一段，押租增加了地租率。我想这种增加有保障佃农佃权的作用（十年到二三十年），农民可以投资土地，对农民不一定是不利的。

第（四）节的结论，我完全同意。地租率的变动十分复杂，要用种种影响地租率的因素去分析，不能用地主阶级的贪婪来说明一切。

最后还有一个问题。对半分的地租率似乎从古到今没什么改变（尽管实际地租率有变）。并且，似乎也是中外一律，尤其像法国这种小农经济占优势的国家，也是对半分。那么，究竟是什么原因造成一半对一半呢，难道只是为了简单易算吗？我的想法是，在手工劳动的农业中，土地价值和劳动价值大体相当，而资本投入并不重要，主佃双方都投入一点。大的资本投入是由国家或领主用徭役或赋税执行，与地租无关。

注：对拙作《中国封建地租率》所提意见，文载《中国封建经济论稿》。1992年2月14日。

八

大作从封建制度特别是赋役制度和租佃制度的演变上，解述农民逐步获得经营的独立性，论证完整清晰。

在"自由迁徙"一节，尚有历代移民实边、徙富豪等强迫迁徙，其数甚大。此虽非由于"制度"，但是由于"政策"，同样妨碍人民的居住自由。在"自由占有土地"一节，对于定额租、押租、永佃权之作用，论述綦详，而于三者的史实，介绍简单。此三者为中国所独有。西方佃农之自由，来源于货币租之出现，中国则在实物租形式内部，完成了西方货币租的功能和解放农民。其妙即在于定额、押租、永佃。定额不知始于何时，但乾隆时已占主流（60%以上）。押租起于明中叶，由于押租是付货币，其意义不下于定额。永佃有谓始于宋者，不可靠。永佃在西方亦早有之（99年租期），而中国独有者为田面权之买卖，这才有了革命的意义，非西方可比。

本文主要是历述史实，农民经营自由是破除种种制度上限制之结果。至于何以有种种限制性的制度，非本文研究范围。第3页中有"封建社会中，农民处于被统治、被剥削的地位"数语，含有种种限制农民自由的制度在加强剥削之意，我意未必然也。如限制迁徙自由，恐怕以20世纪50—60年代的"农转非"更为典型。又"均田制"有保证赋役的作用，但非主要目的。"征实"制度是市场不发达情况下必然结果。国家或政府在历史上有不同的功能，统治者制定的制度和法令，或社会习俗，主要是适应这些功能的，而秩序和稳定常是第一位的考虑。"凡是存在的都是合理的"，黑格尔这话是从客观上说的。"凡是存在的都是不合理的"，马克思这个意思是从发展上说的。恩格斯比较全面："今天是真理的东西都有它将来是错误的方面，今天是错误的东西都有它从前是真理的方面，因而它从前是合理的"。（所有引文都非原文，大意而已）这个问题非常复杂。我建议本文不去讨论历史上各种制度产生的原因或目的，只讲其演变对农民自由的关系。因而，第3页这几句话可删改。

历史的发展是有曲折（或周期）的。以农民的自由来说，也不是逐步自由的线性过程，而是有起伏的，当然总的说是进步的。魏晋南北朝就是一个大的起伏，每个朝代又有小的起伏。本文既是研究农民自由化的全过程，对于大的起伏似应提及，表明农民之获得独立性经营，并不是一帆风顺。有些具体的自由，好像是得而复失，失而复得。事实上，统观全文，就有这种感觉，细心读者也会领悟，不过未点明而已。我觉得不妨点明。

本文的结论，即第 43 页，"农民自主经营的能力越强，就越有利于农业生产资料配置的优化。清代前期，……（农业高峰）就与……自由私有者的地位完全分不开的"。我完全赞成这个结论。不过，这个论点，以至本文全篇，都是从农户，从微观经济上立论的。而制度，往往是宏观的。这就是矛盾。从本文主旨说，不必涉及宏观（因不是论整个农业的发展），论制度时也仅取其限制或解除农民自由的条款。但第 44 页最后一句，"与西方产权理论在这个问题上是相通的"，似可不提。因西方产权理论，属于当代制度学派，是一种新古典（微观）与凯恩斯（宏观）相结合的理论，而且其所谓"产权"与马克思所说"所有制"不是一回事。这里虽加上了"在这个问题上"的限制词，也可能引起一些名词解释上的麻烦。

注：对拙作《中国封建社会农民的经营独立性》所提意见，文载《中国封建经济论稿》。1994 年 10 月 23 日。

九

结论部分，第 8 页"自工业革命以来"，似可改为"明清以来"（在西方是重商主义以来），又第 9 页"随具体条件而定，并无规律可循"一语，建议删去。

弟还建议，文末还可加上一段，讲经济史研究的任务。弟以为，所谓"市场经济的萌芽"当自嘉万开始。嘉万以来流通的作用，应为经济史研究的一个重点。所谓流通的作用，又集中表现在资源利用的合理化，或资源配置的优化。也就是说，在没有技术革命（工业化）的条件下，仍有改进资源配置的可能，这种可能的实现，主要是通过流通驱动或市场机制。桑基鱼塘是出口贸易拉动。陈春声研究乾隆时广东耕地只要有半数种稻，即足够全省人口食用；但广东却成为缺粮省，因种植经济作物（乃至葵）有更大的市场效益，这非是由于出口，主要由于内贸。江南尤其苏南的资源利用有所改进，主要是内贸拉动。西南尤其东北的开发亦然，东北大豆主销关内。弟以为，类此的研究，应为经济史一个重点。但是，直到外国入侵，中国迄未能完成向市场经济的转变，则是因为诸多"逆流"，阻碍了市场经济萌芽的发展。"逆流"主要出在政治性制度和文化思想方面，尤其是康雍乾三朝。三朝属盛世，愈是盛世愈保守。制度尤其是产权和商法方面，毫无改变，观念上重本抑末同潮，明末的启蒙思潮被扼杀，至嘉道时才复兴。这应是经济史研究的又一重点。不过，吾兄《漫谈》白不能讲具体史实，只提出把这段流通作为经济史研究的重点而已。

经济学理论是概括"一般"，寻找规律。这样概括下来，只能得出明清以来中国社会"停滞"，至多是"有增长而无发展"的结论。经济史要讲具体过程，包括一般，也重视特殊，要找出原因，而不去套规律。若就"规律"说，嘉万以后的中国本应走向市场经济的，像桑基鱼塘、丝织手工业的发展才是真正的"一般"。然而，它们却成了"特殊"，皆因种"逆流"所致。

注：对拙作《应当重视对流通的研究》所提意见，文载《中国经济史研究》1997年第1期。1996年11月16日。

十

对大作《提纲》，有不同看法。

《提纲》是论"地主经济"，唯有两处称"地主制经济"（p. 1倒3行，p. 11第1行）。中国地主制经济概指租佃制，p. 1述其特征为"土地买卖，农民经营，实物地租"，极精当。而"地主经济"为何？未详。通观全文，是把"地主经济"与"农民经济"相对立而言。"农民经济"当指自耕农经营和佃农经营，那么，"地主经济"应指地主自营（用奴仆或雇工）。那就太小了。p. 1 说"地主经济是主导，农民经济是主体"，地主自营太小，主导不起来。p. 12 说"地主经济是封建经济的主体，是决定社会性质的经济形态"，这对西欧的领主经济来说是对的，对中国则不合适。

"地主制经济"则不是一种形态，而是一种制度，今称"体制"。制度良窳对经济盛衰有决定性作用。个人或阶级（地主、佃农）的行为受制度约束，制度包括成文的典章也包括不成文的社会少礼俗习惯。中国地主制经济的最大特点是它能不断地革新，即 p. 11 所说"自我完善"。这应归功于中国的传统文化。西方领主制不能革新，因为他们没有苟日新又日新的传统，只能用休克疗法，使之崩溃。这一点是中国史家应大书特书的。但，这种制度的改革不能归功于地主。其中如税制的由丁而地，劳动之由人身依附而自由择佃，所有者之由贵族地主而绅衿地主而庶民地主，地租之由分成而定额而与所有权分离（永佃），所有这些变革都是违反地主利益的。改革家或体改委中，不少出身地主，但他们不是代表地主行事，而是以天下为己任的开明人士。

从国家（政府）的功能来说，中国政府一般是有效率的。无论是维持社会秩序，或是劝农桑、兴水利，或是教育英才、平准赈灾，都是西方神圣罗马帝国或王权时代的君主所不及的。这也要归功于中国传统文化所形成的政治制度，而不能归功于地主。非地主出身的君主，一旦掌权，也要实行仁政。否则，西方的君主都是地地道道的领主，为什么政府无能呢？

在社会发展中，会出现一种非政府的社会力量，参与治理国家。在西方，称为 Public sphere，兴于 16、17 世纪，在中国即"乡绅"，始于宋，明渐兴，乾隆为盛。这些人今称"社会精英"，虽多出身地主，但必有较高文化，一般是有功名者，而不是收地租最多者。他们有所成就，不能归功于地主（出身），而要归功于知识，知识就是力量。

《提纲》所列地主四大功绩：垦辟土地；兴修水；发展商品经济；建立社会保障制度。其中兴修水利和社会保障制度两项属于上述"社会精英"的活动。他们先是辅助政府官吏之不足或失职，如汶上老人之类，继之，有些地方甚至团练代替守备，义学代替官学，义仓代替官仓。（西方因官吏大都失职，故社会力量特别重要）不过，如前所述，他们有所成就，不能归功于地主，而要归功于知识。垦辟土地、发展商品经济两项，则属地主的功能。因两者皆需资本，唯地主有资本。但两者又有不同情况。

垦辟土地是地主分内之事，地主就是治地。地主将地租（积累、储蓄）用于垦辟土地（而非用于奢侈消费），功莫大焉，史家应大书特书。至于垸田、山田棚户破坏生态，当另论。至于发展商品经济，不在于 p. 7 所说拥奴"千指"或"指千"生产商品，那太小了，而在于经营盐茶丝木和开典当。但这里发生一个资本转化问题，即土地资本转化为商业资本和高利贷资本，转化为货币财产。如 p. 9 所说，货币财产和地产是对立的。在西欧，转化为货币财产，地主也变成商人，组织辉格党，或第三等级，与地主阶级对立，实行革命。最后，货币财产战胜土地财产，封建崩溃，实现市场经济。中国则不然，没有出现对立，而是形成"三位一体"，结果，封建没有崩溃，没有近代化。其故，仍在于中国地主制经济能"自我完善"，能容纳商品经济，延长自己的寿命，阻碍革命性变动。这里，好事变成坏事，这也是中国史家要深入追究，大书特书的。

总之，在土地经济上我有点制度学派，论制度不论人，制度有良窳，人则无好坏。租佃制优于领主制，但好的制度中也有利有弊，今日之利，他日成弊，不但要自我完善，而且到一定时候要全面革新。人无好坏，因为人作为经济人都是趋利的。地主得利，不同于其他经济人的，是在平均利润或边际收益之外，还可以多得一些，即级差地租。但级差地租是个客观存在，在资本主义社会、社会主义社会都存在，至于在分配上如何处理，那仍是个制度问题。我国地主制经济也已注意这个问题，如三等九则、折亩等，目的在抵消级差地租，抵消得好，便无所谓剥削。

马克思经济学讲生产、消费、交换、分配，恩格斯经济学讲生产、交换、分配，都不讲剥削。西方经济学也不讲剥削。剥削不是个经济范畴，是个道德范畴。经济学中只有分配制度的合理或不合理，而更多是在再分配上。因为初次分配，无论是按平均利润原则，或按边际收益原则，都是合理的，没说过地主不准收地租，除非是在革命或土改中。

注：对我关于地主制经济论文提纲的意见。1997年，具体日期缺失。

<h1 style="text-align:center">十一</h1>

《清代商人的预买》页2称：预买"利润最高，实源于投资风险最大"。此语正确，因预买利润高于现货贩运的利润即由于它特有的预买风险。不过，不宜一上来就这样讲。因读者的"利润"概念是指预买的价格与现货价格之差很大。此差价很大，是因为它包括（1）预付价款的利息；（2）预买风险；（3）利用农民青黄不接、急需现金时的额外压价。这需要先讲明，否则读者会出误会。

过去论述，强调第（3）项剥削。在我看，这种剥削确实存在，但未必是主要的，因为就农民说，解救燃眉之急，不只预卖一途，还有替代方法（如借贷）。否则，不能解释何以到"清后期"预买少了，而为现货交易取代。

其实，这三项都是由于市场不发达而来。如果是现代化市场经济，则（1）商人可在期货市场上买商品，不支付利息，因为期货是到交割时付款，买时只付5%—18%的保证金。（2）买期货的风险可转移给专负担风险的期货商即投机商。对贩运商或生产者米说，期货市场的功能正在于"锁定价格"即避免（转移）风险。（3）买卖双方平等竞争，谁也不能"乘人之危"。

大作指出，清代预买，乾隆间臻于鼎盛，清后期，除造纸外，农产品的预买日益走向衰微，逐渐为现货交易所取代。这点我原来无知，我想应作为历史论文的重点，分析其何以兴，何以衰。

所谓"预买风险"，指一般现货贩运风险（水火、盗贼等）以外的风险，只有一项，即价格预测。农产品价格预测包括年成丰歉和未来市场供需。在现代，都是用概率论，以及所谓蛛网理论等；在古代，都是凭经验。古穰旱之说岁星（木星）宫位，不科学，商人也不懂，但商人都知道不会年年丰收。供需之说，包括生产和货币量两个变量，商人也不懂（文人也事后才懂），但也可由经验推测。总之，预测价格，变量很多，即使用概率论，仍风险颇大，凭经验，风险更大。在现代，可在期货市场上转移给别人，在古代，则不可避免。故大作"实源于风险最大"之说是正确的。

不过，我们写历史文章，可以事后诸葛亮。大作"清后期"，不知指何时，或指嘉庆以降。我以为，乾隆一朝，市场扩大，人口繁滋，物价虽有波动，总趋势是上升的。物价尤其粮价上升，自有利于预买。嘉庆开始波动，进入19世纪，粮价大跌，我称之为"道光萧条"。跌价自不利于预买。银钱比价大变动亦嘉庆时始，由于银贵，也不利于预买，因大商人是银本位。再有利息，我据黄冕堂378个案件计算，也是19世纪初陡降，这会使农民不去预卖，而转向借贷。我有《十八与十九世纪上叶的市场》一文，尚未发表，辑粮价资料较多，兹附上，供您查阅。又利息卡片二份，亦附上。用毕均请赐还。

至于造纸预买仍盛，不知何解。《史记·越绝术》范蠡条有文，大意是：粮价上升则他物价下降，粮价下降则他物价上升。设货币流通量不变，此说可通。19世纪初是银贵，而非银荒。我无纸价资料，不能证实。一般说，纸的需求弹性远大于粮食，价格下跌当不如粮食之甚。

注：对拙作《清代商人对农民产品的预买》所提意见，文载《中国农史》1998年第1期。1997年4月28日。

十二

拜读大作，悉兄对地主制经济的全面观点，我无异议。另有两点意见，供参考。

（1）p.3下段。自耕农与佃农都有"余额"，差别只在"赋轻租重"。作者认为，先有自耕农，等到有"更高的生产力发展水平"时，才出现佃农。这在历史上无法证实。"令黔首自实田"甚早，秦始皇三十年左右。"耕豪民之田见税什五"则不知"始"于何时。"豪民"是最早的地主，而奴隶或农奴变为佃户是很自然的。

（2）p. 8，说土地是"一种积累""一种储蓄"，这在常识上说是对的。但用经济学术语说则否。经济学上"积累"指一年的国民收入中用于扩大再生产、基本建设和物资储备的部分，只有这年新垦辟的土地费用才属积累。"储蓄"专指货币形态的非消费部分，也是就一年的国民收入来说的。又据马克思劳动价值论，土地非劳动创造，无价值（只有价格），也难说积累。又"生产基金"是社会主义（苏联）经济学术语，不是对"消费基金"而言，而是对"流通基金"而言，指投入生产领域部分（"流通基金"指投于货币和商品形态部分）。下面，"土地买卖已是……"一句是对的，因为"土地买卖"指一年国民收入的流向，指买卖行为属积累，非指土地本身。

注：这是对我关于地主制经济讨论提纲所提意见。1997 年 12 月 8 日。

十三

此文虽以"经济强制"为题，实际讲了中国地主制经济的发展史。结构严整，论据精当，是吾兄多年研究的成熟之作。提不出什么意见。下面都是题外之话。

文中提出地主对佃农的经济强制，始于宋"不立田制""不抑兼并"，完成于清定额租和押租制的普遍化。我非常赞赏这个提法。任何制度的发展都会有阶段性，每个大的阶段都是新的。这个阶段的特点是"佃农人身自由"，也就是"经济强制"的主制经济，而这种经济乃是"典型的地主制经济"（p. 10），即"地主制经济"达于典型、达于成熟。

从历史上说，宋代确实有个大变动。宋以前的地主制经济和宋以后的地主制经济，有个划时代的变动，相应的封建主义（不只是经济），也有个划时代的变动。（到近代，鸦片战争以后，有个更大的变动）。这需要另文研究，不仅在经济上（田制、租佃制、佃农择主、迁徙自由上，等等），在社会上（特别是宗法制度上，范仲淹式新家族之兴起），在文化思想上（特别是浙东学派的兴起），都应加以研究。

（仅就"不立田制""不抑兼并"来说，曾受到学者猛烈攻击，以为不如均田法、占田法有效。都是因为没有"新时代"的观点）

我还想提一个另外的题外之话。本文说，中国地主制经济的核心是租佃制，因为它是土地所有权与使用权的分离，调动了农民的生产积极性（p. 1）。这要看条件。所有权与使用权分享，在经济学上是个普遍现象，租赁、借贷、委托、承包都是，是生产资料或资本与劳动者或经营相结合的便当形式，不是为了调动使用者的积极性，也不一定能调动使用者的积极性。以土地租赁说，即使在定额租和契约制下，地主可随时铲佃，佃农就没有改良土地的积极性，甚至造成短期行为，竭泽而渔，反而是有害的。所以我们家庭承包制要30年不变，现在又加30年，声明以后还要加。租佃制下，农民都要争取固定佃权。欧洲有过30年、60年、90年佃权，不仅在货币租，在分成制下就有。清代押租制下，有定10年、20年、30年者，还不够长。永佃制才根本解决问题。所以，所有权与使用权分离不能说就使佃农有积极性，那是有条件的。

注：这是对我一篇未刊稿的意见。1998 年 10 月 20 日。

十四

希克斯没有给"命令经济"（厉以平译"指令经济"）下个完整定义。依《经济史理论》，它起初总是军事性质的，出现在"习俗经济被彻底扰乱"的时候，"除了在危急的情况下，一般是难以存在的"（p. 16）。但是，一旦军事目的完成，就需要建立官僚制度，这时，"制度又恢复到习俗，指令成分所剩无几"。

希克斯又说，封建制度就是军事征服之后，"恢复到习俗"的新制度，它是习俗经济和指令经济的"混合类型"。而习俗经济"居于领导地位"。只是当社会受到汤因比所称"挑战"压力时，"制度转向指令方向"（汤因此所称"挑战"，主要是指外部压力，特别是军事压力）。

还有一点，指令经济"在原则上并不依赖市场制度"；逻辑上"与市场无关"。

这样，我以为，指令经济，只存在于军事行动时期，一切听指挥。而在封建官僚体系中，只有指令的"成分"。真正的、全面的指令经济，是在"计划经济"中。俄国革命，"军事共产主义"结束后，斯大林没有执行列宁的新经济政策，而实行了完全按指令行事的计划经济。中国在征公粮、供给制的军事经济结束后，没有按计划实行新民主主义，匆忙地转入计划经济。计划经济是不要市场的，但不能持久，60年或30年后，又转入了市场经济。

公有制经济，公田或官田，百工食官，官盐铁，均输平准，都是历史悠久，非源于军事，与其视为命令经济，不如视为传统（习俗）经济。而在封建时期，公有制经济是逐渐削弱的。殆均田不行，小农为主，公有制经济在 GDP 中大约占不到 10%。但鸦片战争后，公有制经济是发展的，洋务派企业、官僚资本、国家垄断资本，尤其解放战争后，全民所有制、集体所有制，几乎囊括整个 GDP。公有制的削弱，是制度问题，很难说是"命令"经济削弱了。其后的大发展，尤其是全民所有制和集体所有制，倒可说是"命令经济"加强了，因为它们属于"计划经济"，计划经济是典型的命令经济。

国家干预经济，也是自古即有，迄于今天，非必起源于军事。干预有直接的，如令民植桑种榆枣，效果未详，因为农家种地要受家庭需要限制，实际不是按命令行事。在长期内，地主干预大于国家干预。间接的干预，有财政、金融两途。封建社会，信用制不发达，金融如利息率、投放等干预不行，主要靠财政。故希克斯有"岁入经济"之说，岁入经济先于市场经济。在中国，即赋役制。我以为，赋役制实际上支配中国封建经济的运行，成为国民经济运行的机制（当然也有市场机制，很小），而田制（所有制）并不重要。盐茶禁榷均属财政，纳入赋役制研究。

赋役制的演变，总的说是趋向合理化。而此种演变，很难说是"命令"削弱了，也难说是命令加强了，它是制度的演变（不是体制的演变）。不过，演变不是直线的。如田赋，秦汉都是据地出税，而西晋计丁，北魏按户，隋及唐前期收丁租，即丁税。这又与本时期的占田、均田制有关。但由税地变为税丁税户，总是一种倒退。又赋役由征实物到货币化，是个进步；而明初实物制泛滥，甚至叫农民直接送税粮给对口的军户，废除统收、统支、会计，显然是个倒退。大约一条鞭以后，赋役制的合理化演变才成为"不可逆"的。但直到民国，也没有完全废役、废人头税，也没有完全货币化。不过，后来，在抗战后方改为征实和抓壮丁，在解放区收公粮和"动员"，又有倒退。抗战后方和解放区都是军事经济、命令经济，不得不尔。

希克斯的书，重点是讲由传统经济向市场经济的转变。我们通常说由封建经济向资本主义经济转变。希克斯肯定马克思"封建主义""封建社会"的说法，他自己也用"封建社会""封建制度"等词。但他另提出一个"指令经济"来。马克思的"封建主义"在经济学、社会学上都有明确含义，在历史上有封建时代，这是人所公认共识的，封建主义是个科学概念。"命令经济"则不是个科学概念，历史上有国家即有命令，没有个命令时代。希克斯的书，在第三章以后就不提"指令经济"了，而改用封建制度、封建社会了（全书共十章）。值得注意的是，希克斯1969年发表"指令经济"论后，在史学界和经济学界都未引起波澜，至少我没见到讨论它、赞成或反对这个提法的文章，不把它当回事。有人（如我）撷拾"命令经济"一词，只是作为一个描述性的词，不是当作科学范畴。我说"计划经济是真正的命令经济"也是这样，是指主观决定、命令行事而言，有幽默（或忧默）味道。因为按希克斯所举的例，即成吉思汗、亚历山大，他们可形成一个"时代"，但没有经济计划。

《读书》1989年第三期有厉以宁写的一篇《希克斯的经济史研究》主要讲希克斯的经济增长论和周期论，也提到《经济史理论》一书，但根本未提"命令经济"。

注：此信是讨论对希克斯"命令经济"一词的看法。1999年1月25日。

十五

拜读大作前稿，我曾说多种资源配置机制的理论是一大创造。这次修订稿，提出各种机制之间及其主体利益之间的协调发展问题，是又一创造。市场机制显然是最主要的调节器。这样，整个中国封建经济的运行，有了一个系统的理论。这个理论的框架已形成，至于其完整化，恐怕要等发表后，听取时贤评论，再作修正补充。

在"通古今之变"上，本文以唐中叶（两税法）为界，分为两大阶段。前此，国家干预占据主导地位；后此，地主干预占据主导地位。这点恐怕会引起争议的。在西方，中世纪庄园制，是地主干预的顶峰，此后，王权兴起，民族国家形成，地主干预式微了。中国，早是中央专制国家，国家干预一直是强的。而中唐以前，即陈寅恪所谓"南北朝相承之旧局面"，也是地主干预的顶峰。那时是依附农盛行，庄园和坞壁经济，地主决定一切。唐中叶以后，国家干预松弛了，地主干预也松弛了，依附农变为契约佃农，分成租演为定额，等等。不过，降至明清，恐怕还是国家干预大于地主干预。因为国家干预经济运行，除田赋外尚有军丁杂役，禁榷及法令限制；地主干预则除地租外，已没有什么了。地租大于田赋，但地租干预限于佃农，只有50%的耕地；田赋干预则为100%的耕地。地租大于田赋，也大得有限。张仲礼估计1887年GDP，出于政府者占6%，出于地主（绅士）者占8.7%，其绅士收入估计过高，已成公论，且地租之外，包括薪俸等多项。至清代，地租是否大于国税，还可研究。

注：参阅拙作《中国封建经济论稿》第22—27、32—33页。1994年4月26日。

十六

江南雇工没问题，难处在给"市场"定性，因市场资料太少。市场定性通常有二：一是自由度，在本文即劳动的流动性。二是价格，在本文即工价。城乡流动，可用城镇人口增长来观察。外地流动更重要。江南外流劳动很少，而外地流入很多，表明市场发育。工价在于整合化。城乡工价、各府州工价都无材料，整合程度不知。黄冕堂收集了长工工价 120 多件，独少江南。大约江南长工不多，犯刑案者更少。不过，江浙与东北都是高工价区。

关于小农经济，我同意大作的结论，对分工与专业化是个障碍。其原因，过去归之于市场不够发达。近年来我读了点社会学，按结构—功能学说，可归之于家庭这种群体组织的功能。但我还不能评价。因为我现在还相信斯密型动力，即通过市场分工和专业化导致经济发展。并且，从长距离贸易看，这种家庭功能与市场并无矛盾。我现在还不能评价，因为还没有深入研究（将来也不能，因"恐年岁之不吾与"）。这与劳动力市场无关，完全是题外话。不过我觉得，我们搞经济史，单读经济学不行，最好也读点社会学。

注：对拙作《清代江南市镇的劳动力市场》所提意见，文载《清代经济论稿》。2003 年 2 月 20 日。

十七

大作《中国封建经济发展阶段述略》，几经拜读，所有三阶段论、赋役与租佃两大制度论、资源配置和商品经济两大指标，我完全同意。

封建史分阶段，在于"部分质变"。大作以晋、宋、清代表三大阶段。（拙作原是秦汉至唐中叶为一大阶段，吴老有误解。——方行）其未惬人意者，晋（连同魏南北朝不过 400 年）代表不了从秦汉到中唐这个大阶段（长达 1 000 年）。秦"黔首自实田"，就是自耕农世界了（"耕豪氏之田"还是少数）。西汉是侯王天下，还是自耕农占优势吗？少数自由佃农忽然变成漫山遍野的依附农，说不清楚。魏晋南北朝像是插入这个大阶段的曲折、反复。我以为，只能从田制上来解释。中唐两税法以后（第二、三大阶段），就比较顺理成章了。我以为，讲制度经济史，在废均田或土地私有制真的确立以前，田制是最重要的制度。土地私有制确立后，户调、丁调才能土地化，以至摊丁入地。同时，分成到定额才有可能，以至永佃（土地私有制的否定）。

讲制度经济史，以某个或某两个制度为代表，未尝不可，因为是说明某某指标。但制度经济史原意是制度体系，因为各种制度都互相关联。文中对田制（但是从土地资源配置上立论）、币制（从实物到货币）都很注意，其实雇工制（从人身到自由）、社会良贱和等级制、选举（隋科举才除门阀）也都很重要。当然不必事事专论，只是在论三大阶段时，要着眼于制度体系的变化。

制度经济史原意是制度体系，因为它来自结构主义历史观。原来无论中国外国，都是线性历史观。历史发展是线性的（承认起伏曲折，即曲线），因而史学家的任务在于找出其因果关系（因果链）。20世纪30年代，法国人提出结构主义历史观，50年代，经济学的增长（发展）观也以结构主义代替线性增长论。历史的发展根本不是线性的，而是结构的变迁。其表现之一是资源配置的优化，但还有部门、规模、地域、整合等结构的变迁（方向是结构合理化）。结构变迁是整体性的，很难说什么原因，没有单项原因。除个别事件（如战争、政变、通货膨胀、市场危机）外，史学家不再纠缠于因果论，放弃了因果链。制度经济史，奠基在这种新的历史观上。

本文框架已立。今后的工作，是充实实证分析；必须有实证（尽可能定量实证），框架才能定论。实证分析仍是定论框架，即宏观大略，不能涉及枝蔓细节。上面的空论可供思路参考，实与实证无益。本文出笼后，必会引起一场讨论或争论，那时再解决枝蔓细节问题。

注：对拙作《中国封建经济发展阶段述略》定稿的意见，文载《中国封建经济论稿》。2000年8月25日。

十八

《中国封建赋税与商品经济》稿，是"中国封建经济三阶段论"的续篇，是第一阶段的实证。"三阶段"论是个伟大的创新，实证是史学第一要义：创新尤需实证，否则不能成史。本文实证丰实，说服力强，对文章全无异见，下面所谈均题外之话，可不看。

把政府作为支配市场的第一力量，始于凯恩斯。对封建政府，重农学派把它看成支配市场的第二力量，居地主之后。封建政府的收入主要是租，凡凭权力得来的收入都是租，马克思视之为地租转化形态，因为主要凭土地权力得来。资本主义政府的收入也有凭权力得来的租（今称寻租），但不大，主要是税。税是政府以服务（防卫、治安、教育、公用等）与居民交换而来的，一般是等价交换（契约论）。凯恩斯之重视政府，不仅因为它是最大的购买者，还因它是最大的提供服务者（卖方）。

秦汉以后，中国封建政府异于西方，其收入不限于租（凭土地权力），而日益多是税，由服务得来。就治安服务说，远优于西方，水利、驿运、漕运、德化教育等服务，西方没有。本文只讲商品经济，不讲服务市场，故未涉及。

中国封建政府的财政不仅是机构的收支（官吏士兵俸饷只占赋税半数，p. 13），而是一种大财政，包括政策和资源调配。所以对前文（三阶段）我建议增论土地政策。本文中，又看出许多政策内容，除产业政策（尤其桑蚕茶）外，还有平准、和籴等。不过，我觉得更重要的是货币政策。

最大问题是汉以后赋税的实物化。赋税实物化何因？是进步还是退步？本文把它看做是提高市场"丰度"的"机制"（p. 2），是积极的看法。不过就贡禹的思想说，是保守的。"机制"说，本文的实证是，因为粮食、尤其桑蚕丝织发达了，征实、尤其征帛有可能了。专就布帛说，不如看做是货币。有个地方（p. ?）说征粮改为征帛，实际是货币化了。西汉为什么有那么多金银，始终是个谜。东汉至中唐，生产发展，市场扩大，赋税也增大 2.5—4 倍。赋税（购买力）增 2.5—4 倍，市场交易至少增大 5—8 倍（倍数效应），金银铜不足，只好征实。通货不足，文中屡见，恐怕是实情，因为中国没有金银铜大矿。这就是货币政策问题，好像到北宋才解决。我始终谴责朱元璋的赋税实物化是个历史的倒退。但对曹操的租调令、司马炎的户调令，不敢说，因没弄清楚。

注：对拙作《中国封建赋税与商品经济》所提意见，文载《中国封建经济论稿》。2001 年 5 月 21 日。

十九

第一节：全文骨干，目的在论证宋代地租量超过赋税，成为需求推动生产的主力。所有量化处理和论地租的营运，都无懈可击。本文是论地租，不论赋税。但于宋代商税超过田赋的现象（p. 4）仍不妨略作申论。因这是前所未有、后世亦无之事。它不仅反映宋代商品经济的发达（历史上第二个高峰），而且反映服务市场的空前扩大。盖商税多来自服务业，并且，商税不同田赋，主要不是凭权力征敛，而是政府以服务与商民交换。

第二节：高消费，资料淋漓尽致，但显得有点堆积。如写法以论带史，就不显堆积了。本节论在 pp. 18—21，讲高消费推动了手工业的发展。这十分重要，因高消费是享受性消费（生存性消费推动农业是有限度的），自然落在手工业上。本节还有一个论点，在 pp. 22—23，即高消费不仅在贵族显宦（人数太少），而在地主尤其城居地主（人也不多）和商人、手工业户、广大市民。这点很重要，惜所论太少（不到一页）。从这点看，p. 21 说《东京梦华录》《梦粱录》《都城纪胜》不必引证，是不对的。三书代表宋代市民生活，不能不引证。不能把所有新的消费都直接和地租结构。

此外，我想还可补充一个论点，即高消费反映服务业的发展，服务市场的扩大。文中所谓精神产品、文化消费和大部分发展性消费，都是服务。商品经济包括物质和服务两大部分，宋代服务开始占重要地位，是一大特点。服务比之商品，是高一层的消费，衣食足而后的消费，它的消费弹性大，是促进生产的新力量。龙登高有篇长文《南宋杭州娱乐市场分析》，从经济上分析文化消费，有见地。

第三节：宋代的城市化、镇市开始网络化、城居地主成趋势，这都是宋代特点，很重要。宋代恐怕是城市化水平最高的，或谓达 20%，而明清还不过 5%—6%。这有偏安江南、人口等多重原因，不去管它，而城市化是扩大需求、发展商品经济的最重要因素。第一个商业高峰战国和希腊，即因是城邦制。文章不能把需求的扩大都抠死在地租量上。地租是根子，地租转化为需求、转化为购买力，也有个再分配过程，有扩散和倍数效应，城市化是其转换和扩散的工具。

宋代城市还有个结构革新问题。不仅破除坊市制，大城市还表现为金融业与贸易分离，批发与零售分离，形成专业街，达400行，以及邸店等服务业兴起，乃至有出租车马、桌椅、婚丧用具的专业。这都是前所未有的。斯波义信有典型考察。

注：对拙作《中国封建地租与商品经济》所提意见，文载《中国封建经济论稿》。2002年1月6日。

二十

粮食，我向来重视亩产量，不问劳动生产率，因农民人均收入不能只计粮食。亩产量，清前期略高于宋，这是因宋代北方辽金太低，若就江南说，清实低于宋。至于劳动生产率，清大大低于宋，可能低30%—40%，但不是由于地力（自然）原因，而是由于人口增加太快，要承认人口压力。因而，人均占有粮食低于宋，但还是够吃饱；因嘉道国民人均占有量更低，也没饿死人，不过人口增长慢了。这是我对粮食的粗略概念，因未作专业研究，不敢自信。此生也来不及研究了。

粮食加经济作物，加农家手工业，清前期的农业经济大高于宋明。从农业生产力说，清是封建社会的高峰，这点我不怀疑。

一国经济评价，有两方面。一方面是生产力和消费水平，人们爱用居民生活的舒适度和安全性。另一方面是制度，包括政府效率、经济制度、市场功能、社会和文化。记得座谈会上，我说清代经济发达，制度落后。林甘泉似乎表示同意。不过，当时是说比18世纪欧洲落后，不是同宋代比。说清代制度比宋代落后，不合逻辑。不过，我说比乾隆时应有的制度落后，则有我的道理。

　　我以为 16 世纪中国已有现代化因素，即向市场经济转变的萌芽。但清人入主中原，把这些因素打断了。其一，消灭了明末的启蒙运动，中断理性思维，回到汉经学。其二，闭关自守，拒绝贸易，也中断中西交流。其三，经济制度，除摊丁入地外，无建树。其四，市场，只是商品量和地域有扩大，无质的变化。这一切，要到 1840 年后吸收西方思维，才有转机。我文章中用"文化逆流""经济逆流"字样，结论是"愈是盛世，愈是保守"。"盛世"指生产，"保守"指制度。合起来就是物质发展，制度落后，比这种物质条件下应有的制度落后。

　　关于市场多说两句。商品经济不是市场经济。市场经济主要表现为市场调配资源，即每种资源的边际收益等于其边际成本。市场商品量扩大不能使市场达到这种功能，这种功能是个制度问题。正如生产增长不能自动使制度达到生产力的要求一样。制度变革是人为的，要有先进思想的人去变革。理性主义是制度变革的动力。到今天，中国还未完全实现市场经济（即现代化），因为曲折太多。如计划经济就是一次曲折，一次逆流，因为计划经济直接调配资源，不要市场。清前期是凭租和税调配资源，市场调配只是很小部分。1840 年后市场扩大，但直到 1950 年，市场还未能调配占国民经济 70% 的农业资源（即土地与劳动的配置）。

　　市场量当然也有关系。我研究 1840—1936 年的市场商品量，结论是，1840—1908 年增长太慢，1908—1936 年增长也不快。1840 年我估 3.5 亿两，偏低，用吴慧 5.25 亿两，也不高。对比生产来说太低，例如粮食商品率只有 10%。10% 怎能调配资源？到 1936 年，粮食商品率提高到 30% 以上，经济作物达 80% 以上，但市场仍未能调配农业资源；因为没有制度变革，土地、劳动、资本都不是市场配置的，而是小农制配置的。制度变革要有有先进思想的人去变，不会自变。

　　注：对我一个讨论提纲的意见。2003 年 5 月 4 日。

二十一

耕织结合的小农经济，有它积极的作用，优于两方领主经济；也有它消极的一面，它妨碍新生产方式的建立。这在您 20 世纪 80 年代的论文中就已明确了。这个结论并不鼓舞人心，但似乎无可奈何，必须接受。但不是说就没有研究的余地了。

耕织结合的小农经济可以说是一种习俗经济，因为自元代发展棉纺织以来已有六百年了。不过，希克斯所说习俗经济指希腊以前，而自罗马征服欧洲和中亚以来，就有了命令经济。中世纪是习俗和命令经济的混合体，因为中世纪是僧侣和武士的社会，基督教代表习俗，武士代表命令。

现在流行新制度学派经济史。有正式制度和非正式制度。正式制度即法律，相当于命令。非正式制度首先是意识形态，其次是家庭家族，相当于习俗。意识形态，在西方是基督教，在中国是儒学，都与经济活动有关。

总之，新经济史研究，不能就经济谈经济。我们过去对小农经济的研究，都有只重经济关系分析、忽视非经济因素的毛病。

耕织结合的小农经济是一种经济结构，也是一种社会组织。它的形成、发展以至解体，与传统的义利观、本末论、家庭观念、多子继承，以及国家巩固自耕农的政策，榷关制度等，都是分不开的。对小农经济的研究，从经济学方面转入社会学方面，加上非经济因素的分析（当然都需要实证），就大有可为了。说不定会多少修正原来的评价和结论。

注：对我一个论文提纲的意见。2004 年 10 月 25 日。

二十二

拜读新作第三部分，唯 p. 2 宗族关系，康熙圣谕不过重申嘉靖十五年夏言上疏，没有新的限制。我以为清代宗族关系仍是继晚明以来"松解"的趋势（李文治看法）。康熙圣喻十六条中反动的是对知识分子的"黜异端以崇正学"（朱学）；"讲法律以警愚顽"（文字狱）。又，下面"多子继承"一节，说"增强农民经济活力"，我看不然。此"习俗"（当然非始于清）分散家庭财产，使小农不能成大农，为害匪浅。

总之，问题又回到农业与家庭手工业密切结合的小农经济，新论似乎增加了它的负面作用。回忆 20 世纪 70 年代末我们写中资史一卷时，徐新吾提出"小农经济万恶论"，因为它阻塞了资本主义萌芽的发展。当时我觉得过分了，改为"自然经济的分解"。为造 1840—1936 年耕织结合的分解表，徐公花了三年时间，全文见第二卷第二章附录。这以前，20 世纪 30 年代，梁漱溟曾提出，小农经济工农结合很好，中国工业化的道路应当是在农村复兴中发展工业，工业与农业"合作"生长。90 年代，乡镇企业兴起，费孝通写了篇文章大加赞扬，说这就是中国传统的工农在家庭结合转化为社会上的结合，是完全正确的道路。我同意费公的看法。

我的想法一直是：中国现代化必须利用传统经济、特别是小农经济的"能动因素"或积极因素。因而有《中国近代化过程中的内部因素和外部因素》（1987）、《中国工业化的道路》（1991）两文。怎样利用呢？我意思是通过市场，而不是大企业（大企业是科斯定理，那时我还不知科斯定理）。通过市场也就是通过分工，也就是自然经济的分解。现在看来，农业与手工业密切结合的小农，能不能不分解，直接过渡为工农结合的现代化经济呢？那样最好，但恐怕不能。

　　注：对我一个未刊稿的意见。2004 年 11 月 26 日。

学贯中西古今　德泽桃李同仁

——吴承明先生的生平与学术

叶　坦

2011 年 7 月 8 日 15 时 45 分，我们敬爱的吴承明老师走完了他坎坷而光辉的一生驾鹤西归，享年 94 岁。他的离去是经济学界和经济史学界无法估量的损失，也是我永远的痛！

自 1985 年始聆先生教诲，到 1993 年至今同住一栋居民楼，20 多年来先生之为人治学耳濡目染，先生的音容笑貌犹在眼前……

一

吴承明先生（1917—2011），祖籍河北省滦县，曾祖一辈曾任内阁中书，博学多才，"研讨经世之学"，曾联名奏请修建芦汉铁路，得李鸿章力赞却终未果。后外放浙江出任多处地方官，政绩卓著，又任全浙海塘工程总局事及监酒税等职，为官刚正清廉"处脂膏而不以自润"，受命反贪腐"刚正不阿"，后人写入《清官集》。辛亥革命中敦促浙军起义，后北归隐居"然忧国之心，老而弥笃"，用"思寡过"（"寡过"就是少有过失）名书斋，"以清白遗子孙"，米寿（八十八岁）而终。先生的祖父曾在杭州为书吏，1920 年后定居北京。

先生之父吴大业，1911 年毕业于北洋大学堂法科（此科 1917 年并入北京大学，北大工科则移到北洋大学），曾历宣统皇帝殿试，赐

"同进士"出身。主业法律事务，曾协助外交部长王正廷督办"鲁案"（即欧战后从战败国德国收回青岛相关主权和胶济铁路的权益）善后事宜，后为专业民法律师。其在当时律师界颇具名望，两度任北平律师公会会长，先后任北平国货陈列馆馆长、财政部北平印刷局局长等职。先生之母李翔青毕业于我国最早的女子师范学校之一，也是女界名流的摇篮——北洋女子师范学堂，一生贤妻良母，高寿九十有四。

先生为家中长男，秉承勤学济世家风，1923—1940年间，读小学、私塾、北平市立三中、四中，入北洋、清华、北大、西南联大四大名校，历工、理、经、史四科。

那时的中国正处在社会大变革的动荡时期，先生自幼读古文诗书及算术英语，入中学后打下各科的扎实基础并积极参加学生活动。旋立志"工业救国"，1932年考入北洋工学院预科，当时的北洋工科来自北大，声望很高，而先生两年所学均为实用课程，感到没有理论不行，当以"科学救国"，1934年再考入清华大学理学院学习化学。此后，他深感"经济救国"更为现实，习学经济最能振国济世，便转入经济系。时任系主任的陈岱孙教授亲授基础课，其西方经济学说特别是古典经济学给予先生直接影响；而萧遽的货币银行学和余肇池的会计学都属必修，这对于先生留洋的学习很有利。此外他还上了杨树达、雷海宗等名师的文史课程，并参加世界语和新文字运动，1935年在《东方既白》杂志创刊号上发表论中国土地问题的文章。

随着日军侵华凶焰日炽，华北危亡在即，先生满怀报国热血，加入中华民族武装自卫会等组织，积极投身抗日救亡。"一二·九运动"爆发，先生是北平爱国学生运动领袖之一，也是清华救国会和大游行的领导人之一。1936年中华民族解放先锋队（简称"民先"）成立，他被选为大队长；这年夏天，他被迫离开清华到北京大学史学系继续学习（他认为史学较切时需，而经济系不招转学生）。他选修孟森、郑天挺、钱穆等史学名师的课，也继续其"经济救国"的理想，将学习重点放在近代史上，想找出中国工业化失败的原因，故也到经济系听课并自修马克思主义经济学。时值国难当头，平津危机加剧，"华北之大，已经安放不得一张平静的书桌了！"1937年"七·七事变"爆发后，先生参加平津流亡同学会以及由医护人员和学生组成的战地服务团随军服务，这年冬天他在试马时写下"策马登峰极，边城看雪消；含悲辞燕阁，饮恨建康桥"的诗句①，记述那段艰苦岁月和抗战决心。1938 年冬，他到昆明西南联大复学。该校由北大、清华和南开三校组成，名师荟萃，先生得以面聆陈寅恪（隋唐史）、姚丛吾（史学方法）、刘文典（古典文学）、赵迺抟（经济思想史）等大家的教诲，最难忘的是陈先生所授"佛典文学"。他还加入西南联大话剧团，参演闻一多为舞美、曹禺任导演的剧目，并到工厂农村演出宣传抗战。西南联大奠定了他深厚的文史功底，进而写出考据性毕业论文《古代云南与中土关系之研究》。先生多次感慨自己后来专门研究经济史，却从未念过一门经济史的课。1940 年夏他毕业，步入社会供职于重庆中央银行经济研究处，兼任《新蜀报》主笔、《银行界》主编等职，还发表过一些研究战时生产政策和金融方面的文章，并且产生一定的影响。②

1943 年冬，先生历尽艰辛船行 43 天越洋赴美，入哥伦比亚大学继续深造，他依然本着"实业救国"理想进商学院（Bussiness School）研究生部主修货币与金融学兼修工业管理。时在战中正值罗斯福总统任内，美国经济学界凯恩斯主义兴盛，哥大则还保留着克拉克（J. B. Clark）之遗风，其子小克拉克（J. M. Clark）主持哥大讲坛，先生选修其经济学课外，还选了查普曼（T. Chapman）的银行学，多德（D. L. Dodd）的金融市场等课程；管理学方面选有工业管理、营销学等。多德的课引起先生很大兴趣，而且不需考试只写一篇论文，1945 年先生写的《认股权、股票股利及股票分裂与扩充公司之投资理论》颇受赏识，修改后经五位教授审查通过，授予贝塔－西格玛－伽玛（BΣΓ）荣誉学会的"金钥匙奖"，这一奖项要求获奖人课业优秀必须五门成绩并列"A"。先生的导师贝克哈特（B. H. Beckhart）不仅是名学者，也是大通银行首席经济学家，他明确反

---

① 诗句出自《春望》，载先生惠赐之《濯足偶谈》1992 年第 1 版。"偶谈"已印 3 版，先生临终前还在补订，准备出第 4 版，却成永憾!
② 先生当时较有影响的文章主要有：《论当前生产政策》、《论大小生产——再论当前生产政策》，载《时事新报》1942 年 4 月 12 日、6 月 8 日；《产业资金问题之检讨》、《理想利率》，载《金融知识》1942 年第 2 卷第 5 期、1944 年第 3 卷第 2 期。

对凯恩斯主义。不同学派并存的环境，成就了先生海纳百川的学术胸襟，而且注意各学派演变的轨迹，蕴积为他开放宽容的学术风格和思维逻辑直至终生。先生共用两年时间修满学分，主修贝克哈特的货币与金融学，并接受其指导完成《美国的战时公债与金融政策》学位论文，顺利通过，颇得好评，1946 年获得硕士学位（当时无 MBA，称 MS）。[①]

同年 3 月 9 日，先生与留学纽约朱丽叶音乐学院的钢琴家洪达琳女士（后为中央音乐学院教授，著名音乐教育家）结为伉俪，两校师生前来祝贺热闹非凡。婚后，先生打消继续攻读博士学位或留在美国就业的念头，选择回国报效祖国之路。此时国内抗战已胜利，百废待兴，国民政府资源委员会"驻美技术团"1946 年 3 月改组为"驻美代表办事处"，资源委员会经济研究室主任孙拯领命聘请被称为"GNP 之父"（后改用 GDP）的著名经济学家库兹涅茨（S. S. Kuznets，1971 年诺贝尔经济学奖获得者）担任资源委员会顾问，请他帮助设计一套资源和工矿产业的调查统计制度；聘先生与张培刚、丁忱为专门委员，作为助手为库兹涅茨准备有关中国的经济资料，并于 6 月陪同库氏到南京资源委员会工作。

二

归国之后，先生在资源委员会辅助库兹涅茨工作。他曾几次对我谈起，库氏当时写信评我导师巫宝三先生主持的"中国国民所得1933 年"研究，先生将信转送当时在"中央研究院"工作的巫先生，巫后来写了《答库兹涅茨博士的评论》。巫先生告诉他与库氏之间对国民收入的概念和计算方法见解之不同，并送其自己在美国《经济学季刊》1946 年 2 月号发表的《国民收入中的国际支付》（此文收入

[①] 先生的获奖论文和学位论文在其回国后的 1947 年译刊中文概要——《认股权、股票股利及股票分裂与扩充公司之投资理论》，载《证券市场》1947 年第 14 号；《美国战时公债金融政策评述》，载《财政评论》1947 年第 16 卷第 1、2 期。

巫老的论文集）。此后，两位先生不仅有着长达半个多世纪的学术情
谊，并且都尽享天年九十有四而终。库氏回国之后，先生调日本赔偿
拆迁委员会工作，但他继续研究并撰刊了长达 19 页的《我国资本构
成之初步估计》，根据库氏的方法进行 1931—1936 年中国的资本形成
（capital formation）估计，发表之后产生反响，还被译成英文在香港
发表。后来他继续研究并发表《中国工业资本的估计 1936—1946》，与
前人不同的是将"资本"定义为"生产剩余价值的价值"[①]，此文也被
几种刊物转载。这些是他的第一个经济史研究专项。

1947 年初，先生辞去南京的工作来到上海，任中央信托局信托
处襄理。同时，他还是希望教书和做研究，故兼任上海交通大学、东
吴大学等校教授，主要讲授货币银行、国际汇兑、工业管理和财务报
告分析等课程，很受欢迎，还发表了一些相关论文，在上海工作和生
活直至解放。1949 年冬，他的清华、哥大老学长也是中央银行经济
研究处的顶头上司冀朝鼎出任新中国中央财经委委员兼中央外资企业
局局长，邀先生到北京工作，于是他开始了新的生活。

1949 年 11 月 14 日先生回到了阔别多年的北京，从这时直至辞
世他在北京生活了 61 年，一个甲子有余的沧桑巨变！1950—1957 年，
他在中央外资企业局、私营企业局和工商行政管理局工作。新中国成
立之初，中央人民政府政务院于 1949 年 10 月 21 日成立财政经济委
员会，设有六局一处：计划局、人事局、技术局、私营企业局、合作
事业局、外资企业局和秘书处。先生就在外资企业局工作，当时对外
资企业的政策主要是监督管理加以利用。不久冀朝鼎局长离京，外资
工作划入私营企业局，先生就任该局外资处副处长，还参加了在华
外资普查等工作。与此同时，他开始研究外国在华投资问题，次年
（1951）即以笔名魏子初（"外资处"谐音）发表了一些成果，其中
三联书店出版的《帝国主义在华投资》虽是小册子却很受重视，先后
再版，并由苏联科学院译成俄文于 1956 年出版。在此基础上，先生

[①] 《我国资本构成之初步估计》，载《中央银行月报》1946 年第 1 卷第 11 期；《中国工
业资本的估计》，载《中国工业》1949 年新 1 卷第 5、6 期，后得汪敬虞先生函件及资料
而进行了部分修正，两文均收入《吴承明集》，中国社会科学出版社 2002 年版。本文对
于后来较方便查找和收入先生几种文集的论文一般不再出注。

继续拓展资料搜集辅之以个案调查，将外国直接投资的考察，从前人一般止于 1936 年延伸至 1948 年，研究证实外国在华投资中资本输出很少，主要来自外资在华的积累——结论源自人民出版社 1955 年出版的《帝国主义在旧中国的投资》，此书亦多次再版。这是研究相关问题的必读书，也是先生的第二个经济史研究专项。

值得一提的是，那时对外国在华资产的研究评估不公开，先生的研究连周恩来总理都注意到了。70 年代初中美恢复邦交前基辛格为尼克松访华打前站，外交部估计美方可能提相关问题便请示总理，总理就让找当时还在"干校"的先生。外交部设宴款待先生请他说明情况，后来得知与基辛格谈判时还真的提及此问题，而且美方有备而来，但也不能不承认我方评估合理最终了事。

1952 年 10 月 22 日，政务院决定私企局与外企局合并为中央工商行政管理局，许涤新（1906—1988）任局长，当时主要任务就是对民族资本主义工商业进行社会主义改造。先生为工商行政处副处长，但很注重调查统计，还参与筹建全国工商联等工作。在许涤新的领导下，科研工作得到加强，1958 年改组调查研究处由先生任处长，又调来方行、汪士信、梁思达、黄如桐等，一时人才济济各有专长，却人员超编。许涤新将情况上报后得到当时中国科学院经济研究所孙冶方所长的积极支持，由工商局与经济所合设"资本主义经济改造研究室"，由先生任主任，人员十位编制属经济所，办公却仍在工商局。研究室的主要任务是编《中国资本主义工商业史料丛刊》和撰写《中国资本主义工商业的社会主义改造》（人民出版社 1962 年出版，1978 年出修订本），这是"资改"的权威作品，得到广泛引用。

需要说明的是，从科研视角看"资改"是先生研究的第三个专项，实际上他对此也有自己的看法，认为《公私合营工业企业暂行条例》在执行中走了样，改造不仅强制而且扩大化，因此他后来或委婉检讨失误或尽量避谈"改造"，建议《中国资本主义发展史》写到解放为止，不再继续写第四卷"资改"，别人搞这部分请他当主编也为之谢绝。

到"文革"，正常工作基本停顿，"资改室"解散，先生也被下放到辽宁盘锦、河北固安等地的"干校"。然而，先生生性达观并不怨天尤人，种菜种稻战天斗地的生活，反倒使得已患多年的十二指肠溃疡痊愈，能和大家一起饮酒聊天，还养成了"濯足"（赤足种稻必浸泡方能上炕）漫谈或论诗的习惯，并把有价值的记下来——这就是《濯足偶谈》的来源。先生一再说，能劳动有书读生活即有价值，故而知足常乐。1974 年初许涤新联系人民出版社"借调"先生等人去编写《旧中国的资本主义生产关系》（1977 年出版），他们得以离开干校返京。1975 年 8 月他们又被调到商业部由许涤新直接领导，开始酝酿写《中国资本主义发展史》。1977 年 7 月许涤新以古稀之年出任中国社会科学院经济研究所所长，1978 年 5 月先生们也转到了经济所并扎下根来。

先生自此专任经济所研究员，先后担任所学术委员会委员、研究生院博士生导师，兼任南开大学博士生导师。1980 年任日本东京大学客员研究员，1986 年任美国加州理工学院客座教授。学术兼职主要有：中国经济史学会会长、中国投资史研究会名誉理事长、中国史学会理事、中华全国工商联特约顾问等。1991 年获国务院颁发的社会科学突出贡献专家特殊津贴，2006 年被授予中国社会科学院首批"荣誉学部委员"，2008 年当选"中国社会科学院健康老人"——他一再说这是自己最后的也是最珍重的一项荣誉。

三

先生读万卷书行万里路孜孜以求者，唯有报效祖国、追求科学、追求真理。他的确称得上学贯中西、古今融通而且史论互证、著述甚丰，受到海内外同行的敬重。这与他深厚的文史功底和西方名校的系统教育分不开，也是他博学勤思严谨治学所致，更是他主张各家并存、取法务上、求实创新学术精神的体现。在前述三个专项研究之后，作为经济所的专业研究员，30 多年来他的学术贡献更是无可替代的。

枯燥而繁琐的资料工作是开展研究的基础，也是先生从事经济史学研究的前提。他从 20 世纪 50 年代起就参加千家驹倡导的"中国近代经济史资料丛刊编辑委员会"，11 位委员均为一代名家：陈翰笙、范文澜、严中平、巫宝三、狄超白、陈振汉、王毓瑚、丁名楠、千家驹、孙毓棠、吴承明。首先问世的是先生的《帝国主义与开滦煤矿》，署名魏子初，1954 年神州国光社出版；次年千家驹出《旧中国公债史资料 1984—1949》（中华书局 1984 年再版）。编委会还与海关总署合作，利用其存档约 17 万卷（主要是未发表文献），编辑出版"帝国主义与中国海关"丛刊，如《中国海关与庚子赔款》、《中国海关与邮政》等共 15 编（其中 5 编未出版），1957—1983 年先后由科学出版社、中华书局出版、再版，史料价值颇高。此外，前述"资改室"的"中国资本主义工商业史料丛刊"也是先生负责的，各地学者参加，迄"文革"共编辑 9 种，1959 年三联书店始出《北京瑞蚨祥》，1963 年起中华书局陆续出《中国民族火柴工业》、《上海民族毛纺织工业》等。可以说，大规模资料整理是那时许多学科共同的科研特色，因此能够出多少年后还有价值的大成果，"中资史"就是以大量发掘整理和调查的史料为基础的。

自 20 世纪六七十年代以来，先生倾注了最多心血和精力的就是《中国资本主义发展史》。20 世纪 60 年代初周总理提出为实现"马克思主义政治经济学的中国化"，应编写一部《中国资本主义发展史》，任务交给许涤新，由"资改室"承担，因"文革"而中断，不过好在资料准备与实际调查已完成，而且《旧中国的资本主义生产关系》等已出版。1978 年先生他们到经济所后，此工作正式启动并联系相关单位的学者参加。1980 年讨论提纲并具体分工，许涤新和先生任主编，全书分 3 卷各立专名：第一卷"中国资本主义的萌芽"，系 1522—1840 年中国资本主义的产生；第二卷"旧民主主义革命时期的中国资本主义"，为 1840—1920 年中国资本主义的发展；第三卷"新民主主义革命时期的中国资本主义"，写 1921—1949 年的情况。这是一部逾两百万字的巨著，全书配制 487 张统计图表，在同类著作中罕见；由京、津、沪等地二十多位学者历十几个春秋才完成，人民出版社 1985—1993 年出齐。此书是集体智慧的结晶，许涤新撰全书"总序"，先生统稿、许涤新（1988 年去世）审订。然而，从撰著体例、主要内容的规划，到执笔"导论"等重要部分的写作，再到统稿删改以致重写的巨量工作，处处无不凝聚着先生的呕心沥血！他认为自己的研究贡献主要有三：（1）近代中国资本集成的估计；（2）近代中国工农业和交通运输业总产值的估计；（3）近代中国国内市场商品量的估计（见下述市场史）。引起国内外学者的重视、评介和引用，而先生却对其中一些数据不断修正，如前两项估计的修正直到 21 世纪收入《吴承明集》。

这期间，先生的夫人脑溢血卧病，唯一的儿子因病于 1989 年去世，年仅 39 岁。据先生的女儿说，在他得知儿子无救时眼里满是泪水，却又一头埋进稿纸里一口气写了好几个小时，家人甚至预感他会累死在这个工作上，直到有一天晚上他从书桌上起身一迈步就直直地栽倒在地，下巴磕裂到医院急诊缝针……先生精心浇灌的学术之花终于结出了丰硕的成果，此书面世之后中外学界好评如潮。特别是第一卷，1987 年台北谷风出版社就出了繁体字版；1989 年 7 月 20 日李约瑟（Joseph Needham）来信征求先生对于近代科学为什么在西欧而不是中国产生（即所谓"李约瑟之谜"）的意见，先生复信讲到中国 16、17 世纪的启蒙思潮缺乏欧几里得式的逻辑思维，但主要原因还在于明清中国是以小农生产（包括手工业）为基础的社会，经济上较少竞争且人力充裕，缺乏利用科技的需求等。剑桥大学的罗澜（Peter Nolan）与先生商议英译此书，由伦敦大学柯文南（C. A. Curwen）译编英文本，2000 年麦克米伦出版社（The MacMillan Press Ltd.）出版。总的看来，尽管此书与任何著作一样不可避免地带有那个时代的痕迹，但确是中国经济史学的里程碑，被认为是权威性"填补空白"之作和"国内外引用率最高的中国经济史著作之一"等。此书不仅先后获得多种学术奖如"中国社会科学院优秀学术成果奖"、"孙冶方经济科学奖"、"郭沫若中国历史学奖"等，而且多次再版如 2003 年人民出版社出第 2 版、2005 年入选中国出版集团"中国文库"（第 2 辑）（文库所收为 20 世纪经典著作，要求对我国百余年来的发展产生过积极的影响，至今仍具有重要价值的传世之作）、2007 年社科文献出版社出"中国社会科学院文库"版。

值得注意的是，20 世纪 80 年代初学者多还重生产轻流通之时，先生已着手研究市场问题了。他曾在工商局工作与"市场"不无关系，早在统购统销时代他就开始考虑市场管理、价值规律等问题。他的市场史研究首先是估算市场商品量即市场大小的演变，整理出

1840—1869—1894—1908—1920—1936 年间五个时段的国内市场商品量估计，从中可见 19 世纪下半叶市场发展很慢，其扩大是在 20 世纪以后，抗日战争后剧减，此即多次修改后最终载入《吴承明集》的《近代中国国内市场商品量的估计》。为了从更长时段研究市场，1983年起他陆续发表论明代、清代、近代市场的系列论文，[①] 从人口和耕地、田价和物价、货币和白银流通、财政和商税等方面，深入研究明清和近代市场长周期性的兴衰演变，在国内外产生很大影响。1984年美国名家费维凯（Albert Feuerwerker）看了清代市场论文后邀请先生到意大利参加中国经济史研讨会；1986 年法国著名汉学家贾永吉（Michel Carrier）将这三篇市场论文摘要写成《吴承明的国内统一市场形成观》，发表于著名的《年鉴：经济 社会 文明》（Annales, *Économies Sociétés Civilisations*）1986 年 11—12 月号；先生论半殖民地半封建市场的论文，则有日本中国现代史研究会会长池田诚监译的日文译本（《立命馆法学》，1984 年第 5、6 号）。

不满足经济实况的考证复原而深入透析现象进行理论阐释，这是先生治学的重要特点。同样，他在市场理论方面下了很大工夫，其《市场理论和市场史》分析马克思的分工产生市场的理论，赞赏恩格斯《反杜林论》中的主张"生产和交换是两种不同的职能"，提出历史上各种市场的出现多与分工无关。《试论交换经济史》则建构交换与经济发展关系的模式，提出"交换先于生产"，在理论上作出新尝试，非有深厚的经济学理论与坚实的史料基础与史学功力不可。先生研究市场，从商路、商镇、商品运销转向人口、价格、货币量、商品量等变化，分析市场的周期性演变，并讨论其对社会结构、阶级分化的影响，其市场研究是以中国现代化（即近代化）的宏大背景为基点的。他认为市场资料较多，数据有连续性，用市场和价格的演变来考察经济的兴衰与中国的现代化过程，均有很大的优越性。这与现今人们津津乐道的"斯密动力"理论相仿，即市场促进分工、分工和专业

---

① 他连续发表了《论明代国内市场和商人资本》，载《中国社会科学院经济研究所集刊》1983 年第 5 集；《论清代前期我国国内市场》，载《历史研究》1983 年第 1 期；《论我国半殖民地半封建国内市场》，载《历史研究》1984 年第 2 期。

化促进生产，经济增长与市场的深化扩展分不开。仅从生产视角不足以认识经济发展和中国现代化，从而应注重流通，于是他努力进行两方面的工作：一方面对 16—17 世纪、18—19 世纪上半叶的中国市场进行系统考察，这可说是"实证研究"（positive research）；另一方面，在经济学理论与经济史研究的方法论以及现代化理论等方面进行创新探索，希图在理论上找出一条适应中国经济史学和现代化研究之路，这可视为"规范研究"（normative research）。这些研究体现于 1995 年发表的《16 与 17 世纪的中国市场》、1999 年发表的《18 与 19 世纪上叶的中国市场》等系列成果①，得出中国现代化肇端于 16 世纪的明代"嘉（靖）万（历）说"。此说非其最先发明，如傅衣凌先生就有过类似论点。但是，是先生将此说立论，并以坚实的实证考察和规范研究展现于世人。他的《传统经济·市场经济·现代化》一文论述从传统经济到市场经济的转变过程，同时指出市场机制也有个转变过程，也就是经济的现代化过程，他的市场研究就与现代化研究有机结合起来。先生早在 1985 年就出版《中国资本主义与国内市场》，是其 1949—1983 年论文的集萃；1996 年出的《市场·近代化·经济史论》，则是他1985—1995 年重要学术贡献的凝结，这也是为祝贺先生八秩华诞的。

众所周知，研究中国近代经济史绕不开现代化问题，先生 1987 年以来就在这方面下工夫并提出独到新见。在《早期中国近代化过程中的内部和外部因素》中，他针对通行的"冲击—反应"范式和"传统—现代"对立模式，提出中国"内部能动因素"论，并予以实证考察。传统经济中的能动因素主要是农业和手工业，他认为传统农业可以承担现代化的任务，但不否认其落后面一定程度地制约了工业化的发展。更重要的是，他以科学的精神和谦逊的态度在再版时指出，对于近代人口与耕地"我的估算已落后了"而应"改用时贤新论"。在《近代中国工业化的道路》中，他分析利用手工业的功效及工业与小农经济的结合，可能本有一条立足本土、工农结合、土洋结合进而现代化的道路，但终败于以洋行、租界为背景的大口岸经济之路。正

---

① 分别载于中国商业史学会编：《货殖：商业与市场研究》第 1 辑和第 3 辑，中国财政经济出版社 1995 年版、1999 年版。

因为传统经济有其内部的积极能动因素，"中国的工业化应当走与传统产业协调发展的道路，不能一举而代之"。继而，他又写了《论二元经济》，从理论上探讨不发达经济走向现代化的道路，认为将传统农业的作用局限于为现代化产业提供廉价劳力不确，关键是低估了传统农业的剩余。二元经济现象长期延续，小农经济是多元的，有自行调节资源配置功能，他构建出一个小农经济的生产模型，但说明无法计量。

20 世纪 90 年代国家正式提出建立社会主义市场经济体制，先生采用希克斯（J. R. Hicks）《经济史理论》的观点，把实现市场经济作为经济现代化的标志。他论证从马克思到诺斯（D. C. North）都将工业化归之于"专业商人"的兴起和市场的扩大，引发生产方式的变革，商业革命导致工业革命，又以日本和亚洲新兴国家和地区的实例加以佐证。具体到中国，他把明代嘉、万时期的徽商、晋商等大商帮的兴起和工场手工业、散工制的发展，以及财政、货币的白银化，租佃、雇工制度的变革，社会结构的变迁和 17 世纪的启蒙思潮等综合考察，视为明清之际的现代化因素。他在 1997 年的《传统经济·市场经济·现代化》之后，又有 1998 年《现代化与中国 16、17 世纪的现代化因素》、1999 年写的《中国的现代化：市场与社会》等系列成果问世。[①]

必须特别指出，先生治学理论方法新颖独到。理论追求伴随其治学始终，20 世纪 80 年代初他发表《关于研究中国近代经济史的意见》，主要讲两个问题：如何看待帝国主义入侵的后果，如何评价封建主义的作用。对于前者，后继有《中国近代经济史若干问题的思考》；对于后者，则有《谈封建主义二题》深入讨论。"二题"指古代封建主义和近代封建主义，他论证中国古代封建制度有别于西方的若干特点，分析中国步入近代社会的不同道路；"近代封建主义"是新概念，意指 1840 年以后封建主义经济发展到一个新阶段，即地主制经济发生质变，吸收较发达的商品经济（包括外国的和买办的）来自我调节，成为能够与资本主义共存的近代封建主义，确属新论。同时，先生予古代封建主义新的研究价值，这与其"广义政治经济学"专题研

---

① 前两文修改稿收入先生的论文集《中国的现代化：市场与社会》，三联书店 2001 年版；第三文即此论文集之"代序"。

究相关，尽管他认为自己这方面"没作出什么成绩"，其实不然。他提出以"马克思主义中国化"为目标的王亚南、许涤新等是可取的，但重点应放在前资本主义、特别是封建主义政治经济学上，因为社会主义经济在中国尚不成熟，半殖民地半封建经济已有定论，而封建经济在中国产生最早历史最长，颇具政治经济学研究的典型意义，这也正是以前资本主义时代为研究对象的学者共同的理论困惑。在《论广义政治经济学》和《中国封建经济史和广义政治经济学》等论文中，先生阐述其论点并提倡研究"中国封建主义政治经济学"，成为又一个很有影响的学术倡导。

总的说来，20世纪80、90年代先生在商业资本、市场和交换理论、中国现代化理论以及广义政治经济学、中国经济史学方法论等方面着力甚多。他非常关注西方经济学的发展与动态，并运用其中适应中国经济史研究的方法，成为经济学理论与经济史研究结合的典范。他的结合与运用是能动而理性的，突出于选择与修正。例如，先生有"计量经济学"的深厚功力，但认为研究中国经济史学，明中叶以前不太适用计量方法，此后可以用，但数据必须可靠；再如，改革开放后以诺斯为代表的新制度学派影响本国，先生认为其产权理论、交易成本、制度变迁等概念可用于中国经济史学研究，但应注意具体的研究对象与实际数据。

四

先生的研究重心在近代，但他真正做到了"通古今之变"且涵融中外，而且是在专精基础之上的贯通。他治史之"今"不仅仅在于注重当今学术理论与思潮，更是落实到当代经济史研究上。1996年《中华人民共和国经济史1949—1952》作为国家社科基金"九五"重点课题立项，请先生作学术带头人，由他和董志凯任主编。该书也是中国社会科学院的重大课题，独具一手档案资料优势，从人与自然的关系延伸到人与人的社会关系，并加强建国时社会经济状况的评估和新民主主义经济体制的理论分析，有关恢复国民经济的措施和成就也是以专题研究为基础的，突出反映了新民主主义经济在中国全面建立、实施和运行的历程与成就。经过全体作者的共同努力，该书 2001 年由中国财经出版社出版，荣获中国社会科学院优秀成果一等奖，2010年社科文献出版社再版。先生自称对此"并无实际贡献"，其实他参与拟定大纲、研究撰写，还承担第二章"旧中国经济遗产"的部分写作，历次书稿讨论会也都参加，还审阅了全部成稿，认真看此书可见先生的思想轨迹。同是在 1996 年，先生还应邀主编《中国企业史》的"近代卷"，他请江泰新共同主编，作者多是经济所同仁。2004 年1 月，达千余页、计 76 万字的该书由企业管理出版社出版。不过，下探当代体现了先生的博学深进，但非此时期其治学的主要方向，他的研究主要是近代到明清并上溯宋代，内容从生产到流通再到市场；进而超出传统"经济"概念，对社会结构、制度变迁、思想文化进行系统考察和深入研究。"历史观与方法论"承载着他这些年来孜孜以求的研究志向，更是其科研特色与学理思辨的高度显现，尤其进入21 世纪后，他投入全部精力与心血的这一研究炉火纯青已臻化境。

先生的历史观是"发展论"，早在 20 世纪 80 年代初他作为《中国大百科全书·经济学卷》前资本主义部分和中国经济史部分的主编，撰写了万余字的"中国经济史"长词条，对中国几千年经济发展史进行系统总结——历史包括经济史的发展可能曲折，也会有回潮，但总趋势是进步的，不存在从唐宋"顶峰"走向明清"衰落"的阶段。直至近年国家级大型出版项目多卷本《中国经济通史》请他撰写"总序"，依然重申发展的看法。正是以发展的眼光看问题，他以古人的"苟日新，日日新，又日新"为志，学术追求明显凸现一个"新"字！如果没有新东西，他不写文章、不开会发言；其研究要求有新材料、新观点或新理论，包括对以往的研究成果不断修正，认为科研不可能一蹴而就，随着时代的发展，材料的新发现和研究手段的提升以及认识的深化，以前的成果也需要与时俱进——这与先师巫宝三先生十分相似，他们绝不故步自封而力主创新，而创新要建立在充分的实证研究基础之上，系统研究要先作专题，专著要以论文为基础，"由小而精到大而博"。司马迁的"究天人之际，通古今之变"是两位先生都很注重的，巫先生从经济思想上研究其"法自然"思想颇多新意，而吴先生则从历史观与方法论视阈阐释其历史哲学，通过实证提出西方征服自然的斗争哲学将回归太史公的主张。或许，这正是"科学发展观"的合理诠释。

方法论上先生主张"史无定法"十分著名。我国史学即有类似方法，而先生赋予其治经济史学的具体内容，即应根据研究对象和具体问题选择适用的方法，无论是中国传统史学方法还是国外新兴学派的方法，并注意与海外学者交流理论方法问题。1984 年 8 月他在意大利召开的顶级学者荟萃的中国经济史讨论会上，正式提出"史无定法"之说——"就方法论而言，有新老、学派之分，但无高下、优劣之别"，"新方法有新的功能，以至开辟新的研究领域，但我不认为有什么方法是太老了，必须放弃"。1986 年底，先生在中国经济史学会成立大会上发表《中国经济史研究方法杂谈》引起轰动，三种刊物登转。其方法包括（1）文献学和考据学方法；（2）历史唯物主义；（3）计量学方法；（4）发展经济学方法；（5）区域论和周期论；（6）社会学方法；（7）系统论方法；（8）"史无定法"，强调均应以第 1 项为基础。此后在《中国经济史研究的方法论问题》、《论历史主义》等中展开系统论述，并论及西方经济史的三大流派——法国年鉴学派、经济计量学派、诺斯的新制度学派，引导中国学者具有世界眼光，特别重申治史应坚持实证主义原则。

先生将方法分为三个层次：（1）世界观、历史观思维方法；（2）归纳、演绎等求证方法（此后概括为"认识论意义的方法"）；（3）经济学、社会学等专业和技术研究方法。在"史无定法"原则下，直接适用于中国经济史研究的主要方法：（1）经济计量学方法（明中叶以前不适用，因古代文献不准确、记载不连续等）；（2）发展经济学方法（研究欠发达国家，特别是考察长期趋势可借鉴，注意比较研究，二元经济论等均可用）；（3）区域经济史方法 [区域内与区域间两者应同时进行，中地理论（central place theory）提出经济发展由核心地区向边缘地区扩散，可考察移民、贸易、交通等及核心与边缘地区的关系和城市与市镇研究，有利于展现经济发展的不平衡性]；（4）社会学方法（源于社会学的结构理论、行为和功能学说及人口、心态等成为经济学的内容。可借鉴社会学的整体思考、比较研究、社会底层研究与社会调查方法等)。他欣赏布罗代尔(Fernand Braudel)长、中、短时段的历史研究体系,但其分量大应分工进行。总之,可因对象和条件不同而采用不同的方法,重要的是该方法本身的实用性及其对所研究的问题和现有资料的适用性。选用理论,主要是启发性的而不是实证性的;没有一种万能的方法,而应集众家之长,也可多种方法并用。先生的方法论随着研究的深入也不断发展完善。

先生还专门给研究生上课讲授"经济史:历史观与方法论"。那是上世纪末,我和李根蟠先生都招收博士生,商议集中授课,在研究生院开"经济史学的理论与前沿"讲座,即请各位专家讲古今中外经济史学。讲座2000—2003年共开3学期,先生一直是领衔的"头牌"!他的讲座座无虚席满堂喝彩,有个学生叫骆祖春写了一篇《听大师讲课》的文章,生动讲述这位86岁老人的神采奕奕博大精深——"不间断地讲了两个半小时,台下是经久不息的掌声,是发自每个听课者心底深处对大师的敬重和仰慕"。可先生从不认为自己是别人说的"大师"、"泰斗"、"权威"、"国宝"等,他发自内心地称自己是"小人物",做的是"小事情"——这是他留给自己后人的话,也让我明白了什么是真正的"大"和"小"!身为教师,先生谦虚谨慎为人师表,德泽桃李同仁——他循循善诱语重心长,答疑解惑诲人不倦,培养出的博士、硕士专业人才,成为各领域的中坚骨干;他指导、扶掖和帮助过的学者,数不胜数,他是中国乃至世界经济史学界当之无愧的导师!

在"史无定法"外,先生再一个很有影响的论点是"源流之说"。他在《经济研究》1995年第4期发表《经济学理论与经济史研究》,提出"在经济史研究中,一切经济学理论都应视为方法论";"经济史应当成为经济学的源,而不是它的流"。他引述熊彼特(J. A. Schumpeter)语"经济学的内容,实质上是历史长河中一个独特的过程",指出"经济学是一门历史科学,即使是最一般的经济规律,如价值规律,也不能无条件地适用于任何时代或地区"。他强调应当历史地看待经济学的发展,任何经济学理论都有其特定的历史背景。任何伟大的经济学说,在历史的长河中都会变成经济分析的一种方法,也是研究经济史的方法,而不是推导历史的模式。此文发表之后反响强烈,多家刊物转载,次年荣获孙冶方经济科学论文奖,至今深得赞誉。直到 2010 年 11 月 11 日《中国社会科学报》刊登记者的长篇专访《经济史应当成为经济学之源——访中国经济史学专家吴承明》,近 94 岁高龄的先生进一步深入诠释自己的学术主张。

先生认为不能把全部经济史建立在某种单一的经济学理论上,经济史之所以是经济学的"源"而不是"流",因为经济史为经济学提供材料拓宽视野,在时光演进过程中经济学也成为"史"的一部分。他指出,研究历史上的经济问题主要是看实践,经济史研究一般可以一定的自然条件下的生产力的增长、一定的社会制度下经济运行的效果作为考察的主线。一部新的经济史,不是已有文献和著述的选择与综合,而应该在总体上和部分上,在数据、方法、观点上均属新构,代表一个时代的学术水平。他反复重申经济史研究不是只讲"纯经济的"现象,经济史学家应具备历史学修养;他赞成"社会经济史"的提法,认为经济史历来是社会经济史,主张从自然条件、政治制度、社会结构、思想文化诸方面研究经济发展与演进。他总结经济学各学派总的方法不外乎"模式法"和"因素分析法",经济史研究则不宜用模式法,历史上各时代的经济发展总会形成某种模式,但它是研究的结果而不是出发点。经济学日益模型化和数学化,以至用公式"伪装精确的知识"(哈耶克)、"用时间变量来代替思考"(索洛)。经济史研究应以实证分析为主,应具体不宜抽象,不宜先立范畴,更不能用范畴"填充"历史。历史研究提出问题非常重要,而一般不宜假设。他还有许多精辟而新颖的论断,常常给人的习惯思维以冲击震撼,如:"合乎历史发展规律的未必就是好的",举出奴隶制的出现就是如此;再如,"萌芽不一定非成大树",像资本主义萌芽就可能只是"萌芽"等,振聋发聩启人深思。他的"史无定法"与"源流之说"等理论方法和科研成果不仅凝聚成为令人高山仰止的学术丰碑,而且广为后学所领悟、接受和传播。

<h1 style="text-align:center">五</h1>

先生晚年越发重视思想文化对经济的作用与影响,认为经济发

展—制度改革—社会变迁中最高层次上都要受思想文化的制衡（condi-tioned），这有两重意思：一是不合民族文化传统的制度变革是行不通的，二是文化思想又常是社会制度变革的先导即启蒙。他对宋儒尤其是心学倾注心力，认为自宋以后儒学理性化，到王阳明将"知"和"理"一元论，有利于思想解放；反传统思潮和经世致用主张以及实学思想都具有启蒙意义。可惜中国思想的理性化只有道德理性，缺乏工具理性，加之清统治者的思想禁锢，启蒙思潮被扼杀，直到西学传入，现代化启蒙才真正来临。他对经济思想史颇为注重，自读书时代起就修习西方经济学说史，研究中国经济史更不能忽视中国经济思想。在他的经典论作《经济学理论与经济史研究》开篇就列举"富国、富民思想，田制、赋税思想，义利论、本末论、奢俭论等思想，在研究中国经济史中无疑是很重要的。"他认为中国经济思想史有三大问题：义利——价值论、本末——生产论、轻重——流通论。西方经济学有局限，要总结中国经济学，经济思想史十分重要。他说经济思想的产生是对当时经济制度的怀疑，纯粹的经济思想是对当时经济思想的怀疑。中国古代经济思想史偏重文化范畴，与中国哲学史关系较紧密，要懂经济史和文化史才能研究。

21 世纪以来，他最看重的就是"经济史：历史观与方法论"研究，2001 年 11 月中国社会科学院老年研究基金立项，这时他已近 85 岁且罹眼疾"飞盲症"。先后整整四年多时间，每天勤奋耕耘废寝忘食，作为"十一五"国家重点图书，2006 年 12 月由上海财经大学出版社出版同名著作，几天之后即是他的 90 寿辰。这是先生比较满意的最后一部研究著作，也是这项研究的总集成。他提出经济史是研究历史上各时期的经济是怎样运行的，及其运行的机制和绩效，从而研究不能限于经济本身。他从三方面考察历史观，即如何认识人与自然界的关系即天人关系、如何认识人与人的关系即社会关系、如何认识思维与存在关系即认识论。他赞赏司马迁"究天人之际．通古今之变"的历史观，认为其天人相通、社会和谐、古今通变是高明的，而宋以后的启蒙思潮虽然促进思想的理性化却不能导致社会的现代化。先生特别指出，历史研究是研究我们还不认识或认识不清楚的事物，任何时候都有待认识的东西；随着知识的增长、特别是时代思潮的演进，原来已知的需要再认识，研究就是不断地再认识，因此研究方法应开放即"史无定法"。书中分章深入阐释经济学理论与经济史研究、社会学理论与经济史研究、计量分析与经济史研究以及区域研究和比较研究等等，着重评介诺斯的新制度学派、法国年鉴学派和经济计量学派的方法，并特别强调实证主义是"不可须臾或离"的治史方法。他考证中国史学诸家以及西方狄尔泰（Wilhelm Dilthey），克罗齐（Benedetto Croce）直到海德格尔（Martin Heidegger）等，尽管学说主张各异，但无疑更充实了实证主义方法。最后，先生概括他研究中国经济史学的思维理络："历史—经济—制度—社会—文化思想"，提示读者——百家争鸣，学术才有进步！

先生的研究多居国内外领先地位，他的论著大多是掷地有声的传世之作，也是留给我们的宝贵精神财富。他被评为"影响新中国经济建设的百位经济学家"，成果选入"中国百名经济学家理论贡献精要"。[①] 我曾与不同年龄、地域或专业的相关学者交流，大家基本都认为中国经济史学界执大旗、插路标的还是先生！的确，谁能从凯恩斯、克拉克、库兹涅茨论到熊彼特、布罗代尔、索洛、诺斯以至海德格尔、哈贝马斯、福柯；再弄清清代的亩产量、明代的商品和市场、宋明理学与现代化、汉代司马迁的学说与现今"人与自然"要和谐发展？没有学贯中西的扎实功底，没有长年潜沉的积淀和升华，没有超常的智慧与敏锐，不可能在学术发展日新月异中执旗导向。90高龄的先生攀登的是学术巅峰，创造出的也是生命奇迹。

直到 2011 年春，先生已度过了他 94 岁的生日，还发表了两篇文章：一篇是《经济研究》2011 年第 2 期刊登的吴承明、叶坦《一部承前启后的中国经济史杰作——〈中国近代经济史，1927—1937〉评介》，虽然先生未执笔，但内容和观点都反复征询其意见，定稿全部经他审订，只有一项没有听他的，那就是在署名问题上他要求不署名或署在我后面。另一篇是《全要素分析方法与中国经济史研究》，刊

---

① 参见吴太昌等编著：《影响新中国 60 年经济建设的 100 位经济学家》6，广东经济出版社 2009 年版；张卓元等编著：《中国百名经济学家理论贡献精要》第 1 卷，中国时代经济出版社 2010 年版。

登于《永久的思念——李埏教授逝世周年纪念文集》，云南大学出版社2011年5月出版。此文写于2008年，他非常看重，前述《中国社会科学报》记者采访时问他"有哪些新的关注点"时，他谈的就是此问题，并说明"全要素分析就是分析要素与整个经济增长的关系及其变迁。……在全要素分析中，那些用丹尼森（E. D. Denison）模型计量的部分，仍然要辅之以逻辑分析，才比较完善"。他在自己的"微博"（对于新事物他历来兴趣盎然）上说"我准备写一篇关于全要素分析方法的文章"，去世前还在联系对此有研究的学者。病重之时与我断断续续谈得最多的也是这一研究，并遗憾地说"这是我一生最后的文章了"。按照他的心愿还将继续深入下去，而不能继续进行科研的日子，在他看来是没有意义的——这，就是一个真正的学者的人生！

古语言"智者寿，仁者寿"，既智且仁的先生身体一直很好必然高寿。20世纪我曾应台湾"中研院"学者之邀，写过《吴承明教授的经济史研究》，那也算是先生八秩寿诞之贺；后来又写过《经济学不老人》，是为颂庆先生85岁寿辰而作。[①] 其中重点列举了经济所多位高寿的经济学家，分析此学科涵延广博发展迅速，既经世致用于国计民生，又潜沉深奥于学理思辨，涵蕴诸多学科之特色余韵，足以容纳各类追求与祈望。我注意到先生70岁以后的成果数量质量都相当可观，占据其学术成就的重头，甚至可以说其经济史学研究的主要贡献大多集中于兹。据此可证做学问是不老人的，尤其是天性豁达、乐天知命的人。其实，先生一生坎坷，曾外经国家民族之忧，又内怀悼亡丧子之痛，尤其晚年他续娶的妻子、也是"一二·九"战友的文铭女士和他的女婿先后过世，对于九旬老人的打击可想而知。但先生是坚强的，他很不愿意麻烦任何人，包括他的亲生女儿——在他最后的日子里那些情景催人泪下。他有一个好伙伴——唐诗，以往每有难眠之时，他吟唐诗；临终前为抗病痛折磨，他还是喃喃地背唐诗。前述《濯足偶谈》不仅再现了那些艰辛而又难忘的岁月，更是他国学深厚腹笥丰赡与情志高远才华横溢的呈现。他论诗并不扬唐抑宋，说唐诗

---

① 拙作前文载"中央研究院"近代史研究所《近代中国史研究通讯》第26期，1998年9月；后文载《经济学家茶座》第7辑，2002年1月。

炉火纯青是诗的高峰；宋代派系争斗，诗坛却互相唱酬，题材广泛、风格多样格律自由，正是"奇外无奇更出奇"。平实自然而奇峻纯青，正是先生本人最恰当不过的写照！

论诗如此，治学、为人又何尝不是如此呢？他常说："学术研究不是任何人的专利，各有其特点，才能互相补充、互相切磋。"先生对不同学术流派乃至不同学术观点持等同视之的态度，与其在哥大的经历和豁达宽厚的为人都分不开，这在当今学界尤其是学术大家也并非易事。或"真理唯一"或"甲是则乙非"的思维逻辑，严重侵蚀着学术界，抑制学术的正常发展。而先生谦谦君子谆谆善诱，认为考察学术不应以观点为据，包括学生写博士论文，只求言之成理；他主张不同论点可以各讲各的，不必非让别人接受自己，更不要以己而非人。记得当年我考取巫宝三先生博士生的时候，就曾为导师博大的学术胸怀深深折服；而吴承明先生的言传身教，更让我明白了什么才是真正的学术大家！先生把学术上的"发展论"身体力行于自己，主张"今胜昔"、更能"人胜己"。他多次与我谈及"长江后浪推前浪"，以后学之能为喜、以后学之得正己，在《16世纪与17世纪的中国市场》文中，他痛责自己曾回避17世纪的"低谷"是"逃避"、是"可耻的"[①]，其律己之严，令人衷心敬慕和感佩！他十分注意新的研究动向和成果，并以之修正自己的观点，哪怕是"小人物"的研究，表现出公开自我批评的智勇，我们有幸仰慕先生风范，实为终身楷模。

在严于律己的同时，他待人却十分诚恳宽厚，对同事、对朋友、对学生以及再传弟子，都诲人不倦无微不至，评奖、升职、答辩、出书，先生能帮忙的都会尽力，教书育人桃李满园，勉励后学如坐春风。二十多年来，我有幸经常面聆教诲，从课堂授业到学位答辩，从会议听讲到促膝长谈，从文章审订到著书作序，以至每每为我招收博士生阅卷，处处都留下先生辛勤的心血！特别是先生为我作序的书还在修改，未能在他生前问世，永成遗憾……先生的科学精神、博大襟怀与谦逊态度，令与之有交往的人无不肃然起敬。没人能听到先生

---

① 对于这些话，我曾建议先生稍作修改，但他继续坚持，直到2002年出版的《吴承明集》中还保留着，见该书第142页。

讲别人不好，在他逝世后为之撰写的生平中，我臆用了"识人唯长"四个字来概述他看人只看长处的仁厚品格与大家风范。

先生乐观洞达与世无争。他好酒，自称"酒家"；喜美食，且东西南北菜系不拘，每谈笑："我吃菜和做学问都主张兼容并蓄。"我曾总结他的"养生之道"是"抽烟、喝酒、不锻炼"，后来他告诉我此说流传甚广，还被纽约一家报纸所引用。实际上，先生近年已经比较注意锻炼，不仅到公园散步，而且还自编"诗操"，即按照诗句配以动作。北京卫视曾采访他，编辑出《吴承明老先生养生之道》，2009年2月3日在北京卫视生活频道播出。

然而，如今这个闷热难熬的夏日，楼里屋外如常，可先生去了……让我像为他写的前两文结尾一样，第三次也是最后一次和其"五言"句——"窗外天犹碧，山中叶未红；先生驾鹤去，常怀化雨恩。"

参考文献

吴承明（1955）：《帝国主义在旧中国的投资》，人民出版社。

吴承明（1985）：《中国资本主义与国内市场》，中国社会科学出版社。

吴承明（1996）：《市场·近代化·经济史论》，云南大学出版社。

吴承明（2001）：《中国的现代化：市场与社会》，三联书店。

吴承明（2002）：《吴承明集》，中国社会科学出版社。

吴承明（2006）：《经济史：历史观与方法论》，上海财经大学出版社。

方行主编（2006）：《中国社会经济史论丛——吴承明教授九十华诞纪念文集》，中国社会科学出版社。

许涤新、吴承明主编（2007）：《中国资本主义发展史》第一——三卷，社会科学文献出版社。

吴承明、董志凯主编（2010）：《中华人民共和国经济史（1949—1952）》，社会科学文献出版社。

注：此文系作者应《经济学动态》之邀而赶写，刊登于该刊 2011 年第 9 期。

作者论著一览表

专 著

帝国主义在华投资 署名魏子初，人民出版社 1951 年版。修订第三
版，三联书店 1954 年版。

美帝在华经济侵略 署名魏子初，人民出版社 1951 年版。

英国在华企业及其利润 署名魏子初，人民出版社 1951 年版。

帝国主义与开滦煤矿 署名魏子初，神州国光社 1954 年版。

过渡时期的国家资本主义 与管大同合著，署名同明，人民出版社
1954 年版。第二版，人民出版社 1956 年版。

帝国主义在旧中国的投资 人民出版社 1955 年版。

中国资本主义工商业的社会主义改造 主编，人民出版社 1962 年版。江
副敏生、加贺美嘉译日文本，书名《中国资本主义の变革过程》，日
本中央大学出版部 1972 年版。修订本，人民出版社 1978 年版。

旧中国的资本主义生产关系 主编，人民出版社 1977 年版。

中国资本主义与国内市场 论文集，中国社会科学出版社 1985 年版。

中国资本主义发展史，第一卷：中国资本主义的萌芽 与许涤新共同
主编，人民出版社 1985 年版。繁体字本，台北谷风出版社 1987
年版。C. A. Curwen 译编英文本，书名 *Chinese Capitalism*, 1522—
1840, The MacMillan Press, 2000。第二版，人民出版社 2003
年版。入选中国出版集团"中国文库"（第 2 辑），人民出版社
2005 年版。中国社会科学院建院 30 周年纪念版，社会科学文献出

版社 2007 年版。

中国资本主义发展史，第二卷：旧民主主义革命时期的中国资本主
　义　与许涤新共同主编，人民出版社 1990 年版。第二版，人民
　出版社 2003 年版。入选中国出版集团"中国文库"（第 2 辑），
　人民出版社 2005 年版。中国社会科学院建院 30 周年纪念版，
　社会科学文献出版社 2007 年版。

中国资本主义发展史，第三卷：新民主主义革命时期的中国资本主
　义　与许涤新共同主编，人民出版社 1993 年版。第二版，人民
　出版社 2003 年版。入选中国出版集团"中国文库"（第 2 辑），
　人民出版社 2005 年版。中国社会科学院建院 30 周年纪念版，
　社会科学文献出版社 2007 年版。

市场·近代化·经济史论　论文集，云南大学出版社 1996 年版。

中国的现代化：市场与社会　论文集，生活·读书·新知三联书店 2001
　年版。

中华人民共和国经济史，第一卷（1949—1952）　与董志凯共同主
　编，中国财政经济出版社 2001 年版。

吴承明集　中国社会科学出版社 2002 年版。

中国企业史·近代卷　与江太新共同主编，企业管理出版社 2006 年版。

经济史：历史观与方法论　上海财经大学出版社 2006 年版。

论文 [1]

论当前生产政策　《时事新报》（重庆）1942 年 4 月 12 日。

论大小生产——再论当前生产政策　《时事新报》（重庆）1942 年 6
　月 8 日。

产业资金问题之检讨　《金融知识》（重庆）第二卷第五期，1943 年 9 月。

理想利率《金融知识》（重庆）第三卷第二期，1944 年 3 月。

Manufacturing Industries in China, a Prel iminary Report Mimeograph, New

---

[1]　1949 年以前的论文，限于已查找到原文者。

York, 1946.

A Preliminary Report on Industries in Free China Mimeograph, New York, 1946.

A Preliminary Report on Savings in Modern Saving Institutions Mimeograph, New York, 1946.

我国资本构成之初步估计 《中央银行月报》（上海）新一卷第十一期，1946 年 11 月。

美国战时公债与金融政策评述 《财政评论》（上海）第十六卷第一、二期，1947 年 1 月、2 月。

认股权股票股利及股票分裂与扩充公司之投资理论 《证券市场》（上海）第 14 期（号），1947 年。

近代征信事业之发展 《中央银行月报》（上海）新二卷第九期，1947年 9 月。

财务报告分析之理论与方法 《资本市场》（上海）第 3 号、第 4 号，1948 年 3 月、4 月。

中国工业资本的估计和分析 《经济周报》（上海）第九卷第八、九期，1949 年 8 月。转载于《新华月报》，1949 年创刊号。

中国工业资本的初步估计 《中国工业》（上海）新一卷第五、六期，1949 年 9、10 月。

关于帝国主义在华工业资本 《中国工业》（上海）新一卷第十二期，1949 年 11 月。

中国工业资本的估计 1936—1946 上述《中国工业资本的初步估计》修订本，1950 年打字本（有电子版）。

美帝在华企业及其利润 《经济周报》（上海）第十二卷第二期，1951年 1 月。

帝国主义在华企业及其利润 《中国工业》（上海）新二卷第十期，1951 年 10 月。

美帝资本输出及利润榨取的特点 《新中华》第十四卷第八期，1951年 4 月。

中国民族资本的特点 《经济研究》1956 年第 6 期。

从一家商店看商业资本的一种特殊形态 《经济研究》1958 年第 5 期。

中国资产阶级的产生问题——从影片 《不夜城》谈起《经济研究》

1965 年第 9 期。

对旧中国商业资本剥削问题的一些看法　《光明日报》经济学副刊，1965 年 9 月 27 日。

中国経済の社会主義改造と四つの現代化建設　1980 年 3 月 1 日在福冈西日本新闻会馆的演讲，中国研究中心特此出版专刊。

中国の社会主義改造と現代化　1980 年 3 月 15 日在东京中国研究所的报告，载《中国研究月报》1980 年 6 月号。

中国近代経済史の史料工作の近況について　東京大学東洋文化研究所《東洋学文献セソタ—通信》第 19 期，1980 年 5 月。

日本研究中国近代经济史概况　《经济学动态》1980 年第 7 期。

八十年来中国经济发展和变化　载香港《中华总商会八十周年纪念特刊》，1980 年 11 月。

论男耕女织　载《中国社会经济史论丛》（山西）第 1 辑，1981 年 7 月。

资本主义工商业的社会主义改造是马克思主义在中国的胜利　《经济研究》1981 年第 7 期。英译本 *"The Socialist Transformation of Capitalist Industry and Commerce Was a Victory of Marxism in China"*, Selected Writings on Studies of Marxism, No. 16, 中国社会科学院 1981 年 9 月版。

毛泽东同志对中国资产阶级的深刻分析丰富和发展了马克思列宁主义　《经济研究》1981 年第 8 期。

评外国学者对旧中国经济不发达原因的分析　与侯方共著，《经济学动态》1981 年第 9 期。

关于中国资本主义萌芽的几个问题　《文史哲》1981 年第 5 期。

中国资本主义的发展述略　载《中华学术论文集》（中华书局 50 周年纪念刊）1981 年版。池田诚监译日文本，《中国における资本主义発展略述》，《立命館法学》第 163 号，1982 年 3 有。英文本 *"A Brief Account of the Development of Capitalism in China"*, in Tim Wright ed. *The Chinese Economy in Early Twentieth Century,* The MacMillan Press，1992.

关于研究中国近代经济史的意见《晋阳学刊》　1982 年第 1 期。

我国手工棉纺织业为什么长期停留在家庭手工业阶段？《文史哲》

1983 年第 1 期。

明代国内市场和商人资本　《中国社会科学院经济研究所集刊》第 5 集，1983 年 2 月。

论清代前期我国国内市场　《历史研究》1983 年第 1 期。

什么是自然经济？　《经济研究》1983 年第 9 期。

我国半殖民地半封建国内市场　《历史研究》1984 年第 2 期。池田诚监译日文本《近代中国における半殖民地·半封建的国内市场》，《立命館法学》1984 年第 5、6 号。

国外研究中国经济史的学派和方法　《经济学动态》1985 年第 2 期。

许涤新《广义政治经济学》一书评介　《经济研究》1985 年第 11 期。

市场理论和市场史　《平准学刊》第三辑下册，1986 年 5 月。

试论交换经济史　《中国经济史研究》1987 年第 1 期。

中国民族资本主义的几个问题　孙健编《中国经济史论文集》，中国人民大学出版社 1987 年版。

中国经济史研究方法杂谈　上海社会科学院经济研究所《中国近代经济史资料》第 6 辑，1987 年 4 月。

早期中国近代化过程中的外部和内部因素——兼论张謇的实业路线　《教学与研究》1987 年第 5 期。又载章开沅等主编《对外经济关系与中国近代化》，华中师范大学出版社 1990 年版。

中国近代经济史若干问题的思考　《中国经济史研究》1988 年第 2 期。

中国近代农业生产力的考察　《中国经济史研究》1989 年第 2 期。

谈封建主义二题　《中国经济史研究》1989 第 4 期。

世潮·传统·近代化——在第五届洋务运动史学术讨论会上的发言　《近代史研究》1990 年第 3 期。又载孔令仁等主编:《中国近代化与洋务运动》，山东大学出版社 1992 年版。

近代中国工业化的道路　《文史哲》1991 年第 6 期。

中国近代资本集成和工农业及交通运输业产值估计　《中国经济史研究》1991 年第 4 期。

总结鸦片战争的历史教训是我们世代相传的任务　在鸦片战争 150 周年国际学术讨论会上的讲话。载张海蜂等主编《鸦片战争与中国现代化》，中国社会科学出版社 1991 年版。

中国经济史研究的方法论问题 《中国经济史研究》1992 年第 1 期。

中国封建经济史和广义政治经济学 载《史学论文集——纪念李埏教授从事学术活动五十周年》，云南大学出版社 1992 年版。

论广义政治经济学 《经济研究》1992 年第 11 期。

论历史主义 《中国经济史研究》1993 年第 2 期。

论工场手工业 《中国经济史研究》1993 年第 4 期。

论二元经济 《历史研究》1994 年第 2 期。

近代国内市场商品量的估计 《中国经济史研究》1994 年第 4 期。

洋务运动与国内市场 《文史哲》1994 年第 6 期。

要重视商品流通在传统经济向市场经济转换中的作用（附吴江会议发言摘要） 《中国经济史研究》1995 年第 2 期。

经济学理论与经济史研究 《经济研究》1995 年第 4 期。又《孙冶方经济科学基金获奖文集》，山西经济出版社 1998 年版。

评《清代皇族人口行为和社会环境》 《历史研究》1995 年第 4 期。该书李中清、郭松义主编，北京大学出版社 1994 年版。

16 世纪与 17 世纪的中国市场 《货殖：商业与市场研究》第 1 辑，中国财经出版社 1995 年 9 月版。

谈创新 《中国经济史研究》1996 年第 1 期。

利用粮价变动研究清代的市场整合 《中国经济史研究》1996 年第 2 期。

传统经济·市场经济·现代化 《中国经济史研究》1997 年第 2 期。

市场机制的演变 《中国商业史学会通讯》第 8、9 期，1997 年 4 月。

现代化与中国十六、十七世纪的现代化因素 《中国经济史研究》1998 年第 4 期。

对研究明清商业史的几点看法 《明清商业史研究》第 1 辑，中国财政经济出版社 1998 年版。

中西历史比较研究的新思维 《读书》1998 年第 12 期。

要从社会整体性发展来考察中国社会近代化进程——在纪念傅衣凌逝世十周年学术座谈会上的讲话 《北京商学院学报》1998 年第 5 期。又载《经济研究资料》1999 年第 1 期。

Forward for Bozhong Li: *Agriculture Development in Jiangnan, 1620—1850,* MacMillan Press Ltd, 1998.

18 世纪与 19 世纪上叶的中国市场　《货殖：商业与市场研究》第 3
　　辑，中国财政经济出版社 1999 年版。

经济史学的理论与方法　《中国经济史研究》1999 年第 1 期。

经济发展、制度变迁和社会与文化思想变迁的关系　张伟保、黎华标
　　主编《近代中国经济史研讨会 1999 论文集》，香港新亚研究所
　　1999 年版。

李文治先生论中国地主制经济的启示　《中国经济史研究》1999 年增刊。

究天人之际，通古今之变　《中国经济史研究》2000 年第 2 期。又载
　　李根蟠等主编：《中国经济史上的天人关系》，中国农业出版社
　　2002 年版。

现代化：历史观和方法论　《经济研究资料》2000 年第 5 期。又载《近
　　代中国与世界》第一卷，社会科学文献出版社 2005 年版。

经济史研究的实证主义和有关问题　《南开经济研究》2000 年第 6 期。

经济史：历史观与方法论　在中国社会科学院研究生院的讲座稿，2001
　　年 9、10 月。载《中国经济史研究》2001 年第 3 期。

从传统经济到现代经济的转变　《中国经济史研究》2003 年第 1 期。

《大分流》对比较研究方法的贡献　商务印书馆《中国学术》第 13 期，
　　2003 年 1 月。

西方史学界关于中西比较研究的新思维　《中国经济史研究》2003 年
　　第 3 期。又载《李埏教授九十华诞纪念文集》，云南大学出版社
　　2003 年版。

多视角看历史：地域经济史研究的新方向　在中国东南区域史第二次
　　国际学术讨论会上的讲话，载李伯重、周生春主编《江南的城
　　市工业与地方文化》，清华大学出版社 2004 年版。

关于清史编纂体例的四点意见　载国家清史编纂委员会《清史编纂体
　　裁体例讨论集》，中国人民大学出版社 2004 年版。

谈谈经济史研究方法问题　《中国经济史研究》2005 年第 1 期。

研究经济史的一些体会　《近代史研究》2005 年第 3 期。

中外历史上"天人"观和"主客"观的演变——在"环境史视野与经
　　济史研究"学术讨论会上的发言　《中国经济史研究》2006 年第
　　1 期。又载中国社会科学院经济学部《学部委员与荣誉学部委员

文集（2007）》，经济管理出版社 2008 年版。

对《中国十个五年计划研究报告》的简要评论　《当代中国史研究》
　　第十三卷第四期，2006 年 7 月。

史学方法和历史实证主义　《汪敬虞教授九十华诞纪念文集》，人民出
　　版社 2007 年版。

秦以后的中国是有中国特色的封建社会　在"封建译名与马列主义封
　　建观"学术研讨会上的发言，载《史学月刊》2008 年第 3 期。

全要素分析方法与中国经济史研究　《永久的思念——李埏教授逝世
　　周年纪念文集》，云南大学出版社 2011 年版。